DUMONT
Reise-Taschenbuch

AF125813

dubai

Gerhard Heck

Senkrechtstarter

Der Kronprinz von Dubai, Sheikh Hamdan bin Mohammed bin Rashid Al Maktoum, hat es sich zum persönlichen Ziel gesetzt, Kamelrennen als *heritage sport* zu fördern. Angesichts der globalen Einflüsse im Emirat gelte es, sich der eigenen Traditionen intensiver zu besinnen. Deshalb veranstaltet der Dubai Camel Racing Club (www.dubaicrc.ae) unter der Schirmherrschaft des Kronprinzen auf dem Al Marmoon Camel Race Track draußen in der Wüste an der Straße nach Al Ain an fast allen Wochenenden zwischen November und März Kamelrennen. Bei keinem anderen Sportereignis ist der Publikumsansturm größer. Den Sieger erwarten hohe Geldprämien. Diese Kamele warten bereits gespannt auf den Startschuss. Bleibt nur noch die Frage: Rennen die Kamele ohne Jockeys? Wo sind die Reiter?

Überflieger

Aus Sand gebaut

The Palm Jebel Ali

Wo Visionen zu Wirklichkeit mit Strandhotels wurden

The Palm Jumeirah

Viel Strand am Stamm der Palme

Kitesurfer's Paradise

Strandhotels

Der größte Containerhafen der Arabischen Halbinsel
Jebel Ali Port

Nach Abu Dhabi

Dubai Parks and Resorts
Legoland und Bollywood, Columbia Studios und Wasserparks

Sheikh Zayed Road

Schnellstraße mit Hochhäusern

Dubai World Central Al Maktoum International Airport

Größter Flughafen der Welt?

Dubai — Gigantomanie als Programm. Mal eben drüberfliegen über große Architektur und weite Strände, über Meer und Wüste am Arabisch-Persischen Golf.

Diese Welt ist eine Baustelle

The World

Für immer vor Anker: Queen Elizabeth 2

In zig Museen Geschichte tanken

Moschee betreten erlaubt

Port Rashid

Al Shindagha

Joggen am Strand

Jumeirah Mosque

Das alte Dubai

Deira

Waterfront Market

Gold und Gewürze

Mall of the Emirates

Al Quoz

Burj Khalifa

Shoppen und Ski- fahren

Kunst in Lager- hallen

Mit dem Holzboot über den Creek

Fisch in der gigantischen Markthalle

Meydan Racecourse

Wo Pferde rennen

Ras Al Khor Wildlife Sanctuary

Dubai International Airport

Miracle Garden

Millionen Blumen in der Wüste

Wow!

Oase für Flamingos

Mehr als 1000 Flüge pro Tag

Ab in die Wüste!

Kreuz und quer

Fundstücke — Was kann Ihnen Dubai bieten, welche Überraschungen warten auf Sie? Kamele und Cadillacs, High Heels und *abayas,* Lehmhäuser und Wolkenkratzerarchitektur – wie passt das eigentlich zusammen?

Altstadtführung – ja oder nein?

Entweder Sie führen sich selbst durch das Viertel Al Fahidi anhand dieses Reiseführers oder Sie klopfen im Sheikh Mohammed Centre for Cultural Understanding (SMCCU) am Eingang des Viertels an. Dort können Sie ein arabisches »Cultural Breakfast« oder ein »Cultural Lunch« zu sich nehmen, bevor Sie zu einer fachkundig geführten »Neighbourhood Walking Tour« mit einem Local aufbrechen.

Bait Al Banat

Ein kleines Museum am Rande des Goldsouqs, das den historischen Beitrag der Frauen für die gesellschaftliche und kulturelle Entwicklung der Emirate in den Mittelpunkt stellt. Man ahnte es, aber hier wird es anschaulich dokumentiert: Auch in Dubai standen hinter klugen Herrschern immer kluge Frauen.

Dubai zu Wasser – eine Fahrt auf dem Creek

Die Geschichte Dubais begann am Creek, dem schmalen Meeresarm, der die beiden Stadtteile Bur Dubai und Deira trennt und zugleich zusammenhält. Von Anfang an gehörte die Überquerung des Creek zum Alltag der Bewohner. Auch heute noch überqueren kleine Holzboote im Minutentakt den Creek. Sie heißen Abras und das Übersetzen kostet nur 1 Dh, also etwa 0,25 €.

Im Goldsouq von Dubai drängen sich Hunderte von Läden dicht aneinander. Halsketten, Armreife, Ringe – in den übervollen Schaufenstern glitzert und strahlt es besonders am Abend. Unauffällig patrouillieren Polizisten durch den Souq. Denn es ist wirklich alles Gold, was glänzt … wirklich echtes Gold.

828 m ü. NN

Er überragt nicht nur alles in Dubai, sondern stellt auch alle Hochhäuser der Welt in den Schatten. Wenn Sie zu Füßen des Burj Khalifa stehen, erkennen Sie kaum seine Spitze. Der Turm ist so hoch, dass die Besucher vor ihm in die Knie gehen, um ihn in ganzer Höhe auf ein Foto zu bannen. Von einer der beiden Aussichtsplattformen in 555 m Höhe wirkt Dubai grenzenlos, die ganze Stadt als 360-Grad-Panorama, ein grandioser Ausblick – vorausgesetzt, es ist wolkenfrei.

Souq Jamal in Al Ain
Kamele gehören zur Wüste wie Kühe auf die bäuerliche Weide. Wilde Kamele gibt es aber nicht mehr. Kamele teilen das Schicksal unserer Kühe: Sie werden gezüchtet, benutzt, verkauft und geschlachtet. Auf dem letzten großen Kamelmarkt in der Oasenstadt Al Ain werden jeden Tag öffentlich Kamele zum Kauf angeboten und es werden lautstark die Preise verhandelt.

»We are building a new reality for our people, a new future for our children, and a new model of development.« (Sheikh Mohammed bin Rashid Al Maktoum)

Al Shindagha als »Village of Museums«

Wo und wie lebte eigentlich die Herrscherfamilie vor dem Erdöl? In Al Shindagha am Creek. Ihre alten Wohnhäuser wurden restauriert und rekonstruiert und werden jetzt als Museen genutzt. Die Halbinsel erfährt gerade einen Wandel. Das bedeutendste unter den Museen: das Bait Al Maktoum, das bis 2019 den Namen des Großvaters des heutigen Herrschers, Sheikh Saeed, trug.

Inhalt

Vor Ort

Bur Dubai 40

Shopaholics kommen in Dubais Malls und Märkten voll auf ihre Kosten, z. B. im Souq Madinat Jumeirah.

Eine Fahrt mit der Abra über den Creek gehört zum Alltag vieler Bewohner von Dubai.

Deira 66

Nicht nur in Sachen Ausblick einsame Spitze: der Burj Khalifa

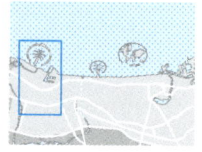

Ausflüge 180

Eine Stunde von Dubai entfernt warten schon die ersten eindrucksvollen Sanddünen.

Das Kleingedruckte

Das Magazin

Stadtlandschaften

Stadt der Kontraste — Ein Mix aus atemraubender Moderne, orientalischen Basaren und grandioser Wüste – das macht Dubai erlebenswert.

Dubai kennt heute jeder – das war vor zwei Jahrzehnten keineswegs der Fall. Die Eröffnung des spektakulären Hotels Burj al Arab im Jahre 2000 machte die touristische Welt plötzlich auf dieses kleine Emirat am Golf aufmerksam. Dubai, nur fünf Flugstunden entfernt, mit schönen Hotels und schönen Stränden, an denen immer die Sonne scheint, wenn hier der Winter einzieht – Dubai blieb von nun an in den Schlagzeilen.

Mittendrin sein im Gastland, tiefer eintauchen – das gilt in Dubai nicht in erster Linie für den Kontakt mit der einheimischen Bevölkerung des Emirats, sondern bedeutet, die Internationalität einer globalen Metropole mit 3 Mio. Einwohnern aus über 100 Staaten zu erleben, heißt auch, sich die unvorstellbar rasante Entwicklung des Emirats in nur zwei Generationen vor Augen zu führen und deren Ergebnissen zu begegnen, heißt auch, viel über Dubai zu erfahren, um es kennenlernen zu können.

Für die einen ist Dubai ein Beispiel für Größenwahn, für Luxus und Verschwendung, immer bemüht um Guinness-Buch-Rekorde – für die anderen ein Paradigma für Sonne und Strand, für Traumhotels, gigantische Shopping-Malls und himmelstürmende Hochhäuser. Und für Dritte sind es die Faszination der Wüste, die beduinischen Traditionen, die arabischen Basare, die Kamele und die Falken. Mehr als eine halbe Million Deutsche pro Jahr erliegen diesem Entdeckungsangebot.

Alles begann am Creek

Eine Laune der Natur, das ist der lange natürliche Meeresarm Al Khor (engl. The Creek), der von der Küste kilometerlang ins Landesinnere führt. An seinen Ufern stehen auf der Halbinsel Shindagha die historischen Lehmhäuser der Herrscherfamilie Al Maktoum, etwas entfernt davon die Festung Al Fahidi und dazwischen der alte Souq Bur Dubai. Im angrenzenden Gassengewirr des liebevoll rekonstruierten Al-Fahidi-Viertels erfährt man viel über den Alltag vor dem Erdöl, das erst ab 1969 das Emirat atemraubend schnell und zugleich grundlegend veränderte. Ohne das ›schwarze Gold‹ gäbe es das heutige Dubai nicht.

Deira – Souqs und Dhaus

In Deira liegen die großen Souqs sowie mehrere alte, liebevoll restaurierte Gebäude, die als Museen genutzt werden. Sogar ein Frauenmuseum, das einzige am Golf, findet man darunter. 200 m weiter südlich entlang der Baniyas Road stößt man auf den Dhau-Hafen (Dhow Wharfage). Hier ankern die hölzernen Frachtkähne, die seit jeher den Handelsplatz Dubai prägen und noch immer von Hand beladen werden. Ein Spaziergang hierher führt Sie zurück in die 100-jährige Geschichte des Emirats.

An der Sheikh Zayed Road

Aber Dubai ist heute eine Stadt der Moderne. Wenn Baukosten und Nachbarschaftsrechte fast keine Rolle spielen, können Bauherren und Architekten Träume verwirklichen. Das zeigt sich entlang der Sheikh Zayed Road, deren einzigartige Hochhausarchitektur nur noch im nahen Downtown Dubai vom 828 m hohen Burj Khalifa getoppt wird. Kommerz und Kultur, die größte Shopping-Mall und die Oper konkurrieren hier nebeneinander um das gleiche Publikum. Und wem es in Downtown zu heiß wird, kann in der Mall of the Emirates Ski fahren.

Jumeirah

Jumeirah ist der umgangssprachliche Inbegriff eines langen, schönen Sandstrandes, der vom stadtnahen Hafen Port Rashid bis zur 20 km entfernten Dubai Marina reicht. Wenn aber dieser Strand nicht reicht, baut man eben aufs Meer hinaus. Mit The Palm Jumeirah und dem Archipel The World hat Dubai durch spektakuläre Landgewinnungen seine Sandstrände verfünffacht. Entlang des Jumeirah Beach laden heute zwei Dutzend Strandhotels zum Baden ein, dazwischen gibt es öffentliche Strände, an denen Sand und Sonne umsonst sind. Der Stadtteil Jumeirah bietet vielseitiges Erleben, tagsüber am Strand, nach Sonnenuntergang in den Restaurants und Lounges.

Draußen im Westen

Bis an die Grenze zum Emirat Abu Dhabi hat sich Dubai City inzwischen ausgedehnt. Hier, in Jebel Ali, dominieren die großen Projekte wie Dubais zweiter Flughafen, der Al Maktoum International Airport, und The Palm Jebel Ali.

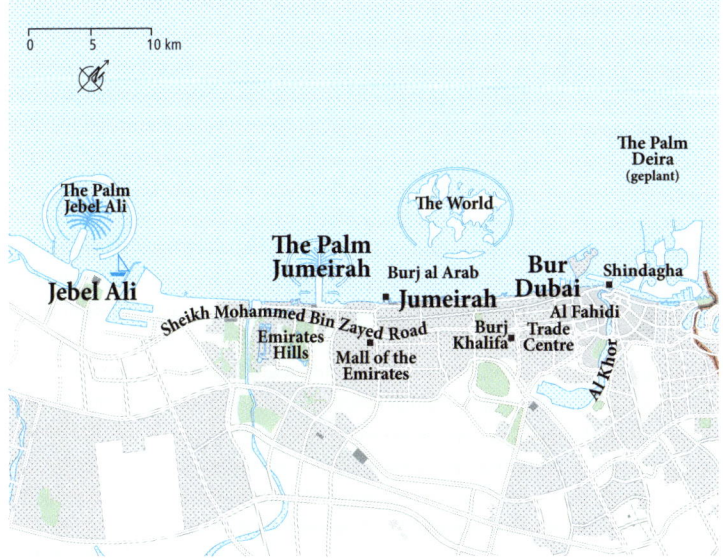

Essen ist mehr

Gaumenfreuden — Das Restaurantangebot in Dubai ist riesig, alle nationalen Küchen sind vertreten und viele von ihnen erreichen zudem höchstes Niveau. Aber Dubai kann mehr und auch anders. Einfache, saubere Garküchen oder moderne Food Trucks arrivieren zu anerkannten ›Stammlokalen‹. Und so werden verwöhnte Liebhaber ausgefallener kulinarischer Erlebnisse und vegetarisch orientierte Low-Budget-Traveller gleichermaßen begeistert sein.

Arabisches Schlaraffenland – nicht nur zum Iftar, dem täglichen Abendessen während des Ramadan, biegen sich die Hotelbuffets in Dubai unter den unzähligen Leckereien.

Dubais Gastronomie zwischen Garküchen und Michelin-Sternen

An einem Ort, an dem Menschen aus über 100 Ländern der Welt zusammenkommen, um dort für längere Zeit zu leben und zu arbeiten, etabliert sich schnell eine internationale Gastronomie. Die Vielfalt der Menschen, die in Dubai leben, prägt Dubais gastronomisches Angebot.

An der Spitze des kulinarischen Erlebens stehen die Restaurants der großen Hotels, deren Chefköche oft mit ihren Michelin-Sternen oder Gault-Millau-Mützen die hohe Qualität unterstreichen. Die Hotelrestaurants erfreuen sich auch deshalb großer Beliebtheit, weil nur sie die Lizenz besitzen, Wein und alkoholische Getränke auszuschenken. An Wochenenden findet man dort ohne Reservierung kaum einen Platz, zumal sie auch bei der einheimischen Bevölkerung sehr beliebt sind.

Essen als Erlebnis

Ausgehen zum Abendessen war lange Zeit die wesentliche abendliche Unterhaltungsform im Emirat. Ein Restaurantbesuch dient in Dubai bis heute nicht immer nur dem kulinarischen Genuss, sondern kann durchaus auch Unterhaltungscharakter haben. Denn die Auswahl unterschiedlicher Örtlichkeiten ist nahezu grenzenlos. Zum Essen ausgehen heißt deshalb auch: Wegen der schönen Aussicht ein Hochhausrestaurant wählen oder wegen des ausgefallenen Ambientes ein Dinner neben

als satt werden

Der Mittagstisch ist gedeckt und weil heute Feiertag ist, besonders üppig. Wie üblich bei solchen Festessen steht in der Mitte eine große Platte mit Reis, der – verfeinert durch Safran, gebratene Zwiebeln, gehackte Nüsse und Gemüsestreifen – die ›Basis‹ für ein großes Stück Fleisch bildet. Bei dieser Familie ist es heute ein gebratenes Huhn. Ein weiterer fester Bestandteil des Menüs ist die Mezze.

Mezze wird in vielen kleinen Schälchen auf den Tisch gestellt. Dazu gehören immer Hummus (mit Sesamöl und Zitronensaft zubereitetes Kichererbsenpüree) und Tabouleh (eine Mischung aus kleingeschnittener Petersilie, Minze und Weizenschrot) sowie eine Schale mit frischem Joghurt. Beliebt sind auch Foul Medammes (weiße Bohnen in eingedickter, würziger Tomatensauce) oder kleine Teigtaschen mit Fleisch- oder Käsefüllung. Jeder Koch und jedes Lokal hat seine eigene Zusammenstellung der Mezze, nur selten gibt die Speisekarte darüber Auskunft. Lassen Sie sich einfach überraschen!

einem riesigen Aquarium, während einer Dhau-Fahrt auf dem Creek, an einer Skipiste, weit draußen in der Wüste oder am Ende eines Piers mitten im Meer einnehmen, um nur kleine Auswahlvarianten anzudeuten.

Für den kleinen Hunger – Fast Food to go in Strandnähe

Das vertraute Angebot

Das Speisenangebot der internationalen Restaurants in den großen Hotels orientiert sich in erster Linie an den beliebtesten National- und Regionalküchen der Kontinente: Aus Europa sind Frankreich und Italien besonders häufig vertreten, Asien wird kulinarisch durch chinesische, japanische und indische Restaurants repräsentiert und Amerika durch mexikanische Lokale, US-Steakhäuser und natürlich auch durch die üblichen US-amerikanischen Fast-Food-Ketten. Sogar Freunde kulinarisch weniger bekannter Länder und selbst diejenigen, denen die deftige Variante der deutschen Küche nach ein paar Tagen fehlt, werden in Dubai fündig.

Es gibt sie auch in Dubai: Die arabische Küche

Ungeachtet des großen internationalen Angebots: Wer die Köstlichkeiten der arabischen Küche kennenlernen möchte, kann das auch in Dubai. Denn unter den Millionen Gastarbeitern im Emirat kommen viele aus arabischen Ländern, von denen sich einige mit einem eigenen Restaurant und den Gerichten aus der Heimat erfolgreich selbstständig gemacht haben. Die Palette reicht dabei von orientalischen Garküchen über kleine, nette arabische Lokale bis zu libanesischen Gourmetrestaurants. Da nicht nur die Araber aus diesen Ländern, sondern auch die Einheimischen gerne dort speisen, erfreuen sich arabische Restaurants großer Beliebtheit, und die besten werden regelmäßig ausgezeichnet.

Hummus, cremiges Kichererbsenpüree mit Sesam und Zitronensaft, gehört zu den traditionellen Vorspeisen im gesamten Orient.

Unter ihnen gibt es seit wenigen Jahren auch einige, die die traditionellen Gerichte aus Dubai anbieten. Das war lange nicht der Fall, denn Beduinen kannten keine Restaurants und deshalb gab es vor dem Erdölboom auch keine von Einheimischen geführten Speiselokale mit lokaler Küche. Man speiste zu Hause, und wenn bei festlichen Anlässen viele Gäste zu Besuch kamen, kochte man gemeinsam auf vertraute beduinische Weise. Und wenn man heute genau hinschaut: Man trifft in den Lokalen mit traditionellen Dubai-Gerichten fast nur ausländische Besucher, so gut wie keine Locals. Die speisen – wenn sie heimatliche Gerichte bevorzugen – immer noch lieber zu Hause.

Die traditionelle Küche der Einheimischen

Nach einem Restaurant mit traditionellen Gerichten der Locals muss man lange suchen. Denn die einheimische Küche ist relativ einfach im Vergleich zu anderen arabischen Küchen. Die Grundnahrungsmittel der beduinisch geprägten Bevölkerung waren einst Kamel- und Ziegenfleisch und vor allem Fladenbrot. Bei den Süßspeisen spielten Datteln die Hauptrolle.

ARABISCH ESSEN

Übereinstimmend gilt: Arabische Gerichte sind wesentlich stärker gewürzt als europäische. Jede Speise wird von Fladenbrot (*pita*) begleitet, das zum Teil die Gabel ersetzt, denn man bricht davon kleine Stücke ab, umwickelt damit Teile der Speisen und führt das Essen so zum Mund. Fast immer gibt es dazu Reis, der mit verschiedenen Soßen (*curries*) und Kichererbsenpüree (*hummus*) serviert wird. Lamm und Huhn sind die bevorzugten Fleischsorten, eine lokale Spezialität ist Kamelfleisch. Rindfleisch ist rar und teuer, Schweinefleisch gibt es gar nicht. Ohne Dessert geht es nicht: Die beliebtesten Nachspeisen am Golf sind Umm Ali (›Alis Mutter‹), ein köstlicher Brotpudding mit Zucker, Zimt, Muskat und Rosenwasser, oder Mehalabiya, ein Pudding mit Rosenwasser, gehackten Mandeln und Pistazien. Und zum Abschluss eines Essens gehört immer ein arabischer Kaffee, zu dem meist auch Datteln gereicht werden. Wer Spaß daran findet, kann anschließend noch eine Shisha (Wasserpfeife) probieren.

Hauptzubereitungsarten für Fleisch waren das Grillen auf Spießen oder langes Kochen in Tontöpfen, die mit glühender Kohle in den Sand eingegraben und bis zu zwei Tagen dem Garprozess überlassen wurden. Wenn auch das Garen im Erdofen in den Restaurants nicht mehr praktiziert wird, sind einige der traditionellen Gerichte auch heute noch beliebt.

Sonntag ist Brunch-Tag

Wenn Sie an einem Wochenende in Dubai weilen, sollten Sie sich in einem der großen Hotels den **Sunday Brunch** nicht entgehen lassen. Er ist an Üppigkeit und Ausgefallenheit nicht zu überbieten. Familien bevorzugen zum Brunchen die Restaurants von Strandhotels, weil ihre Kinder dort baden können.

Cafés

Cafés in Dubai sind keine Konditoreien, wie es in Deutschland überwiegend der Fall ist. Neben Kaffee und einer bescheidenen Kuchenauswahl werden hier in erster Linie kleine Gerichte, Sandwiches, Suppen und Kebabs angeboten.

Mehr als vegetarische Hausmannskost

Auch als Vegetarier oder Veganer kann man in Dubai gut speisen. Zwar gibt es nur wenige Restaurants mit ausschließlich vegetarischer Küche, aber alle indischen Restaurants der Stadt unterbreiten sehr gute vegetarische und vegane Angebote. Diese gibt es wegen der vielen Expatriates aus dem Subkontinent in großer Zahl – die meisten, eher bescheidene Lokale, in den Stadtteilen Bur Dubai und Deira. Aber es gibt auch sehr edle indische Restaurants in den besseren Hotels.

Die Food Trucks werden in Dubai immer mehr und immer beliebter.

Garküchen und Food Trucks

Zu den gastronomischen Abenteuern im Emirat gehören offene Garküchen in Form der **Shawarma-Stände** entlang den Straßen in Deira und Bur Dubai. Dort kann man mit gegrilltem Lamm- oder Hähnchenfleisch, Salat und arabischem Fladenbrot den kleinen Hunger für sehr wenig Geld stillen. Dazu ein frisch gepresster Orangensaft für ebenfalls wenig Geld. Sie werden sehen: Es schmeckt sehr gut, man muss nicht lange warten und es ist sehr preiswert.

Entlang des Jumeirah Beach verlaufen schmale Zubringerstraßen, auf denen man die wenigen öffentlichen Strände am Jumeirah Beach zu Fuß erreicht. Hier findet man weit und breit keine Restaurants, aber Dutzende von mobilen **Food Trucks,** die tagtäglich bis weit nach Sonnenuntergang ihre frisch zubereiteten kleinen Gerichte anbieten.

Alternative: Food Courts

Mit den Touristen kamen auch die US-amerikanischen Fast-Food-Ketten nach Dubai und breiteten sich rasant aus, weil besonders die jungen Einheimischen sie gerne besuchen. McDonald's, Burger King, Kentucky Fried Chicken & Co. unterhalten Filialen in jedem Stadtteil, und hier trifft man viele junge Araber. Aber es gibt Alternativen zu diesen monotonen Fast-Food-Lokalen: Die **Food Courts** in den Shopping-Malls. Jede Mall besitzt – meistens im obersten Stock – einen Food Court mit mehreren Selbstbedienungsrestaurants, die Speisen aus unterschiedlichen Küchen anbieten. Darunter sind asiatische Gerichte, gegrillte oder gebackene Hühnchen, immer eine große Salatauswahl und ein breites Gemüseangebot. Ein Kuchenbuffet rundet die Sache ab. Hier speist man gesünder und preiswerter als bei den McDonald's-Ablegern aus Übersee.

In den Food Courts ist meist Selbstbedienung angesagt. Also: Please help yourself!

Dreimal Luxus unter einem Dach: Erlebnisgastronomie im Burj Al Arab

Das **Al Mahara** (T 800 32 32 32, Di–So 18.30–22 Uhr, €€€) gehört zu den meistbesuchten Fischrestaurants der Stadt. Deshalb sollten Sie besonders an Feiertagen lange vorher reservieren. Aber vielleicht haben Sie als Spontangast einmal Glück. Das Restaurantabenteuer beginnt mit einer simulierten dreiminütigen Fahrt in einem Unterseeboot zum Res-

DINNER AUF DEM CREEK

D

Dinner Cruises

Während man sich am üppig bestückten Buffet mit tausendundein emiratischen Spezialitäten bedient, tuckert man auf historischen Wasserwegen vorbei an Dubais zwei ›Welten‹: der eindrucksvoll angestrahlten Skyline und den schummrigen Souks. Die abendliche Bootsfahrt ist so kitschig wie magisch!

Die meisten Dinner-Dhaus ankern an den Quais der Baniyas Road hinter dem Hotel Sheraton Dubai Creek & Towers auf der Deira-Seite des Creek. Die Preise für die Bootsfahrt inkl. Buffet liegen zwischen 200 und 350 Dh pro Person. Abfahrt ist meist um 19.30 Uhr, gegen 22 Uhr legt das Schiff an der Abfahrtstelle wieder an.

Auch durch die Dubai Marina und auf dem Dubai Canal werden Dinner Cruises angeboten. Man bucht sie am besten bei einem Tour Operator (s. S. 239).

Das Angebot der Schiffe, mit denen man für eine Dinner Cruise über den Creek schippern kann, reicht von modern bis historisch. Besonders romantisch ist die Fahrt auf einer traditionellen Dhau, einem Holzboot, das einst zum Lastentransport diente. Viele Veranstalter bieten auch einen Hol- und Bring-Service vom und zum Hotel an (https://dhowcruiseoffersdubai.com, www.dubai-marina.com/which-dinner-cruise-choose-dubai, www.dhowcruiseindubai.com/dhow-cruise-creek-dubai.html).

taurant. Die edel eingedeckten Tische gruppieren sich entlang der goldfarbenen Wände um ein riesiges Aquarium, das vom Fußboden bis zur Decke reicht. Sie speisen unter Fischen, und auf den Tisch gelangen nur Fischgerichte von höchster Qualität.

Nicht minder aufregend ist ein Besuch im **Al Muntaha.** Von außen betrachtet schwebt das Restaurant in der Form eines Zigarettenetuis kurz unterhalb der Turmspitze des Burj Al Arab. Innen fühlt man sich in ein riesiges blau-grünes Raumschiff versetzt. Um es zu erreichen, benötigt der gläserne Expressaufzug weniger als eine Minute vom Erdgeschoss bis ins 200 m hohe Himmelsblick-Restaurant. Ein wahrlich himmlischer Blick eröffnet sich aus den Panoramafenstern, der zu den spektakulärsten Erlebnissen im Emirat gehört. Die Küche ist gut, aber die Gäste kommen nicht in erster Linie ihretwegen (T 800 32 32 32, tgl. 12.30–14.30, 19–22 Uhr, €€€).

Last but not least ist es ein wahrer Luxus, sich den Five-o'Clock-Tea entweder im **Sahn Eddar,** der Atrium-Lounge im 1. Stock des Foyers, oder in 200 m Höhe im 27. Stock in der **Skyview Bar** servieren zu lassen. Vom Sahn Eddar aus sehen Sie während des Teetrinkens, wer so alles im Burj ein und aus geht, durch die Scheiben der Skyview Bar genießen Sie einen absolut traumhaften Blick bis zum Horizont. Nirgendwo sonst in Dubai ist Voyeur-Sein spannender oder der Blick atemraubender. Und nirgendwo sonst in Dubai ist der Tee teurer. Aber warum sich nicht einmal ein solches Erlebnis gönnen (Sahn Eddar und Skyview Bar: T 800 32 32 32, Nachmittagstee Arabesque tgl. 15–18 Uhr, €€€)?

Ein beduinisches Gourmet-Erlebnis fernab der Stadt wartet im Wüstenresort Bab al Shams auf Sie: Unter freiem Himmel können Sie hier beste arabische Küche und eine mitreißende Live-Show genießen.

Dinner in der Wüste

Ein Abendessen unterm Sternenhimmel mitten in der Wüste und beste arabische Küche – das muss eine 45-minütige Anreise wert sein. Zumal das Essen mit einem attraktiven Kulturprogramm verbunden ist:

Al Hadheerah Desert Restaurant

Vom Hotel führt ein kurzer, mit Fackeln markierter Fußweg zum Al Hadheerah. Das Restaurant im Stil einer offenen Karawanserei bietet einen Souq, Kamele und einen exotischen Kochbereich. Auf großen Steintischen türmen sich köstliche Speisen, über offenem Feuer wird Fleisch gegrillt und in den Töpfen köcheln delikate Gerichte. Am Ende der ›Buffetstraße‹ wartet eine Vielfalt verführerischer Desserts. Begleitet wird das Essen von arabischer Livemusik und einer Heritage Show (Nähe Bab Al Shams Desert Resort & Spa, ♥ Karte 4, C 2, T 809 61 94, www.babalshams.com/dining, tgl. 19–24 Uhr, €€€; Anfahrt: am Interchange 4 von der Sheikh Zayed Road Richtung Süden abbiegen, dann 40 km bis zum Hotel Bab Al Shams).

Wohin zum Essen?*

Die allermeisten der guten Restaurants in Dubai sind Hotelrestaurants. In jedem der über hundert 5-Sterne-Hotels finden Sie mehrere Restaurants mit jeweils unterschiedlichen Schwerpunkten, und nur dort werden auch Wein oder Bier zum Essen angeboten. Stadthotels dieses Segments stehen z. B. entlang der Sheikh Zayed Road, Strandhotels entlang des Jumeirah Beach. Bei allen Hotelrestaurants gilt die einfache Formel: je besser das Hotel, desto besser (und manchmal auch teurer) seine Restaurants.

Doch es gibt auch ganz gute Restaurants außerhalb von Hotels. Sie konzentrieren sich an Straßen und Orten, die Menschen zur Arbeit oder zur Freizeit aufsuchen.

Al Seef ♥ **V 4:** mehrere Restaurants der mittleren Preisklasse

Sheikh Zayed Road ♥ Karte 2, **S/T 5:** gehobene Restaurants um die Börse und das Dubai International Finance Center (DIFC) herum

Jumeirah ♥ Karte 3, **J 3:** Restaurants unterschiedlicher Preisklassen entlang der Fußgängerstraße The Walk

Shopping-Malls: die wohl dichteste Ansammlung von Restaurants in Dubai; unter ihnen bietet die Dubai Mall (♥ Karte 2, **S 5**) die größte Auswahl.

* Wo Sie in den verschiedenen Stadtgegenden gut essen können, steht an Ort und Stelle im Buch.

TYPISCH DUBAI

Harees: Eine einfache, breiähnliche Speise aus kleinen Fleischstücken, grobgemahlenen Weizenkörnern, Wasser und Gewürzen, die so lange im Tontopf auf kleiner Flamme gekocht wird, bis das Fleisch gar ist und der Weizen eine breiige Konsistenz hat.

Machboos: Eine Art Eintopf aus Lamm bzw. Hühnerfleisch, der zusammen mit Zwiebeln, Reis, Salz und Gewürzen sowie getrockneten Zitronen ebenfalls über mehrere Stunden gekocht bzw. gegart wird.

Fareed: Ein sehr populäres Abendessen, vor allem während des Ramadan. Die Grundlage ist ein sehr dünnes, frischgebackenes Fladenbrot, auf welches eine Mischung aus scharf gewürztem Lamm- oder Hühnerfleisch und gewürfelten Karotten, Kartoffeln und Kürbisstücken gelegt wird.

Balaleet: Eine Art Omelette, das gerne zum Frühstück gereicht wird,

zubereitet aus Eiern, Zwiebelwürfeln, Zimt und Zucker. Dazu gibt es *mohalla,* ein mit Honig oder Dattelsirup bestrichenes Fladenbrot.

Batheeth: Dessert aus frischen, reifen Datteln und einer süßen Soße.

Lukaimat: Teigbällchen in Dattelsoße

Khamir: Ein dickeres, in der Pfanne gebratenes Fladenbrot aus Mehl, Zucker, Eiern, Sesamkörnern und *ghee* (Butterfett), das gerne mit Dattelsirup gegessen wird.

Khabeesah: Süßspeise aus geröstetem Mehl, Wasser, Zucker und Safran, die in einer Pfanne zubereitet wird.

Pita: Das arabische Fladenbrot begleitet nahezu jede Speise.

Probieren kann man die typische Küche noch im historischen Stadtteil Al Fahidi in den Restaurants Al Khayma Heritage (s. S. 60) und Local House (s. S. 60).

Ausgewählt

Arabisch-orientalisch

Seite 60
🟥 **Awtar:** Die beste libanesische Küche in einem stilvoll eingerichteten Ambiente, angrenzende Terrasse. 📍 Karte 2, **U 6**

Seite 60
🟥 **Al Khayma Heritage**: Sehr leckeres Frühstück und arabische Küche in laternengeschmücktem Innenhof. 📍 **V 4**

Seite 60
🟥 **Local House:** ›Local‹ kann man hier wörtlich nehmen: Alle Zutaten kommen ausschließlich aus Dubai. 📍 **V 4**

Cafés

Seite 119
🟥 **Aspen:** Sehr gutes Gebäck und täglich frisches europäisches Brot, mit direktem Zugang zur Mall of the Emirates. 📍 Karte 2, **M 5**

Seite 61
🟥 **XVA Art Café:** Café und Kunst im Innenhof eines restaurierten arabischen Gebäudes. 📍 **V 4**

Seite 154
🟥 **The Lime Tree:** Ein klassisches Jumeirah-Familienhaus mit Café und Restaurant; schmackhafte Suppen, große Kuchenauswahl. 📍 Karte 2, **T 4**

Einfach, nett, preiswert

Seite 61
🟥 **Blue Barjeel**: Einfaches Straßenrestaurant direkt am Creek; Möwen, Schiffe, mitten unter Einheimischen. 📍 **V 4**

Seite 61
🟥 **Mumtaz Mahal:** Lust auf ein indisches Curry oder einen Mango-Lassi? Dann sind Sie hier richtig. 📍 **V 4**

Seite 62
🟥 **Restaurant Barjeel:** In einem kleinen historischen Hotel. Direkter Blick auf den Creek, mit großer Außenterrasse. 📍 **V 4**

Seite 62
🟥 **Bayt Al Wakeel:** Traumhafter Blick von der Terrasse auf das Leben am und auf dem Creek, arabisch-thailändische Küche. 📍 **V 4**

Seite 90
■ **Al Difaf:** Eine sehr einfache Hafenkneipe mit ebenso einfacher Kost, aber man sitzt mittendrin im Geschehen des Hafens. ♀ Karte 2, **V 5**

Gesund und vegetarisch

Seite 61
■ **Asha's Dubai – Wafi:** Das Restaurant gehört zu den besten indischen der Stadt. ♀ Karte 2, **U 6**

Seite 118
■ **Hoi An:** Authentisch vietnamesische Küche als Live-Cooking-Erlebnis; frischer geht nicht. ♀ Karte 2, **S 5**

Seite 61
■ **Sushi:** Zitronengras und Limone; große Auswahl an vegetarischen Sushi-Variationen. ♀ Karte 2, **U 6**

Im Trend

Seite 153
■ **Suq:** Ein Restaurant als ›Markt‹ sowohl im Ambiente als auch im Angebot an frischen Produkten. ♀ Karte 2, **R 4**

Seite 90
■ **The Boardwalk:** Gute Küche und wunderschöne Lage am Creek. ♀ Karte 2, **V 6**

Seite 61
■ **MishMash:** Treffpunkt für jüngeres, internationales Publikum, große Auswahl an Obst- und Gemüsesäften; gutes Frühstück. ♀ Karte 2, **V 5**

Hochgelobt

Seite 154
■ **The Beach Bar & Grill:** Am Strand gelegenes Terrassenrestaurant. Toskana-Mobiliar auf Holzplanken, direkter Blick auf The Palm Jumeirah. ♀ Karte 3, **K 3**

Seite 154
■ **Celebrities:** Legendärer Gourmettempel für große Auftritte: breite Marmortreppe, riesige Panoramascheiben, mit Fackeln erleuchtete Gartenanlage. ♀ Karte 3, **K 3**

Seite 89
■ **Noépe:** Vorzügliche internationale Küche und erlesene Weine auf einer herrlichen Terrasse mit Blick auf den Creek und die Skyline direkt an der Marina des Hotels Park Hyatt. ♀ Karte 2, **V 6**

Rooftop-Locations

Seite 89
■ **Al Dawaar:** Drehrestaurant im 25. Stock. Nur Lunch und Dinner, nur Buffet, aber alles vom Feinsten. ♀ Karte 2, **W 4**

Seite 119
■ **At.Mosphere:** Bei dieser Aussicht aus Dubais höchstem Restaurant im 122. Stock des Burj Khalifa ist das Essen Nebensache. ♀ Karte 2, **S 5**

Mit Meerblick

Seite 153
■ **Pierchic:** Fischrestaurant in einem luftigen, vom Meer umspülten Holzpavillon auf Stelzen. ♀ Karte 2, **M 4**

Seite 155
■ **Mekong:** Der größte Fluss Südostasiens fließt durch sechs Länder und genauso vielseitig ist das Angebot in diesem Lokal auf The Palm Jumeirah. ♀ Karte 3, **M 2**

Flanieren

**An Schaufenstern entlangbummeln, in Ein-
kaufsstraßen entspannt flanieren** — dafür bietet
Dubai aus klimatischen Gründen nicht die Voraussetzungen …

… und dennoch: In keiner anderen Stadt am Golf dreht sich
das Leben derart ums Einkaufen. »Do buy!« – die Aufforde-
rung zu kaufen –, so behaupten die Tour Guides bei ihren
Stadtführungen, habe bei dem Namen der Stadt phonetisch
Pate gestanden.

Shopping-Malls als Erlebnispark

*Der Begriff
›Einkaufszentrum‹
beschreibt
nicht einmal
annähernd, was
die Ibn Battuta
Shopping Mall
zu bieten hat.
Hier können Sie
auf Shopping-
Weltreise gehen.*

In Dubai werden die Shopping-Malls immer größer, und
je neuer sie sind, umso mehr verschieben sich die Grenzen
vom Einkaufstempel hin zum Erlebnispark. Die größten und
spektakulärsten unter den mehr als 50 Malls gehören zu den
touristischen Attraktionen des Emirats. Welche enorme
ökonomische Bedeutung sie haben, kann man daran sehen,
dass von allen Einkäufen der aktuell rund 15 Mio. Touristen
jährlich mehr als die Hälfte in den Shopping-Malls getätigt
werden. Die Hotels unterhalten für ihre Gäste Pendelbusdiens-
te zwischen Unterkunft und Shopping-Malls (leider nicht zu
den Sehenswürdigkeiten). Um Besuchern, die zum Shoppen
nach Dubai kommen, die Anfahrt zum Einkaufszentrum zu
ersparen, gibt es sogar Hotels direkt in den Malls.

›Markenartikel‹ zu Spottpreisen

Karama heißt das Viertel im Stadtteil Bur Dubai, und jeder
Taxifahrer kennt es. Denn hier gibt es vor allem unvergleichlich
günstige ›Markenartikel‹. In den vollgestopften kleinen Läden
findet man Mode, auf deren Etiketten kein Designername von
Rang fehlen dürfte. Hier ersteht man Louis-Vuitton-Handta-
schen für nur 80 Dh, für einen Boss-Anzug zahlt man nicht
einmal 500 Dh und die Rolex bekommt man für 400 Dh. Nie
würde der Verkäufer zugeben, dass es sich um asiatische Imitate
handelt und eigentlich will man es als Käufer auch nicht wissen.

INFOS ZUM GOLDKAUF **G**

Falls Sie beabsichtigen, Goldschmuck im Souq zu kaufen, gibt es
einige Dinge zu beachten. (Siehe
Kasten S. 74 und Tour S. 80)

Aber Achtung: Wenn Sie z. B. mehrere gefälschte Rolex-Uhren mitbringen, kann das an europäischen Flughäfen teure Folgen haben.

Feilschen im Souq

In den Souqs ist das Aushandeln der Preise Voraussetzung für ein gutes, beide Seiten zufriedenstellendes Geschäft. Denn zahlt ein Käufer den vom Händler ursprünglich geforderten Preis, ist dieser unzufrieden, keinen höheren gefordert zu haben, und der Käufer ist ebenfalls unzufrieden, weil er den gerade erworbenen Gegenstand beim nächsten Händler billiger angeboten bekommt. Nur wenn beide Seiten sicher sind, den für sie optimalen Preis erzielt zu haben, breitet sich Zufriedenheit aus. Handeln ist ein traditioneller Bestandteil der arabischen Preisfindungskultur. Handeln ist zwar für Europäer eine ungewohnte Angelegenheit, doch kann man es schnell lernen, wenn man die Rituale kennt. Ein bewährtes Ritual läuft in etwa so ab wie nachfolgend beschrieben.

Vorbereitung

Man nimmt genügend Geld in kleinen Scheinen mit, die man auf mehrere Hosen- und Jackentaschen verteilt, und verschließt diese gut. Hat man eine bestimmte Ware – z. B. einen alten beduinischen Armreif – ins Auge gefasst, mustert man ihn geringschätzig, legt ihn zur Seite und feilscht um einen anderen. Nachdem der einem zu teuer ist, nimmt man den gewünschten, betrachtet ihn abwertend und fragt nach dem Preis.

Das erste Angebot

Der Händler sagt z. B. 1000 Dh. Jetzt lächelt man und erwidert, dass das Schmuckstück dies möglicherweise wert sei, man aber nicht über genügend Dirham verfüge, weil man zu Hause eine große Familie zu ernähren habe. Da der Armreif einem aber gefalle, würde man 300 Dh bezahlen. Jetzt lacht der Händler, erzählt von schwankenden Silberpreisen und unterstreicht noch einmal die hohe Qualität. Sein letzter Preis wären 800 Dh. Man dreht den Reif um, fährt prüfend mit der Hand über die Innenseite, findet mehrere Kratzer und sagt: »Shuf!« (Schau mal hier!). Der Händler bietet nun 750 Dh, betont aber, dass es sich um ein absolutes Einzelstück handle und er nur deshalb mit dem Preis heruntergehe, weil man sein Freund *(sadiq)* sei.

Nerven behalten!

Man nimmt 400 Dh abgezählt aus der Tasche und übergibt sie mit der Bemerkung »hallas« (genug) und »shukran« (danke)! Der Händler nimmt die 400, verlangt aber 250 mehr, weil 650 Dh sein letzter Preis sei. Nach einigem Überlegen fingert man aus der nächsten Tasche weitere 50 Dh. Die gibt man dem Händler mit der Geste, dass man nicht über mehr verfüge (z. B. durch Umkrempeln der Hosentasche). Der Händler erwidert: »mafi« (auf keinen Fall), gibt einem die insgesamt 450 Dh zurück und wendet sich ab. Man sagt noch einmal »shukran«, dreht sich um und geht einige Schritte, bis der Händler einen zurückruft und 550 flüstert. Nun schüttelt man den Kopf, lächelt aber und sagt nicht sehr entschieden »mafi«, zieht die 450 Dh wieder aus der Tasche und drückt sie dem Händler in die ausgestreckte Hand.

Geschafft!
Der Händler klagt über die schlechte Geschäftssituation, aber ein letzter Preis von 500 Dh kommt dabei über seine Lippen. Man holt noch einmal 50 Dh aus der dritten Tasche. Der Händler richtet den Blick gen Himmel, nickt aber mit dem Kopf. Nun hat man den Armreif für 500 Dh erworben – und freut sich riesig. Auch der Händler strahlt und betont, dass man der zäheste Verhandlungspartner gewesen sei, der sich je in seinen Laden verirrt habe. Während er das Schmuckstück einpacken lässt, bietet er einem Tee an und holt einen zweiten Armreif aus der hintersten Ecke, der zu dem gerade erworbenen passt. Dafür verlangt er von vornherein nur 700 Dh, weil man sein bester Kunde werden solle.

Handeln erwünscht! – Selbst beim einfachen Straßenverkauf wird der Preis verhandelt.

SHOPPING-FESTIVAL **S**

Das **Dubai Shopping Festival (DSF)** ist ein einmonatiger Einkaufsmarathon, an dem sich die meisten Geschäfte, alle Malls und die örtliche Hotellerie beteiligen. Das DSF im Dez./Jan bietet Emirati und Besuchern gleichzeitig auch Unterhaltung für die ganze Familie und ein reichhaltiges kulturelles Programm mit internationalen Künstlern. Dubai wandelt sich in dieser Zeit in eine große Bühne und zeigt sich des Abends mit Lichterketten und Feuerwerk von seiner eindrucksvollsten Seite. Es herrscht Schlussverkaufsstimmung und Straßenfestatmosphäre. Der Termin des DSF wird immer im September bekannt gegeben (www.mydsf.ae).

Man bedankt sich für das Kompliment, lässt den Händler die Hoffnung, indem man andeutet, *in sha'allah bukhra* – so Gott will morgen – mit dem Bruder wiederzukommen, verabschiedet sich mit Handschlag und einem freundlichen »ma'as salama« (Auf Wiedersehen).

Souqs

Seite 62
🛍 **Bur Dubai Souq:** Der älteste Basar der Stadt, nahe am Creek. In den vielen kleinen Ladennischen findet man immer etwas, was sehr preisgünstig ist, man aber bei genauem Überlegen eigentlich nicht braucht. 📍 V 4

Seite 69
Gewürzsouq: Allein der Geruch der in Säcken angebotenen Gewürze lässt einen nicht mehr los. 📍 V 4

Seite 69
Goldsouq: Ein ganzes Viertel mit mehr als 400 Geschäften – weltweit gibt es keine größere Auswahl an garantiert echtem Goldschmuck. ♥ **V 4**

Seite 123
🛍 **Souq Al Bahar:** In unmittelbarer Nachbarschaft zur Dubai Mall, aber das perfekte Kontrastprogramm: ein kleiner zweistöckiger arabischer Basar. ♥ Karte 2, **S 5**

Seite 155
🛍 **Souq Madinat Jumeirah:** Ein moderner Souq im Stil eines traditionellen Basars, angeboten werden in dicht gedrängten Gassen künstlerische Fotos, Modeschmuck, kunsthandwerkliche Arbeiten und viel Malerei. ♥ Karte 3, **N 4**

Märkte

Seite 92
🛍 **Fischmarkt:** Auch wenn Sie keine Fische kaufen wollen – hier lernen Sie den Fischreichtum vor der örtlichen Küste kennen. ♥ Karte 2, **X 4**

Seite 92
🛍 **Gemüsemarkt:** Hier gibt es sowohl einheimische Datteln als auch nahezu alle Obstsorten

dieser Welt in riesiger Auswahl. ♥ Karte 2, **X 4**

Seite 92
🛍 **Deira Tower:** Zwar gibt es keinen Teppichsouq, aber dafür mehrere Etagen eines Hochhauses voller Teppiche. ♥ **W 4**

Shopping-Malls

Seite 123
🛍 **Dubai Mall:** Dubais größte und aufregendste Mall. Man muss sie einfach mal besuchen, auch wegen ihrer anderen Attraktionen. ♥ Karte 2, **S 5**

Seite 123
🛍 **Mall of the Emirates:** Sie bietet ein unglaubliches Warenangebot, aber ihr Alleinstellungsmerkmal: Unter ihrem Dach gibt es eine 400 m lange Skipiste. ♥ Karte 2, **M 5**

Seite 124
🛍 **Ibn Battuta Mall:** Sie trägt den Namen des berühmtesten arabischen Forschungsreisenden des Mittelalters und lädt in

sechs Courts perfekt zu einer Shopping-Weltreise ein. ♥ Karte 3, **G 4**

Seite 124
🛍 **Dubai Outlet Mall:** Produkte international renommierter Brands mit kleinen Fehlern – ein Himmelreich für Schnäppchenjäger. ♥ Karte 2, **R 9**

Einkaufen unter freiem Himmel

Seite 155
🛍 **The Beach:** Schicke Mode in mehreren Geschäften entlang der Straße der Jumeirah Beach Residences. ♥ Karte 3, **J 4**

Seite 155
🛍 **City Walk:** Palmengesäumte Fußgängerzone bzw. kleine Mall aus ca. 60 Geschäften, die ein Glasdach überspannt. ♥ Karte 2, **S 4**

Seite 156
🛍 **Box Park:** Kunstvoll angelegter Stapel von ca. 50 umgebauten Containern mit Restaurants und kleinen Geschäften in der Al Wasl Road. ♥ Karte 2, **R 4**

Diese Museen ...

Über 20 Museen besitzt Dubai — aber welche lohnen sich wirklich? Hier einige Empfehlungen.

Saruq Al Hadid Museum

Dubai in der Bronzezeit? Das Museum im historischen Stadtteil Shindagha stellt ca. 5000 Jahre alte Ausgrabungsfunde vor, die am Rande der Rub al Khali von Archäologen entdeckt wurden. S. 59, **♀ V 4**

Bait Al Banat – Frauenmuseum

Das in der Golfregion einmalige Museum dokumentiert den historischen Beitrag der Frauen zur Kultur und die gesellschaftspolitische Entwicklung der VAE. Es liegt in einer Seitenstraße des Goldsouqs, präsentiert alten Schmuck und stellt die Biografien angesehener Sheikhas vor, die als stille Ratgeberinnen ihrer bedeutenden Ehemänner großen Einfluss auf die Politik am Golf hatten. S. 87, **♀ V 4**

M MUSEUMSBESUCHE PLANEN

Die Museen haben z. T. unterschiedliche Öffnungszeiten, einzelne sind freitags geschlossen oder haben nur am Freitagnachmittag geöffnet. Die Eintrittspreise sind moderat und schwanken zwischen 3 und 20 DH.

Dubai Museum

Ins Fort Al Fahidi, die älteste Festung der Stadt, zog 1987 das erste und bis heute noch immer anregendste Museum des Emirats ein. Genauer gesagt: Die Lehmfestung wurde restauriert und das Museum einfach unter die Erde verlegt. In museumsdidaktisch vorbildlicher Weise erlebt man hier die Geschichte und den Alltag in der Zeit vor dem Erdöl. S. 58, **♀ V 4**

Madrasah Al Ahmadiya

1912 wurde die erste Schule in Dubai gegründet und vom Perlenhändler Ahmadiya finanziert. Sie wurde mit originalgetreuen Materialien restauriert, einschließlich der Koranverse an den Wänden, und mit Originalmöbeln ausgestattet. Anschauliche Einblicke in die Pädagogik von damals. S. 88, **♀ V 4**

Dubai Municipality Museum

In diesem bescheidenen Stadthaus direkt am Eingang des Gewürzsouqs versammelte sich von 1959 bis 1964 der Rat der Gemeinde Dubai. Das Museum dokumentiert die Aufbauarbeiten in den 1960er-Jahren. S. 87, ♥ **V 4**

Etihad Museum

An dem Ort, an dem am 2. Dezember 1971 sechs Emire der Trucial States ihren gemeinsamen Staat gründeten, steht seit 2017 als prächtiger Glasbau das Etihad Museum. Unter einem großen Kuppeldach wird hier anschaulich die Gründungsgeschichte der Vereinigten Arabischen Emirate erzählt. Im Vorhof weht an hohem Mast die größte Fahne der VAE. S. 153, ♥ Karte 2, **T 4**

Museum of the Future

Das spektakulär als riesiger Silberring mit arabischen Kalligrafien gestaltete Museum präsentiert Erlebnisausstellungen über das Leben im Weltraum, den Regenwald und Zukunftstechnologien. S. 103, ♥ Karte 2, **T 5**

Pearl Museum

Im 15. Stock der Emirates NBD stellt der Chairman der Bank die wunderschöne, millionenschwere Perlensammlung seines Vaters Ali bin Abdullah Al Owais sowie faszinierende alte Fotografien aus, die von der mühevollen, fast vergessenen Arbeit der Perlentaucher erzählen. S. 89, ♥ Karte 2, **V 5**

Kaffeemuseum

Kaffee steht im Mittelpunkt: seine unterschiedlichen Zubereitungsformen, seine Geschichte, der anschauliche Ablauf vom Pflücken der Bohne bis zum gemahlenen Pulver, eine spannende Zeitreise durch die Welt des Kaffees. Mit sehr nettem Café. S. 60, ♥ **V 4**

Majlis Ghorfat Umm Al Sheif

Als Jumeirah noch ein verschlafenes Fischerdorf war, nutzte Sheikh Rashid bin Saeed Al Maktoum dieses Haus vor den Toren der Stadt als Sommerresidenz. Das Gebäude samt Einrichtung und der alte Garten sind bestens erhalten. S. 153, ♥ Karte 2, **Q 4**

FREIER EINTRITT   **F**

Madrasah Al Ahmadiya
Dubai Municipality Museum
Pearl Museum
Kaffeemuseum

… lieben wir!

Nachtschw

Dubais Nachtleben: Es existiert! Tatsächlich gibt es nichts, was es hier nicht gibt …

Attraktive Abendunterhaltung findet in Dubai fast ausschließlich in oder im Umfeld großer Hotels statt. Denn nur dort ist Alkoholausschank gestattet und hier wohnt und verkehrt auch das internationale Publikum, das sich in der abendlichen Unterhaltungsszene zwangloser bewegt und zu jener anregenden Atmosphäre beiträgt, die gute Locations auszeichnet. Ausgehabend in Dubai ist der Freitag. Dann sind wegen des Wochenendes viele Expatriates auf den Beinen, in Bars und Diskotheken gibt es Livemusik, man bekommt nur schwer einen guten Platz. Die meisten verlangen dann Eintritt oder einen Mindestverzehr.

Da Lounges, Bars und Diskotheken in Dubai Wert darauf legen, nicht nur von Männern besucht zu werden, haben sie an einem Tag der Woche die mittlerweile sehr beliebten Ladies' Nights eingeführt und bieten Frauen dann freien Eintritt und kostenlose Getränke an.

In den Wintermonaten gastieren in der Arena der Dubai Media City oder in der Coca-Cola-Arena immer internationale Musikstars aus aller Welt. Die Eintrittskarten sind in der Regel günstiger als in Europa. Das gilt auch für die Dubai Opera und für den bekannten Zirkus Cirque du Soleil, der in Dubai für seine La-Perle-Vorführung ein eigenes klimatisiertes Theater besitzt.

* Wohin am Abend? Bei jedem Viertel sind ausgewählte Adressen und Tipps gelistet.

ärmereien

Bars & Lounges

Seite 93
☀ **The Bar:** Wegen des fantastischen Blicks aufs Meer heißt der Hauscocktail Ocean View. Dezente DJ-Musik. ♥ **W 4**

Seite 126
☀ **Blue Bar:** Die erste und bisher unübertroffene Jazz- und Bluesbar in Dubai. Belgisches Bier, jeden Do Live Music.
♥ Karte 2, **T 5**

Seite 159
☀ **Buddha Bar:** Wie das Original in Paris, asiatischer Dekor, exzellente Küche. Wer nicht essen möchte, findet an der Bar Platz und neue Freunde.
♥ Karte 3, **J 4**

Seite 126
☀ **Cin Cin:** Sehr gute Weine und nette Leute, die nach Dienstschluss Gespräche schätzen.
♥ Karte 2, **T 5**

Seite 94
☀ **QD's:** Das Quarterdeck des Dubai Golf & Yacht Club-Hauses ist ein Open-Air-Treff nach Sonnenuntergang; dezente Musik. ♥ Karte 2, **V 6**

Schöne Aussicht

Seite 159
☀ **Bar 44**: Champagner- und Cocktailbar hoch über der Dubai Marina. Manhattan-Dekor, viel Kerzenlicht.♥ Karte 3, **J 4**

Seite 159
☀ **Mercury Lounge**: Rooftop-Bar mit exzellenter Getränkeauswahl und herrlichem Blick auf den Burj Khalifa und die Skyline von Dubai.
♥ Karte 2, **R 4**

Aber vergessen Sie nicht die Null-Promille-Grenze!

Seite 94
☀ **Cielo Sky Lounge**: Im Clubhaus des Dubai Creek Golf & Yacht Club, mit blauweißen Segeln überspannte Terrasse,

MOCKTAILS **M**

Gläubige Muslime trinken keinen Alkohol. Autofahrende Besucher sollten es wegen der Null-Promille-Grenze auch nicht tun. Deshalb gibt es in Bars auch immer alkoholfreie, cocktailähnliche Mixgetränke. Sie heißen Mocktails, tragen – wie ihre alkoholischen Verwandten – ebenfalls verlockende Namen, verursachen aber keinen Brummschädel. Meist werden Mocktails aus frischem Sirup unterschiedlicher Früchte, in Schichten durch gecrushtes Eis getrennt, als farblich abgestimmtes Kunstwerk gereicht. Mocktails sehen nicht nur gut aus, sie schmecken auch gut.

ultraschick, DJ-Musik und
Tapas. 📍 Karte 2, **V 6**

Seite 94

✹ **La Vista:** Hier genießt
man die schönsten
Sonnenuntergänge bei
dezenter Pianomusik.
📍 Karte 2, **V 7**

Seite 159

✹ **Jetty Lounge und
The 101:** Zwei Top-
Locations am und im
Meer – Sand unter den
Füßen und stimmungs-
volle Musik. Zwischen
beiden verkehrt ein
kleines Fährboot im Vier-
telstundentakt. 📍 Karte 3,
K 3

Seite 160

✹ **Skyview Lounge:**
Eigentlich ist die Bar in
200 m Höhe nur Gästen

des Burj Al Arab vorbe-
halten, aber … Ein Muss
wegen der Aussicht!
📍 Karte 2, **N 3**

Seite 126

✹ **White Club:** Fantas-
tische Dachterrasse auf
der Haupttribüne des
Meydan Racecourse mit
Skyline-Blick. Regelmäßig
Specials wie Ladies Night
etc. 📍 Karte 2, **T 5**

Tanzen

Seite 159

✹ **Sobe Dubai:** Im
Club des W Dubai
Hotels auf Palm Jumeirah
lässt es sich im Stil des
South Beach Miami zum
Sonnenuntergang auf
der Dachterrasse tanzen.
📍 Karte 3, **J 2**

Seite 94

✹ **Hard Rock Café
Dubai:** Noch größer,
noch schöner, und doch
wie alle anderen weltweit:

good food, good rock.
📍 Karte 2, **V 7**

Seite 126

✹ **The Avenue Club:**
Von Hip-Hop und R & B
über House und Techno
bis zu lokalen Sounds
im 42. Stock des Hotels
Shangri-La. 📍 Karte 2, **S 5**

Seite 159

✹ **Lock, Stock & Barrel:**
Weltweit bekannt, jetzt
auch an der Dubai Mari-
na. Partystimmung mit DJ-
und Livemusik, sportlich
und trendy, Di Ladies
Night. 📍 Karte 2, **L 4**

Shows

Seite 127

✹ **La Perle:** Franco
Dragone hat für seinen
Cirque du Soleil wagh-
alsige Aufführungen mit
aufregender Akrobatik
gestaltet. 📍 Karte 2, **R 5**

Seite 126

✹ **The Theatre:** Eine
Kombination aus Sän-
gern, Musikern, Akro-
baten und Tänzern auf
großer Bühne. Wechseln-
de Programme. 📍 Karte
2, **M 5**

Open-Air-Kinos

Seite 127

✹ **The Lakes:** Im großen
Garten der Villen-Wohn-

Fernöstlich trifft nahwestlich – der gelungene Mix der Buddha Bar funktioniert in Dubai ebenso gut wie in Paris oder St. Petersburg.

anlage auf einer Leinwand am See. ♀ Karte 3, **K 5**

Seite 160
✹ **Cinema Akil:** Das Programmkino zeigt in seinem Innenhof regelmäßig – nicht nur – Independent-Filme unter freiem Himmel. ♀ Karte 2, **P 5**

Musik hören

Seite 160
✹ **The Palace Courtyard:** Orientalische Livemusik. Auf weichen Kissen unter Baldachinen im Garten oder im begrünten Innenhof sitzen, dazu Tee oder arabischer

Kaffee bei Mond- und Kerzenlicht. ♀ Karte 3, **K 3**

Seite 126
Dubai Opera: Wer klassische Musik bevorzugt, muss in Dubai

nicht darauf verzichten. ♀ Karte 2, **S 5**

Coca-Cola-Arena: Hier kann man große internationale Stars live erleben … ♀ Karte 2, **S 5**

WO FINDE ICH WAS?

Einen aktuellen Überblick über das Ausgeh- und Unterhaltungsangebot gewinnen Sie in den monatlich erscheinenden Magazinen, die in Hotels ausliegen oder in den dortigen Buchläden angeboten werden. Bei den Club-Discos werden auch die Namen der jeweiligen DJs oder Live- Acts aufgeführt. Das Time-Out-Magazin veröffentlicht für jeden Tag der Woche immer aktuell die Bars und Lounges der Ladies Nights.
What's On: www.whatson.ae
Time Out Dubai: www.timeoutdubai.com

Wo du schläfst,

Dubai ist eine Destination der Luxushotels — so repräsentiert sich das Emirat gerne. Aber keine Bange: Es gibt auch andere sehr schöne Unterkünfte.

Historisches Dubai-Feeling

Riverside View

🏠 **Heritage Home Guest House**, 📍 **V4:** Unter den kleinen Gästehäusern der Altstadt besticht diese Unterkunft durch ihre Lage direkt am Creek-Ufer. In den 18 kleinen Zimmern des zweistöckigen, historischen Hauses dominiert arabische Wohnkultur. Spektakulärer Panoramablick auf den Creek und kleiner Innenhofgarten.
Shindagha, T 505 01 57 30, www.heritage homeuae.com, Metro Green Line, Al Ghubaiba Station, €

Wohnen inmitten von Kunst

🏠 **XVA Art Hotel**, 📍 **V4:** Nur 15 kleine, liebevoll eingerichtete Zimmer gruppieren sich um einen schönen Innenhof. Die kunstsinnige Britin Mona Hauser hat sich ihren Traum erfüllt und das Haus zu einer idealen Verbindung von Pension, Galerie und Café gestaltet – und das mitten im historischen Dubai (s. Lieblingsort S. 56).
Al Fahidi, Haus Nr. 15 a, in der Fußgängerzone, T 353 53 83, www.xvahotel.com, Metro Green Line, Station Sharaf DG, €

Vintage Ambiente

🏠 **Al Seef Heritage Hotel Dubai,** 📍**V4:** Historisches Ambiente mit modernem Komfort bietet dieses zur Curio Collection by Hilton gehörende Hotel in Al Seef – die liebevollen Retro-Details erinnern daran, dass man in einem Viertel wohnt, das früher seefahrenden Händlern vorbehalten war. Mit dem Wassertaxi erreichbar sind vis-à-vis die Gewürz- und Goldsouks.
Bur Dubai, Umm Hurair 1, Al Seef St. T 707 70 77, www.hilton.com/de/hotels/dxbas qq-al-seef-heritage-hotel-dubai, Metro Green Line, Station Sharaf DG, €€

Außergewöhnlich

Star-Design

🏠 **Golden Sands Hotel Creek**, 📍 Karte 2, **W5:** Stararchitekt Carlos Ott, der die Opéra La Bastille in Paris entworfen hat, baute vor über einem Jahrzehnt dieses Boutiquehotel am Creek gegenüber dem Dhau-Hafen. Außen Stahl und Glas, innen dominieren Chrom, helles Holz und warme Farben. Auf dem Dach befinden sich ein Schwimmbad und die Sky View Bar. Der aufmerksame Service und die üppigen Blumenarrangements in der Lobby erfreuen die Gäste jedes Mal, wenn sie dieses zentral gelegene Hotel betreten.

Bani Yas Rd., T 212 70 00, www.golden
sandscreek.com, Metro Red Line, Station Al
Riqqa, €€

Ein Traum
🟧 **Park Hyatt Dubai**, 📍 Karte 2, **V6**: Sie
betreten eine Oase der Eleganz und der
Ruhe, inmitten von Palmen, direkt am
Creek auf dem Gelände des schönsten
Golfclubs in Dubai gelegen. Architektur
und Innenausstattung werden von landes-
typischen Elementen bestimmt. Im Garten
befinden sich ein großer Pool und zwei
›Strand‹-Schwimmbäder sowie ein Spa für
höchste Ansprüche. Alle 225 geräumigen
Zimmer und Suiten mit Balkon und Blick
auf den Creek (s. S. 91).
Im Dubai Creek Golf & Yacht Club, T 602 12
34, www.hyatt.com, Metro Red Line, Station
Deira City Centre, €€€

Kreuzfahrt an Land
🟧 **The QE**, 📍 Karte 2, **V3**: The Queen
Elizabeth 2 hat als Luxuskreuzfahrtschiff
fünf Jahrzehnte die Weltmeere durchkreuzt,
bevor es in Dubais stadtnahem Hafen Mina
Rashid für immer andockte. Alle Kabinen
und Suiten wurden zu komfortablen Hotel-
zimmern umgestaltet – eine außergewöhnliche, attraktive, stadtnahe Wohnvariante.
Mina Rashid, T 600 50 04 00, www.QE2.com,
Metro Green Line, Station Al Ghubaiba, €€€

Bestes Stadthotel
🟧 **Shangri-La**, 📍 Karte 2, **S5**: Der paradiesische Name des Hauses (entlehnt
aus James Hiltons Roman »Lost Horizon«) verspricht fernöstliches Ambiente
und räumliche Großzügigkeit. Mitten in
der lauten Innenstadt betritt man eine
andere Welt. In allen Zimmern liegt auf

dem Nachttisch eine Kopie von Hiltons
Roman. Vom Pool im 41. Stock hat man
eine herrliche Aussicht über Dubai und
auf den Burj Khalifa.
Sheikh Zayed Rd., T 343 88 88,
www.shangri-la.com, €€

Eine eigene Inselwelt
🟧 **Anantara The Palm Dubai Resort**,
📍 Karte 2 oder 3, **M2**: Man wohnt unter Palmen direkt am Strand oder auf dem Wasser
in Bungalows inmitten einer weiträumigen
Anlage, in der man sich mit E-Carts fort-
bewegt. Legeres Feeling, fernöstliches
Ambiente und ein breites Sportangebot
garantieren Erholung pur. In Sichtweite liegt
das Anantara World Island, das erste Hotel
auf einer Insel im benachbarten Archipel
The World (s. S. 143).
Palm Jumeirah, East Crescent, T 567 88 88,
www.anantara.com, €€€

Darf es auch Luxus sein?

Wohnen in einem Palast
🟧 Kempinski Hotel & Residences Palm
Jumeirah, 📍 Karte 3, **J2**: Man betritt einen
architektonisch beeindruckenden Palast

bist du zu Hause

und erlebt ein persönliches Boutique-hotel mit ausschließlich Suiten (kleinste: 112 m²). Besonders geeignet für Familien, die mit ihren Kindern im Urlaub ein erlesenes Ambiente schätzen. Es bietet alles, was man sich wünscht, und gehört mit seinem großen Garten zu den besten Hotels auf The Palm Jumeirah.

The Palm Jumeirah, Crescent West, T 444 20 00, www.kempinski.com/de/palm-jumeirah, €€€

Viermal Luxus

🔶 **Madinat Jumeirah**, 📍 Karte 3, **M 4:** Konzipiert als autarkes Urlaubs- und Erholungsresort (*madinat* = arab. Stadt), dessen Gäste in vier getrennten, aber durch das gepflegte Gartengelände miteinander verbundenen Luxushotels wohnen: im **Al Qasr**, im **Mina A'Salam**, im **Dar Al Masyaf** und im **Al Nassem**. Wasserstraßen durchziehen die grüne Anlage mit hohen Palmen und mehreren Swimmingpools, für die entspannte Fortbewegung sorgen traditionelle *abras*. Ein faszinierendes Ferienresort, das außerdem an einem sehr schönen Strand liegt.

Jumeirah Beach Rd., am Burj Al Arab, T 366 88 88, www.jumeirah.com, Tram Palm Jumeirah, €€€

Einzigartig und königlich

🔶 **One & Only Royal Mirage Dubai**, 📍 Karte 3, **K 3/4:** In der großen, aufwendig gestalteten Parkanlage verstecken sich drei Hotelgebäude: das Palace, der Arabian Court und das Residence & Spa. Der Stil des Hotelkomforts versinnbildlicht die Verschmelzung von arabischen und europäisch-mediterranen Elementen. Alle Zimmer und Suiten mit Meerblick, herrlicher Sandstrand und schöne Pool-Landschaft in prächtiger Gartenanlage, herausragender Spa- und Wellnessbereich und sehr gute Restaurants.

Al Sufouh Rd., am Zugang zu The Palm Jumeirah, T 399 99 99, www.oneandonlyroyalmirage.com, Tram Palm Jumeirah, €€€

Die guten alten Zeiten

🔶 **Waldorf Astoria Dubai Palm Jumeirah**, 📍 Karte 3, **M 2:** Stilvoll, dezent, elegant. Wer das Hotel betritt, ist beeindruckt: Der Blick gleitet über die große Gartenanlage zum langen, weißen Sandstrand. Der traditionelle ›American Luxury‹ manifestiert sich in dem eleganten langen Flur im Parterre (Peacock Alley), den man durchschreitet, um zum Essen zu gehen.

Palm Jumeirah, East Crescent, T 818 22 22, waldorfastoria.com, €€€

Orientalisches Ambiente

🔶 **Jumeirah Zabeel Saray**, 📍 Karte 3, **J 2:** Das Hotel, ausgezeichnet mit dem begehrten World Travel Award, gleicht einem osmanischen Palast mit einer prächtigen Empfangshalle, vielen eleganten Zimmern, einem weißen Sandstrand, einem Infinitypool, der seinesgleichen sucht, und einem großen Wellnessbereich mit stilvollem Hammam aus weißem Marmor. Hier hätte sich Scheherazade sehr wohl gefühlt, auch wegen des aufmerksamen Personals (s. S. 157).

The Palm Jumeirah, Crescent West, T 453 00 00, www.jumeirah.com/de/hotels-resorts/dubai/jumeirah-zabeel-saray, €€€

Traumnote Eins

🔶 **Four Seasons Resort Dubai**, 📍 Karte 2, **R 4:** Eine der ruhigsten und großzügigsten Hotelanlagen Dubais in einer gepflegten Strandbucht mit insgesamt 237 sehr großen Zimmern, alle mit Meerblick. Beeindruckend ist die weitläufige Gartenanlage mit Palmen und Blumenbeeten. Bereits

DAS PASSENDE BETT SELBST SUCHEN

Vergleichen Sie in jedem Fall die Preise. Direktbuchungen bei Hotels (ob über Internet oder im Reisebüro) können günstiger sein als über Buchungsportale, Pauschalreisen sind in der Regel billiger als selbst organisiertes Reisen auf dem gleichen Niveau. Wenn Sie unsicher sind, ob das Renommee einer internationalen Hotelkette für den entsprechenden Standard bürgt, entscheiden Sie sich für ein neueres Hotel. Dubai ist schnelllebig, Hotels sind rasch abgewohnt.

Lokale Hotelketten
www.jumeirah.com/de

Ferienwohnungen/Airbnb
www.airbnb.com

am Empfang erfährt man den einladenden Komfort, der sich als Topservice im ganzen Hotel und in den Zimmern fortsetzt. Jumeirah Beach Rd., T 270 77 77, www.fourseasons.com/dubaijb, €€€

102 Betten, die meisten in Zweibettzimmern, alle Räume sind klimatisiert, sogar ein Schwimmbad gibt es. Al Nahda Rd. 39, Al Ahli Sports Club, T 298 81 61, uaeyha.gov.ae, Metro Green Line, Station Al Qusais, tgl. 24 Std., Check-in nach 12 Uhr, €

Wenn es einfach sein darf

Direkt an den Deira Quais
🏠 **Riviera Hotel**, 📍 **V 4**: Stadtbekannt wegen seiner Lage am Creek und weil es zu den älteren Hotels der Stadt gehört. Es wurde mehrmals aufwendig renoviert. Baniyas Rd., Deira, T 222 21 31, www.rivierahotel-dubai.com, Metro Red Line, Station Baniyas Square oder Bus 17, €€

Hauch des Orients
🏠 **Arabian Courtyard Hotel**, 📍 **V 4**: Gegenüber dem Al Fahidi Fort steht der ›Arabische Hof‹, ein ansprechendes freundliches Hotel, dessen 173 Zimmer viel orientalisches Flair ausstrahlen. Al Fahidi St., T 351 91 11, www.arabiancourtyard.com, Metro Green Line, Station Sharaf DG, €€

Nicht nur für Jugendliche
🏠 **Dubai Youth Hostel**, 📍 Karte 2, **Y 6**: Dubai besitzt eine schöne Jugendherberge (auch für erwachsene Gäste). Insgesamt

Im Trend

Urban Living
🏠 **Hampton by Hilton Al Seef**, 📍 Karte 2, **V 5**: Ein modernes Stadthotel im historisch rekonstruierten Stadtteil Al Seef. 150 helle, ca. 20 m² große ›Pocket Rooms‹ mit Eisschrank, Kaffeemaschine, Doppelbett, Stadtplan an der Zimmerdecke und Schwimmbad auf dem Dach. Al Seef, Dubai Creek, T 707 70 77, www.hilton.com, Metro Red Line, Station Bur Juman, €

Wow!
🏠 **Canopy by Hilton Dubai Al Seef**, 📍 Karte 2, **V 5**: Das kubische, bunte Gebäude ist ein augenfälliger Kontrast im Viertel Al Seef. Die Zimmer: eine Symbiose moderner Eleganz und funktionsorientierter Praktikabilität. Hohe Wohlfühlqualität, auch in den Restaurants des Hauses. Kostenloser Fahrradverleih. Al Seef Street Umm Hurair 1, am Creek, T 707 70 77, Metro Green Line, Station Sharaf DG, €€

Vor

Für diese Aussicht von der Besucherplattform des Burj Khalifa
lohnt es sich, mögliche Höhenängste zu überwinden.

Ort

Bur Dubai

Die Wiege der Metropole — Dubais ältester Stadtteil ist heute in seinen engen Gassen eine multikulti Farbenwelt voller historischem Erbe. Dazu gehören auch der Creek und die Abras, mit denen man ihn überquert.

Seite 44, 46

Fahrt über den Creek ⭐

Zum Erlebnisprogramm jedes Dubai-Besuches gehört eine Fahrt über den Creek mit einer öffentlichen Abra, zusammen mit 20 Passagieren zum Fahrpreis von nur einem Dirham. Sie können eine Abra aber auch für sich alleine mieten.

Seite 48

Al Fahidi Fort ⭐

Das Fort im Zentrum der Altstadt ist die älteste Befestigungsanlage Dubais. Ein Besuch in seinen unterirdischen Räumen trägt sehr viel zum Verständnis des Lebens im Emirat vor dem Ölzeitalter bei.

Finden Sie heraus, welche Moschee das höchste Minarett der Stadt besitzt!

Eintauchen

Seite 52

Al Fahidis Windtürme ⭐

Um 1900 statteten persische Händler ihre Wohnhäuser mit Windtürmen aus – die Vorläufer von Klimaanlagen in der Golfregion. Auf einer Tour lernen Sie sie kennen.

Seite 54

SMCCU

Begegnungen, Gespräche, gemeinsames Essen und Stadtteilführungen – das bieten mitten in Al Fahidi die unaufdringlichen, engagierten Mitarbeiter des Sheikh Mohammed Centre for Cultural Understanding allen Besuchern an.

Seite 54

Residence Al Maktoum

Das 1896 erbaute Wohnhaus der Herrscherfamilie Al Maktoum ist heute ein Museum und bietet einen Überblick über die Herrscher des Emirats Dubai.

Seite 57

Al Seef

Das Viertel Al Seef ist so perfekt und liebevoll gestaltet, dass sein ›historisches‹ Ambiente die Besucher vollkommen verzaubert.

Seite 62

Bayt Al Wakeel

Kein Restaurant liegt näher am Creek und jeder Gang wird von vorbeifahrenden Abras begleitet. Früher residierte hier der britische Gesandte der British India Steam Navigation Company, um einfahrende Handelsschiffe zu kontrollieren.

Seite 63

The Majlis Gallery

Wer an Kunst interessiert ist und Künstler treffen möchte, sollte die älteste Galerie in einem der ältesten Häuser Al Fahidis besuchen.

Auf Kaffeeliebhaber wartet in Bur Dubai ein ganz besonderes Museum …

Am Creek sitzen, den Blick übers Wasser gleiten lassen, Menschen schlendern vorbei, der Muezzin ruft vom Minarett der Großen Moschee – jetzt ist man im alten Dubai angekommen.

erleben

Quirliger Alltag und lebendige Tradition

Bur Dubai ist laut, überfüllt und unübersichtlich, aber auch faszinierend und prickelnd – eben Altstadt. Bis heute hat der alte Stadtteil seine Anziehungskraft in der Stadt Dubai und für seine Besucher nicht verloren. Aber Bur Dubai wäre farbloser ohne den Creek und die ihn überquerenden Abras.

Es ist eine Laune der Natur, dass ein schmaler Meeresarm an der sandigen Golfküste wie ein Fluss ca. 10 km weit in das flache Wüstengebiet des Hinterlands hineinreicht. Und es war der weise Entschluss von Sheikh Maktoum bin Buti, mit einer Gruppe von ca. 800 Beduinen um 1830 Abu Dhabi zu verlassen und sich an diesem 150 km entfernten Meeresarm niederzulassen.

Dieser Meeresarm **Al Khor** – in der Sprache der mit der Geschichte Dubais eng verbundenen Briten **The Creek** genannt – war Ursache des ersten ökonomischen Erfolgs und ist heute noch Anlaufhafen für Hunderte von hölzernen Dhaus, die in Fünferreihen dicht gedrängt an den Kaimauern am gegenüberliegenden Ufer im Stadtteil Deira festmachen.

In der Altstadt am Creek, im liebenswerten Bur Dubai, spürt man Geschichte.

ORIENTIERUNG **O**

Reisekarte: ♀ V 4
Cityplan: S. 44
Das Viertel entdecken: In Bur Dubai lohnen vor allem drei Bereiche eine Erkundung: die Halbinsel Shindagha (Shindagha Historical District), die Gegend um das Al Fahidi Fort mit dem Souq Bur Dubai und der Al Fahidi Historical Neighbourhood sowie das rekonstruierte Al Seef. Eine empfehlenswerte Route gibt es nicht – Sie bestimmen die Reihenfolge des Erkundens, nehmen Sie sich Zeit dafür.
In allen drei Vierteln der Altstadt geht man zu Fuß. Überall gibt es Cafés oder kleine Restaurants zum Verweilen, aber leider nur wenige öffentliche Bänke. Wählen Sie für gelegentliche Pausen am besten Lokale am Ufer des Creek.
Inzwischen sind südlich des historischen Stadtteils Bur Dubai an dieser westlichen Seite des Creek weitere Stadtteile (z. B. Oud Metha, Um Hurair, Al Jaddaf) entstanden, durch die auch die Green Line der Metro führt (Endstation Al Jaddaf). Abgesehen von einigen Plätzen bieten diese Stadtteile jedoch nur wenige Attraktionen für Besucher.

Historische Altstadt

Nahezu 100 Jahre lang sicherten Perlenfischerei und ein bescheidener Handel ein einfaches Auskommen, bis auch in Dubai dank des Erdöls ab 1969 der Wohlstand einzukehren begann, zuerst langsam unter Sheikh Rashid (1958–90), dann rasant unter seinen Söhnen Maktoum (1990–2006) und (seit 2006) Mohammed. Als sich die ersten Beduinen auf der schmalen Halbinsel **Shindagha** an der Spitze Bur Dubais damals niederließen, ahnten sie nicht, dass ihre Kindeskinder einst zu den wohlhabendsten Menschen der Welt zählen würden.

Bur Dubai und die meisten seiner historischen Bauwerke wurden die ersten ›Opfer‹ des Baubooms, den das Emirat in den 1970er-Jahren dank des Erdöls erlebte. Deshalb findet man in Bur Dubai heute fast nur noch historische Rekonstruktionen, die aber sehr gelungen sind und stimmungsvolle Einblicke in vergangene Zeiten vermitteln. Dazu gehören das **Al Fahidi Fort** und der alte **Souq** von Bur Dubai ebenso wie die verwinkelten Gassen des **Al-Fahidi-Viertels** mit seinen historischen Häusern und Windtürmen.

Heute wohnen so gut wie keine Einheimischen mehr im Stadtteil Bur Dubai, aber man trifft sie hier überall, weil sie gerne zum Einkaufen herkommen und noch lieber die Ufer des Creek aufsuchen.

Den Vergleich à la ›Venedig am Golf‹ sollte man besser gleich vergessen. Doch in einer Hinsicht ähneln sich die beiden Städte wohl doch: Denn was den Venezianern die Gondel, ist den Emiratis die Abra.

Bur Dubai

Ansehen

❶ The Creek
❷ Al Fahidi Fort/Dubai Museum
❸ Große Moschee
❹ Bur Dubai Souq
❺ Bayt al Wakeel
❻ Residence Al Maktoum
❼ Shindagha Museum
❽ Saruq Al Hadid Archaeology Museum
❾ Perfume House
❿ Sheikh Juma Al Maktoum House
⓫ Sheikh Obaid Bin Thani House
⓬ Heritage Village
⓭ Diving Village
⓮ Kaffeemuseum

Essen

1 Awtar
2 Al Khayma Heritage
3 Local House
4 Arabian Tea House
5 Asha's Dubai
6 iZ
7 Sushi
8 Blue Barjeel
9 Mumtaz Mahal
10 XVA Art Café
11 MishMash
12 Restaurant Barjeel
13 Dinner Cruises
14 Bayt al Wakeel
15 The Fountain
16 Panini

Einkaufen

1 Bur Dubai Souq
2 Bur Juman Centre
3 Wafi Mall
4 XVA Gallery
5 The Majlis Gallery

Bewegen

❶ Raffles Spa
❷ Ahasees Spa
❸ Oriental Wellness
❹ Sheikh Mohammed Centre for Cultural Understanding (SMCCU)

Ausgehen

❶ Al Seef
❷ AyA

The Creek

Der flussähnliche **Creek** ❶ teilt Dubai und hält zugleich die beiden Stadthälften des Zentrums zusammen: Bur Dubai auf der südwestlichen und Deira (s. S. 66) auf der gegenüberliegenden Uferseite. Auf Postkarten wird Dubai wegen des Creek gerne auch als ›Venedig am Golf‹ bezeichnet. Doch diesen schiefen Vergleich sollte man besser gleich vergessen. Und doch: Von Anfang an war die Überquerung des Creek für die Bewohner von Dubai Teil ihres Alltags, und es waren kleine Holzboote, *abra* genannt (Pl. arab. *abarat*, engl. *abras*), die die Bewohner von einer Seite des Creek zur anderen brachten. So ist es bis heute geblieben, obwohl es inzwischen mehrere Brücken und den Shindagha-Tunnel gibt. Die Abras sind immer voll besetzt, denn die erste dieser Brücken, die Al Maktoum Bridge, befindet sich ca. 4 km landeinwärts. Mehr als 50 000 Menschen überqueren so pro Tag den Creek zwischen den zahlreichen Anlegestellen.

Waren es früher kleine Ruderboote, so sind es heute meist mit Dieselmotoren betriebene schmale Holzboote, die zwischen ausgewiesenen Anlegestellen pendeln. Wurden früher am Freitag die Bewohner von gegenüberliegenden Deira zum Mittagsgebet in die Große Moschee kostenlos übergesetzt, so müssen heute alle Fahrgäste einen Dirham bezahlen. Noch Anfang dieses Jahrhunderts ging es auf den Abras relativ chaotisch zu. Man musste mit viel Geschick an Bord springen, die Boote waren oft überfüllt, und der Kapitän sammelte den Fahrpreis

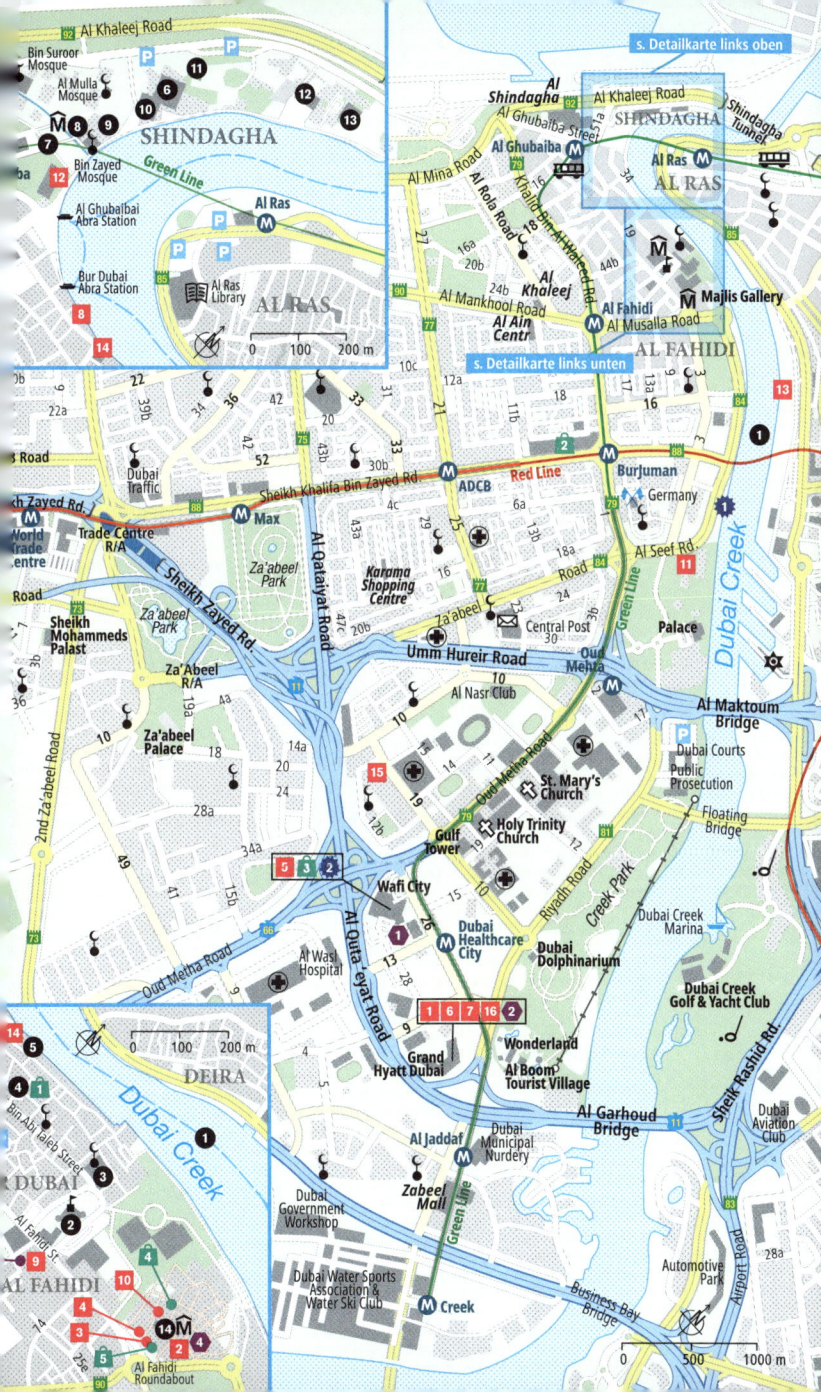

TOUR
Eine Fahrt mit der Abra

Über den Creek, von Bur Dubai nach Deira

Außer den zwei klassischen Routen (CR 1 und CR 2) gibt es weitere Linien, u. a. von Deira aus zum Stadtteil Al Seef (CR 5, CR 6, CR 7). Die Tickets (2,5 Dh) kauft man am Schalter der jeweiligen Anlegestelle.

Wer noch nie mit einer Abra gefahren ist, zögert, denn die **Anlegestellen** zu beiden Seiten des Creek flößen nicht gerade Vertrauen ein. Es schaukelt und knarrt. Der Zugang zu den Pontons ist durch Drehkreuze erschwert, um das Gedränge zu den Booten überschaubar zu regulieren. Denn in einer Abra gibt es nur 20 Sitzplätze, keine Stehplätze.

Die schmalen Boote verfügen über ein schattenspendendes Dach, das inzwischen vielfach für Reklamezwecke genutzt wird. Man sitzt auf der mit Wachstuch bespannten Abdeckung des Dieselmotors, zehn Passagiere auf jeder Seite, quer zur Fahrtrichtung, Rücken an Rücken. Daher sollte man sich vor Fahrtantritt entscheiden, ob man lieber die Skyline des Deira- oder des Bur-Dubai-Ufers während der Fahrt an sich vorübergleiten lassen möchte.

An den Ufern des Creek spiegelt sich die Entwicklung der Stadt wider. Daher gewährt eine Abra-Fahrt auch Einblicke in die Architekturgeschichte Dubais. Besteigt man eine Abra an der **Anlegestelle Bur Dubai,** passiert man zunächst auf der Bur-Dubai-Seite das historische **Bayt Al Wakeel** ⑤, neben dessen renovierter Fassade die hohen Minarette der **Grand Mosque** ③ in den Himmel ragen. Dann fährt man an einem mächtigen weißen Palast

Infos

📍 V 4

Fahrzeiten: tgl.
5–24 Uhr

Fahrpreis: 1 Dh

CR 1: von der Bur
Dubai Abra Station
zur Deira Old Souq
Abra Station (kürzere
Strecke, ca. 10 Min.)

CR 2: von der Bur
Dubai Old Souq
Abra Station zur Al
Sabkha Abra Station
(längere Strecke,
etwa 15 Min.)

vorbei, der den **Rulers Court** beherbergt, und passiert anschließend das ›neu‹ erbaute Al Seef. Auf der Deira-Seite des Creek stehen restaurierte Windtürme am Eingang des **Deira Old Souq**, und in südlicher Richtung schimmern die gläsernen Fassaden der modernen Banken- und Geschäftshochhäuser in der Sonne. An den Kais des Deira-Ufers ankern die alten hölzernen Dhaus dicht nebeneinander (an begehrten Stellen in Dreier-Reihen) und warten darauf, beladen zu werden.

Stets begleiten Vögel die Boote auf ihrer Fahrt über den Creek, wissen sie doch, dass es immer Passagiere gibt, die sie füttern. Das Schauspiel ist im Fahrpreis inbegriffen. Wenn es dunkel wird, hängen die Kapitäne eine kleine Petroleumlampe an den vorderen Mast. Die Boote selbst sind dann kaum noch zu sehen, nur die kleinen Laternen gleichen Irrlichtern, die sich auf dem Creek hin und her bewegen.

Private Abra-Fahrten
Für individuelle Sightseeing-Vorlieben ist entlang den festgelegten Strecken der Linien-Abras wenig Raum. Wer lieber den Creek alleine und nach eigenen Vorstellungen befahren möchte, kann für 100 Dh eine Stunde lang eine Abra für sich mit Freunden mieten und die Route persönlich bestimmen

Der Creek ist das in die Jahre gekommene Herz Dubais. Spektakulär und der eigenen Orientierung dienlich ist eine Fahrt von der **Mündung des Creek** bis zur provisorischen **Floating Bridge** hinter der Al-Maktoum-Brücke. An den Ufern des Creek wird man Zeuge der städtebaulichen Entwicklung der Stadt. Alten restaurierten Häusern aus Korallenkalk mit mächtigen Holztüren und Windtürmen auf der Bur-Dubai-Seite stehen moderne Bürohochhäuser aus Beton, Stahl und Glas auf der Deira-Seite gegenüber, das weitläufige Gelände des **Dubai Creek Golf Club** in Deira findet sein Gegengewicht im grünen **Creekside Park** am Bur-Dubai-Ufer. Es gibt entlang den Ufern viel zu sehen und während der Fahrt viel zu fragen. Scheuen Sie sich nicht! Im Preis eingeschlossen sind die Erläuterungen und die vielen Geschichten, die der Kapitän zum Besten geben wird.

Wenn Ihnen die Fahrt mit einer Abra gefallen hat: Es gibt mehrere Alternativen, sich in Dubai auf dem Wasser zu bewegen (s. S. 237).

ALTERNATIVEN ZUR ABRA

Wer sich gerne auf dem Wasser bewegt, dem bietet Bur Dubai Alternativen zur klassischen Abra. Zum einen die rundum verglasten **Dubai Water Taxis (DWT),** die eine wunderbare Panoramasicht bieten und Fahrten auf dem Creek und zum langen Jumeirah Beach anbieten. Zum anderen die **Dubai Ferry (DF),** die entlang des Jumeirah-Strandes zwischen Shindagha und der Dubai Marina pendelt (s. S. 238).

während der Fahrt ein, nachdem er das Ruder festgeklemmt hatte. Ganz selten ging einmal ein unachtsamer Passagier über Bord – und wurde dann ganz schnell von den Mitfahrenden wieder aus dem Creek gezogen. Ertrunken ist bisher noch niemand.

Heute ist der Bootsverkehr der 150 zugelassenen Abras auf dem Creek perfekt organisiert und die Roads & Transport Authority (RTA) kontrolliert das Geschehen. Die Anlegestellen wurden mit neuen Pontons ausgerüstet, die man über einen trittsicheren Steg erreicht. Dabei passiert man ein Drehkreuz, das die Passagiere zählt und nach genau 20 Personen stoppt, um das Überladen der Boote zu verhindern. Den Fahrpreis von einem Dirham sammelt der Kapitän aber immer noch während der Fahrt persönlich ein.

Angesichts der rasanten Entwicklung Dubais stellt sich die Frage, wie lange es die altertümlichen, dickbäuchigen, hölzernen Abras wohl noch geben wird. Die Antwort fällt eindeutig aus: noch unabsehbar lange. Denn die Abras gehören zu den Traditionen des Emirats und sie sind aus Dubai nicht wegzudenken.

Al Fahidi Fort

Es war der sicherste Ort im historischen Dubai und es ist heute das älteste Gebäude der Stadt, das im Jahre 1859 errichtete **Al Fahidi Fort ❷**. Zum Schutz gegen Invasoren wurden seine hohen Lehmmauern, die eine quadratische Festung mit einem Innenhof bilden, mit zwei Türmen bewehrt. Als Baumaterialien dienten neben Lehm Korallenblöcke und Muschelschalen, die mit Kalkbrei verarbeitet wurden. Was die Grundsteinlegung betrifft, ist man sich uneins: Nach örtlichen Angaben soll die Festung schon zwischen 1787 und 1799 – also noch vor der Ankunft der Al Maktoum am Creek – erbaut worden sein.

Erst 1971, im Jahr der Staatsgründung der VAE, ordnete der damalige Herrscher Sheikh Rashid bin Saeed Al Maktoum an, die vollkommen verfallene Festungsanlage wieder aufzubauen und dort ein Museum einzurichten. Mehr als 20 Jahre nahmen die Aufbau- und Restaurierungsarbeiten in Anspruch. Geschickt verlagerten die lokalen Architekten die Ausstellungsräume unter die Erde, um das Al Fahidi Fort in seiner ursprünglichen Form zu erhalten. 1995 waren die aufwendigen Bauarbeiten endlich abgeschlossen. Seitdem hat Dubai eine historische Festung und sein erstes **Museum,** das in eindrucksvollen Exponaten sehr anschaulich zum Verständnis der Geschichte des heutigen Dubai beiträgt.

Die Große Moschee

Direkt gegenüber dem Al Fahidi Fort in Richtung Creek erhebt sich unübersehbar der gewaltige Kuppelbau der Großen Moschee. Sie ist die größte Moschee Dubais, aber leider darf man sie als ›Ungläubiger‹ nicht betreten.

Seit jeher bilden Moscheen den Mittelpunkt im Alltag städtischer muslimischer Gesellschaften und als solche befinden sie sich an zentralen Stellen der Stadt. Die **Große Moschee** ❸ zwischen dem Al Fahidi Fort und dem Creek wurde 1996–98 vollkommen neu errichtet. Dem Neubau musste die 1960 an dieser Stelle errichtete Moschee weichen, die ihrerseits die ursprünglich um 1900 zur Koran- und Haddith-Unterweisung gegründete Moscheeschule ersetzt hatte. Die neue Moschee entspricht im Stil dem ersten Original, allerdings in wesentlich größeren Dimensionen. Der Bau mit seinen weithin sichtbaren Kuppeln integriert auch die alte Koranschule. Das 70 m hohe Minarett ist das höchste der Stadt. Für Nichtmuslime ist der Zutritt hier nicht gestattet. Wer hinauf auf den Minarettturm möchte, kann sich hinter der Moschee beim ›Küster‹ vorstellen und nachfragen. Normalerweise stößt man auf Ablehnung, aber wenn man Glück hat, begleitet er Sie mit nach oben.

Bur Dubai Souq

Hinter der Großen Moschee beginnen die engen Ladengassen des **Bur Dubai Souq** ❹; er ist Dubais ältester Basar. 1858 brannte er gänzlich ab, wurde aber danach mehrmals, zuletzt 2002, komplett restauriert. *As souq al kabeer* – ›der große Souq‹ – wurde er früher genannt, um ihn von anderen Märkten zu unterscheiden. Da er der älteste Souq der Stadt ist, wird er auch Old Souq genannt.

Prächtige Holzportale mit aufwendigen Schnitzarbeiten weisen – wie in früheren Jahren – zu den Eingängen: Viele der gesichtslosen Geschäfte mit grellem Neonlicht wurden durch neue Ladennischen mit traditionellem Souq-Ambiente ersetzt. Ursprünglich waren die Ladengassen mit Palmzweigen *(areesh)* überdacht; diese mussten jedoch regelmäßig ausgetauscht werden. Heute sorgen – unhistorisch, aber praktisch – Holzpergolen über den Gassen für Schatten.

Das alte Al Fahidi Fort wird heute als Museum und sein Innenhof als ›Ankerplatz‹ für historische Boote genutzt.

Inzwischen sind im Souq bereits zehn zweistöckige Windturmhäuser – je fünf zu beiden Seiten der Hauptgeschäftsgasse – fertiggestellt, und indische Händler sind wieder in die Geschäfte eingezogen. Wie früher die iranischen Handelsagenten im Parterre ihre Büros und Geschäfte unterhielten und im ersten Stock wohnten, so wird die Tradition, unter demselben Dach zu wohnen und zu arbeiten, heute von ihnen fortgesetzt.

Bayt Al Wakeel

Zu den historischen Gebäuden in Bur Dubai zählt auch das in unmittelbarer Nähe des Bur Dubai Souq 1934 an den Ufern des Creek errichtete **Bayt Al Wakeel ❺**, das erste Verwaltungsgebäude in Dubai. Gebaut wurde es im Auftrag von Rashid bin Saeed Al Maktoum, damals noch Kronprinz. In einem Flügel des Hauses residierte auch Gray McKenzie, der Beauftragte *(wakeel)* der ›British India Steam Navigation Company‹, der von der Dachterrasse die in den Creek einlaufenden Schiffe beobachten konnte, die Waren aus der indischen Kronkolonie geladen hatten. Als der Creek in den 1950er-Jahren versandete, ließ ihn Kronprinz Rashid wieder freilegen – für Dubai zu dieser Zeit ein ambitioniertes, weitsichtiges Projekt.

Das zweistöckige Bayt Al Wakeel liegt direkt am Creek. Es ist von der Mitte des Souqs über eine schmale Gasse am Haus Nr. 35 zugänglich. Deshalb bietet sich der schönste Blick auf die Front des Bayt al Wakeel mit den Rundbögen vom gegenüberliegenden Creekufer aus – vor allem abends, wenn das Haus angestrahlt wird. Das Haus mit einer angebauten Terrasse wird als Restaurant genutzt. In den Gängen des Gebäudes schmücken eindrucksvolle historische Fotografien die Wände. Details zur Geschichte des Hauses erfährt man unter www.wakeel.ae.

Wenn Sie hier auf dem Bur Dubai Souq stehen, haben Sie es fast geschafft: Bis zum Bayt Al Wakeel sind es nur noch etwa 50 m.

Al Fahidi

Das historische Dubai

Al Fahidi mit seinen alten Lehmhäusern
und verwinkelten Gassen im Schatten
von Al Fahidi Fort und Großer Moschee
gehört der Vergangenheit an. Als Mitte
der 1970er-Jahre dank des Erdölbooms
viele alteingesessene Familien aus dem
engen Viertel in neue, moderne, große
Villen im Westen der Stadt zogen, standen die alten Häuser am Creek zuerst
leer und waren dann dem Verfall preisgegeben. Schon bald danach wurden
die meisten abgerissen. Dabei waren
die Häuser in diesem Stadtteil gar nicht
so alt. Fast alle wurden erst nach 1902
gebaut, als sunnitische Händler aus der
iranischen Stadt Lingeh nach Dubai
geflohen waren. Sie vereinbarten mit
der britischen Kolonialmacht, dass die
British India Steam Navigation Company
fortan auch Dubai mit ihren Handels-
schiffen ansteuerte. So entwickelte sich
Dubai nach dem Ersten Weltkrieg zu
einem kleinen bescheidenen, aber dennoch internationalen Hafen.

Die Migranten gaben ihrem neuen
Zuhause in der Nähe des Bur Dubai Souq
den Namen jener südpersischen Provinz
Bastak, die sie gerade verlassen hatten.
Bald entstanden dort am Creek Häuser
aus Lehm und Korallensteinen, die sich
von den beduinischen Barasti-Hütten
aus Palmwedeln deutlich in Komfort
und Aussehen unterschieden. Die neu-
en zweistöckigen Häuser besaßen auch
jene Windtürme, die den Neubürgern zu
einem ähnlich angenehmen Wohnklima
verhalfen, wie sie es aus ihrer Heimat
kannten.

Als Anerkennung ihres Entwick-
lungsbeitrags für das Emirat erhielten die
iranischen Einwanderer 1971 anlässlich
der Staatsgründung auch die Staatsbürgerschaft der VAE.

NATÜRLICHE KLIMAANLAGE **K**

Um den Sommer in ihren Stadthäusern erträglicher zu machen, errichteten die persischen Händler bis zu
15 m hohe quadratische Türme an
den Ecken des flachen Haus-
dachs. Die an allen Seiten offenen
Türme fingen durch zwei diagonal
verlaufende Innenwände auch die
schwächsten Brisen auf und leiteten
sie in die unteren Räume weiter. Die
beiden rechtwinkligen Innenwände
bildeten vier Schächte. Durch zwei
davon strömte die kühle Luft hinein,
zirkulierte durch die darunterlie-
genden Räume des Hauses und
zog durch die beiden anderen
wieder nach oben ab. Dank dieses
ausgeklügelten Ventilationssystems
hatte man im ganzen Haus tagsüber
angenehme Temperaturen. Nachts
bevorzugten die Familien ohnehin
das Dach als Schlafstätte.
In der Regel wurden diese Windtürme aus Korallenstein errichtet, aber
bei einfachen *arasti*-Häusern diente
ein Windturm aus Holzstangen und
Stoffbahnen dem gleichen Zweck.
Ein solcher ›beduinischer Windturm‹
existiert zum Beispiel noch im Hof
der Al-Fahidi-Festung.

Auferstanden aus Ruinen

Inzwischen sind in Al Fahidi alle historischen Häuser samt Windtürmen mit
großem Aufwand restauriert und rekonstruiert worden. Al Fahidi ist daher das
Stadtviertel, das sich heute so präsentiert,
wie dort die Großeltern der heutigen Generation zwischen 1900 und 1960 lebten.
Regierungsamtlich wird es deshalb als **Al
Fahidi Historical Neighbourhood** bezeichnet. In jedem Fall ist in seine historisch wichtigsten Bauten wieder Leben

TOUR
Das Viertel der Windtürme

Al Fahidi zu Fuß erkunden ⭐

Es ist das Viertel mit der authentischsten lokalen Architektur, auch wenn diese nur als Rekonstruktion erscheint. Hier wurden in Dubai vor etwa 100 Jahren zum ersten Mal Wohnhäuser aus Lehm und Korallensteinen gebaut, die die bis dahin aus Schilfwedeln errichteten Barasti-Hütten ablösten. Und das Besondere an diesen neuen Häusern waren ihre Windtürme, die das Haus mit einer natürlichen Klimaanlage ausstatteten. Da es einst Migranten von jenseits des Golfes waren, die Dubai auf diese Weise bereicherten und an die der Name des Viertels (zurückgehend auf deren Heimatstadt zunächst Bastak, dann Bastakiya) erinnerte, hat man ihn vor wenigen Jahren ›emiratisiert‹ und das Viertel in **Al Fahidi Historical Neighbourhood** umbenannt, kurz Al Fahidi.

Mit dem Erdöl kehrte der Wohlstand ein, Bastakiya versank in Bedeutungslosigkeit, seine Häuser waren dem Verfall preisgegeben. Erst 1999 begann die Stadtverwaltung, die insgesamt 57 historischen Häuser mit

Infos

📍 V 4

Dauer: 1 Std. (beste Zeit dafür ist der späte Vormittag)

Emirates Postal Museum: T 353 90 90, So–Do 9–13 Uhr, Eintritt frei

Architectural Heritage Department: Haus 3, T 353 90 90, So–Do 9–14 Uhr

Sheikh Mohammed Centre for Cultural Understanding (SMCCU) 4:
T 353 66 66, www.cultures.ae, tgl. 8–16 Uhr, (siehe auch Kasten S. 54)

großem Aufwand zu restaurieren, und kümmerte sich darum, dass in sie Leben – öffentliches und privates – einziehen konnte. So ist in das Haus, das 1930 von Sheikh Mohammed Sharif Al Ulama mit einem eindrucksvollen Windturm erbaut wurde, das **Architectural Heritage Department** der Stadt Dubai eingezogen. Schräg gegenüber steht das **Emirates Postal Museum** mit einem kleinen Briefmarkenmuseum und daneben das **Münzmuseum.** Hinter diesem hat Sheikh Abdul Rahman Mohammed Farouk 1925 sein **Dar Al Nadwa** gebaut, das den höchsten Windturm besitzt und dessen Räume heute für wechselnde Ausstellungen genutzt werden. In der Nähe der freigelegten **Stadtmauer** steht das 1936 von Abdul Qader bin Abdul Rahman Rasheedi erbaute Haus mit einem Holzbalkon. Heute ist es Sitz der **Architectural Heritage Society,** die sich um den Erhalt des Viertels kümmert.

Zu den besonders liebevoll restaurierten Häusern zählt das 1944 von Sheikh Qassim Abdullah Al Bastaki gebaute Stadthaus. Heute ist hier das Begegnungszentrum **Sheikh Mohammed Centre for Cultural Understanding** 4 zu Hause. Von den einheimischen Mitarbeitern des SMCCU kann man sich fachkundig durch das Viertel führen lassen. Zwei Gassen weiter informiert das **Kaffeemuseum** 14 akribisch über Kaffee, seine Geschichte und die unterschiedlichen Arten seiner Zubereitung.

Wer nach einem Rundgang durch Al Fahidi ein wenig verschnaufen möchte, kann sich in den herrlichen Innenhof des Restaurants **Al Khayma Heritage** 2 (s. S. 60) setzen. Unweit davon haben in historischen Häusern zwischen hohen Lehmmauern und engen Gassen zwei kleine Hotels eröffnet: Das **XVA** 10 (s. S. 56) mit einem tollen Café plus Galerie und **The Orient House** (vorübergehend geschlossen). Sie vermitteln ihren Gästen (heute in dezent komfortabler Weise) ein Gefühl davon, wie man im alten Dubai lebte.

Gegenüber dem alten Postamt am Al Fahidi Roundabout stehen jene historischen Häuser, die dank privater Initiative bereits in den 1980er-Jahren restauriert wurden. In einem besonders schönen ist **The Majlis Gallery** 5 untergebracht (s. S. 63). Direkt nebenan laden das arabische Restaurant **Local House** 3 sowie das **Arabian Tea House** 4 zum Verweilen ein.

Östlich des Dar Al Nadwa steht das älteste Haus des Viertels. Es wurde schon 1895 von Abdul Razzaq bin Adul Raheem Al Bastaki erbaut.

zurückgekehrt. Dazu zählt auch die hier einmal im Jahr im März stattfindende Sikka Art Fair, eine sich eine Woche lang über den ganzen Stadtteil ausdehnende Kunst-Präsentation im Rahmen der Dubai Art (s. S. 103).

Einen besonderen Beitrag im Viertel leistet das **Sheikh Mohammed Centre for Cultural Understanding (SMCCU)**, dem am Eingang des Viertels selbst ein historisches Haus gehört. Von dort starten verschiedene Führungen durch die Al Fahidi Historical Neighbourhood. Das SMCCU organisiert auch Begegnungen, die dazu beitragen, die Traditionen der Emirati zu verstehen, um einem Besuch Dubais die wünschenswerte Tiefe und Nachhaltigkeit zu verleihen. House 26 & 47, Al Musallah St., T 353 66 66, www.cultures.ae, unbedingt im Voraus anmelden über smccu@cultures.ae, Bezahlung beim Besuch

---

BEGEGNET EUCH! **B**

Das **Sheikh Mohammed Centre for Cultural Understanding (SMCCU)** **4** organisiert fachkundig geführte Spaziergänge und Begegnungen:
– Creekside Walking Tour, Mo 15 Uhr (1 Std., 35 Dh)
– Heritage Tour, Sa 9, Di, Do 10.30 Uhr (1,5 Std., 110 Dh)
– Cultural Breakfast, Mo und Mi 9 Uhr (1,5 Std., 130 Dh)
– Cultural Lunch, Mo–Do 13 Uhr (1,5 Std., 145 Dh)
– Cultural Dinner, Di 18.30 Uhr (160 Dh)
– Emirati Fuala (Afternoon Tea), Di 16.30 Uhr (150 Dh)
– Cultural Brunch, Fr–So 11 Uhr (1 Std., 130 Dh)
Für alle Aktivitäten des SMCCU gilt: Wegen der großen Nachfrage unbedingt einen Platz reservieren.

Halbinsel Shindagha

Der Bur Dubai Souq dehnt sich bis zu den Ufern des Creek aus. Läuft man der eindrucksvollen Rechtsbiegung des Creek folgend den gepflasterten Promenadenweg am Ufer entlang, erreicht man in Richtung Mündung die Landzunge **Shindagha.** An exponierter Stelle dieses schmalen Festlandstreifens steht gleich am Anfang der restaurierte **Al Shindagha Watch Tower** aus dem Jahre 1939.

Die Baumaßnahmen auf Shindagha gehören zu den bedeutenden Projekten der Stadtverwaltung, denn die Dubai Municipality will Shindagha zum großen **Dubai Historical District** neu gestalten. Glaubt man den Plänen, wird hier ein »Showcase of Emirati Culture and Heritage« in Form von 22 (!) Museen entstehen. Teile dieser historischen Rekonstruktions- und Renovierungsarbeiten sind bereits abgeschlossen und einen Besuch wert. Zur Veränderung auf Al Shindagha: www.dm.gov.ae

---

Residence Al Maktoum

Im Jahr 1896 errichtete die Familie Al Maktoum wenige Hundert Meter Luftlinie vom Al Fahidi Fort entfernt einen zweistöckigen Palast, der seit seiner zweiten Renovierung (2017–23) **Residence Al Maktoum** **6** heißt. Er bietet die Chance, die damals typisch arabische Architektur an der Wende zum 20. Jh. kennenzulernen. Genau so baute man damals am Golf: Es waren immer quadratische Gebäude mit Räumen zu einem großen Innenhof, hohe Balkendecken, abgerundete Tür- und Torbögen, skulptierte Fenster mit Gittern, große Versammlungsräume *(majlis)* und kleinere Wohnräume, beide ›gekühlt‹ von beeindruckenden Windtürmen.

Der Palast mit den charakteristischen Windtürmen gewährte dank seiner strategisch günstigen Lage auch eine wunderschöne Aussicht auf die Einfahrt zum Creek und das gegenüberliegende Deira. Über 40 Jahre war er Sitz der Regierung während der Herrschaft von Sheikh Saeed Al Maktoum (1912–58), dem »Architekten des modernen Dubai«. Bis 2019 trug er daher auch den Namen Saeeds, des am längsten hier wohnenden Herrschers. Sein Sohn Rashid, der ihm als Herrscher folgte, wuchs ebenfalls in diesem Palast auf.

Die Residence Al Maktoum bietet heute als Museum einen eindrucksvollen Überblick über die Herrscher des Emirats Dubai. Es dokumentiert in chronologische Reihenfolge die Biografien der jeweiligen Sheikhs und ihre persönlichen historischen Leistungen für das Emirat. Besondere Bedeutung erfährt in diesem Kontext Sheikh Mohammed bin Rashid, der heutige Herrscher des Emirats (s. S. 59).

Originalgetreu und mit viel Liebe zum Detail wurde das ›alte Dubai‹ rekonstruiert.

Alte Häuser – neue Nutzung

Alle nach alten Zeichnungen rekonstruierten historischen Häuser auf Shindagha werden heute zwar nicht mehr bewohnt, aber ausnahmslos wieder genutzt. Eingezogen ist z. B. das **Heritage Home Guest House** vorne in der ersten Reihe mit einem einladenden Restaurant auf seiner Terrasse direkt am Creek (s. S. 62).

Nur wenige Schritte entfernt, sozusagen am Eingang zum Museumsviertel, liegt das **Shindagha Museum** ❼ (T 515 51 00, www.visitdubai.com/de/places-to-visit/al-shindagha-museum). Es versteht sich als ›Wegweiser‹ durch die Geschichte des Emirats und informiert über die Bedeutung des Creek für die Entwicklung von Dubai. Zugleich dient es als **Besucherzentrum** für die historische Al Shindagha Neighbourhood (s. S. 58).

Ein weiteres rekonstruiertes Wohnhaus der Familie Al Maktoum beherbergt das schöne **Saruq Al Hadid** ❽, ein eindrucksvolles archäologisches Museum (s. S. 59). Die ausgestellten Exponate belegen eine erste Besiedlung der Region im zweiten vorchristlichen Jahrtausend. Nebenan hat man in einem liebevoll rekonstruierten Haus ein Museum der Düfte eingerichtet, das **Perfume House** ❾ (tgl. 10–20 Uhr).

Auch den Palast des Bruders von Sheikh Saeed Al Maktoum, Sheikh Juma Al Maktoum, hat man instandgesetzt. Das **Sheikh Juma Al Maktoum House** ❿ wurde 1928 erbaut und 2002 anhand alter Zeichnungen und Foto-

Lieblingsort

Ein wahres Schmuckstück

Bereits in den 1940er-Jahren gehörte dieses Haus im alten, angesehenen Viertel Al Fahidi zu den schönsten der Stadt. Als mit dem Erdöl über Nacht der Reichtum einzog, bevorzugten viele Einheimische neue Villen außerhalb der Altstadt. Die Lehmhäuser in Al Fahidi standen erst leer, dann verfielen sie. Erst Jahrzehnte später zog mit der Restaurierung des Viertels wieder Leben in Al Fahidi ein. Seitdem gehört das Haus Nr. 15a zu den Schmuckstücken des Stadtteils. Heute ist es ein kleines Hotel mit 15 Zimmern und trägt den Namen **XVA** 10 (die Hausnummer in römischen Ziffern). In seinen Seitentrakt ist eine Galerie gleichen Namens eingezogen, im schönen Innenhof befindet sich ein Café. Von dort hat man Zugang zu einem Kunsthandwerksladen und zur XVA-Galerie. Helle Leinensegel überspannen den Innenhof und schützen die Gäste vor zu viel Sonne. Im XVA trifft man immer interessantes Publikum. Wer sich in dieses Café ›verirrt‹, bricht nicht so schnell wieder auf.

grafien Schritt für Schritt rekonstruiert. Heute firmiert es als **House of Traditional Architecture.**

Auf der nördlichen Seite des Sheikh Saeed Al Maktoum House steht das 1916 erbaute Haus des Perlenhändler Juma & Obaid bin Thani, das **Sheik Obaid Bin Thani House ⓫**, das sich heute der Islamkunde widmet.

Am hinteren Ende von Shindagha standen noch bis 2015 die ehemaligen beiden ›Dörfer‹ des Heritage Village und des Diving Village, die bei Einheimischen und Besuchern als Open-Air-Sehenswürdigkeiten gleichermaßen beliebt waren. Al Turath, das **Heritage Village ⓬**, dokumentierte sehr anschaulich den Alltag und die traditionelle Lebensweise der Beduinen sowie die Anfänge ihrer Sesshaftigkeit am Creek. Al Ghouss, das **Diving Village ⓭**, gewährte Einblicke in Leben und Alltag eines Fischer- und Küstendorfes am Ende des 19. Jh. Beide werden nach vollendeter Renovierung des Shindagha-Projektes dort ihren Platz finden.

Al Seef

Nur ca. 2 km südöstlich der Halbinsel Shindagha, vorbei am Bur Dubai Old Souq und südlich angrenzend an das Al-Fahidi-Viertel, entstand quasi über Nacht zwischen Al Seef Street und Creek ein neuer ›historischer Stadtteil‹, **Al Seef.**

Im Viertel der Perlenfischer

Das alte Dubai am Creek – so könnte es möglicherweise ausgesehen haben. Zumindest meinen das die Architekten des lokalen Bauunternehmens Meraas. Denn seit 2015 haben sie in nur zwei Jahren an der Bur-Dubai-Seite des Creek, gegenüber den ankernden Dhaus auf der Deira-Seite, eine ›historische‹ Siedlung mit vielen klei-

nen zweistöckigen Häusern erschaffen. Dieses Ensemble von Häusern und Bauwerken entlang des 1,5 km langen Ufers kann man von wirklich alten Häusern kaum unterscheiden, so perfekt ist die rekonstruierte Illusion.

In Al Seef spaziert man durch verwinkelte Gassen, bewundert die ›alten‹ zweistöckigen ›Lehmbauten‹ (natürlich aus Beton, aber täuschend ähnlich verputzt, sogar mit Rissen), bestaunt die alten Metalltüren und die Häusersockel aus Korallensteinen, erfreut sich an den ausgetretenen Treppen, die auf die Flachdächer der Häuser führen und fühlt sich tatsächlich in ein Dubai alter Zeiten zurückversetzt. Sogar an alte Aufputz-Elektrokabel haben die Architekten als historisches Design gedacht. Gott sei Dank geschieht die Stromversorgung in Al Seef durch gesicherte Kabel unter der Erde.

Tradition trifft Moderne

Doch diese sehr detailverliebten Rekonstruktionen im ›historischen‹ Al Seef sind heute keine Wohnhäuser, alle beherbergen besucherorientierte Einrichtungen, z. B. viele kleine Restaurants und Cafés, mehrere Souvenirgeschäfte, und in einem kleinen, besonders eindrucksvollen ›historischen‹ Haus gibt es sogar einen Mini-Supermarkt. Die Gassen sind sehr sauber, es gibt Blumenbeete und Bänke, einige neu gepflanzte Bäume, man bewegt sich zu Fuß. Vom nahen Creek, dessen Uferpromenade mit alten Stämmen und Holzbohlen stabilisiert wurde, die geschickt die Kaimauer aus Beton verkleiden, weht eine kühle Brise herüber.

Al Seef ist auch der Versuch, Dubais historische Wurzeln und moderne Infrastruktur für die Besucher zu verbinden und vor allem anziehend zu gestalten. Zwischen den historischen Rekonstruktionen gibt es deshalb mehrere Flächen mit modernen Gestaltungselementen, dazu gehören auch drei Hotels.

Eines davon, das mitten in Al Seef errichtete **Al Seef Heritage Hotel**, ist ein Traum modernen Retro-Komforts. Aber von außen ist seine rekonstruierte Traditionsarchitektur von den anderen Häusern dieses Stadtteils kaum unterscheidbar. Ganz anders im Südosten von Al Seef. Hier stehen das **Canopy** und das **Hampton**. Diese beiden kleinen Hilton-Hotels sind ein anregender Kontrast zur historischen Bebauung: bunt, leicht, von Licht durchflutet und topmodern.

Ein gemütlicher Abend in Al Seef, ein Bummel zwischen all den vielen ›alten‹ Häusern mit ihrem verlockenden Angeboten, ein Abendessen unter freiem Himmel, dazu die kühle Brise vom nahen Creek und der Blick hinüber auf das Lichtermeer des Stadtteils Deira – auch das bietet der Stadtteil Bur Dubai.

Museen

Für die **Museen in Shindagha (❻–❿)** gibt es im Shindagha Museum (s. S. 55) ein großes **Besucherzentrum,** wo Eintrittskarten erworben und Führungen sowie E-Carts gebucht werden können (alle Museen und Besucherzentrum tgl. 10–20 Uhr, zusammen 50 Dh).

Geschichte, die man nicht kennt
❷ **Dubai Museum:** Durch ein massives Teakholz-Tor mit alten Messingbeschlägen gelangen Sie in den mit Sand aufgeschütteten Innenhof. Zuvor entdecken Sie an der Eingangsseite einen Ausstellungsraum mit einer interessanten Waffenkollektion, zu der z. B. Schilde aus Haifischflossen sowie *khanjars* (Krummdolche) und Shihuh-Äxte aus Ras Al Khaimah gehören. Beeindruckend ist im Innenhof eine historische ›Klimaanlage‹, ein sogenannter Windturm, auf einer nachgebauten Barasti-Hütte in einer Bauweise aus Palmzweigen und Holzstangen, wie sie damals in Dubai üblich war.

Vorbei an einer Kanone von 1785 führt eine Wendeltreppe vom Hof hinab in das große, unterirdisch angelegte Museum, in dessen Räumen die Lebens- und Arbeitsbereiche im alten Dubai vorgestellt werden: Handel (›commercial life‹), Familie (›domestic life‹), Wüste (›life in the desert‹) und Meer (›life on the sea‹). Nachhaltigen Eindruck macht auf dieser Zeitreise ein Souq aus den 1960er-Jahren mit lebensgroßen Figuren und einer authentischen Geräuschkulisse von Gesprächen zwischen Händlern und Kunden. Am Ende der Souq-Straße gelangen Sie zu einer Koranschule. Werfen Sie einen Blick durch die Fenster und die geöffneten Türen auf die detailgetreue Einrichtung und den nachgestellten Koranunterricht. Monitore erläutern in kurzen Filmen die einzelnen Bereiche.
Im Al Fahidi Fort, Al Fahidi St., T 04 353 18 62, wegen Renovierungsarbeiten bis auf Weiteres geschlossen

Im Dubai Museum erfährt man viel über die ehemalige Arbeit der Perlenfischer.

Ein Herrscherhaus wird Museum

❻ **Residence Al Maktoum:** Im ehemaligen Sheikh Saeed House beginnt man am besten mit dem Al-Maktoum-Flügel. Hier präsentieren historische Zeichnungen und Fotografien der Herrscherfamilie die staatspolitischen Anfänge im Jahr 1833 bis zum Tod von Sheikh Rashid bin Saeed Al Maktoum, dem Vater des heutigen Herrschers, der 1990 starb. Gebaut wurde das Haus 1896 von Sheikh Saeeds Vater, bewohnt wurde es von der Herrscherfamilie bis 1958.

Am anderen Ende des Hofes liegt der Wüstenflügel, in dem das Nomadenleben und der Alltag der Beduinen sowie ihre Leidenschaft für Falken und Kamele beleuchtet werden.

Der ursprüngliche Palast beherbergt auf zwei Stockwerken mehr als 30 Zimmer, mehrere Küchen und Veranden, drei Innenhöfe sowie zehn Waschräume für die sechs Familien der Herrscherdynastie, die das heutige Bait Al Maktoum zwischen 1896 und 1958 teilweise zusammen bewohnten. Aus nächster Nähe sind vier traditionelle Windtürme zu bewundern. Sehenswert ist auch der Majlis-Raum (Versammlungszimmer). Von seiner Freiluftgalerie haben Sie einen herrlichen Blick auf den Creek und die vorbeifahrenden Dhaus.

Shindagha, Öffnungszeiten und Preise s. S. 58

Spannende Archäologie

❼ **Saruq Al Hadid Archaeology Museum:** Gab es Dubai schon in der Bronzezeit? Archäologische Ausgrabungsfunde erlauben, schon damals eine frühe Besiedlung arabischer Stämme am Rande der Rub Al Khali anzunehmen. Denn vor wenigen Jahren entdeckten Archäologen unter Sanddünen im Süden Dubais (in offiziellen Angaben heißt es, Sheikh Mohammed in seinem Helikopter sei es gewesen) den Ort **Sarouq Al Hadeed,** der an einer antiken Handelsroute entlang der Golfküste lag.

Damit hatte Dubai über Nacht eine jahrtausendealte Vorgeschichte. Denn nach ersten Grabungen stieß man auf Hunderte von wertvollen Artefakten aus Kupfer, Eisen und Gold, die alle ins 2. Jt. v. Chr. datieren und von unterschiedlicher Herkunft sind. Besonders beeindruckend waren viele verschiedenartige goldene Ringe. Als Dubai sich für die EXPO 2020 bewarb, wählte es diese Ringe als Symbol seiner Kontinuität als Handelsmetropole. Die wertvollsten Ausgrabungsstücke aus Sarouq al Hadeed werden im Museum ausgestellt.

Direkt daneben wurde das Haus von Sheikha bint Saeed Al Maktoum (Tante des heutigen Herrschers) aus dem Jahre 1928 wieder neu aufgebaut; es beherbergt ein kleines Museum der Düfte (Perfume House).

Shindagha, www.dm.gov.ae/discover-dubai/ saruq-al-hadid, Öffnungszeiten und Preise s. S. 58

House of Traditional Architecture

❾ **Sheikh Juma Al Maktoum House:** Neben dem Haus von Sheikh Saeed Al Maktoum wurde der Palast seines Bruders, Sheikh Juma Al Maktoum, wieder aufgebaut. Das 1928 errichtete Bauwerk wurde von 2002 an anhand alter Zeichnungen und Fotografien Schritt für Schritt rekonstruiert und firmiert heute als House of Traditional Architecture. In seinen Räumen befindet sich u. a. eine große Sammlung von Briefmarken, Münzen und Banknoten.

Shindagha, Öffnungszeiten und Preise s. S. 58

Islam-Infos

❿ **Sheikh Obaid Bin Thani House:** Auf der nördlichen Seite des Sheikh Saeed Al Maktoum House steht das 1916 erbaute Haus von Sheikh Obaid bin Thani, das sich, 1998 neu errichtet, der Islamkunde widmet.

Shindagha, Öffnungszeiten und Preise s. S. 58

Für Kaffeeliebhaber

⓮ Kaffeemuseum: Alles, was Sie schon immer über Kaffee wissen wollten, hier können Sie es erfahren. Denn in diesem Museum dreht sich einfach alles um den Kaffee, von Pflücken der Bohne bis zum gemahlenen Pulver. Und in einem kleinen Laden kann man unterschiedliche Sorten und unterschiedliche Zubereitungen probieren.
Al Fahidi, T 353 87 77, Sa–Do 9–17 Uhr, www.coffeemuseum.ae, Eintritt frei

Essen

Verlockender Orient

1 Awtar: Hier gibt es beste libanesische Küche in orientalisch-eleganter Atmosphäre mit stilvoll schwerem Mobiliar und einem zeltähnlichem Deckendekor, außerdem angrenzende Terrasse. Nicht nur interessantes Publikum, sondern auch Livemusik, Sänger und Bauchtanz (ab 21 Uhr).
Im Grand Hyatt Dubai, T 317 22 21, Di–So 19.30–3 Uhr, Metro Green Line, Station Health Care City, €€€

Traditionell Beduinisch

2 Al Khayma Heritage: Nach einem Besuch des historischen Al-Fahidi-Viertels ist ein arabisches Restaurant in einem alten, eindrucksvoll restaurierten Haus genau der richtige Ort für die verdiente Pause. Im von Segeln überspannten, schattigen Innenhof mit laternengeschmückten Wänden beginnt eine kulinarische Zeitreise in Dubais Vergangenheit. Es gibt Chebab (Pfannkuchen aus den Emiraten), aber auch herzhafte Fleischgerichte und köstliche Meeresfrüchte. Als Highlight gilt hier das Frühstück mit Beid wa tomat (typisch emiratisches Rührei), Dango (würzige Kichererbsen) und Balaleet (gesüßte Vermicelli mit Ei).
Direkt am Eingang des Al-Fahidi-Viertels, gegenüber dem SMCCU, T 548 76 02, www.

Das Restaurant Barjeel hat zwar auch eine herrliche Terrasse, aber im Innenraum schmeckt es mindestens genauso gut.

alkhayma.com, tgl. 11–21 Uhr, Metro Green Line, Station Sharaf DG, €–€€

Alles aus Dubai

3 Local House: Das ›local‹ im Namen ist wörtlich gemeint: Serviert werden nur Speisen, deren Zutaten ausschließlich aus Dubai kommen, z. B. Kamelfleischgerichte, darunter auch Camel Burger. Als Karnivor sollte man das hier schon mal probiert haben!
Al Fahidi, zwischen Dubai Museum und Majlis Gallery, T 506 52 30 32, www.localhousedxb.com, tgl. 9–22 Uhr, Metro Green Line, Station Sharaf DG, €

Emiratische Gerichte

4 Arabian Tea House: Kleines Restaurant im Innenhof eines traditionellen

Windturm-Hauses. Es gibt allerdings nur kleine Gerichte und Getränke.

Al Fahidi St., T 353 50 71, arabianteahouse. com, tgl. 8–23 Uhr, Metro Green Line, Station Sharaf DG, €

So speist Bollywood

5 **Asha's Dubai – Wafi:** Das mehr-fach preisgekrönte Asha's gehört zu den besten indischen Restaurants der Stadt. Benannt ist es nach seiner Besitzerin, der bekannten indischen Sängerin Asha Bhosle. Genießen Sie hervorragende nordindische Küche, beispielsweise Murg Makhani (Hühnchen in Tomaten), Rogan Josh (Lamm-Curry), Lamm-Ke-bab, Dal Makhani (Vegetarisches – zur Auswahl steht eine breite Palette an Ge-müsen und Salaten) sowie schmackhafte und frische Fruchtsäfte.

Wafi City, zwischen Raffles Spa und Wafi Mall, Al Quta'eyat Rd., Bur Dubai, 1. Stock neben dem Parkhaus, T 324 41 00, tgl. 19–23 Uhr, Bus 42, 44, €€

Indische Träume

6 **iZ:** Hier wird authentische indische Küche als Live-Cooking-Erlebnis zele-briert. Sie wählen ein Stück Fleisch, einen Fisch oder vegetarische Zutaten aus und erleben mit, wie daraus zusam-men mit gebratenem Naan, Currys und Biryani-Dishes vor ihren Augen ein köst-liches Gericht zubereitet wird. Die Bar des IZ bietet zudem 40 verschiedene Whiskysorten.

Im Grand Hyatt Dubai, T 317 22 21, tgl. 19–23.30 Uhr, Metro Green Line, Station Health Care City, €€€

Sajonara

7 **Sushi:** Das japanische Restaurant überzeugt durch seine leichte, frische Küche mit dem Duft von Zitronengras und Limone. Größte Auswahl an Sushi-Variationen und asiatischen grünen Tees. Dass man hier viele japanische Gäste trifft, versteht sich von selbst. Denn bereits

zweimal wurde das Sushi vom Veran-staltungsmagazin »What's on in Dubai« als bester Japaner Dubais ausgezeichnet. Sehr empfehlenswert!

Im Grand Hyatt Dubai, Al Quta'eyat Rd., Ecke, Riyadh Rd., T 317 22 21, tgl. 12.30–15.30, 19–23.30 Uhr, Metro Green Line, Station Health Care City, €€€

Einfach, nett und preiswert

8 **Blue Barjeel:** Einfaches Straßen-restaurant, Möwen, Schiffe, mitten unter Gastarbeitern und Touristen, freundliches Personal. Freier Blick über den Creek bis nach Deira.

50 m nördlich der Abra-Anlegestelle direkt am Creek, T 353 22 00, tgl.10–22 Uhr, Metro Green Line, Al Ghubaiba Station, €

Indisch angehaucht

9 **Mumtaz Mahal:** Wer nach einem Besuch des Al Fahidi Fort Lust auf ein indisches Curry oder ein Mango-Lassi zum Abendessen hat, ist hier richtig.

Im Arabian Court Yard Hotel, T 505 52 77 95, tgl. 19.30–2 Uhr, Metro Green Line, Al Ghubai-ba Station, €€

Kunst und Kaffee

10 **XVA Art Café:** Café und Galerie im Innenhof des restaurierten arabischen Hauses Nr. 15a in Al Fahidi, gute haus-eigene Limonade unter Sonnensegeln.

T 353 53 83, www.xvagallery.com, tgl. 7–22 Uhr, Metro Green Line, Al Ghubaiba Station, €€

Treffpunkt junger Leute

11 **MishMash:** Bistro und Café, moder-nes funktionales Interieur und peppiges Design, internationale Kurzgerichte, die immer frisch zubereitet werden; große Auswahl an Obst- und Gemüsesäften; schmackhaftes Frühstück, freundlicher Service.

Im Hotel Hampton by Hilton Dubai Al Seef, Al Seef St., T 707 70 77, tgl. 7–23 Uhr, Metro Green Line, Station Sharaf DG, €€

Blick auf den Creek

12 **Restaurant Barjeel:** Ideal für einen Zwischenstopp beim Besuch des historischen Al Shindagha. Freundliches Restaurant mit großer Außenterrasse, kleinen Gerichten und gutem Kaffee.

Im Heritage Home Guest House, T 585 10 41 88, www.heritagehomeuae.com, Metro Green Line, Al Ghubaiba Station, €

Speisen unterm Sternenhimmel

13 **Dinner Cruises:** Abendliche Bootstouren inkl. Buffet gehören inzwischen zum Angebot der meisten Reiseveranstalter. Und es ist ohne Zweifel ein Erlebnis, mit einer alten oder restaurierten Dhau auf dem Creek zu kreuzen. Man ist beeindruckt von der erleuchteten Skyline, aber noch mehr vom klaren Sternenhimmel, wenn man sich auf das Oberdeck begibt.

Infos s. S. 19, €€

Am Creekufer

14 **Bayt Al Wakeel:** Traumhafter Blick auf das Leben am und auf dem Creek von der großen Außenterrasse und vom überdachten Balkon im ersten Stock. In den Innenräumen schmücken schöne alte Fotos die Wände, arabisch-thailändische Küche.

Im Souq Bur Dubai direkt am Creek, T 353 05 30, www.wakeel.ae, tgl. 12–24 Uhr, Metro Green Line, Station Sharaf DG, €€

Schweizer Küche

15 **The Fountain:** Schweizer Küche in ihrer ganzen Vielfalt, ergänzt durch kulinarische Spezialitäten des Libanon in einem wohltuenden Ambiente voller Licht und Blumen. Freitags gibt es immer ein großes, internationales Buffet und mehrmals im Jahr ein Switzerland Festival (Termin: s. Tageszeitung); dann wird alles noch schweizerischer, insbesondere das Schokoladenbuffet!

Im Mövenpick Hotel Bur Dubai, T 336 60 00, tgl. Frühstück 6.30–10.30, Lunch 12–15, Dinner 19–22.30 Uhr, €€€

Italienisches Flair

16 **Panini:** Ein herrlicher Blick in den ›Regenwald‹ der Hotellobby aus einem italienischen Café, Riviera-Feeling in den Tropen. Große Auswahl an hauseigenen Kuchen und belegten Brötchen, guter Espresso – eben ein Italiener in Dubai. Auch Straßenverkauf von italienischen Produkten (z. B. Parmaschinken) und hauseigenem Schwarzbrot.

Im Hotel Grand Hyatt Dubai, T 317 12 34, tgl. 8–24 Uhr, €€

Einkaufen

Laut und preiswert

1 **Bur Dubai Souq:** Der älteste Basar der Stadt, nahe am Creek. Schwerpunkte sind heute Souvenirartikel und Textilien, viel Nützliches, aber auch viel Überflüssiges – in den vielen kleinen Ladennischen des Souqs findet man immer etwas, was man zu einem günstigen Preis erstehen könnte, was man aber bei genauem Überlegen eigentlich nicht braucht.

Bur Dubai, So–Do 9–13, 16–22, Fr 16–22 Uhr

Kaufhaus für jedermann

2 **Bur Juman Centre:** Diese Mall nahm ab 1991 drei Jahrzehnte lang für sich in Anspruch, das exklusivste Mode-Einkaufszentrum Dubais zu sein. Doch die Zeiten haben sich mit anderen, neueröffneten Malls geändert. Heute ist Bur Juman ein Großkaufhaus mit einem breiten Angebot, aber auch mit weniger exklusiven Waren. Dennoch hat es einen enormen Standortvorteil: Es liegt direkt an der Kreuzung der beiden Metrolinien. Auf vier Etagen findet man in 340 Läden nahezu alles an Mode, dazwischen schicke Cafés und im obersten Stock des alten Teils gibt es einen Food Court mit 13 Spezialitätenrestaurants.

Trade Centre Rd., Ecke Khalid Ibn Al Waleed Rd., T 352 02 22, www.burjuman.com, tgl.

10–24 Uhr, Metro Green Line, Station Bur Juman

Welcome to Wafi City

3 Wafi Mall: Sie bildet das Zentrum eines großen Gebäudekomplexes namens Wafi City, zu dem auch das Cleopatra's Spa und das Luxushotel Raffles gehören. Die Wafi Mall beeindruckt von außen durch ihre Pyramidenarchitektur aus Glas, Chrom und Stahl. Innen faszinieren prunkvolle, altägyptisch orientierte Säulengänge sowie die mit ägyptischen Motiven bemalten Fenster und Wände. In der Wafi Mall findet man neben vielen Nobelmarken im 3. Stock ein Unterhaltungszentrum für Familien mit allem, was Groß und Klein Spaß macht. Obwohl es in die Jahre gekommen ist, gehört das Wafi zu den beliebtesten Shopping-Malls der Stadt.

Al Quta'eyat Rd., Ecke Oud Metha Rd., T 324 45 55, www.wafi.com, Sa–Do 10–22, Fr 16–22 Uhr, Metro Green Line, Station Health Care City

Einzigartig im Al-Fahidi-Viertel

4 XVA Gallery: Die älteste und bedeutendste Galerie in Bur Dubai, ein Ort der Begegnungen zwischen kunstinteressierten Expatriates und Emiratis. Vernissagen und Verkauf

Im XVA Art Hotel (s. S. 34), T 353 53 83, www.xvagallery.com, tgl. 10–18 Uhr, Metro Green Line, Station Sharaf DG

Die erste ihrer Art

5 The Majlis Gallery: Die Galerie bietet mehr als nur Kunsthandel. Sie leistete Pionierarbeit für einheimische Maler, und das liebevoll renovierte Haus ist ein Juwel. Vier Generationen lang war es im Besitz der iranischen Amiri-Familie, 1978 zogen die Briten Alison und Dick Collins in das Haus, die sich dessen Renovierung zur Lebensaufgabe machten. Bereits seit 1989 ist es als Galerie auch für die Öffentlichkeit zugänglich.

The Majlis Gallery vereint Kunst und Architektur in sich.

Al Musallla Roundabout, T 353 62 33, www. themajlisgallery.com, Mo–Do 10–18 Uhr, Metro Green Line, Station Sharaf DG

Bewegen

Nachhaltige Erholung

1 Raffles Spa: Schon von außen gehört das Raffles-Spa-Gebäude mit seinem Säuleneingang zu den eindrucksvollsten Wellnessanlagen Dubais. Und dieser erste Eindruck täuscht nicht: ein eigenes luxuriöses Outdoor-Schwimmbad, komfortable Suiten für Einzel- oder Paaranwendungen, ein breites Massageangebot und einladende Ruheräume.

Im Hotel Raffles, nahe der Wafi Mall, Sheikh Rashid Rd., T 324 88 88, www.raffles.com/ dubai/spa, tgl. 12–22 Uhr, Metro Green Line, Station Healthcare City

Traumhaft erholen

2 Ahasees Spa: Im ganzen Spa-Bereich herrscht eine wohltuende Atmosphäre der Ruhe. Das Wellnessangebot umfasst Aromatherapien und Massagen aller Art, u. a. eine Ahasees Signature-Massage oder nach dem Sonnenbaden eine »Express Hydrafacial«. Zum Spa-Bereich gehören auch Sauna, Dampfbad und Jacuzzi. Für Sportliche bietet eine große Sporthalle über 30 Geräte, Technogym rund um die Uhr (!), Squash- und Tennisplätze. Auch ein schönes Hallenbad mit 20 m-Becken und Unterwassermusik fehlt nicht. Das Grand Hyatt Dubai verfügt außerdem über drei Pools im Freien und eine 450 m lange Jogging-Strecke.

Im Hotel Grand Hyatt Dubai, T 317 12 34, tgl. 9–21 Uhr, Metro Green Line, Station Healthcare City

Marokkanisch angehaucht

3 **Oriental Wellness:** Das mitten in Bur Dubai liegende Hotel Arabian Courtyard besitzt einen exklusiven Wellnessbereich, in dem Massagen aller Art, eine Vielzahl von Körper- und Gesichtsbehandlungen und ein marokkanisches Bad zum Erholungsprogramm gehören. Nach einem Besuch zu Fuß in der Altstadt mit ihren vielen Sehenswürdigkeiten ist das ein verdienter Abschluss.

Al Fahidi, im Hotel Arabian Courtyard (s. S. 37), T 351 91 11, tgl. 9–20 Uhr

Tradition ist alles

4 **Sheikh Mohammed Centre for Cultural Understanding (SMCCU):** Fachkundig geführte Spaziergänge und Begegnungen, um den Teilnehmern die Traditionen der Einheimischen näherzubringen.

Infos s. Kasten S. 54

Ausgehen

The Place to be

1 **Al Seef:** Wenn der Souq gegen 22 Uhr schließt, kommen die Kehrtrupps mit ihren Reinigungsfahrzeugen. Auch Shindaghas historische Altstadt ist dann wie ausgestorben. Nur in den Restaurants und Bars im ›historischen‹ Al Seef herrscht noch Betrieb, hier sind die Restaurants bis nach Mitternacht geöffnet. Wer Unterhaltung mit Musik in Bur Dubai sucht, muss sich hierhin bewegen.

www.alseef.ae/en

In Fantasiewelten eintauchen

2 **AyA:** Eine von einer einfühlsamen Stimme geführte Wanderung durch einen mehrräumigen Kosmos voller Stern- und Farbwelten, die durch ihre Illuminationen verzaubern. Man taucht in einem Seitenflügel der eindrucksvollen Wafi Mall in eine andere Welt ein, wobei das Erstaunen besonders am Abend sehr intensiv ist!

Wafi Mall, Al Quta'eyat Rd., Ecke Oud Metha Rd., 1. Stock, T 542 03 00, www.aya-universe.com, So–Do 10–22, Fr, Sa 10–24 Uhr, Metro Green Line, Station Healthcare City

---

WIE KOMME ICH AM BESTEN NACH BUR DUBAI? **B**

Mit dem eigenen Leihwagen in den alten Stadtteil Bur Dubai zu fahren, ist keine gute Idee. Parken muss teuer bezahlt werden, sofern man überhaupt einen der raren Parkplätze findet. Falschparken kann empfindlich teuer werden, mit Abschleppen ist die Polizei nicht zimperlich. Außerdem sind viele der engen Altstadtgassen Einbahnstraßen, andere nur für Fußgänger zugänglich. Deshalb: Planen Sie den Besuch am besten mit dem Taxi, dem Hotel-Shuttle, der Metro (Green Line, Station Al Ghubaiba oder Sharaf DG) oder vom gegenüberliegenden Deira-Ufer des Creek mit der Abra (s. S. 237).

Zugabe
Vor nicht allzu langer Zeit …

Eine historische Luftaufnahme

Dubai im Jahre 1951, aufgenommen von einem Kleinflugzeug der britischen Royal Air Force aus dem benachbarten Emirat Sharjah. Nur dort gab es überhaupt einen schmalen *landing strip*. Das Foto zeigt den damals noch stark versandeten Creek und die drei Siedlungsschwerpunkte: vorne die Halbinsel Shindaga, auf der rechten Seite Bur Dubai und links oben das sich in Richtung Sharjah ausdehnende Deira. Das unbebaute Gebiet zwischen Shindaga und Bur Dubai, heute bekannt als Ghubaiba, wurde bei höherem Wasser regelmäßig überflutet. Wenn man mit einer Lupe das Foto vergrößert, sieht man, dass die Mehrzahl der Häuser einfache umzäunte Barasti-Hütten waren.

Wer heute die Sheikh Zayed Road entlangfährt oder zu Füßen des Burj Khalifa steht, sollte sich an dieses Fotos erinnern. ∎

Deira

Stadtteil der Souqs und der Dhaus — Ihn darf sich kein Besucher entgehen lassen: wegen des riesigen Angebots an Goldschmuck und duftenden Gewürzen und wegen der im Dhow Wharfage ankernden alten hölzernen Frachtkähne.

Seite 69
Deira Old Souq ✪

Als Gewürz- und Goldsouq erstreckt sich der größte Basar der Stadt über ein ganzes Viertel. Dem betörenden Duft exotischer Gewürze und der magischen Ausstrahlung des vielen Goldes kann man sich kaum entziehen.

Hier ist so ziemlich alles Gold, was glänzt!

Eintauchen

Seite 84, 93
Dubai Creek Golf & Yacht Club

Das weithin sichtbare Clubhaus beeindruckt vor allem durch seine Architektur. Außerdem schmeckt der Tee dort besonders gut. Ob Tiger Woods deswegen öfter herkommt? Zumindest besteht eine kleine Chance, ihn hier zu treffen.

Seite 80
Dhau Wharfage

Im Dhau Wharfage, dem Dhau-Hafen an der Baniyas Road gegenüber dem Golden Sands Hotel Creek, ankern die alten hölzernen Frachtkähne, die auch heute noch per Hand be- und entladen werden.

Seite 87
Dubai Municipality Museum

Dubai vor dem Erdöl: Sowohl das liebevoll restaurierte Haus am Eingang des Souqs als auch die historischen Dokumente gewähren Einblicke in die Zeit der 1960er-Jahre.

Seite 88

Heritage House

Das zweistöckige Wohnhaus eines reichen Perlenhändlers ist ein Beispiel städtischer Wohnkultur im historischen Dubai.

Seite 87

Bait Al Banat ⭐

Auch am Golf standen hinter berühmten Staatsmännern immer interessante Frauen. Daran erinnert mit aufregenden Exponaten mitten im Souq das erste Frauenmuseum in der Golfregion. Es wurde als private Initiative von Rafia Ghubash gegründet.

Seite 89

360°-Panoramablick

Im Drehrestaurant Al Dawaar hoch über Dubai genießt man ein köstliches Buffet und einen 360°-Panoramablick über den Creek, die Stadt und das Meer.

Seite 94

QD's

Das Quarterdeck des Jachtclub-Hauses ist ein Open-Air-Treff nach Sonnenuntergang. Die zwanglose Atmosphäre, die direkte Lage am Creek und der nette Service machen es so beliebt.

Erfahren Sie im Perlenmuseum alles, was es über die glänzenden Naturwunder zu wissen gibt.

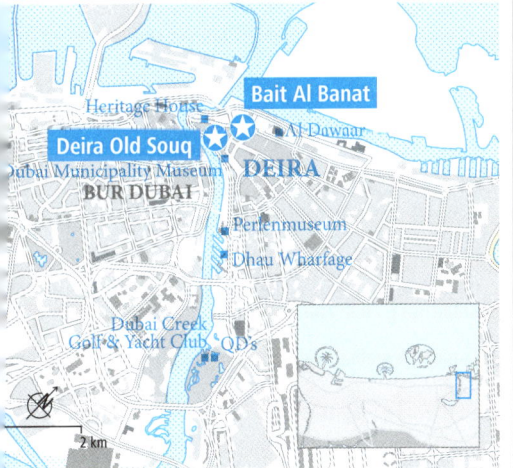

Zögern Sie nicht, wenn ein Händler im Gewürz-Souq Ihnen etwas Exotisches zum Probieren anbietet. Sie müssen nichts kaufen – sagen Sie ihm, es sei zu scharf!

erleben

Alltag am Golf zwischen gestern und morgen

E

Eine Fahrt mit der Abra ist nur beim ersten Mal ein kleines Abenteuer: Beginnen Sie Ihren Besuch im Stadtteil Deira, indem Sie mit einer Abra aus Bur Dubai nach Deira übersetzen. So nähern Sie sich langsam an, sehen zuerst nur die Konturen der alten Häuser, und je näher Sie kommen, umso deutlicher wird das Gewimmel auf den Straßen. Die Abras legen direkt am Eingang zum Gewürzsouq an und sofort sind Sie mittendrin im geschäftigen Alltag.

Lange bevor die erste Brücke 1962 die Stadtteile Bur Dubai auf der westlichen und Deira auf der östlichen Seite des Creek auch für Fahrzeuge problemlos zusammenfügte, standen in Deira mehr Häuser als im älteren Bur Dubai. Zwar galt Bur Dubai als politisches Zentrum, aber in Deira expandierten Wirtschaft und Handel. Damals überquerten die Händler den Creek auf unterschiedlich großen Booten, während die Bewohner ihre eigenen Ruderboote bevorzugten.

In Deira wurde 1912 die erste Schule gegründet, hier bauten reiche Perlenhändler neue Stadthäuser, und ab 1959 residierte auf der Deira-Seite des Creek die Stadtverwaltung von Dubai. Das Rat-

ORIENTIERUNG 🄾

Reisekarte: 📍 Karte 2, V–X 4–8
Cityplan: S. 70
Wie komme ich am besten nach Deira? Mit der Abra von Bur Dubai, mit der Metro Green Line, mit dem Taxi oder mit dem eigenen Auto durch den Shindagha-Tunnel oder über die Al Maktoum Bridge. In Deira sind die Straßen eng und Parkplätze rar.
Hauptanziehungspunkt im nördlichen Deira ist zweifellos der Deira Souq. Er beginnt an der Baniyas Road gegenüber der Abra-Anlegestelle und dehnt sich über mehrere Gassen aus. Goldsouq und Gewürzsouq bilden zwei eigene nur wenige hundert Meter auseinanderliegende Viertel im großen Deira-Souq (s. Tour S. 72). Je nachdem, von welcher Seite man diesen größten Basar der Stadt aufsucht, besucht man entweder zuerst den Goldsouq im nördlichen Teil oder im Westen im Gewürzsouq. Die anderen Sehenswürdigkeiten sind fußläufig vom Souq aus zu erreichen.

haus der Stadt steht in Deira und auch der Flughafen befindet sich auf dieser Seite des Creek.

Deira Old Souq ⭐

Einen wesentlichen Beitrag zur ökonomischen Entwicklung des Stadtteils Deira leistete schon damals im 19. Jh. ein Souq, der sich an der in den Creek hineinragenden Festlandspitze Al Ras (arab.: der Kopf) ausdehnte. Noch wesentlicher war die Nähe zum Nachbaremirat Sharjah, das damals dank engagierter britischer Präsenz bereits ein internationales Zentrum in diesem Abschnitt der Golfküste war.

Erst um die Wende zum 20. Jh. entwickelte sich Dubai wegen seiner Souqs zu einer kleinen Handelsstadt mit ca. 7000 Einwohnern und zog auch Händlerfamilien aus Persien an. Ein Teil der Kaufleute aus der persischen Provinz Bastak zog es vor, nach 1902 auf der Bur-Dubai-Seite zu siedeln. Eine andere Händlergruppe aus der iranischen Provinz Lar ließ sich gegenüber auf der Deira-Seite in Al Ras

nieder. Sie wählten das Viertel Bander Taleb in unmittelbarer Nähe des Souqs als neue Heimat, und bald schon erhöhte sich die Zahl der Läden im Deira-Souq damals auf ca. 300. So berichten es britische Quellen.

Um 1910 besaß Dubai bereits die größten Souqs an der Golfküste. Und so ist es bis heute geblieben, auch wenn diese Basare jetzt durch viele riesige Shopping-Malls ›ergänzt‹ werden. Der Deira-Souq, der größte Basar der Stadt, erstreckt sich über ein ganzes Viertel: Im Osten wird er von der Al Sabkha Road begrenzt, im Norden von der Al Khor Street und im Westen vom Creek. Innerhalb dieses Areals befinden sich kleinere Bereiche, die auf bestimmte Waren spezialisiert sind, wie z. B. der **Goldsouq** ❶ oder der **Gewürzsouq** ❷. Der alte Kern des Deira-Souqs wird in Briefen und Beschreibungen zum ersten Mal 1850 erwähnt. Aus dieser Zeit existieren jedoch keine architektonischen Zeugnisse mehr. Als 125 Jahre später

Einkaufen mit allen Sinnen: Im Gewürzsouq wählt man per Hand eine Probe aus und prüft die Qualität.

Deira

Ansehen

❶ Goldsouq
❷ Gewürzsouq
❸ Municipality Museum
❹ Bait Al Banat
❺ Madrasah Al Ahmadiya School
❻ Heritage House
❼ Al Ras Library
❽ Burj Nahar
❾ Naif Museum
❿ Waterfront Market
⓫ Dubai Pearl Museum
⓬ Etisalat Tower
⓭ Municipality/Rathaus
⓮ National Bank of Dubai
⓯ Chamber of Commerce and Industry
⓰ Dhau Wharfage
⓱ Clock Tower
⓲ Al Ghurair Centre
⓳ Deira City Centre
⓴ Dubai Creek Golf & Yacht Club
㉑ Festival City
㉒ Dubai International Airport (DXB)

Essen

1 Noépe
2 Jones the Grocer
3 Al Dawaar
4 Miyako
5 Lakeview
6 Al Difaf
7 Minato
8 The Boardwalk
9 Buonissimo
10 Shabestan

Einkaufen

1 Fischmarkt
2 Gemüsemarkt
3 Deira Tower
4 Ikea Dubai
5 Al Ghurair Centre
6 Deira City Centre

Bewegen

1 Dubai Creek Golf & Yacht Club
2 Schwimmbad im Hotel Park Hyatt

Ausgehen

1 The Bar
2 QD's
3 Ku-Bu
4 Vista Point
5 Hard Rock Café
6 Cielo Sky Lounge
7 Galleria Cinemas

DUBAIS GOLD **G**

Im Goldsouq können Sie sicher sein: Gold ist wirklich Gold. Das ist nicht in allen Ländern so. Besonders in Asien wird oft ›reines Gold‹ angeboten, das sich später als vergoldete Legierung herausstellt. Deshalb kaufen sehr viele Gastarbeiter von ihren Ersparnissen Armreifen für die daheim gebliebene Ehefrau. Geschätzt machen Einkäufe der Gastarbeiter bis zu einem Viertel des Umsatzes im Goldsouq aus. Vor Corona wechselten in Dubai jährlich 43,5 t (!) Gold die Besitzer.

die Entscheidung fiel, den Deira-Souq vollständig zu restaurieren, dominierten gegenwartsbezogene Überlegungen. Zuerst wurden seit 1994 alle Autos aus den meisten der engen Straßen verbannt, dann die alten Teakholzfensterläden wieder an den schmalen Ladennischen angebracht und schließlich die schattenspendenden Schilfdächer über den Gassen durch Holzpergolen ersetzt. Ob der Deira-Souq durch die Akkuratesse der neuen Läden und Ladennischen interessanter geworden ist, entscheiden die Besucher, aber zumindest übersichtlicher ist er jetzt. Denn auch im restaurierten Deira-Souq gibt es wieder die vielen Gewürz- und Goldläden, für die er schon immer berühmt war).

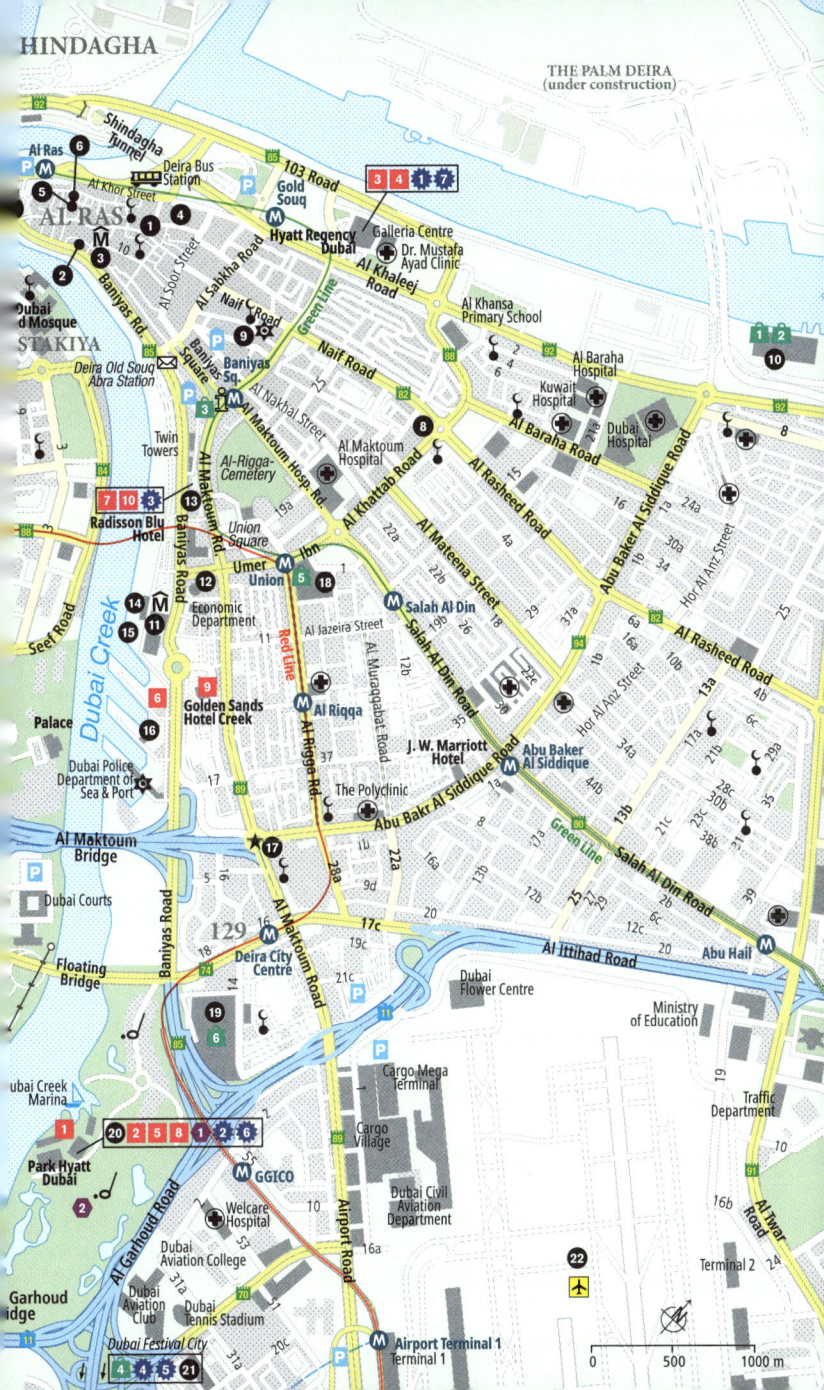

TOUR
Kardamom und Gold

In den Souqs von Deira

Gewürze und Gold sind die Inbegriffe orientalischer Verheißungen. In den Souqs von Deira finden wir beides.

Infos

V 4

Goldsouq ❶: Sikhat Al Khalid Rd.
Gewürzsouq ❷: Bani Yas Rd.

Öffnungszeiten: tgl. 10–13 und 16–22 Uhr, Fr nur nachmittags

Hinweis: Wie in allen Souqs gehört das Feilschen zu einem (Käufer und Verkäufer gleichermaßen zufriedenstellenden) Kaufabschluss.

Gold, Gold, nur Gold

Man wandelt förmlich durch ein Meer von glitzerndem Gold. Besonders am Abend herrscht Hochbetrieb in den Gassen des **Goldsouqs ❶**. In den **Läden** sieht man häufig folgendes Bild: Mehrere in schwarze *abayas* gehüllte Damen und ein Herr in weißer *dishdasha* häufen Ringe, Armbänder und Ketten auf die Waagschale des Goldhändlers. Es folgen Diskussionen über den Preis, eine weitere Kette wird hinzugefügt, zwei Ringe entfernt, jetzt sind es fast 250 g. Wird man sich handelseinig, wechselt ein dickes Bündel Dirham den Besitzer. Oft wird dann der Schmuck noch im Laden unter den Damen verteilt. Tagsüber trifft man im Goldsouq vorwiegend ausländische Besucher, die staunend vor den Schaufenstern verweilen. Preisangaben sucht man dort übrigens vergeblich, die werden erst im Laden mitgeteilt. Zögern Sie nicht und treten Sie ein, auch ohne Kauf wird man sehr freundlich behandelt.

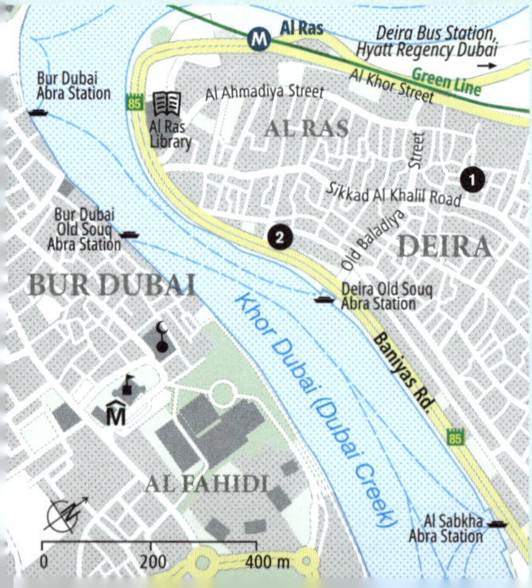

Um es gleich vorwegzunehmen: Gold ist in Dubai nicht billiger, es kostet weltweit gleich viel. Der weltweit einheitliche Goldpreis wird aber von manchen Staaten mit – unterschiedlich hohen – Steuern belegt, sodass es nationale Preisunterschiede beim Kauf des Edelmetalls gibt.

Über den jeweilig aktuellen Goldpreis sollte man also informiert sein, denn der bestimmt im Wesentlichen den Preis der Schmuckstücke in den Läden. Und man sollte vor dem Kauf von Goldschmuck die Bedeutung der unterschiedlichen Karat-Angaben kennen (s. Kasten S. 74).

*Offenbar sind
nicht nur
Diamanten
»a girl's best
friend« …*

Nelken und Zimt

Sind es im Goldsouq die materiellen Werte, so sind
es im **Gewürzsouq** ❷ die exotischen Gerüche, die
einen in den Bann ziehen. Es riecht nach Kardamom,
Muskat, Zimt und Nelken. Die großen, prall gefüllten,
offenen Jutesäcke stehen in den engen Gassen vor den
noch engeren Verkaufsnischen, in deren hinterster Ecke
der Händler Tee trinkend auf Kundschaft wartet. Fein
sortiert reihen sich in den Regalen abgepackte Safran-
sorten neben Säckchen mit gemahlenem und nicht gemahlenem Pfeffer. Auf dem Boden stehen Körbe voller
Nüsse, Pistazien oder Mandeln, Kisten mit getrockneten
Zitronen und orientalischen Blüten. Hindi, Farsi oder
Urdu sind die Sprachen der Händler. Auf Englisch kennen sie aber die Namen ihrer Gewürze und vor allem
die Zahlen, um die Preise auszuhandeln. In freundli-
chem Tonfall preisen sie ihre Waren an, betonen deren
hohe Genussverstärkung beim Speisen und Lieben und
unterstreichen die Qualität durch Nennung der Her-
kunftsländer: Der rötliche Safran kommt aus Iran, die
Pistazien und die getrockneten Limonen ebenfalls, der
süßlich würzige Ingwer aus Indien und der schwarze
und grüne Kardamom haben sogar die lange Reise aus
dem zentralamerikanischen Guatemala zurückgelegt.

Wer Interesse bekundet, wird sofort zu einem Tee
eingeladen. Selbstverständlich kann man bei so viel
Freundlichkeit nur schwer nein sagen, und beim Ab-
schied erwirbt man dann selbstverständlich auch eine
Tüte grüner Chili-Schoten oder ein Dutzend schwarzer
Vanillestangen. Dass sie nicht billiger sind als zu Hause,
spielt jetzt keine Rolle mehr.

In der Mitte des
Goldsouqs gibt
es sehr saubere,
öffentliche Toilet-
ten (4 Dh) und
einen Trinkwasser-
brunnen.

GOLD VS. GOLDSCHMUCK **G**

Um es noch mal zu wiederholen: Gold ist in Dubai nicht billiger, es kostet weltweit gleich viel. Nur Goldschmuck ist im Emirat preisgünstiger aufgrund der niedrigeren Lohnkosten der örtlichen Goldschmiede. Der Preis für Gold, der weltweit in der Einheit Feinunze (1 Feinunze ≈ 31 g) notiert wird, ist großen Schwankungen unterworfen. So betrug der Goldpreis im Jahr 1989 etwa 850 US-$, während er im Sommer 2003 bei 375 US-$, 2018 bei 1200 US-$ und im Herbst 2023 sogar bei 1800 US-$ lag. Goldschmuck besteht ganz selten aus reinem Gold, sondern fast immer aus Legierungen. Der Anteil des Goldes, d. h. seine unterschiedliche Feinheit, wird weltweit in Karat angegeben. 24 Karat sind 100 % Gold, 18 Karat nur 75 %, 10 Karat 42 %. Goldschmuck wird in Dubai in erster Linie nach Gewicht und Karat gehandelt, weil der Wert des Metalls und nicht die Arbeit der indischen Goldschmiede den Preis eines Schmuckstücks bestimmt.

Unweit des Gewürz- und des Goldsouqs konzentrieren sich in der Al Khali Street die vielen Läden des **Parfumsouqs.** In seinen Parfümläden werden nicht nur alle weltbekannten Duftmarken angeboten, sondern in eigenen Abteilungen auch ätherische Öle und das traditionelle Oud, ein auf der arabischen Halbinsel sehr begehrtes, wohlriechendes Holz. Seine Öle sind bei der Parfumherstellung vergleichbar mit dem ›Rohstoff‹ Rosenblätter. In den Läden des Parfumsouq trifft man öfters einheimische Frauen, die ›ihr‹ Parfum

selbst kreieren und es dann in einen der ebenfalls angebotenen kostbaren Flakons abfüllen.

Hier tagte einst der Rat

Das erste Haus am Eingang des Deira-Souqs gehörte einer angesehenen Händlerfamilie, heute beherbergt es das **Dubai Municipality Museum** ❸. Das zweistöckige Gebäude selbst vermittelt einen Eindruck, wie man damals am Golf wohnte. Im ersten Stock befindet sich das ›Wohnzimmer‹ der Familie. Dort versammelte sich von 1959 bis 1964 der Rat der Gemeinde Dubai unter dem Vorsitz des damaligen Herrschers Sheikh Rashid. Wenn man diesen bescheidenen, kleinen Raum mit unseren Begriffen bewerten will, war das der damalige ›Ratssaal‹ der Stadt Dubai. Eigentlich unvorstellbar, wenn man heute – nur zwei Generationen später – zu Füßen des Burj Khalifa steht.

Bedeutende Frauen

Was weiß man eigentlich von den Ehefrauen der bedeutenden Herrscherpersönlichkeiten? Oder überhaupt über den Alltag der Frauen im frühen Dubai? Wer Interesse hat, kann vieles darüber mitten im Souq erfahren.

Denn hier im engen Straßengewirr steht ein um 1950 erbautes Haus, das damals im Viertel den Namen **Bait Al Banat** ❹ (Haus der Mädchen) trug, weil hier drei ältere unverheiratete Frauen wohnten (alle unverheirateten Frauen werden bis heute im Arabischen ›Mädchen‹ genannt). Dieses dreistöckige Haus erwarb die Emirati Rafia Ghubash, eine renommierte Psychologieprofessorin der Universität Al Ain. Sie ließ es von Grund auf renovieren und machte es mit hohem museumspädagogischem Engagement zu einer Begegnungsstätte, die den historischen Beitrag der Frauen zur Kultur und gesellschaftspolitischen Entwicklung der VAE dokumentiert.

Kulturelles Deira

Zwischen dem Deira Old Souq und dem Nordufer der Halbinsel liegen einige kulturelle Highlights, darunter die älteste Schule der Stadt, die Madrasah Al Ahmadiya, und die Al Ras Library, einst die einzige Bibliothek in den Emiraten.

Madrasah Al Ahmadiya

Die **Madrasah Al Ahmadiya** ❺ war eine der ersten und später eine der bedeutendsten Bildungsinstitutionen der Trucial Emirates, zu denen Dubai damals gehörte. Sie öffnete 1912, im Jahr des Regierungsantritts von Sheikh Buti bin Suhail Al Maktoum, ihre Klassenräume.

Als Standort hatte der Herrscher einen Platz gewählt, den er von seinem Haus auf der Bur-Dubai-Seite einsehen konnte. Sheikh Buti benannte die Schule nach einem der reichsten und angesehensten Handelsherren im damaligen Dubai, Sheikh Ahmad bin Dalmouk, auf die Idee zu einer Schule im Emirat Dubai zurückgeht, der aber vor ihrer Eröffnung starb. Sein Sohn Mohammed bin Ahmad bin Dalmouk führte die Sache fort und warb für die neue Schule Abdul Rahman bin Hafidth aus Saudi-Arabien für den Unterricht in Religion und arabischen Sprachen an.

Schule vor 100 Jahren

Zunächst besuchten nur erwachsene Männer, u. a. die Oberhäupter der angesehensten Familien, die acht Klassen, später auch die Söhne der reichen Kaufleute und der Sheikh-Familie; Mädchen waren von der Schule ausgeschlossen. Bis

In der Madrasah Al Ahmadiya School kann man einen Blick hinter die Kulissen werfen und sehen, wie der Schulalltag vor hundert Jahren in Dubai so ablief.

Sie wissen nicht, wo Sie sind, sehen aber überall zweistöckige Lehmhäuser und Windtürme? Dann befinden Sie sich ziemlich sicher im Viertel Al Ahmadiya.

1920 stieg die Zahl der Schüler auf 300. In diesem Jahr wurden die drei saudischen Lehrer durch vier Lehrer aus Al Zubeir im Irak ersetzt. Diese irakischen Lehrer, die im Windturm der Schule wohnten, erweiterten das Curriculum um die Fächer Islamisches Recht, Haadith und die Biografie des Propheten. Anfangs saßen Lehrer und Schüler auf Matten aus Palmblättern, die Schüler im Kreis um ihren Tutor, später in Dreiergruppen an Pulten.

Der Unterricht war zunächst kostenlos, später wurden Gebühren von drei bis fünf indischen Rupien erhoben. Das Schulgeld der weniger begüterten Schüler wurde jedoch von Sheikh Mohammed bin Ahmad bin Dalmouk übernommen. Die Zusammensetzung der Klassen erfolgte nach Alter und der Fähigkeit, den Koran und die übrigen Fächer zu verstehen. Es gab eine Primarstufe und eine Stufe für Fortgeschrittene; die älteren Schüler unterrichteten auch in der Primarstufe. 1932 wurde der Schulbetrieb wegen der schwierigen Wirtschaftslage in den Emiraten nach dem Zusammenbruch des Naturperlenmarktes eingestellt.

Erst 1937 konnte die Al Ahmadiya wieder eröffnen, weil die regierende Familie Al Maktoum die Finanzierung der Schule übernahm. Sheikh Mana bin Rashid Al Maktoum wurde zum Supervisor für Bildung und Erziehung im Emirat ernannt, Sheikh Mohammed Noor bin Saif zum neuen Rektor der Schule. In den 1950er-Jahren wurden u. a. die Fächer Englisch, Soziologie und Naturwissenschaften eingeführt.

Schule wird Museum
Die Schülerzahl betrug 1962 bereits 823, die in 21 Klassen unterrichtet wurden. Damit war die Al Ahmadiya völlig

überfüllt und ein zweites Haus musste angemietet werden. Nach nur einem Jahr schien die Schule trotz des zweiten Gebäudes erneut aus allen Nähten zu platzen. Noch im selben Jahr wurden Schulgebäude in den neuen Wohnbezirken gebaut und die Madrasah Al Ahmadiya stand seitdem leer. Für kurze Zeit nutzte die Awqaf, die Verwaltung für religiöse Angelegenheiten in der Stadt, den ersten Stock des Gebäudes, im Grunde aber war es dem Verfall preisgegeben.

Doch wegen ihrer Bedeutung begannen 1995 unter Sheikh Rashid die Restaurierungsarbeiten, sodass sein Sohn Maktoum bin Rashid 1997 die Tore der Al Ahmadiya wieder öffnen konnte, jedoch nicht mehr als Schule, sondern als Museum (s. S. 88).

Heritage House

Direkt neben der Al Ahmadiya-Schule steht ein restauriertes zweistöckiges Lehmhaus von 1890, das **Heritage House 6**. Die Geschichte dieses Hauses ist beispielhaft für die Geschichte Dubais. Als es gegen Ende des 19. Jh. von dem Geschäftsmann Mattar bin Saeed bin Muzaaina erbaut wurde, hatte es zwei Zimmer und mehrere kleine Nebenräume aus Palmwedeln *(barasti)*, die den rechteckigen Innenhof eingrenzten.

Dieses bescheidene Haus erwarb 1910 der reiche Perlenhändler Sheikh Ahmad bin Dalmouk, nach dem die benachbarte Al Ahmadiya-Schule später benannt wurde. Er ließ das Haus vollständig umbauen und an der Nord- und Westseite erweitern. 1920 schenkte sein Sohn Mohammed es seinem Freund Saeed bin Hamdan, der 15 Jahre darin wohnte, das Haus aber unverändert ließ. 1935 kaufte es Ibrahim Al Said Abdullah, der es auf insgesamt 935 m² erweiterte

und ihm seine heutige Form gab. Er ließ bei dem Umbau auch die Innenräume und Decken künstlerisch gestalten. Danach gehörte das Haus zu den schönsten Dubais. Ende der 1960er-, Anfang der 70er-Jahre stand es leer, nachdem die Familie Abdullah nach Jumeirah umgezogen war. 1994 erwarb die Stadtverwaltung das nunmehr verfallene Haus und ließ es restaurieren. In diesem Wohnbau wird das familiäre Leben im frühen Dubai als historisches ›Erbe‹ dokumentiert (s. S. 88).

Al Ras Library

Hier im alten Stadtteil Al Ras, nahe dem Creek, steht auch die öffentliche Bibliothek **Al Ras Library 7**. Heute ist sie ein eindrucksvolles klimatisiertes Gebäude, als sie 1914 gegründet wurde, war sie in einem kleinen Lehmhaus nahe der Al-Ahmediya-Schule untergebracht und die einzige Biblothek in den Emiraten. Die große Eingangshalle ist ein Platz der Ruhe, nahe den Deira Souqs bietet sie auch die Möglichkeit des Verschnaufens in der Kühle. Wer Interesse an ihren Bücherbeständen hat: Hier findet man viele Bücher in Englisch über Arabische Literatur und in der großen Kinderabteilung können kleine Besucher die »Raupe Nimmersatt« in einem Dutzend Sprachen durchblättern.

The Al Ras Library, T 226 27 88, www.dubai city.com/the-al-ras-library, So–Do 8–20, Fr 8–12 Uhr

Deiras Wehrtürme

Zwar liegen die großen alten Befestigungsanlagen der Stadt auf der Bur-Dubai-Seite des Creek, aber auch im Zentrum von Deira befinden sich zwei

Bollwerke aus dem 19. Jh., die genauso sorgfältig restauriert wurden wie das Al Fahidi Fort in Bur Dubai – auch wenn sie nicht dessen Bedeutung und Ausmaße erreichen.

Ein (sch)mächtiges Bauwerk

Um Dubai von Norden und Osten vor Überfällen von der Landseite her zu schützen, ließ Sheikh Hashar bin Maktoum, der das Emirat von 1859 bis 1886 regierte, mehrere Befestigungstürme errichten, von denen heute nur noch der **Burj Nahar** ❽ in der Nähe des gleichnamigen Verkehrskreisels an der Umer Ibn Al Khattab Road steht. Der um 1870 erbaute schmucklose, massive Rundturm wirkt heute mit seinen 8 m Höhe gemessen an den Hochbauten auf der anderen Seite der Straße schmächtig. Aber im 19. Jh. muss er ein mächtiges Verteidigungswerk gewesen sein, glaubt man den Überlieferungen. Das bestätigen auch die Schießscharten und die Brüstung entlang des Flachdaches. Heute steht der Burj Nahar inmitten einer schönen Grünanlage, umgeben von Palmen, die ihn fast überragen, und großen Rasenflächen, die von den Angestellten des nahen Geschäftsviertels gerne in den Pausen als Liegewiese genutzt werden.

Polizeiwache vs. Museum

Das zweite Bauwerk zum Schutz von Deira war der **Burj Naif**, zu dem ebenfalls ein mächtiger Turm gehört. 1939 veranlasste Sheikh Rashid den Bau der Naif-Festung und ihres mächtigen Turms (Al Makbad). Im Innenhof dieses Lehmforts wurden später ab 1959 mit britischer Unterstützung die ersten Polizisten des Emirats ausgebildet. Bis 1973 befand sich im Fort Naif das Polizeihauptquartier, das inzwischen mit seinen mehr als 1000 Polizisten in ein neues, großes Gebäude, das Dubai Police General Headquarter an der Etihad Street umgezogen ist.

Am alten Standort existiert jedoch noch immer eine kleine Naif Police Station und seit 2001 gibt es im renovierten Festungsturm ein kleines Polizeimuseum: das **Naif Museum** ❾. Der Besuch hat einen besonderen Unterhaltungswert, weil das Museum in einem Polizeigebäude liegt, vor dem ständig Streifenwagen vorfahren, und auf dem Weg in die Museumsräume wird man manchmal auch Zeuge aktueller Polizeiarbeit (z. B. dem An- und Abtransport von Verhafteten). Vor diesem Hintergrund entwickeln die Exponate des Museums neue Dimensionen.

Waterfront Market

Bevor man sich vom alten ins neue Deira bewegt, kann man einen lohnenswerten Abstecher machen und zwei aufregende Märkte besuchen, die in einer gigantischen Markthallenanlage untergebracht sind. Der **Waterfront Market** ❿ befindet sich an der Küste Richtung Sharjah, direkt an der Corniche im Al Hamra Port.

Im großen **Fischmarkt** 🛍️ der Stadt wird auf rund 100 dekorativ gestalteten Theken die fangfrische Ware auf Eis liegend angeboten. Da es immer ganze Fische sind, lernen Sie die erstaunliche Vielfalt des Fischreichtums vor der örtlichen Küste kennen. Nach dem Kauf können Sie die Fische vor Ort entschuppen, ausnehmen und filetieren lassen. Auch wenn Sie keine Fische kaufen wollen, hat es hohen Unterhaltungswert, dieser Arbeit zuzuschauen. Wie und wo? In einer Ecke des Fishmarket sitzen etwa zehn Expatriates aus Sri Lanka und Indien nebeneinander. Ihnen werden die erworbenen Fische von den Käufern übergeben. Mit großem Geschick und faszinierender Schnelligkeit erledigen sie die schwierige Arbeit und überreichen anschließend dem Käufer das Paket. Um sie herum kreisen Katzen, die sich die Abfälle holen.

Direkt neben dem Fischmarkt befindet sich im Waterfront Market der große **Obst- und Gemüsemarkt 2**. Da die Nachfrage der Emirati nach frischem Obst und Gemüse besonders groß ist, werden hier neben den üblichen Gemüsearten auch alle nur erdenklichen Obstsorten, insbesondere auch viele exotische, angeboten. Der Markt ist nicht nur ein optisches Erlebnis, es duftet hier – im Gegensatz zum benachbarten Fischmarkt – herrlich bis in den letzten Winkel. Die Emirati kaufen ihr Obst überwiegend kistenweise. Lassen Sie sich davon nicht beeindrucken: Die Händler wiegen selbstverständlich für Sie auch kleine Portionen ab!

Das neue Deira

Hochhäuser am Creek

Während die Bur-Dubai-Seite des Creek sich eher durch flache unauffällige Bauten und zusammenhängende Grünflächen auszeichnet, beeindruckt die Deira-Seite entlang der Baniyas Road nördlich der Al Maktoum Bridge durch Hochhausarchitektur der 1970er- bis 1990er-Jahre. Relativ früh sorgten nur das direkt am Creek gelegene Sheraton-Hotel mit einer ausgefallenen Dreiecksform oder der rechteckige klar strukturierte Hochbau des alten InterContinental Hotel (heute Radisson Blu Hotel) mit seinen 20 Stockwerken für Furore. Doch bald füllten weitere Hochhäuser in gesichtsloser Betonarchitektur die Baulücken an der östlichen Baniyas Road. Dazu zählt auch das Hochhaus der Emirates NBD

Neue Bauten – alte Schiffe; der Kontrast zwischen arabischer Tradition und boomender Millionenmetropole wird nicht nur bei diesem Blick über den Creek auf das Deira-Ufer deutlich.

TOUR
Die Dhaus von Dubai

Ein Spaziergang entlang des Creek

Infos

📍 Karte 2, V/W 4/5

Bester Zeitpunkt:
Am besten 9–12
oder 16–19 Uhr; frei-
tags ruht die Arbeit.

Start: Deira Old
Souq Abra Station

Ziel: Dhau Wharfage
(Dhau-Hafen), an
der Baniyas Road in
Höhe des Golden
Sands Hotel Creek

Dauer: Je nach
Intensität, maximal
90 Min.

Sie ankern entlang des Creek-Ufers, vor allem aber an den Quais im Dhau-Hafen gegenüber dem Golden Sands Hotel Creek: die sehr einfachen hölzernen Frachtkähne, deren Ladung bis heute von Hafenarbeitern auf den Schultern an Bord getragen wird. Die unterschiedlichen Formen der Dhaus, das Beladen und das Hafenleben entlang des Creek-Ufers kann man am besten bei einem Spaziergang von der **Deira Old Souq Abra Station** zum **Dhau Wharfage** 🔟 (›Dhau-Hafen‹) erkunden.

Seit Jahrtausenden bewährt
Schiffe und Schifffahrt bestimmen seit Menschengedenken die Beziehungen an der Küste des Arabischen Golfs. Arabische Händler segelten mit ihren Schiffen nach Persien und Pakistan, gründeten Niederlassungen und Königreiche an den Küsten Ostafrikas und waren mit ihren orientalischen Spezereien gern gesehene Gäste der indischen Maharadschas. Ihre Schiffe mit dem an einer schräg laufenden Rah befestigten Dreieckssegel heißen Dhaus, ihre Konstruktion hat sich über Jahrtausende nicht wirklich verändert. Zeichnungen aus vorchristlichen Jahrhunderten belegen, dass bereits damals Schiffe dieser Bauweise den Golf befuhren. Sindbad, der legendäre Held aus »1001 Nacht« und wohl bekannteste arabische Seefahrer, bereiste die Welt mit einer Dhau, einem hölzernen Dreieckssegler. Auch die arabischen Seefahrer der gefürchteten Piratenküste, die zuerst den Portugiesen und später im 18. und 19. Jh. den Briten das Leben schwer machten, segelten auf hölzernen Dhaus. Und Perlentauchen wäre ohne die Dhaus auch nicht möglich gewesen.

Traditionen bestimmen die Bauweise
Wenn man an den ankernden Dhaus vorbeiläuft, sieht man, wie Planken ausgetauscht oder ganze Teile neu eingesetzt werden, alles von Hand natürlich. Und so

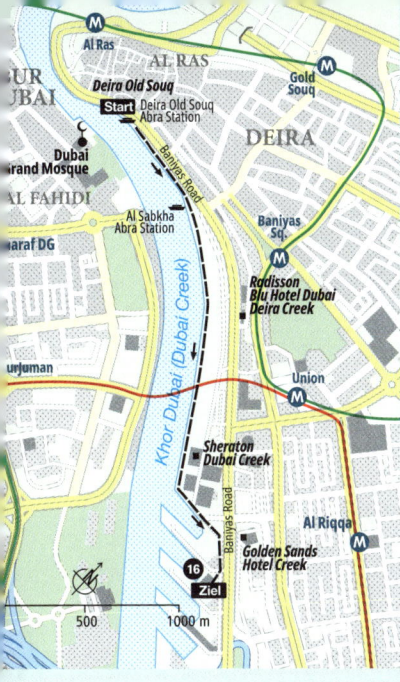

werden auch die Dhaus gebaut. Generationen von Schiffsbauern haben im Laufe von Jahrhunderten eine geradezu ideale Schiffsform entwickelt, und das Erstaunliche daran ist: Bis heute werden Dhaus ohne Baupläne oder Reißbrettzeichnungen gebaut, Längen oder Krümmungen mit bloßem Auge eingemessen. Gearbeitet wird mit einfachstem Handwerkszeug: Säge, Hammer, Bohrer, Stechbeitel. Die Arbeit findet unter freiem Himmel statt, nach mündlicher Überlieferung, mit Intuition und großer Erfahrung. Heute sind es auch Arbeitskräfte aus Pakistan und Bangladesch, die diese Handwerkskunst von den arabischen Bootsbauern übernommen haben.

Dubais Bootsbauer entwerfen und bauen zuerst den Rahmen und nageln daran die Planken. Auf den fertigen Rumpf wird dann das Deck gelegt und gegebenenfalls noch eine Kabine aufgesetzt. Schließlich werden die geschnitzten Dekorationen liebevoll eingelassen sowie der japanische Bootsmotor für Hafenmanöver oder Windstille im Schiffsraum befestigt. Ganz am Ende erfolgt das Kalfatern.

Die verschiedenen Dhaus

Der Name ›Dhau‹ ist die Transkription des englischen *dhow* und nicht arabischen Ursprungs. Die Araber haben diese Sammelbezeichnung übernommen, aber bei ihnen tragen die Schiffe entsprechend ihrer Form und ihrer Ausmaße unterschiedliche Namen wie *sambouk*, *jalibout* oder *boom*. Auch wenn die Dhaus entlang der Baniyas Road oder im Hafen dicht an dicht liegen, ihre unterschiedlichen Formen fallen jedem beim Vorbeischlendern sofort auf.

Boom sind mit einer Länge bis zu 65 m die größten Dhaus. Sie wirken breit und plump, sind schwer zu manövrieren und haben meist einen zweistöckigen Aufbau. In Dubai werden ältere Boom oft als schwimmende Restaurants genutzt. Am weitesten verbreitet ist aber die mittelgroße **Sambouk,** ein bis zu 30 m langes, **flaches** Schiff mit einem mächtigen Segelmast und einem quadratischen Heckaufbau. Die Sambouk besitzt einen markanten Schiffsschnabel. Sie wurde jahrhundertelang von den Perlenfischern eingesetzt und fährt heute noch als Handelsschiff die Küste entlang bis nach Sansibar. Die kleinste Dhau ist das so genannte **Jalibout**. Das bis zu 20 m lange Schiff hat eine offene Ladefläche und eine einfache auslaufende Heckform.

Auch in den Häfen trifft man meist auf Arbeitskräfte aus Pakistan und Bangladesch.

Auf all diese unterschiedlichen Dhaus treffen Sie bei dem Spaziergang entlang des Creek und im Dhow Wharfage. Jederzeit können Sie auch die Hafenarbeiter ansprechen, wenn Sie mehr über die Schiffe wissen möchten; die meisten können etwas Englisch.

Bank, das aber im 15. Stock unerwarteten Glanz verbreitet. Hier hat der Chairman der Bank, Sultan Ali Al Qwais, für die einzigartige Perlensammlung seines Vaters ein privates Museum eröffnet: das **Pearl Museum** ⓫.

Gegenüber den langweiligen Hochhäusern an der östlichen Seite der Baniyas Road ankern auf der anderen Straßenseite die hölzernen Dhaus, die rund um die Uhr von Dutzenden von Arbeitskräften von Hand beladen werden. Das Beladen der Dhaus entlang der Baniyas Road ist ein beliebtes Motiv lokaler Postkarten

Weiter südlich der Baniyas Road hatten die Architekten der Hochhäuser anspruchsvollere Bauherren. Hier ragt z. B. der **Etisalat Tower** ⓬, das Hochhaus der örtlichen Telefongesellschaft in den Himmel, auf dessen Dach die kugelförmige Telekommunikationsantenne einem großen Golfball gleicht. Man kann den Turm mit Antennenkugel im Profil auch als überdimensionales und futuristisches Handy interpretieren. Abends werden die Facetten der Kugel von kleinen Lämpchen beleuchtet, sodass der Eindruck eines Sternenhimmels entsteht. Ein Besuch in den Hallen im Parterre lohnt sich, wenn man Verwaltungsabläufe in Dubai beobachten oder doch noch das aktuelle Prepaid-Angebot von Etisalat für sein Smartphone erwerben möchte.

Rathaus und Banken

Mit freiem Blick auf den Creek, in unmittelbarer Nähe des eindrucksvollen Etisalat Tower, hat die Stadtverwaltung ihr neues Rathaus, das **Municipality Building** ⓭ errichtet, das nicht durch seine Höhe – die beiden Nachbargebäude überragen es bei Weitem –, sondern durch seine postmoderne Architektur

ins Auge springt: Ein heller achtstöckiger quadratischer Marmorbau ummantelt ein rundes Hallengebäude aus dunkelrotem Granit mit einer überdimensionalen Weltkugel.

Auf der Rasenfläche zwischen Rathaus und Creek steht ein nicht zu übersehendes Denkmal: Ein Dromedar auf einem Sockel mit Schachbrettmuster und der Schachfigur des Turms. Nur wenige Eingeweihte wissen, dass dieses Denkmal an die 1986 in Dubai ausgetragene Schach-Weltmeisterschaft erinnert.

Nicht minder eindrucksvoll ist neben dem Sheraton Hotel das Hochhaus der **National Bank of Dubai** ⓮. Wegen seiner konkaven Glasfront zur Creekseite hin zählt das von dem brasilianischen Stararchitekten Carlos Ott entworfene Gebäude seit 1997 zu den Architekturjuwelen von Dubai.

Zwei Jahre zuvor hatte die Dubai **Chamber of Commerce and Industry** ⓯ ihren ebenso eindrucksvollen Hochhausturm am Creekufer eröffnet. Das ganze Gebäude ist in dunkelblau getönte Glasfassaden gehüllt, die zusammen mit dem Goldbraun des benachbarten Wirtschaftsministeriums in der Abendsonne eindrucksvolle Reflexionen bieten.

Erinnerung an alte Zeiten

Das ist einer dieser faszinierenden Gegensätze in Dubai: Alte, nahezu anachronistische Lebens- und Arbeitsweisen im unmittelbaren Nebeneinander mit moderner Architektur und modernster Technologie. Dies hautnah zu erleben ist immer wieder spannend und beeindruckend zugleich. Deshalb sollte man sich die Zeit nehmen, einmal dem Be- und Entladen der alten hölzernen Lastkähne entlang der Baniyas Road, besonders aber im **Dhau Wharfage** ⓰ zuzuschauen. Vor der Kulisse der Hochhäuser ankern die Boote oft in Fünferreihen hintereinander. Vor ihnen auf der Straße stapelt sich die ›Fracht‹, und sie werden zum größten Teil heute noch von Hand beladen (siehe auch Tour S. 80).

Hinter dem Creek wurde es mit dem einsetzenden Bauboom Anfang der 1990er-Jahre unübersichtlich. Hochhaus neben Hochhaus entstand, Gebäude aus den 1960er- und 1970er-Jahren wurden abgerissen, um jüngeren, höheren Platz zu machen. So wurde auch der ehemalige Nasser Square umgestaltet und als Baniyas Square mit Hochhäusern ›umrahmt‹. Zu diesen ›neuen‹ Hochhäusern der damaligen Jahre gehören z. B. der Deira Tower und die Twin Towers.

Der einsame Uhrturm

Insbesondere im südlichen Teil von Deira hat der Wirtschaftsboom des Erdöls seine Spuren hinterlassen. Unweit des gläsernen Hochhauses des Hotels Hilton Dubai Creek, das 2003 ebenfalls von Carlos Ott, dem Architekten der gegenüber liegenden Nationalbank entworfen wurde, umrunden heute sechsspurige Autostraßen den alten **Clock Tower** ⓱, der, 1971 erbaut, einst das Wahrzeichen der Stadt war. Heute steht er inmitten eines Verkehrskreisels und kann trotz schöner Blumenanlagen seine Funktionslosigkeit nicht verbergen. Weil aber jeder Einheimische den Clock Tower kennt, wird er gerne als *landmark* genannt und dient als beliebter Orientierungspunkt.

In den 1990er-Jahren öffneten auch auf der Deira-Seite des Creek mehr als ein halbes Dutzend Großkaufhäuser ihre Pforten. Zu den ältesten und noch immer viel besuchten zählen u. a. die Al Ghurair City an der Al Riqqa Road, das älteste Warenhaus der Stadt; seit seiner Totalrenovierung im Jahr 2006 trägt es den Namen **Al Ghurair Centre** ⓲. Doch seine Bedeutung verlor an Glanz durch das drei Jahre später eröffnete

größere **Deira City Centre** ⓳, das inzwischen – etwas in die Jahre gekommen – wegen seiner besonderen Lage im Stadtteil Deira und seiner Metrostation auch *landmark*-Charakter hat.

Dubai Creek Golf & Yacht Club

Bedeutende Architektur

Genau gegenüber, auf der anderen Seite der Baniyas Road, beginnt eine Oase der Ruhe. Auch wenn man nicht selbst Golf spielt oder Golf für einen versnobten Sport hält, die Anlage und besonders das Clubhaus des **Dubai Creek Golf & Yacht Club** ⓴ sollte man während eines Dubai-Aufenthaltes einmal besuchen. Zurückhaltung ist keineswegs angebracht.

Das Symbol für die Tradition der Einheimischen als seefahrende Nation sind die Dhaus. Das gewaltige, weiß leuchtende, 45 m hohe Dach des **Clubhauses** ist deshalb dem Segel eines dieser historischen hölzernen Segelkähne nachempfunden und das weithin sichtbare Wahrzeichen der schönsten Golfclubs am Golf. Wegen dieser herausragenden Architektur wird es auf der Rückseite der 20-Dirham-Note abgebildet.

Die Anlage erstreckt sich zwischen Al-Maktoum- und Al-Garhoud-Brücke an den Ufern des Creek und ist Austragungsort großer internationaler Meisterschaftsturniere, an denen regelmäßig die besten Golfspieler der Welt teilnehmen.

Erholung für alle

Man passiert die palmengesäumte Zufahrt entlang der Villen, lässt das Hotel Park Hyatt Dubai rechts liegen und erreicht das Clubhaus mit dem prächtigen Segeldach. Im Haus befindet sich das **Restaurant Lakeview,** zu dem selbstverständlich auch Nichtgolfer Zutritt

So schön kann ein Golfplatz mitten in der Stadt sein. Das eindrucksvolle Clubhaus war einst sogar Wahrzeichen Dubais.

haben. Durch die großen abgedunkelten Glasscheiben kann der Blick bei Tee und Gebäck über die gepflegte Rasenfläche gleiten oder voller Bewunderung den Golfspielern folgen.

Auch Nichtgolfern bietet der Club Möglichkeiten zum Erholen. Neben dem Clubhaus speist ein künstlicher Wasserfall einen großen Swimmingpool, an dem sich gerne die Partnerinnen der Golfspieler während des Spiels sonnen. Auf Anfrage kann man sich dazugesellen.

Dubais Jachtclub

Nur 200 m vom Golfclubhaus entfernt liegt das nicht minder schöne Clubhaus des Jachthafens, dessen Architektur dem Oberdeck eines Luxusliners gleicht: Chrom und Glas bestimmen die Fassade. Auch hier können Nichtsegler mittags und abends im Restaurant Legends oder auf der Terrasse des Boardwalk speisen. Asketisch luxuriös die Einrichtung, elegant, lässig und international das Publikum! Durch die Glasscheiben fällt der Blick direkt auf die über 100 Privatboote, die im Jachthafen vor Anker liegen.

Festival City

Was Bauen betrifft, legte Dubai nach dem Jahr 2000 – im wahrsten Sinne des Wortes – noch einmal eine Schippe drauf. Südlich des Golfclubs, im an Deira angrenzenden Stadtteil Garhoud, entstand die **Festival City** ㉑.

Eine Stadt in der Stadt, am südöstlichen Ufer des Creek, verbunden durch die achtspurige Business-Bay-

Brücke, um ja auch von den Entwicklungsprojekten im Westen Dubais direkt erreichbar zu sein. Festival City ist ein sog. Waterfront Development, weil der Creek und mehrere von ihm abzweigende, neu angelegte, künstliche Kanäle ein architektonischer Bestandteil dieses Viertels sind. Die City bietet sowohl seinen Apartmentbewohnern in den mehr als 100 Wohneinheiten als auch touristischen Besuchern eine komplette Infrastruktur: über 400 kleine und große Geschäfte, eine riesige Festival-City-Shopping-Mall, Dutzende Restaurants und Cafés, das Hard Rock Café, zwei große Hotels, darunter das weithin sichtbare InterContinental, sowie eine Marina mit Luxusjachten und einer langen, einladenden Promenade, genannt **Canal Walk.**

Und besonders deutsche Besucher reiben sich verwundert die Augen und erleben ein Stück ›Heimat‹. Denn zur Festival City gehört auch eine Niederlassung des schwedischen Möbelhauses Ikea, die das Bücherregal Billy und im Restaurant die vertrauten Köttbullar anbietet. Statt entlang der Promenade auf dem Canal Walk das Viertel zu erkunden, kann man auch in einer Abra die Kanäle entlangfahren.

Der Name Festival City besagt, dass infrastrukturelle Voraussetzungen für kulturelle Veranstaltungen einen wesentlichen Teil des Konzepts ›Festivalstadt‹ ausmachen. Dabei haben die Architekten vor allem an Familien gedacht. Mehrere Kinos, Säle für wechselnde kulturelle Veranstaltungen und ein Amphitheater mit 8000 Sitzplätzen bieten Platz für Aufführungen. Regelmäßig erscheint das Programm der vielfältigen Darbietungen im Internet und in der Presse.

Oft können auch die Einheimischen selbst nur noch staunen angesichts der hypermodernen Neubauten und des quasi allgegenwärtigen Spektakels in ihrer Stadt.

Auf dem Gelände gegenüber der Festival City hat die alte Dhau-Werft überlebt. Nach wie vor werden hier die hölzernen Frachtkähne von Hand auf Kiel gelegt. Aus den Fenstern des Hotels Inter-Continental oder von seinem einladenden Terrassenrestaurant aus kann man die Arbeiten der Schiffsbauer verfolgen.

In der Festival City verschmelzen traditionelle und moderne Lebensformen in einer stadtnahen Symbiose. »A Waterfront Urban Community« nennt der Bauträger, die einheimische Al-Futaim-Familie, dieses Projekt. Festival City liegt nur zehn Minuten vom Flughafen entfernt.

DXB – Dubai Airport

Die Geschichte des Flughafens **Dubai International Airport** ㉒ ist der exemplarische Beweis für das merkantile Gespür und die Weitsicht der Herrscherfamilie Al Maktoum. Die innovativen und wagemutigen Pläne von Sheikh Rashid, dem Vater des heutigen Herrschers, bezüglich dieses Flughafens wurden Anfang der 1970er-Jahre von vielen belacht. Denn unmittelbar nach den ersten Erdölexporten ließ er für damals ca. 7 Mio. britische Pfund im Stadtgebiet den sehr kleinen Flughafen gigantisch erweitern und die Rollbahn auf 3800 m verlängern, damit auch Jumbos und Concordes landen konnten. Zur Abflughalle gehörte damals schon ein großer Duty-Free-Shop und die Bauzeit des neuen Dubai International Airports dauerte nur zwei Jahre.

Das ganze Emirat Dubai hatte damals gerade rund 50 000 Einwohner; auf der ganzen Welt gab es keine derartige ›Kleinstadt‹ mit einem solch riesigen Flughafen. Als Sheikh Rashid auf die Rentabilität am Rande der Wüste angesprochen wurde, gab es die immer wieder gerne zitierte Antwort: »Wenn ein Passagier hier landet,

was macht er dann? Er kauft eine Packung Zigaretten, er trinkt einen Kaffee, er besucht ein Restaurant, vielleicht mietet er auch ein Taxi – und wir verdienen immer an allem.«

Sheikh Rashids Wagemut hat sich mehr als ausgezahlt. Mit einem Aufkommen von rund 90 Mio. Passagieren gehört Dubais Internationaler Flughafen (DXB) zu den größten und am stärksten wachsenden der Welt. Derzeit starten und landen hier 140 Fluggesellschaften zu und von weltweit 260 Zielen.

Museen

Historischer Ratssaal
❸ Dubai Municipality Museum: Das erste Haus am Eingang des Deira-Souq gehörte einer angesehenen Händlerfamilie, die ihr ›Wohnzimmer‹ von 1959 bis 1964 dem Rat der Gemeinde Dubai unter dem Vorsitz des damaligen Herrschers Sheikh Rashid zur Verfügung stellte. Alte Fotografien gewähren in diesem Ratssaal Einblick in die Aufbauarbeiten in den 1960er-Jahren, Protokolle der Ratssitzungen beschreiben detailliert die Probleme im damaligen Dubai und ein Geschäftsverteilungsplan dokumentiert die Verantwortlichkeiten innerhalb der für die Verwaltung zuständigen Al-Maktoum-Familie. Vorzeigeobjekt: Ein 8-minütiges Filmdokument aus dieser Zeit, das man sich unbedingt ansehen sollte. Vom Balkon des Hauses blickte schon damals der Stadtrat auf den Creek und das Treiben am Eingang des Gewürzsouqs; genau so können Sie es heute auch halten.
Eingang Gewürzsouq in Deira, T 225 33 17, www.dubaicity.com/dubai-municipality-museum, So–Do 9–14 Uhr, Eintritt frei

Der weibliche Beitrag ⭐
❹ Bait Al Banat – Frauenmuseum: Das um 1950 im engen Straßengewirr Deiras erbaute dreistöckige Haus trägt

den Namen *bait al banat* (Haus der Mädchen). Das in der Golfregion einmalige Projekt präsentiert viele historische Fotos von Frauen, veranschaulicht ihren Arbeitsalltag, zeigt schönen alten Schmuck und erhaltene Pässe. Einen separaten Teil widmet Rafia Ghubash älteren, herausragenden Lehrerinnen des Emirats und stellt angesehene Sheikhas vor, die als stille ›Ratgeberinnen‹ ihrer bedeutenden Ehemänner im 20. Jh. großen Einfluss auf die Politik am Golf hatten.

Bait Al Banat, Seitenstraße im Goldsouq, Sikka 28, T 234 23 42, www.womenmuseum uae.com, Sa–Do 10–17.30 Uhr, 500 m zur Metrostation Al Ras (Green Line), Eintritt 20 Dh

Die erste Schule in Dubai

❺ **Madrasah Al Ahmadiya:** Die Schule Madrasah Al Ahmadiya war 1912 eine der ersten und später eine der bedeutendsten Bildungsinstitutionen der Trucial Emirates, zu denen Dubai damals gehörte. Das alte großzügige Lehmhaus, die dunklen Klassenräume, das wenige Mobiliar aus Palmholzbrettern, bescheidene Wandtafeln aus Stoff und vergilbte Fotografien von Schülern versetzen die Besucher hundert Jahre zurück. Das Gebäude wurde mit originalgetreuen Materialien restauriert, einschließlich der Koranverse, die die Wände der ehemaligen Klassenräume schmücken.

Wer durch die kühlen Räume streift, kann sich vorstellen, dass zumindest klimatisch ein Aufenthalt sehr angenehm war. Alles ist noch so erhalten wie damals. Nirgendwo kann man einen besseren Einblick ins schulische Lernen gewinnen.

Al Ras, Al Ahmadiya St., T 226 02 86, Mo–Fr 8–20 Uhr, Eintritt frei, wegen Renovierung auf unbestimmte Zeit geschlossen

Wohnkultur

❻ **Heritage House:** Von der Al-Ahmadiya-Schule sind es nur ein paar Schritte zu dem restaurierten Lehmhaus aus dem Jahre 1890. Es trägt heute den Namen Heritage House, weil in ihm familiäres Leben im frühen Dubai vorgestellt wird.

Wenn man dieses Haus und sein häusliches Familienleben gesehen hat, versteht und bewundert man umso mehr den Veränderungsprozess zum Dubai von heute. Zwischen dem, was man dort sieht, und dem heutigen Dubai liegen nur zwei Generationen.

Liebevoll sind die Räume wieder mit jenen ›Möbeln‹ eingerichtet, die man damals selbst anfertigte. Lebensgroße Puppen in traditioneller Kleidung lassen die alte Zeit lebensnah wieder aufleben. So wird im *majlis*-Zimmer für Männer Wasserpfeife geraucht oder im *majlis*-Zimmer für Frauen gestickt und genäht. Im Familienzimmer *(al makhzan)* mit einem großen Bett kümmert sich die kleine Schwester um ihren noch kleineren Bruder. Aufwendig dekoriert ist das Hochzeitszimmer *(al hijla)* mit dem festlich gekleideten Brautpaar. Im Vorratsraum *(al bakhar)* und in der Küche kann man an der bescheidenen Ausstattung nachvollziehen, wie schwer damals das alltägliche Leben war, obwohl das Haus eine eigene Wasserstelle *(al khareejah)* besaß. Vom Dach des Hauses, wo man im Sommer schlief, hatte man einen herrlichen Blick aufs Meer. Den hat man heute nicht mehr.

Direkt neben der Al Madrasah al Ahmadiya School, T 226 02 86, Mo–Fr 8–20 Uhr, Eintritt frei, wegen Renovierung auf unbestimmte Zeit geschlossen

Dubais Polizei

❾ **Naif Museum:** Es war die erste Polizeistation im Emirat und die Ausstellungsstücke, museumsdidaktisch hervorragend aufbereitet, dokumentieren die Geschichte des Emirats aus dem Blickwinkel seiner Ordnungshüter. Diese waren immer aufs Engste mit der Herrscherfamilie Al Maktoum verbunden. Das galt auch für die vier britischen Polizeichefs, die die Polizei in

Dubai von 1956 bis 1975 leiteten. Sheikh Mohammed, der heutige Herrscher, war von 1968 bis 1971 ranghöchster Polizei-offizier.

Burj Naif, Naif Rd., T 227 64 84, www.visit dubai.com/de/places-to-visit/naif-museum, So–Do 8–14 Uhr, Eintritt frei

Die Tränen der Götter

⓫ **Dubai Pearl Museum:** Ali bin Ab-dullah Al Owais war ein wohlhabender Perlenhändler, der im Laufe seines Le-bens eine traumhaft schöne Sammlung Tausender von Perlen zusammengetragen hat. Alte Fotografien an den Wänden der Museumsräume berichten von der mühe-vollen Arbeit der Perlentaucher.

Baniyas Rd., im 15. Stock des Head-Office-Gebäudes der Emirates NBD Bank, T 201 27 13, www.pearlmuseum.ae/pm-en/visit-us, Mo–Fr 8–16 Uhr, nur nach vorheriger An-meldung über ein Formular auf der Website, Eintritt frei

Wow-Effekt – im Restaurant Noépe des Hotels Park Hyatt sitzen Sie in der ersten Reihe!

Essen

Riviera-Feeling

1 **Noépe:** Der Weg zu diesem Restaurant in der Marina führt durchs eindrucksvolle Hotel Park Hyatt. Auf der Außenterrasse kann man es sich in Korbstühlen gemütlich machen und einen Apero mit Blick auf den Creek und die Skyline genießen, bevor man sich der Qual der (Aus-)Wahl stellt – es gibt viele verlockende internationale Ge-richte und ausgewählte Weine.

Im Hotel Park Hyatt Dubai, Dubai Creek Golf & Yacht Club, T 602 12 34, tgl. 12–24 Uhr, Me-tro Red Line, Station Deira City Centre, €€€

Nachhaltiges Essen

2 **Jones the Grocer:** In dem Restaurant in der Peter Cowen Academy des Dubai Creek Golf & Yacht Club treffen sich vor allem die Golfer zum ›Aufwärmen‹ vor dem Spiel oder zum Relaxen danach, aber na-türlich sind auch Nichtgolfer willkommen. Es gibt vorzügliche leichte und gesunde Gerichte, z. B. knackig frische Salate, sowie köstliche Nachspeisen. Das Konzept dieser Art von Essen kommt aus Australien.

Im Clubhaus des Dubai Creek Golf & Yacht Club, T 295 60 00, www.hyatt.com/en-US/ hotel/united-arab-emirates/park-hyatt-dubai/ dxbph/dining, tgl. 7–22 Uhr, Metro Red Line, Station Deira City Centre, €€

360°-Panorama

3 **Al Dawaar:** Seit über 20 Jahren dreht sich das Al Dawaar auf dem Dach des 25-stöckigen Hyatt Regency Hotel. Man muss Zeit mitbringen für die – zwar nicht höchste, aber unbestritten spektakulärs-te – Aussicht über die ganze (!) Innen-stadt Dubais. Denn für eine 360°-Drehung braucht das Restaurant immerhin eine Stunde und 45 Minuten.

Im Hotel Hyatt Regency, Deira Corniche, T 209 69 14, tgl. 18.30–23.30 Uhr, Sky Brunch Sa und So 12.30–16 Uhr, Metro Green Line, Station Palm Deira, €€€

Fernöstlich

4 Miyako: Vom japanischen Chefkoch Wasala Mudiyanselag werden in der offenen Küche alle Gerichte vor den Augen der Gäste live zubereitet. Fernöstliches Ambiente, wie man es kennenlernen sollte.
Im Hotel Hyatt Regency Dubai, T 42 09 69 12, www.hyattrestaurants.com/en/dining/uae/dubai/miyako-Photos-videos, tgl. 18–23 Uhr, Metro Green Line, Station Palm Deira, €€

Blick aufs Wasser

5 Lakeview: Das europäisch geprägte, stilvolle Lokal befindet sich im renommierten Dubai Creek Golf & Yacht Club. Ein beeindruckendes Erlebnis ist ein Platz in einer der bequemen Sitzgruppen am Abend auf der Terrasse mit Blick über den Creek auf die illuminierte Skyline bis nach Downtown Dubai. Vom Innenbereich des Restaurants reicht der Blick durch die hohen Fenster über die weiten Greens des Golfklubs. Internationale Küche von hoher Qualität.
Im Dubai Creek Golf & Yacht Club, T 95 60 00, tgl. 6.30–1.30 Uhr, Metro Red Line, Station Deira City Center, €€€

Direkt am Hafen

6 Al Difaf: Eine sehr einfache Hafenkneipe mit Terrasse direkt am Dhau-Hafen gegenüber dem Golden Sands Hotel Creek. Hier treffen sich die Hafenarbeiter (fast alle südostasiatische *expatriates*) in ihren Pausen. Alle sind freundlich, aber auch sehr neugierig, wenn sich ein Tourist hierher ›verirrt‹. Andererseits bietet das die Möglichkeit, auch seine eigene Neugierde etwas zu stillen und etwas über das Leben dieser *expatriates* in Dubai zu erfahren. Zum Essen gibt es sehr einfache und sehr, sehr preiswerte Gerichte.
Baniyas Rd., Dhow Wharfage, T 568 96 09 15, tgl. 5–24 Uhr, Metro Red Line, Station Al Riqqa, €

Feinste japanische Küche

7 Minato: Es ist eines der ältesten und angesehensten japanischen Lokale der Stadt. Die Küche überzeugt besonders Sushi-Fans, die Atmosphäre besticht durch Ruhe und nicht zuletzt sorgt für hohe Zufriedenheit ein außerordentlich freundlicher Service.
Im Radisson Blu Hotel Dubai Deira Creek, Baniyas Rd., T 205 73 33, tgl. 18–23, Sa, So auch 12.30–16 Uhr, Metro Red und Green Line, Station Union, €€€

Küche an Bord

8 The Boardwalk: Die Lage am Jachthafen des Golfclubs, die Geschäftigkeit am und auf dem Creek und das internationale Publikum erklären die Beliebtheit dieses Lokals. Die große Holzterrasse bietet auf mehreren Ebenen eine schöne Aussicht hinüber zum Burj Kahalifa und zur Skyline an der Sheikh Zayed Road. Wer im Freien gerne auf jüngeres Publikum trifft, der ist hier gut aufgehoben. Auch nach mehr als zwei Jahrzehnten ist das Boardwalk sehr beliebt und bietet eine konstant gute, internationale Küche.
Im Dubai Creek Golf & Yacht Club, T 295 60 00, www.hyatt.com/en-US/hotel/united-arab-emirates/park-hyatt-dubai/dxbph/dining, Mo–Fr 12–24, Sa, So 11.30–24 Uhr, Metro Red Line, Station Deira City Centre, €€

Viva Italia

9 Buonissimo: Serviert wird authentische italienische Küche vom Feinsten – es gibt alle klassischen italienischen Gerichte, die hier aber besonders gut schmecken. In der Mitte des Restaurants garantiert ein gemauerter, mit Holz beheizter Backofen die hohe Qualität der Pizzas. Entlang der Theke sind Wandmalereien im alten römischen Stil zu sehen, im Hintergrund plätschert leise italienische Musik – wer sich für einen Abend nach Italien entführen lassen möchte, ist hier am richtigen Platz.
Im Hotel Golden Sands Creek, Baniyas Rd., T 212 70 00, www.goldensandscreek.com/buonissimo, tgl. 12–24 Uhr, Metro Red Line, Station Al Riqqa, €€

Lieblingsort

Eine Oase der Ruhe

Wenn sich ein Reisejournalist nach vielen Besuchen in Dubai nach wie vor auf ein Hotel freut, obwohl es in der Stadt noch 100 andere dieses Preissegments gibt, dann muss es ein außergewöhnliches sein. Beim **Park Hyatt Dubai** stimmt einfach alles: Mitten in der Stadt und dennoch im Grünen, kein Hochhaushotel, direkt am Creek im schönsten Golfclub des Emirats gelegen. Man durchschreitet einen großen Park mit üppigen Blumenbeeten unter hohen Palmen, um es zu erreichen. In den geräumigen Zimmern (alle mit Balkon) hält man sich gerne auf, die freistehende Badewanne im großzügigen Designerbad will man nur ungern verlassen. Der Service ist perfekt, immer stehen frisches Obst oder Blumen auf dem Tisch. Nach getaner Arbeit erholt man sich in einer der drei Pool-Landschaften unter altem Baumbestand. In diese wunderschöne Gartenoase muss man einfach wiederkommen (auf dem Gelände des Dubai Creek Yacht & Golf Club **20**, www.hyatt.com, s. S. 35, 84).

Tradition mit Stern

10 Shabestan: Wenn ein Lokal seit 1985 iranische Küche anbietet und heute noch zu den besten in Dubai gehört, weil seine Köche zweimal vom Guide Michelin ausgezeichnet wurden, kann man sicher sein, hier die besten persischen Gerichte kennen zu lernen. An keinem anderen Ferienort ist das so leicht und authentisch möglich.

Im Hotel Radisson Blu Hotel Deira Creek, Baniyas Rd., T 205 73 33, www.radisson hotels.com/en-us/hotels/radisson-blu-dubai-deira-creek/restaurant-bar/shabestan, tgl. 12.30–23 Uhr, Metro Red and Green Line, Station Union, €€€

Kulinarik-Tour

Frying Pan Adventures: Auf einer 3- bis 4-stündigen Tour der kulinarischen Extraklasse besuchen Sie enge Nebenstraßen, verschlungene Gässchen und lebhafte einheimische Märkte, um die besten Food-Spots fernab des üblichen Touristenrummels kennenzulernen. Zwei Schwestern aus Dubai, Arva und Farida Ahmed, hatten bereits vor über zehn Jahren die Idee, Besuchern auf diese Weise die verborgenen Köstlichkeiten in den Stadtteilen Bur Dubai und Deira näherzubringen – das ist außerordentlich spannend und sehr zu empfehlen!

T 56 471 82 44, www.fryingpanadventures. com, €€

Einkaufen

Nur reines Gold

1 Goldsouq: Ein ganzes Viertel mit mehr als 400 Geschäften, dicht gedrängt nebeneinander – weltweit gibt es keine größere Auswahl an garantiert echtem Goldschmuck. Für jeden Dubai-Besucher ein Muss! (s. S. 25 und Tour S. 72).

Deira, tgl. 10–22 Uhr, Abra von Bur Dubai oder Metro Green Line, Station Gold Souq und dann zu Fuß

Exotische Gerüche

2 Gewürzsouq: Kardamom und Safran, Pfeffer und Nelken – allein der Geruch der in Säcken angebotenen Gewürze hindert einem am Weitergehen. Alle nur erdenkbaren Gewürze können Sie hier erwerben, müssen es aber nicht. Auch wenn Sie nichts kaufen, begegnen die Händler Ihnen trotzdem sehr freundlich (s. S. 72).

Deira, tgl. 10–22 Uhr, Abra von Bur Dubai oder Metro Green Line, Station Gold Souq und dann zu Fuß

Fangfrisch

1 Fischmarkt: Der große Fischmarkt der Stadt befindet sich an der Corniche im Al Hamra Port in einer gigantischen Markthallenanlage, dem **Waterfront Market 10**. Er ist 24 Std. geöffnet, aber früh morgens wegen des frischen Angebots am attraktivsten. Auch wenn Sie keine Fische kaufen wollen, hat es hohen Unterhaltungswert, die erstaunliche Vielfalt des Fischreichtums vor der örtlichen Küste kennenzulernen.

Al Hamra Port, Corniche, tgl. 24 Std.

Exotische Früchte

2 Gemüsemarkt: Im Waterfront Market gibt es das frischeste Obst von ganz Dubai, sowohl einheimische Datteln als auch nahezu alle Obstsorten der Welt in riesiger Auswahl.

Al Hamra Port, Corniche, tgl. 24 Std.

Fliegende Teppiche

3 Deira Tower: Einen eigenen Teppichsouq gibt es in Dubai nicht mehr, obwohl häusliches Leben am Golf ohne Teppiche nicht vorstellbar ist. Aber wer im Deira-Souq nach Teppichen fragt, der wird zum Deira Tower am Baniyas Square geschickt. In diesem Hochhaus verteilen sich über drei Stockwerke mehr als 40 Teppichgeschäfte. Auswahl, Qualität und Internationalität (bevorzugt aus Iran, Afghanistan, aber auch aus China) der Teppiche sind nicht zu überbieten; auch einzelne alte Stücke findet man hier.

Teppichbasar des Deira Tower, tgl. 10–22 Uhr, Metro Green Line, Station Baniyas Square

Beliebt und vertraut

4 Ikea Dubai: Wer hätte das gedacht, Ikea in Dubai! Das Angebot des schwedischen Möbelhauses interessiert vor allem europäische Expatriates, aber man trifft auch erstaunlicherweise Einheimische vor den Varianten des Billy-Regals und im Restaurant.

Al Rebat Rd., Festival City, T 203 75 55, www.ikea.com/ae, Mo–Do10–23, Fr, Sa 10–24, Restaurant ab 9 Uhr

Tradition und Qualität

5 Al Ghurair Centre: Die älteste Shopping-Mall Dubais wurde immer aufwendig renoviert. Jetzt hängen goldfarbene Netze an den Decken und eine Kombination aus hellen Farben, dunklem Teakholz und warmer Beleuchtung schafft ein angenehmes Ambiente. Mit über 250 Läden, darunter auch von großen Modedesignern, Restaurants und Cafés sowie mehreren Kinos gehört Al Ghurair zu den mittelgroßen Shopping-Malls. Riesige Auswahl an Düften.

Al Riqqa St., T 250 00 04, www.alghuraircentre.com, So–Do 10–22, Fr, Sa 10–24 Uhr, Metro Green Line, Station Abu Bakr Al Siddique

Stadtbekannt

6 Deira City Centre: Es ist eine *landmark* in Dubai, die jeder kennt, denn das Einkaufzentrum liegt zentral in Deira und gehörte zu den ersten großen Shopping-Malls der Stadt. »Spaß für jedes Alter« verheißt bis heute dieses überaus beliebte Einkaufszentrum. Hier sind Burberry, Gerry Weber, Laura Ashley, Woolworths und natürlich viele andere große Designer vertreten. Gourmetköche finden französische Delikatessen und Lebensmittel. Für die Unterhaltung sorgt Magic Planet mit Simulatoren und Videospielen. Eine große Zahl an Cafés und Restaurants, u. a. ein nettes Café in in der Books-and-Stationery-Abteilung, die ein großes Sortiment an Büchern und Zeitschriften anbietet.

An der Baniyas Road, gegenüber vom Dubai Creek Golf & Yacht Club, T 295 10 10, www.citycentredeira.com, tgl.10–24 Uhr, Metro Red Line, Station Deira City Centre

Bewegen

Golfen am Golf

1 Dubai Creek Golf & Yacht Club: Dieser Golfclub hat nur Vorzüge: Die Anlage ist wunderschön – das Clubhaus noch schöner –, er liegt mitten in der Innenstadt und er bietet alles, was Golfspieler erwarten können.

s. S. 84, www.dubaigolf.com, Metro Red Line, Station Deira City Centre

Abkühlung

2 Schwimmbad im Hotel Park Hyatt: Im Stadtteil Deira gibt es mehrere 5-Sterne-Hotels, die ein Schwimmbad haben. Sehr empfehlenswert ist das Park Hyatt (s. S. 91), in dessen großer Gartenanlage sich gleich drei Schwimmbäder verteilen, darunter zwei mit echtem ›Strand‹-Feeling – The Lagoon Beach und El Porto. Der Besuch eines Hotelschwimmbades ist natürlich nicht umsonst.

www.hyatt.com, Metro Red Line, Station Palm Deira

Ausgehen

Cocktails mit Meerblick

The Bar: Wegen der riesigen Glasfront und dem fantastischen Blick aufs Meer heißt der Hauscocktail Ocean View. Angenehme DJ-Musik.

Im Hotel Hyatt Regency Dubai, T 209 12 34, tgl. 21–3 Uhr, Metro Green Line, Station Palm Deira

Shisha-Rauchen und After-Work-Chillout am Creek ist im QD's immer angesagt.

Multikulti Open-Air

2 QD's: Das ›Quarterdeck‹ neben dem Clubhaus des Dubai Creek Golf & Yacht Club ist ein Open-Air-Spot. Hier gibt es kleine Gerichte wie Snacks und Pizzen, gute Cocktails – und fantastische Sonnenuntergänge. Junges Publikum, Alfresco-Flair – und ein idealer Shisha-Spot. Genießen Sie den fruchtigen Rauch Ihrer *hubble bubble* und lassen Sie den Blick entspannt über den Creek hinüber zur erleuchteten Skyline der Sheikh Zayed Road gleiten.

Neben dem Dubai Creek Golf & Yacht Club, T 295 60 00, www.hyattrestaurants.com, Mo–Do 17–2, Fr–So 17–3 Uhr (ab 21 Uhr nur für über 21-Jährige), Metro Red Line, Station Deira City Centre

Stadtbekannt

3 Ku-Bu: Einer der traditionsreichsten Nachtclubs Dubais, mit orientalischem Interieur, Tattoo-Dekorationen und

stimmungsvoller Beleuchtung. Britische DJs sorgen jeden Abend für beste Unterhaltung auf der kleinen Tanzfläche.

Im Radisson Blu Hotel Dubai Deira Creek, T 205 73 33, tgl. 20–3 Uhr, Metro Red Line, Station Al Riqqa

Traumhafter Ausblick

4 Vista Point: Hohe Glasfenster gewähren den Blick auf die Festival Marina und zur Skyline der Sheikh Zayed Road – **La Vista** (›der Blick‹) verführt zum längeren Verweilen mit vorzüglichen Cocktails und einfühlsamer Pianomusik. Die **Vista Lounge** ergänzt in idealer Weise die **Vista Bar,** beide im Parterre des Hotels.

Im InterContinental Festival City, T 701 11 11, tgl. 8–3 Uhr

Good Rock, good food

5 Hard Rock Café Dubai: Noch größer, noch schöner als das alte in der Sheikh Zayed Road, und doch wie alle anderen weltweit – eine verlässliche Adresse. Außerdem zwei gut sortierte Merchandise-Läden.

Dubai Festival City, zwischen Marks & Spencer und Ferrari, T 232 89 00, www.hardrock.com, So–Do 12–24, Fr, Sa 12–1, Livemusik ab 19.30 Uhr

Cocktails unter Sternen

6 Cielo Sky Lounge: Mit blauweißen Segeln überspannte Terrasse, ultraschick, DJ-Musik, Cocktails und Tapas, traumhafte Aussicht.

Im Dubai Creek Golf & Yacht Club, T 295 60 00, So–Do 17–2, Fr, Sa 17–3 Uhr (Aug., Sept. geschl.), Metro Red Line, Station Deira City Centre

Viel besucht, weil gut gelegen

7 Galleria Cinemas: Mehrere Kinos unter einem Dach. Internationale Produktionen, für Fans indischer Filme gibt es die neuesten Bollywood-Streifen.

Im Hotel Hyatt Regency Dubai, T 273 76 76, Metro Red Line, Station Palm Deira

Zugabe
Dubais herrenlose Autos

Die Finanzkrise hinterließ auch in Dubai ihre Spuren

Was hat dieses total verstaubte Auto mit platten Reifen im Parkhaus des Dubai International Airport mit dem Zusammenbruch der US-amerikanischen Bank Lehmann Brothers zu tun? Sehr viel! Denn die dadurch ausgelöste weltweite Finanzkrise traf damals auch Dubai mit voller Wucht. Die Immobilienpreise sanken schlagartig, Bankkredite konnten nicht mehr beglichen werden, Aufträge blieben aus, Schulden häuften sich, fremdfinanzierte Projekte und Anschaffungen führten zu Insolvenzen. Um Haftungen und eventuellen, damit verbundenen Festnahmen zu entgehen, stieg so mancher Expatriate klammheimlich ins nächste Flugzeug und ließ alles, auch sein (bisweilen sehr teures!) Auto, in Dubai zurück.

Früher wurden solche herrenlosen Autos in Dubai nach einem halben Jahr öffentlich versteigert. ∎

An der Sheikh Zayed Road

Symbol der unaufhaltsamen Moderne — Die Sheikh Zayed Road ist kein Flanierboulevard, aber die bekannteste, lebendigste und bedeutendste Straße in Dubai. Sie führt zu Orten, die man bei einem Dubai-Besuch einfach nicht auslassen kann.

Seite 103

Museum of the Future s

Das jüngste der vielen Museen des Emirats ist zugleich eine eindrucksvolle Architektur-Ikone. Sein Anliegen: Welche Zukunftstechnologien werden die Welt verändern und wie wird man in Dubai 2075 leben?

Seite 104

Gate Village

Hinter dem Dubai International Finance Centre und der Börse hat sich eine gehobene Kunstszene mit mehr als einem Dutzend Galerien niedergelassen. Die Nähe der Kunst zum Kapital nützt diesen Galerien.

Dreimal dürfen Sie raten, wo Dubais Selfie-Hotspot liegt …

Eintauchen

Seite 105

Burj Khalifa

Er überragt alles und stellt alle Hochhäuser der Welt in den Schatten; mit 828 m Höhe ist er ist die meistbesuchte Sehenswürdigkeit Dubais. Im Parterre eröffnete Georgio Armani ein Hotel und in 555 m Höhe bietet eine Besucherplattform traumhafte Aussichten.

Seite 107

Dubai Fountain

Wer das grandiose Schauspiel der bis zu 150 m Höhe aufsteigenden Wasserfontänen erleben möchte, muss am frühen Abend dort sein. Eine choreografische Meisterleistung!

Seite 108

Dubai Mall

Sie liegt direkt neben dem Burj Khalifa, ist Dubais größte und aufregendste Shopping-Mall und seit ihrer Eröffnung Stadtgespräch.

Seite 110

Ras Al Khor Wildlife Sanctuary

Seite 110

Dubai Water Canal ⭐

Mitten durch Downtown und Business Bay fließt ein künstlich angelegter Kanal, auf dem private Boote, kleine Frachtschiffe und die öffentliche Dubai Ferry verkehren.

Der flussähnliche Meeresarm des Creek windet sich durch Dubai bis weit ins Hinterland. Hier bildet er nach ca. 10 km eine flache, breite, salzhaltige Uferzone, die für Tausende von Flamingos zur neuen Heimat wurde.

Seite 114

Al Quoz Industrial Area 1

In dem Industriegebiet Al Quoz hat sich in den letzten Jahren eine Kunstszene etabliert, die entlang der Alserkal Avenue hohe Attraktivität entfaltet.

Mitten in der Wüste Skifahren? In Dubai ist eben nichts unmöglich!

Auf der Sheikh Zayed Road wird überholt, gehupt, geblinkt und gnadenlos geschnitten. Aber ganz selten passiert etwas, lassen Sie sich also nicht aus der Ruhe bringen …

erleben

Grandiose Entwicklung in nur zwei Generationen

D

Die Sheikh Zayed Road ist heute eine auf 12–16 Spuren verbreiterte Stadtautobahn. Anhalten ist für Pkw nur auf den durch Seitenstreifen abgetrennten Nebenfahrbahnen möglich. Fußgänger können sie nur an den Brücken der Metrostationen überqueren, an denen auch die öffentlichen Buslinien halten und an denen kleine Cafés einladen. Entlang der atemraubenden Hochhausarchitektur schlängelt sich an ihrer Südseite auf einer kunstvollen Trasse in ca. 10 m Höhe die Red Line der Dubai Metro. Sie verbindet die historischen Innenstadtbezirke am Creek mit den ›neuen‹ westlichen Stadtteilen z. B. Downtown mit dem **Burj Khalifa** und der **Dubai Mall** und weiter draußen in Jumeirah die **Mall of the Emirates.** Beide Malls gehören zu den Attraktionen der Stadt, sind mehr als riesige Einkaufszentren, denn das eine beherbergt das größte Aquarium der Stadt und das andere eine Skipiste.

Entlang der Sheikh Zayed Road, der wichtigsten und bedeutendsten Straße in Dubai, gibt es viel zu entdecken. Außerdem ist sie der direkte und schnellste Zubringer zu anderen vielbesuchten Points of Interest im Westen und Südwesten Dubais.

ORIENTIERUNG

Reisekarte: 📍 Karte 2, K–U 4/5
Cityplan: S. 100
Das Viertel entdecken: Wer sich auf Ziele in unmittelbarer Nähe der Metro beschränken möchte, für den ist die Red Line das ideale Verkehrsmittel (s. Metrorouten, inkl. Stationen). Aber die Sheikh Zayed Road selbst und die Hochhausarchitektur entlang ihren Seiten kann man nur im Auto erleben; und wegen der Entfernungen abseits der Metroroute empfiehlt sich seine Benutzung ebenfalls. Aber Autos können die Sheikh Zayed Road nur an den sog. **Interchanges** verlassen, überqueren oder kreuzen. Die Interchanges sind nummeriert und werden durch Straßenschilder rechtzeitig angekündigt. Mitunter muss man mehrere Kilometer fahren, um die Straßenseite zu wechseln, wenn man am passenden Interchange vorbeigefahren ist.
Um die Sheikh Zayed Road von zeitraubenden Staus zu entlasten, hat die Stadt zur Reduzierung des Verkehrs eine empfindliche **Maut (Salik)** eingeführt. Trotzdem sind im stadtnahen Bereich während der Rushhour längere Verkehrsstaus die Regel.

Am ursprünglichen Anfang

Zunächst trug die **Sheikh Zayed Road** ❶ den Namen des ersten Hochhauses im Emirat und hieß World Trade Centre Road. Konzipiert war sie als vierspurige Verbindung zum weit draußen im Westen neu gebauten Hafen Jebel Ali. Doch bald entstanden seit 1995 zu ihren beiden Seiten die ersten Hochbauten und die Straße musste wesentlich verbreitert werden. Seit 2000 trägt sie den Namen des verstorbenen Staatsgründers und ersten Präsidenten der VAE, Sheikh Zayed bin Sultan Al Nahyan von Abu Dhabi. Die begehrte Hausnummer 1 der Sheikh Zayed Road gehört dem 1993 erbauten Hochhaushotel mit dem Namen H-Hotel. In der Folge entstanden im ersten Abschnitt der Straße weitere spektakuläre Hochhäuser, vor allem Bürogebäude, aber auch Luxushotels wie das Shangri-La, das Fairmont oder gegenüber die beiden Türme des Jumeirah Emirates Towers. Im letzten Jahrzehnt wurden die verbliebenen Baulücken um weitere Hoteltürme und Bürohochhäuser bereichert. Keines gleicht dem anderen, jedes auffälliger als das nächste. In den Fassaden aus Chrom und Glas spiegelt sich tagsüber die Sonne und am Abend erstrahlen sie im Licht der Büroetagen. Und dabei zeichnet sich jedes dieser Gebäude durch ein ihm eigenes Wechselspiel von Licht und Schatten in den Farben der Glasfassaden und durch seine besonderen Architektur-Akzente aus.

An keiner anderen Straße Dubais streben so viele Wolkenkratzer gen Himmel wie entlang der Sheikh Zayed Road.

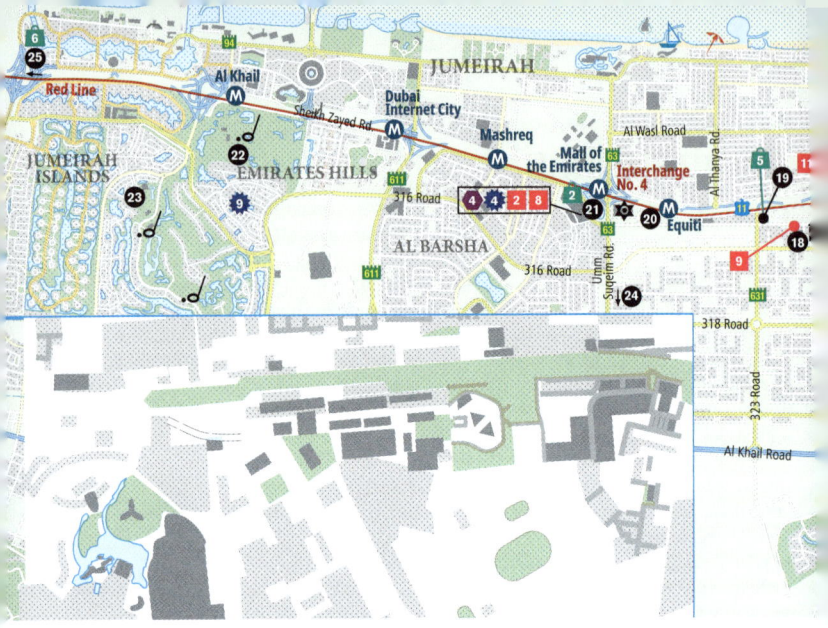

An der Sheikh Zayed Road

Ansehen

1 Sheikh Zayed Road
2 Zabeel Park
3 Dubai Frame
4 Dubai World Trade Centre (DWTC)
5 Emirates Towers
6 Museum of the Future
7 Dubai International Finance Centre
8 Gate Village
9 Downtown Dubai
10 Burj Khalifa
11 The Dubai Fountain
12 The Dubai Mall
13 Souq Al Bahar
14 Dubai Opera
15 Business Bay
16 Ras Al Khor Wildlife Sanctuary
17 Dubai Water Canal
18 Al Quoz Industrial Area 1
19 Times Square Center
20 Gold & Diamond Park
21 Mall of the Emirates
22 Emirates Golf Club
23 Montgomerie Golf Club
24 Miracle Garden
25 Ibn Battuta Mall

Essen

1 Hoi An
2 Salero Tapas & Bodega
3 Mi Amie
4 The Noodle House
5 At.Mosphere

Zabeel Park

Am Beginn der heutigen Sheikh Zayed Road liegt der **Zabeel Park** 2. Das war nicht immer so, denn die Sheikh Zayed Road begann früher weiter westlich.

Der Zabeel Park ist eine der großen Parkanlagen der Stadt, die durch die ständigen Verbreiterungen der Sheikh Zayed Road heute zweigeteilt ist: in eine Parkanlage für Familien mit Kindern zum Spielen und Sporttreiben, ausgestattet mit vielen technischen Geräten und Kletter-

möglichkeiten, und einen anderen Teil mit weiten Rasenanlagen sowie vielen Bäumen, Bänken und Blumenbeeten.

Nach beiden Seiten

Am östlichen Rand des Zabeel Parks steht ein weithin sichtbares leeres Rechteck, ein Bilderrahmen von 150 m Höhe, genannt **Dubai Frame** ❸. Wer sich ihm nähert, erkennt, dass der obere Rahmenteil als Besucherbrücke genutzt wird. Entworfen von Fernando Donis besteht The Frame aus zwei hohen schlanken Türmen, die unten durch einen flachen

Gebäudetrakt und oben durch eine Verbindungsbrücke zusammengefügt sind. Im unteren Rahmenteil befindet sich ein kleines Geschichtsmuseum, das sich der Entwicklung Dubais vom Küstendorf zur Metropole widmet. Die Besucherbrücke in 150 m Höhe erreicht man in weniger als 1 Minute Fahrzeit dank eines prämierten ThyssenKrupp-Aufzugs. Allein die Auffahrt in der gläsernen Kabine beeindruckt. Auf der Besucherbrücke versteht man den Namen »The Frame«: Durch die eine Seite des Bilderrahmens sieht man das alte Dubai am Creek und auf der anderen Seite das neue Dubai mit dem Burj Khalifa. Gerne wird deshalb der Rahmen von den Besuchern für Selfies vor den jeweiligen Stadtteilen genutzt. Wenn man über den Glasboden der Brücke läuft und in die Tiefe blickt, wird einem schwindlig – aber man sieht dabei zumindest noch weite Teile des Zabeel Parks.

The Dubai Frame, Zabeel Park Eingang 4, Zufahrt über Sheikh Rashid Road, www.dubai frame.ae/en, tgl. 9–19, im Sommer bis 21 Uhr, Erw. 50 Dh, Kinder 20 Dh

Trade und Financial Centre

Gegenüber dem Dubai World Trade Centre, auf der anderen Seite der Sheikh Zayed Road, steht ein Luxushotel mit dem Namen H1, weil es die Hausnummer 1 der Sheikh Zayed Road trägt. Denn hier begann einst die heutige Sheikh Zayed Road, als sie noch den Namen des bedeutendsten Gebäudes an dieser Straße trug und World Trade Centre Road hieß.

Dubai geht nicht gerade zimperlich mit Superlativen um, hier etwa kann man getrost vom größten Bilderrahmen der Welt sprechen. Jetzt fehlt nur noch das passende Bild …

Dubai World Trade Centre

Heute ist das **Dubai World Trade Centre (DWTC)** ❹ ein eher unauffälliges Hochhaus an der Sheikh Zayed Road. Doch es besitzt hohe Bedeutung im Emirat und wird deshalb auf der Rückseite der 100 Dirham-Note abgebildet.

Als Sheikh Rashid bin Saeed, der Vater des derzeitigen Herrschers, das DWTC 1979 in Anwesenheit von Königin Elizabeth II. feierlich eröffnete, war es mit 184 m Höhe der höchste Wolkenkratzer im Nahen Osten. Fotos im Foyer belegen, dass damals weit und breit kein anderes Gebäude an der neuen vierspurig angelegten Straße hinaus zum Hafen von Jebel Ali stand. Ein modernes Bürogebäude von diesen Ausmaßen, mit Kongresshallen zu seinen Füßen, weit draußen vor der Stadt in dem damals noch vollkommen unbekannten Dubai, schien wenig Aussicht auf Erfolg zu haben. Doch das Gegenteil trat ein: Das DWTC wurde zum Symbol für den wirtschaftlichen Aufschwung. Heute ist es immer noch Teil des angrenzenden, aber wesentlich größeren Kongress- und Ausstellungszentrums der Stadt, des **Dubai Conference and Exhibition Centre,** und aus der vierspurigen Überlandstraße zum Hafen Jebel Ali entwickelte sich die 12–16-spurige Stadtautobahn der Sheikh Zayed Road.

Es vergeht keine Woche, in der nicht im DWTC oder seinen Kongresshallen ein bedeutender internationaler Kongress oder eine noch bedeutender Verkaufsausstellung stattfinden. Diese sind keineswegs nur Fachbesuchern vorbehalten, auch für Gäste sind die meisten zugänglich. So findet z. B. im April immer eine Woche lang die **World Art Dubai** statt. Diese Messe ist eine Verkaufsausstellung, in der renommierte Galerien und Künstler aus aller Welt ihre Bilder und Objekte ausstellen und zum Verkauf anbieten, wobei die Verkaufsspanne vorgegeben ist:

Kein Bild soll weniger als 100 und mehr als 20 000 US-$ kosten dürfen.
www.dwtc.com/en

Emirates Towers

Neben dem Kongresszentrum erheben sich die **Emirates Towers** ❺, zwei unterschiedlich hohe, aber architektonisch aufeinander abgestimmte Hochhaustürme. In einem ist das **Hotel Jumeirah Emirates Towers** (www.jumeirah.com) untergebracht, die preisgekrönte Nobelherberge des lokalen Hotelkonzerns Jumeirah. Der andere Turm ist die erste Büroadresse in Dubai, hier hat der Herrscher selbst ein Büro. Zwischen beiden Türmen erstreckt sich zu ebener Erde eine zweistöckige Ladenstraße, die durch ihre außergewöhnliche Innenarchitektur Aufsehen erregt.
www.visitdubai.com/de/places-to-visit/emirates-towers

Museum of the Future

Vom Hotel Jumeirah Emirates Towers gibt es einen direkten Übergang zum 2022 eröffneten **Museum of the Future** ❻, das auf einem künstlichen grünen Hügel direkt an der Sheikh Zayed Road errichtet wurde. Nicht nur die Ausstellung (s. S. 118), sondern auch die ungewöhnlich komplexe Formensprache des Gebäudes sorgt für entsprechende Aufmerksamkeit. In der Form eines spektakulären lang gezogenen Silberrings bilden entlang der Fassade kunstvolle arabische Kalligrafien die Fenster. Die Texte dieser überdimensionalen Kalligrafien sind *inspirational quotes* von Sheikh Mohammed bin Rashid, in denen Dubais Herrscher seine Vision für die Zukunft des Emirats in Gedichtzeilen formuliert.

Für Jedermann sichtbar steht auf der Fassade des Museums z. B. »Die Zukunft gehört denjenigen, die sie sich vorstellen, sie entwerfen und sie gestalten. Auf die Zukunft kann man nicht warten« oder »Wir werden nicht jahrhundertelang leben, aber die Ergebnisse unserer Kreativität werden Jahrhunderte überleben«.

DIFC

Ab dem Museum of the Future reiht sich in westlicher Richtung zu beiden Seiten der Sheikh Zayed Road Hochhaus an Hochhaus, eines eindrucksvoller als das andere. In diese Skyline bis zum Interchange 1 haben sich auch weitere Hotels niedergelassen, z. B. rechter Hand das edle Shangri-La, linker Hand ein Ritz Carlton und ein Four Seasons. Wer das **Dubai International Finance Centre (DIFC)** ❼ inklusive der Börse kennenlernen möchte, findet es hier westlich der Emirates

HÖHENRAUSCH DER FAKTEN **H**

Mehr als 10 000 Menschen wohnen und arbeiten im Burj Khalifa. 54 Aufzüge befördern Bewohner und Gäste, der schnellste erreicht 65 km/h. 1 Mio. Liter Wasser werden pro Tag im Gebäude verbraucht, so viel wie in einer deutschen Kleinstadt, und 10 000 m³ Kühlwasser pro Stunde sorgen im Sommer für erträgliche Temperaturen. 22 Mio. Arbeitsstunden wurden zum Bau benötigt und 300 000 m³ Beton verbaut; 30 Min. war das Material unterwegs, bis es die letzte Etage erreichte. Die Glasfläche beträgt insgesamt 142 000 m². Die Antenne schwingt bei starkem Wind 12 m aus.

Towers. Es ist eine eindrucksvolle Gebäudeanlage mit eigener Metrostation, mehreren Schnellrestaurants, Bücher- und Zeitungsläden sowie Geldwechselstuben. Besucher haben nur Zugang zu den unteren Etagen.

Kommerz und Kunst liegen sprichwörtlich oft nicht weit auseinander und deshalb gehört zum DIFC auch eine gehobene Kunstszene. Sie finden wir in der hinteren Reihe des DIFC im **Gate Village** ❽, einem Ensemble von zehn Hochhäusern zwischen kleinen Gärten und Plätzen. Hier unterhalten große Unternehmen ihre Verwaltungsbüros und man wundert sich über die vielen Firmenschilder kleinerer Finanzinstitute und Kapitaldienstleister. Im Erdgeschoss dieser Hochbauten befinden sich mehr als ein Dutzend Galerien mit sehr unterschiedlichen künstlerischen Schwerpunkten (arte8lusso.net/art/11-art-galleries-in-difc). Und da es eine enge Verbindung von der Kunst zum Kulinarischen gibt, haben sich im Gate Village auch viele sehr gute Restaurants niedergelassen (www.difc.ae/gate-village).

Die Sheikh Zayed Road führt jetzt in westlicher Richtung direkt am Wahrzeichen Dubais, dem Burj Khalifa, vorbei. Um das höchste Gebäude der Welt aus nächster Nähe bestaunen zu können, muss man am Interchange 1 nach Downtown Dubai abbiegen.

Downtown Dubai

Downtown Dubai ❾ einschließlich seiner Faszination wurde vollkommen auf dem Reißbrett entworfen und detailliert durchgeplant. So erlebt man hier nicht nur die dominierende Architekturikone des Burj sondern bewegt sich auch durch eine abgestimmte Mischung aus Tradition und Moderne. Denn neben modernen Bürohochhäusern aus Stahlbeton mit spiegelnden Glasfassaden erstrecken sich zwischen grünen Parkanlagen und großen Wasserteichen auch flache Gebäude mit Windtürmen in traditioneller Golf-Architektur – alles erst vor weniger als zwei Jahrzehnten fertiggestellt. Um das Zentrum von Downtown führt die sehr gut ausgeschilderte Ringstraße des Sheikh Mohammed Bin Rashid Boulevards, von dem man in erster Linie die zentral gelegenen Hotels, aber auch die Oper, das Einkaufszentrum Dubai Mall und den Dubai Canal erreichen kann.

Zu Füßen des Burj Khalifa, eingerahmt von der **Dubai Mall** und dem Hotel **The Address Palace Downtown** (T 428 78 88, www.theaddress.com, €€€), legten die Planer einen großen künstlichen See, den Burj Lake, an. Ihn umrunden promenadenähnliche Fußgängerbereiche, die einen Blick auf den Burj Khalifa von unterschiedlichen Seiten ermöglichen. Das wissen fotografierende Besucher wegen des wechselnden Sonnenstandes sehr zu schätzen. Die besondere Attraktivität des Sees erfährt der Besucher jeden Tag ab 18 Uhr. Dann treten die Dubai Fountains in Aktion.

Der ganze Stolz der Einheimischen misst 828 m in der Höhe.

Vor 18 Uhr laden kleine Boote zu Rundfahrten auf dem Burj Lake ein.

Burj Khalifa

Er überragt alles und stellt alle Hochhäuser der Welt in den Schatten, er ist die meistbesuchte Sehenswürdigkeit Dubais und seit vielen Jahren einmalig in der Welt: der 828 m hohe **Burj Khalifa ❿**.

Wenn Sie zu Füßen des sehr schlanken Burj Khalifa stehen, erkennen Sie kaum seine Spitze. Deshalb sollten Sie auch seine Aussichtsplattformen besuchen – am besten sogar zweimal: einmal zu Beginn Ihres Aufenthaltes, weil Sie sich von hier den besten Überblick über die Stadt verschaffen können, und ein zweites Mal, wenn Sie sich von Dubai verabschieden und sich darüber freuen können, aus der Vogelperspektive wiederzuerkennen, wo überall Sie gewesen sind.

Vor und während der Bauarbeiten hieß er noch Burj Dubai, seit der Finanzkrise 2009 trägt er den Namen seines neuen Sponsors, Sheikh Khalifa bin Zayed Al Nahyan, des Herrschers von Abu Dhabi.

Von Babel nach Dubai

Der Turmbau zu Dubai wird gern mit dem biblischen Turmbau zu Babel verglichen, d. h. er wird bewundert und zugleich skeptisch beurteilt: Für die einen ist er der verwirklichte Traum höchster menschlicher Ingenieurkunst, für die anderen das sinnlose Symbol menschlicher

Hybris. Eines aber hatten die Bauherren in Babel und in Dubai gemeinsam: Sie bauten die Türme, »um sich einen Namen zu machen« (1. Mose 11,4). Fakt ist, dass der Burj Khalifa mehr als doppelt so hoch ist wie der bisher weltbekannteste Wolkenkratzer, das Empire State Building in New York (381 m), und gut 300 m höher als das zuvor höchste Gebäude, das 2004 im taiwanesischen Taipeh fertiggestellte Taipeh 101 (508 m). Und hier noch ein vertrauter heimatlicher Vergleich: Er ist mehr als fünfmal (!) so hoch wie der Kölner Dom. Der Bau war eine gigantische Herausforderung. Mit seiner schwindelerregenden Höhe muss er Wind, Wetter, Erdbeben und – seit den Ereignissen des 11. September 2001 in New York – auch dem Terror trotzen können. Und noch nie wurde Beton in diese Höhen befördert.

Architekturikone

Entworfen wurde der spektakuläre Bau vom US-amerikanischen Architekturbüro Skidmore, Owings & Merrill (SOM), gebaut wurde er im Auftrag des örtlichen Bauträgers EMAAR von dem südkoreanischen Bauunternehmen Samsung, das wiederum mehr als ein Dutzend deutscher mittelständischer Unternehmen hinzuzog. Für das Fundament wurden 200 mächtige Betonpfeiler in der Form eines Ypsilons in den Wüstenboden gegossen – wegen der hohen Temperaturen wurde nur nachts betoniert. Seine Grundfläche von 7000 m² gleicht der Wüstenblume Hymenocallis mit sechs Blättern, die sich spiralförmig nach oben in gewölbten Flächen verjüngen. Außen ist er von einer silbern leuchtenden Aluminium-Glas-Fassade ummantelt und damit als Wahrzeichen Dubais bereits aus 20 km Entfernung zu sehen. 54 Aufzüge befördern im Burj Khalifa Gäste und Besucher hinauf und hinab – der schnellste mit 65 km/h. 1 Mio. l Wasser werden pro Tag im Burj verbraucht, so viel wie in einer deutschen Kleinstadt. 10 000 t Kältemittel pro Stunde benötigt man im Sommer zur Kühlung des Gebäudes. Insgesamt wurden 300 000 m³ Beton verbaut, 30 Minuten war der Beton unterwegs, bis er den höchsten Punkt des Rohbaus erreicht hatte. Wenn die Besucher von den Plattformen in schwindelnder Höhe zum Boden zurückkehren, erleben sie entlang den Wänden der Ausgangspassage in großen Fotos die aufwendigen Bauarbeiten und Abfolge der Bauabschnitte. Das verstärkt nachhaltig die Bewunderung für den Turm, von den Erdarbeiten in 40 m Tiefe bis zum Erstellen der Antennen in 800 m Höhe.

Rentiert sich das?

Bei allen Superlativen scheint sich das Bauwerk auch zu rechnen. Die Nutzfläche der über 160 Etagen beträgt insgesamt 4 Mio. m². Der Modeschöpfer Giorgio

Armani eröffnete in den unteren Stockwerken sein erstes Luxushotel. Die ca. 1000 Luxusapartments sind bereits alle verkauft. Im 125. Stock (456 m über NN, »At the Top«) und im 148. Stock (555 m über NN, »Burj Khalifa Sky«) laden Aussichtsplattformen zu einem unvergleichlichen Blick auf Dubai ein. Außerdem kann man im 123. Stock das sehr edle Restaurant At.Mosphere aufsuchen.

Um das Wahrzeichen ständig in voller Größe im Blick zu haben, muss man in Downtown Dubai wohnen. Zu den ersten Hotels zu Füßen des Burj zählt das Palace Downtown Dubai. Es präsentiert sich in traditionell orientalischem Dekor und besitzt einen schönen Garten. Auf seiner Terrasse mit Blick auf den Burj einen Tee zu genießen, dient der Vorlage vieler Postkarten. Jedes Jahr an Silvester findet am Burj Khalifa das größte Feuerwerk auf der Arabischen Halbinsel statt. Wer dann zu Füssen des Burj wohnt, sitzt in der ersten Reihe.

In und am Burj Lake

Tanzende Fontänen

Sie sind nicht zu übersehen: Der große, künstlich angelegte Burj Lake und in seiner Mitte **The Dubai Fountain** ⓫. Mit 275 m Länge inmitten eines vielarmigen Sees ist es die größte Springbrunnen-Anlage der Welt. Wer das grandiose Schauspiel der bis zu 150 m hoch aufsteigenden Wasserfontänen erleben möchte, muss am frühen Abend dort sein. Zwischen 18 und 23 Uhr steigen alle 30 Minuten die riesigen Fontänen von Musik begleitet als choreografisches Kunstwerk auf und ab. Die ›tanzenden‹ Dubai Fountains erscheinen vor der Kulisse des Burj Khalifa besonders bei Dunkelheit sehr eindrucksvoll, weil die Fontänen dann von Tausenden von Lampen angestrahlt werden.

Beste Stehplätze für das abendliche Schauspiel gibt es auf der Brücke zwischen Souq Al Bahar und Dubai Mall,

Von Beethoven bis Freddy Mercury – Sound and Light Show at its best zu Füßen des Burj Khalifa. Lieber früher da sein und gute Plätze ergattern!

Sitzplätze (mit Verzehr) bieten die Cafés und Restaurants im 2. Stock der Dubai Mall, z. B. das Gran Café (T 225 00 00, tgl. 9–24 Uhr).

Einfach ein Muss

Auch wenn Shopping nicht zu den bevorzugten Besuchsprogrammpunkten Ihres Aufenthaltes gehört – Dubais größte und aufregendste **Mall** 🄬 sollten Sie trotzdem einmal besuchen. Sie liegt direkt neben dem Burj Khalifa und ist seit ihrer Eröffnung im Jahre 2009 Stadtgespräch. Denn sie hält nicht nur flächenmäßig den Rekord unter den Shopping-Malls in Dubai, sondern sie bietet außer ihrem schier endlosen Warenangebot viele andere Attraktionen. Dazu gehören ein gigantisches Aquarium, eine Eisbahn von olympischen Ausmaßen, ein riesiger Wasserfall mit Springer-Skulpturen als Gesamtkunstwerk,

mehrere Kinos, viele Restaurants und Hunderte von edlen Markenläden. Außerdem muss man sie betreten, wenn man die Aufzüge des Burj Khalifa benutzen möchte.

The Dubai Mall, Sheikh Zayed Rd., www.thedubaimall.com, Mo–Do 10–23, Fr–So 10–24 Uhr

Kleiner Basar

In unmittelbarer Nachbarschaft der Dubai Mall, mitten in Downtown Dubai, findet man den **Souq Al Bahar** 🄭. Er bildet das perfekte Kontrastprogramm, und genau das hat der Bauherr von Downtown Dubai, das mit der Herrscherfamilie eng verbundene Familienunternehmen Emaar, so gewollt. Man erreicht den ›Souq der Seeleute‹ über eine schmale Fußgängerbrücke mit Windtürmen und ist mittendrin in einem kleinen zweistöckigen arabischen Basar,

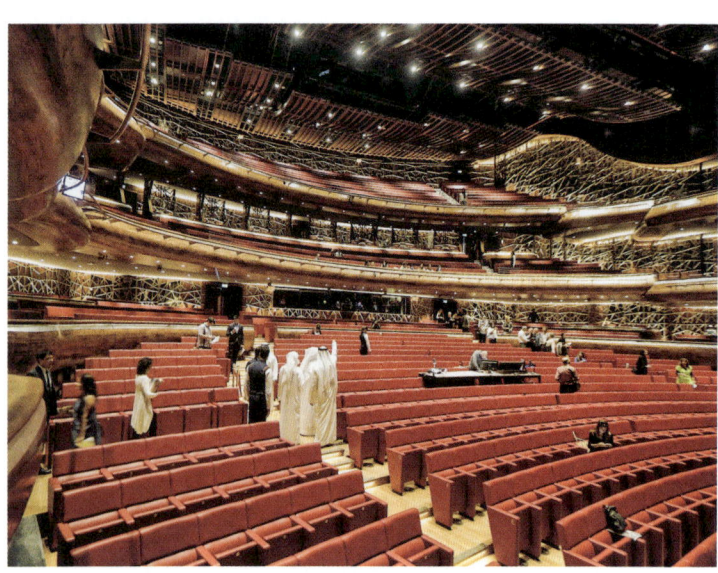

Von außen überzeugt die Dubai Opera mit verspielter Ästhetik, innen vor allem mit optimaler Klangqualität.

zumindest was die Atmosphäre angeht. Angeboten werden in den ca. 80 kleinen Verkaufsläden in erster Linie Artikel, an denen touristische Besucher interessiert sind. Aber Auswahl und Qualität lassen keinen Zweifel aufkommen, dass es sich nicht um Billigprodukte handelt.
T 362 70 11, www.soukalbahar.ae, Mo–Do 10–22, Fr, Sa 10–23 Uhr

Die Oper

Warum braucht Dubai eine Oper, werden Sie fragen? Und zudem eine so aufwendige für mehr als 300 Mio. US-$. Als gelte es die Qualität der Aircondition-Anlage zu beweisen, wurde sie mitten im Sommer 2016 eröffnet. Und was wurde den 2000 Gästen bei der Premiere in der ›Oper in der Wüste‹ geboten? Zuerst die Overtüre von Wagners »Meistersinger« und dann sang Maestro Placido Domingo Blockbuster von Verdi.

Um auf die eingangs gestellte Frage zurückzukommen – am Eröffnungsabend begegnete man bereits den drei Zielgruppen, für die sie gebaut wurde: ausländische Touristen, in Dubai arbeitende Expatriates aus der westlichen Welt und einheimische Emirati, die westliche Kultur kennen und an ihr interessiert sind. Sie zusammen sorgen seit der Eröffnung an den Spieltagen für ein volles Haus.

Ohne Zweifel bedeutet die Oper eine Ergänzung des Unterhaltungsangebots im Emirat, zumal der gläserne, an die Form einer Dhau angelehnte Bau des dänischen Architekten Janus Rostock als multifunktionales Kulturzentrum konzipiert wurde. Die **Dubai Opera** ⑭ verfügt über kein eigenes Ensemble, sie ist ein sehr eindrucksvoller Veranstaltungsort für große und bedeutende Künstler und Orchester aus dem Ausland, die nun in einem angemessenen Rahmen in Dubai auftreten können. So stehen das ganze Jahr über internationale Aufführungen auf dem Spielplan. Doch ganz selbstlos handelt das Emirat mit der hoch subventionierten Dubai Opera und ihren Gastaufführungen nicht. Wie sagte doch Sheikh Mohammed am Abend der Eröffnung: »We can inspire the next generation to become a future Dubai Opera Orchestra.«
Dubai Opera, Sheikh Mohammed bin Rashid Blvd., Downtown Dubai, T 440 88 88, www. dubaiopera.com

Vom Creek zum Golf

Weshalb sollte ein Besucher ohne Geschäftsinteressen sich für eine **Business Bay** ⑮ interessieren? Weil ihr ebenfalls – wie für Downtown Dubai – eine Reißbrettplanung zugrunde liegt, aber diesmal eine ganz andere. Anders ist auch, dass hier mitten durch den Stadtteil der **Dubai Water Canal** fließt, ein künstlich angelegter Kanal, auf dem private Boote,

---

DUBAI FERRY **D**

Wer gerne Dubai vom Boot aus erkunden möchte, der sollte sich die Fahrpläne von Dubai Ferry besorgen. Das Unternehmen betreibt größere, moderne Katamarane, mit denen man vom Landungssteg Al Ghubaiba am Creek um den Archipel The World und um The Palm Jumeirah bis zur Dubai Marina fahren kann. Die Strecke über den Dubai Canal von der Dubai Canal Station an der Jumeirah Street bis zur Al Jaddaf Station (hier Anschluss an die Metro Green Line) wurde wegen Corona ausgesetzt und hat ihren Betrieb noch nicht wieder aufgenommen. Aktuelle Infos unter www.dubai-ferry.com.

kleine Frachtschiffe und die öffentliche Dubai Ferry (s. Kasten unten) verkehren. In die Vielfalt der eindrucksvollen Hochhausarchitektur des Stadtteils der Business Bay reihen sich auch die gelungenen Hochhaushotels Oberoi und Steigenberger ein. In den Foyers dieser Häuser befinden sich nette Cafés.

Sehenswert sind auch die den Kanal überspannenden Fußgängerbrücken, die als funktionale Kunstwerke von weltbekannten Architekten (z. B. dem Spanier Calatrava) entworfen wurden.

Ras Al Khor Wildlife Sanctuary

Weit im Landesinneren südlich der Sheikh Zayed Road wird das Meerwasser des Creek in großen Bereichen flacher und bildet an den Ufern ein schlammiges Feuchtgebiet. Dieses 620 ha große Areal mit vielen Mangroven und kleinen Sandbänken ist seit Menschengedenken ein Rastplatz für Zugvögel auf ihrer Durchreise Richtung Afrika.

Heute wird **Ras Al Khor** (deutsch: Kopf des Khor) von den Schnellstraßen nach Al Ain (E 66) und nach Hatta (E 44) umrundet, und an den südlichen Rändern, wenn auch mit gebührendem Abstand, dehnen sich die Bebauungen der **Meydan Pferderennbahn** und des **Dubai Design District** aus. Dubai wächst auch hier, aber die Vögel von Ras Al Khor scheint das nicht zu stören. Im Gegenteil, inzwischen hat die Zahl der hier lebenden einheimischen Vogelarten und der nur für kurze Zeit verweilenden Zugvögel derart zugenommen, dass die Stadtverwaltung das gesamte Gebiet umzäunt und zum **Ras Al Khor Wildlife Sanctuary** ⓰ erklärt hat. Im Frühjahr und Herbst werden jedes Jahr bis zu 25 000 Vögel und 33 Spezies gezählt. Die Hauptattraktion sind dabei die rosafarbenen Großen Flamingos (*Pho-*

enicopterus roseus), die hier während ihres Zwischenstopps bis vor wenigen Jahrzehnten sogar noch gejagt wurden. Doch seit dem Jagdverbot, das Sheikh Rashid Mitte der 1980er-Jahre erließ, verweilen jedes Jahr im Winter bis zu 2500 dieser Stelzvögel hier, und Ras Al Khor wird für einige Monate zur größten Flamingokolonie der Golfküste. Die Stadtverwaltung engagiert sich für den Schutz der Vögel, indem sie dafür sorgt, dass sie hier genügend Nahrung finden und nicht durch Menschen gestört werden. Inzwischen fühlen sich ca. 500 Flamingos in Ras Al Khor so sicher, dass sie ihren Weiterflug aufgeben, Nester anlegen und brüten. Sie gehören zu Dubai, und die inzwischen ansässige rosaroten Vögel sind heute das Symbol für die Naturschutzbemühungen des Emirats. Gerade weil in Dubai durch die sich rasant ausdehnende Bebauung und Zersiedlung immer mehr natürlicher Lebensraum für Tiere verloren geht, ist Ras Al Khor von großer Bedeutung.

Damit einheimische und touristische Besucher den scheuen Tieren auch etwas näher kommen und ihr Verhalten erleben können, gibt es auf dem Gelände drei Vogelbeobachtungsstationen (*birding hides*) – kleine, erhöht gelegene Hütten aus Schilfrohr, die man über schmale, ebenfalls abgeschirmte Wege erreicht. In diesen Hütten ist man zwar schon relativ nahe an den Flamingos, aber um sie noch besser beobachten zu können, stellt das Dubai Municipality Environment Besuchern Ferngläser zur Verfügung.

T 606 68 22 und 68 22 68 26, www.dm.gov. ae/discover-dubai/ras-al-khor, tgl. Okt.–März 7.30–17.30, April–Sept. 6–18 Uhr, Eintritt frei

Dubai Water Canal

Boote, die auf dem Creek fuhren, konnten ihn lange nur an seinem Ein- und Ausgang in Höhe der Halbinsel Shin-

Lieblingsort

Flamingo-Hotspot

Vögel sind wählerisch, wenn sie einen Ort zum Überwintern suchen. Das Klima, die Luft, die Vegetation, alles muss stimmen. Wenn jedes Jahr im Winter mehr als 2000 Flamingos der Spezies *Phoenicopterus ruber* die flachen, mit Mangroven bewachsenen Uferzonen am Ende des Creek aufsuchen, hat das gute Gründe: Hier ist die Landschaft ursprünglich, dank des salzhaltigen Meerwassers gibt es im Schlickboden genügend Nahrung, und es ist relativ ruhig, denn seit 1985 ist das **Ras Al Khor Wildlife Sanctuary** 🔟 ein Naturschutzgebiet. Für Naturfreunde und Besucher, die als Kontrastprogramm zu Shopping und Sonnenbaden die hochbeinigen Vögel gerne einmal aus nächster Nähe in freier Wildbahn beobachten möchten, wurden zwei gut getarnte Beobachtungsplattformen eingerichtet. Und Ferngläser liegen auch dort bereit. Das Verhalten von Flamingos in freier Wildbahn so nah zu erleben – und das in Dubai –, dafür reisen andere nach Afrika!

TOUR
ÖPNV der Zukunft

Unterwegs mit der Dubai Metro

Der Name Metro lässt vermuten, dass die Züge dieser hochmodernen Bahn unterirdisch verkehren. Doch das Gegenteil ist der Fall: Die Dubai Metro fährt fast komplett oberhalb der Straße. Das macht sie als tägliches Verkehrsmittel für Touristen besonders attraktiv.

Um es gleich vorwegzunehmen: Diese Metro ist preiswert, sauber, immer pünktlich, schnell, sicher, stressfrei, sie fährt im 5-Minuten-Takt und vollautomatisch, d.h. sie fährt ohne Fahrer.

Achtung: Essen und Trinken sowie die Mitnahme von Tieren sind in der Metro nicht erlaubt!

Ihre **Stationen** sind dank ihrer identischen Architektur von Weitem zu erkennen. Sie haben die Form einer gekröpften Röhre und ihre gewölbten Dächer glänzen goldfarben im Sonnenlicht. Die Bahnsteige erreicht man über Rolltreppen und Laufbänder; Aufzüge sichern die Barrierefreiheit. Die Bahngleise sind durch Türen von den Bahnsteigen getrennt.

Die Metro fährt jetzt seit vielen Jahren. Von den beiden Linien ist die **Red Line** für touristisches Sightseeing besonders geeignet. Von der **Endstation (Centrepoint)** zur **Endstation (UAE Exchange, vormals Jebel Ali)** dauert die Fahrt etwas über eine Stunde. Aber man muss ja nicht die ganze Strecke abfahren.

Alle Züge haben die gleiche Wagenfolge. Jeder Metrozug hat fünf Wagen, vier davon sind Wagen der 2. Klasse, der fünfte dient zur

Infos

Bauzeit: 2005–09
(1. Fahrt am
9. 9. 2009)

Länge: Red Line ca.
50 km (plus weitere
15 km ins EXPO-
Gelände), Green
Line ca. 25 km

Fahrzeiten: Mo–Do,
Sa 5–24, Fr 5–1 Uhr

Kapazität: pro Tag
ca. ½ Mio. Fahrgäste

WLAN: auf allen
Strecken

Preise: Kurzstre-
cke (eine Zone) ab
4 Dh, Bezahlung nur
mit der NOL Card
(s. S. 236).
Für Touristen emp-
fiehlt sich der **Red
Day Pass,** mit dem
man einen Tag lang
durch alle Zonen
fahren kann (Preis:
25 Dh, davon 19 Dh
Fahrgutschein);
Verlängerung bis zu
fünf weiteren Tagen
durch Aufladen an
den Metrostationen
möglich.

Vermeiden: Stoßzei-
ten am Morgen und
nach Dienstschluss
– dann ist die Metro
zwar überfüllt, aber
das Gedränge ist zu
ertragen.

Hälfte als 1. Klasse und zur anderen Hälfte als reines Frauenabteil. Frauen können aber natürlich auch die anderen Wagen benutzen. Dieser ›fünfte‹ Wagen ist immer der erste oder letzte eines Zuges. Weil es keine Fahrerkabine gibt, bietet ein Platz ganz vorne die beste Aussicht während der Fahrt. Aber Männer sollten aufpassen, dass dieser erste Wagen im Zug nicht der für Frauen reservierte ist.

Die Stationen der Red Line gleichen dem Katalog vieler Sehenswürdigkeiten, denn die Haltestellen tragen die Namen der bedeutenden Gebäude entlang der Strecke. Man muss ja nicht an allen aussteigen, aber an der Station **Burj Khalifa/Dubai Mall** schon. Das machen sowieso die meisten. Über einen langen klimatisierten Gang erreicht man die Mall (s. S. 123), in der sich auch die Eintrittsschalter zum Burj Khalifa befinden. Für diesen Spaziergang vom Bahnsteig bis zum Eingang der Mall benötigt man ca. 10 Minuten. Dabei blickt man ständig durch große Glasfenster hinunter auf die Straße und den Verkehr. Wer es eilig hat, benutzt die Laufbänder.

Fährt man mit der Red Line weiter, empfiehlt sich als nächster Ausstieg die Station **Mall of the Emirates** mit ihrer Skipiste (s. S. 120) und noch ein paar Stationen weiter die **Ibn Battuta Mall** (s. S. 124).

Aber nicht nur die Fahrt durch die Stadtteile, über die Kreuzungen und entlang der Sheikh Zayed Road ist eine abwechslungsreiche Sehenswürdigkeit, an einigen Stationen bietet die Red Line sogar große Kultur. Denn an sechs Stationen versucht das **Dubai Metro Museum** die Aufmerksamkeit der Vorbeilaufenden zu wecken. So lernt man z. B. an der Station **Bur Juman** anhand alter Fotografien viel über die Arbeit der Perlentaucher, an der Station **Emirates Towers** werden islamische Manuskripte vorgestellt und die Station **Financial Centre** widmet sich arabischer Numismatik.

Und Metrofahren kann auch richtig unterhaltsam sein. Im März 2019 spielten während des **Dubai Music Festivals** an fünf Stationen fünf Stunden lang abwechselnd Livebands und in den Zügen traten internationale Solisten auf. Solche Überraschungen gehören in Dubai zur Metro dazu.

dagha verlassen. Inzwischen gibt es von Ras Al Khor eine kunstvoll angelegte Verbindung zur Küste des Arabischen Golfes: den **Dubai Water Canal** ⑰. Als breite Wasserstraße führt er vorbei am Dubai Design District durch die Business Bay, passiert die Sheikh Zayed Road sowie den Safa Park und erreicht in Höhe des Four Seasons Resort Dubai den Arabischen Golf. Entlang dieses 12 km langen Kanals entstand eine begrünte Promenade mit vielen Palmen und Bänken, die am Abend gerne auf ihrem besonders schönen Teil zum Spazierengehen, Joggen oder auch nur als Treffpunkt für einen Schwatz genutzt wird. Dann sind die Brücken beleuchtet, von einer ergießt sich sogar ein Wasserfall, und die spektakuläre Skyline der Business Bay erstrahlt im Hintergrund.

Wer nur einen Teil der Promenade entlangwandern möchte, kann an mehreren Canal Stations in die Dubai Ferry (s. Kasten S. 109) wechseln und auf dem Kanal weiter bis zur Endstation Al Jaddaf fahren. Dort endet auch die Green Line der Metro (s. Kasten S. 109).

KUNST, KUNST, KUNST 🅚

Unter den Galerien in der Al Quoz Industrial Area 1 sind einige besonders hervorzuheben: **Gallery Carbon 12** – Alserkal Ave. 8, Unit 37, T 340 60 16, Di–So 10–19 Uhr (Objekte und Malerei); **The Mojo Gallery** – Alserkal Ave., Building 33, T 347 73 88, tgl. 10–18 Uhr (Bilder und Objekte); **The Third Line** – Alserkal Ave. 10, H 78, T 341 13 67, tgl. 12–19 Uhr (Malerei, Wandteppiche); **Lawrie Shabibi** – Alserkal Ave. 21, T 346 99 06, Di–So 12–19 Uhr (moderne Kunst des Nahen Ostens).

Al Quoz und Umgebung

Gleich hinter dem Dubai Water Canal, südlich der Sheikh Zayed Road, sollten Sie dem Stadtteil **Al Quoz** einen Besuch abstatten. Denn hier hat sich mitten im Industriegebiet, genauer in der **Al Quoz Industrial Area 1** ⑱, innerhalb der letzten Jahre an der Alserkal Avenue eine bedeutende Kunstszene etabliert. In den ehemaligen Lagerhallen haben sich renommierte Galerien und Werkstätten niedergelassen, die Dubais Kunstszene wesentlich bereichern. Inzwischen sind es über ein Dutzend Locations, die zwischen der 6 A Street und der First Al Khail Street in großen und kleinen Ausstellungsräumen die Werke nationaler und internationaler Künstler zeigen und zum Verkauf anbieten. Wen die nationale Kunstszene in den VAE interessiert, sollte die Galerie von Lawrie Shabibi nicht versäumen (s. Kasten). Während des Jahres wird die Alserkal Avenue in unterschiedliche Künstler-Festivals einbezogen und ist inzwischen ein nicht unbedeutender Bestandteil der Art Dubai, der größten Kunstmesse im Emirat (s. S. 103).

Dank der Kunstszene hat sich Al Quoz in den letzten Jahren zu einem richtiggehenden In-Stadtteil entwickelt. Gerne trifft man sich beispielsweise im **Mirzam,** einer Chocolaterie, die die Herstellung ihrer süßen Produkte ›from Bean to Bar‹ (von der Kakaobohne bis zur wohlgeformten Schokoladentafel oder zur Tasse Kakao) miterleben lässt. Drei Blocks weiter befindet sich **Raw Coffee,** eine Kaffeerösterei mit integrierter Kaffeebar. Vom unwiderstehlichen Geruch des Kaffees wird man bereits auf der Straße angezogen – wer kann da widerstehen?

»Schwerter zu Pflugscharen« – oder wie es in abgewandelter Form in Al Quoz heute heißt: »Fabrik- und Lagerhallen zu Kunststätten und Bildergalerien«.

Times Square Center

Natürlich gibt es in Al Quoz auch Shopping-Malls: eine kleinere mit ca. 100 Läden, die Oasis Mall, aber vorne an der Sheikh Zayed Road das vielfach größere **Times Square Center** ⓳. Neben einer guten Auswahl an elektronischen Geräten gibt es dort eine beeindruckende Spielzeugabteilung und eine große Adventure-HQ-Sportabteilung (adventurehq.ae) mit einer riesigen Auswahl aller möglichen Sportgeräte.

Für arabische und europäische Besucher ist aber die Hauptattraktion des Times Square Center das **Chill-out,** die erste und einzige Eis-Lounge im Mittleren Osten. Alles in dieser Bar ist aus Eis. Weltweit gibt es bisher nur neun dieser »Sub zero environments«. Wer sich nicht vorstellen kann, dass man unter Kristallleuchtern aus Eis, an Tischen und Bänken aus Eis und aus Gläsern aus Eis Getränke zu sich nehmen kann, sollte sie aufsuchen bzw. kann sich im Parterre

WOHNEN IN DER MALL

Es gibt nicht wenig Besucher, die in erster Linie um des Einkaufens willen nach Dubai kommen. Auf sie ist Dubai besonders vorbereitet. Wer das will, kann direkt in einer Shopping-Mall wohnen. Die Kombination ist durchaus beliebt, und je luxuriöser Hotel und Mall sind, umso schwerer ist es, ein Zimmer zu bekommen. Versuchen kann man es trotzdem, z. B. bei **Kempinski Mall of the Emirates:** Hier drückt der Name des Hotels bereits die Symbiose aus. Es ist Teil der Mall und beide gehören zu den besten der Stadt (s. S. 116).

der Mall hinter einer dicken Glasschei-
be ein Bild davon machen. Wenn man
den James-Bond-Film »Casino Royal«
gesehen hat, ist man auf die Atmosphäre
einer Eisbar schon ein bisschen vorbereitet (s. Tour S. 120).

Auf der gleichen Seite der Sheikh
Zayed Road liegt hinter dem Time Square
Centre der **Gold & Diamond Park** ⑳
(T 36 27 77, www.goldanddiamondpark.
com, tgl. 10–21 Uhr), ein Zentrum mit
Gold- und Schmuckgeschäften, das den
Bewohnern in den vielen Neubaugebie-
ten im Westen und den Hotelgästen am
Jumeirah Beach den weiten Weg in den
Goldsouq im historischen Stadtteil Deira
ersparen soll. Im Gegensatz zum Souq
sind die Läden edler und der Schmuck
ausgefallener und teurer. Obwohl es an
Atmosphäre mangelt, finden erstaunlich
viele Besucher hierher.

Mall of the Emirates

Unweit der Times Square Mall, hinter
dem Interchange 4, erhebt sich unübersehbar eine langgestreckte, schräg
angelegte Halle, die mit einem genauso
großen mehrstöckigen Bauwerk verbunden ist. Die Halle beherbergt **Ski Dubai**,
und der integrierte Anbau ist die **Mall
of the Emirates** ㉑.

Sie gehört nicht nur zu den größten
Shopping-Malls der Arabischen Halbinsel, sondern verfügt mit der Skihalle und
einem ultraschicken Kempinski Hotel
über zwei Highlights der Extraklasse. 466
Läden mit über 100 Nobelmarken bieten
so ziemlich alles, was Konsumfreudigen
glänzende Augen bereitet. 2008 erhielt
die Mall of the Emirates die Auszeichnung »Best of Dubai Award«.

*Das gigantische Blumenparadies des Miracle Garden kann mit der
berühmten Londoner Chelsea Flower Show durchaus mithalten.*

Kinder finden in der Bear Factory lebensgroße Plüschtiere, Kinofans kommen in einem Cinestar mit 14 Kinos auf ihre Kosten, Anglophile werden sich über die Flagship-Stores von Debenhams und Harvey Nichols freuen. Mehr als 70 Cafés, Snackbars und Restaurants, darunter ein Emporio Armani Café und das St. Moritz Café, stellen die Besucher vor die Wahl zwischen Superlativen. Deshalb wirbt die Mall auch mit diesem Slogan: »Ihre Schwierigkeit wird darin bestehen, einen Grund zum Gehen zu finden.« Ein Grund, hier länger zu verweilen, ist auch das **Kempinski Hotel Mall of the Emirates.** Das Hotel unter demselben Dach wie die Mall ist Stadtgespräch. Mit 15 *swiss styled* Chalets und ›echtem‹ Schnee drängt sich die Assoziation von einem Schweizer Ferienresort förmlich auf. Die Annehmlichkeiten des Hotels mit seinen Restaurants, dem exklusiven Wellness- und Spa-Bereich, Tennisplätzen und einem schönen Schwimmbad können auch von Nichthotelgästen genutzt werden.

Rund um Emirates Hills

Wen der Schnee in Ski Dubai kalt lässt, kann sich auf derselben Seite der Sheikh Zayed Road, wenige Kilometer stadtauswärts, auf zwei überaus schönen Golfplätzen sportlich betätigen, durch einen gigantischen Blumenpark spazieren oder eine ›Weltreise‹ durch die Ibn-Battuta-Mall unternehmen.

Greens and Fairways
Der **Emirates Golf Club 22** eröffnete 1988 als erster Club im Nahen Osten einen Championship Course. Das über 5000 m² große Clubhaus in Form

mehrerer prächtiger Beduinenzelte ist südlich der Sheikh Zayed Road am Interchange 5 bereits von Weitem zu erkennen. Der 18-Loch-Platz mit einer Spiellänge von 6,1 km (Majlis Course) gleicht einer grünen Oase. Die Fairways sind ausgesprochen hügelig gestaltet. Der Grundwasserspiegel ist wegen des nahen Meeres relativ hoch. Deshalb wurden Seen ausgebaggert und der Sand für die Erhöhung der Spielflächen genutzt. Sechs künstliche Teiche sind heute landschaftlich reizvoll integrierte Hindernisse vor neun Löchern.

2005 wurde auf dem Gelände des Emirates Golf Club neben dem Majlis Course eine zweite 18-Loch-Anlage, der Faldo Course als weiterer Championship Golf Course eröffnet. Seine besonderen Kennzeichen: Flutlicht auf der gesamten 18-Loch-Strecke.

Erholung bei Golfern
Die spektakuläre 18-Loch-Anlage, die Colin Montgomerie und Desmond Muirhead entworfen haben, wird von dem Unternehmen Troon Golf gemanagt. Merkmale sind ein riesiges Green in der Form der VAE, 81 Bunker und 19 Seen. **The Address Montgomerie Golf Club 23** liegt in der Wohnanlage Emirates Hills, in der auch Ausländer Immobilien erwerben können, und verfügt über ein sehr schönes Clubhaus mit Hotel und zwei empfehlenswerte Terrassenrestaurants: Nineteen und Monty's. Von beiden hat man einen fantastischen Blick auf die Skyline der Sheikh Zayed Road.

Sag mir, wo die Blumen bleiben
Wem die gepflegten Wiesen der Golfclubs im Wüstenemirat Dubai als zu eintönige Vegetationsformen erscheinen, sollte den südlich des Emirates Golf Clubs liegenden **Miracle Garden 24** aufsuchen, eine Parkanlage mit der unglaublich großen Zahl von 150 Mio. Blumen.

Tom oder Serg sind immer im Lokal und geben bereitwillig Auskunft über die Herkunft ihrer Bio-Produkte.

Von Mitte November bis Mitte Mai jeden Jahres öffnet dieser Blumenpark seine Tore. Man wandert vorbei an Blumenskulpturen, auf Wegen zwischen Häusern aus Blumen, vorbei an einem ausgedienten Flugzeug, das von Blumen ummantelt ist und passiert immer neue Blumenbeete. Da alle Blumen blühen und im Falle des Verblühens sofort durch neue blühende ersetzt werden, kann man sich an der Farbenpracht nicht satt genug sehen. Dazu der Duft der unterschiedlichen Blumen, der sich von Weg zu Weg ändert. Im Stadtteil Al Barsa 3, T 422 89 02, www. dubaimiraclegarden.com, Metrostation Mall of the Emirates, von dort mit Bus 105 bis zum Miracle Garden, So–Do 9–21, Fr, Sa 9–23 Uhr, Erw. 75 Dh, Kinder 60 Dh

Einkaufen als Weltreise

Eine der beliebten und spektakulärsten Shopping-Malls in Dubai liegt weiter draußen an der Sheikh Zayed Road. Als Reminiszenz an den berühmtesten arabischen Forschungsreisenden des Mittelalters, **Ibn Battuta** (1304–68), der 28 Jahre seines Lebens auf Reisen war, ist die **Ibn Battuta Mall** ㉕ in sechs sogenannte Courts unterteilt, die die Namen seiner wichtigsten Aufenthaltsorte tragen und unterschiedliche Waren anbieten: China (Unterhaltungsangebote, z. B. das erste IMAX-Kino im Emirat), Indien (Designermode), Persien (Lifestyle), Ägypten (neueste Sport- und Spielzeugtrends), Tunesien (Food Court und Supermarkt), Andalusien (diverse Dienstleistungen von Bank bis Schuster). Im Persian Court befindet sich ein Informationsstand des DTCM, im China Court das Internetcafé El Mondo.

Museen

Zukunft und Kalligrafie
❻ **Museum of the Future:** Das spektakuläre Gebäude (s. S. 103) präsentiert Erlebnisausstellungen über das Leben im Weltraum und den Regenwald sowie Zukunftstechnologien. In nur einem Jahr seit seiner Eröffnung wurde das Museum von mehr als 1 Mio. Gäste besucht. Sheikh Zayed Rd., T 800 20 71, museum ofthefuture.ae, tgl. 10–21.30 Uhr, Metro Red Line, Station Emirates Towers, 149 Dh

Essen

Fernöstlich vom Feinsten
❶ **Hoi An:** Die vietnamesische Küche des Hoi An ist ein idealer Einstieg für diejenigen, die eher Vorbehalte gegen fernöstliche Gerichte haben. Alles frisch, aber nicht so scharf, viel Gemüse und frische Kräuter, diverse Salate, unterschiedliche Zwiebeln und Pilze – und wer nicht darauf verzichten möchte: Rindfleischstücke, Shrimps oder Krabben können auch derzeit in den Woks mit zubereitet werden. Man beobachtet die Entstehung und sieht und riecht, wie die Gerichte langsam

der Vollendung entgegengehen. Und die schmecken vorzüglich.

Im Hotel Shangri La (s. S. 35), Sheikh Zayed Rd., T 433 88 88, Metro Red Line, Station DIFC, tgl. 19–24 Uhr, €€€

Tapas, Sangría, Flamenco

2 **Salero Tapas & Bodega:** Das 2023 eröffnete Lokal bietet alles, was die spanische Küche auszeichnet, zudem von sehr hoher Qualität, immer frisch und absolut *homemade*. Ambientegemäß auch die Unterhaltung mit Guitarrenmusik (Di–Sa 20–22.30 Uhr) und Flamenco-Tanzdarbietungen (Do–Sa).

Im Kempinski Hotel Mall of the Emirates, T 34 10 00, tgl. 12–17, 17–1 Uhr, Metro Red Line, Station Mall of the Emirates, €€€

Unter Sternen

3 **Mi Amie:** Kleine, köstliche Gerichte und erlesene Cocktails auf der Terrasse der Emirates Towers mit einmaligem Blick auf das nahegelegene Museum of the Future.

Im Hotel Jumeirah Emirates Towers, Sheikh Zayed Rd., Level 1, T 330 00 00, tgl. 18–1 Uhr, €€€

Nudelparadies

4 **The Noodle House:** Wer Nudeln mag, ist hier bestens aufgehoben. Das chinesische Restaurant ist immer voll. Es gibt in Dubai mehrere Filialen des Noodle House, aber hier gelingen die Nudelgerichte am besten. Das mag vielleicht an den Bankern des Dubai International Finance Districts (DIFC) liegen, die gerne hier in der Mittagszeit vorbei kommen. Seine Bestellung muss man auf dem *order pad* ankreuzen. Bis das Gericht gebracht wird, sitzt man an langen Tischen und amüsiert sich darüber, wie der Nachbar die ca. 80 cm langen Fadennudeln zum Mund manövriert (Chinesen lieben lange Nudeln, denn sie sollen Glück bringen).

Im DJFC, Gate Building 5, T 363 70 93, tgl. 11–22 Uhr, Metro Red Line, Station DIFC, €€

Hoch über den Wolken

5 **At.Mosphere:** Dubais höchstes Restaurant im 122. Stock des Burj Khalifa, traumhafte Aussicht aus 442 m Höhe über ganz Dubai, abends auch auf die Dubai Fountains. Ein Besuch bleibt lange Gesprächsstoff, weniger wegen der Küche. Unbedingt vorher reservieren, Dresscode: *smart casual*.

Im Burj Khalifa, T 888 38 28, www.atmosphe reburjkhalifa.com, tgl. 12–16, 17.30–24 Uhr, Metro Red Line, Station Burj Khalifa, Mindestverzehr am Abend 300 Dh, €€€

Wie Gott in Frankreich

6 **La Petite Maison:** Es ist kein kleines französisches Haus, sondern eines der besten französischen Lokale der Stadt. Einrichtung, Bilder und natürlich die Speisekarte erinnern sofort an Frankreich. Schwerpunkt französisch-mediterrane Küche, denn der Chefkoch kommt aus Nizza. Stilvolles Ambiente, Dresscode: *smart casual* – keine Sportkleidung und keine Baseballmützen (!).

Im DIFC, Gate Village, Building 8, T 439 05 05, lpmrestaurants.com/dubai, Mo–Fr 12–15.30, 18–23.30, Sa, So 12.30–16, 18–23.30 Uhr, Metro Red Line, Station DIFC, €€€

Göttlich

7 **Gaia:** Von einer griechischen Göttin entlieh das Lokal seinen Namen, zu Recht, denn seine Gerichte sind wirklich göttlich. Alles, was man von zu Hause vom Griechen kennt, nur stilvoller und mit einer betont mediterranen Note; gekocht und gebraten wird mit besonders gutem Olivenöl. Sehr ambitionierte Einrichtung. Reservierung erforderlich.

Im DIFC, Gate Village, Building 4, T 241 42 42, gaia-restaurants.com/dubai, tgl. 12–15, 19–23 Uhr, Metro Red Line, Station DIFC, €€€

Berge und Schnee

8 **Aspen:** Das Café trägt in Anbetracht der nahen Skipisten in der Mall of the

TOUR
Eis und Schnee in Dubai

Wintersport in der Wüstenmetropole

Man mag es kaum glauben: Auf der Skipiste in der **Mall of the Emirates** ㉑ hat die deutsche Frauen-Nationalmannschaft bereits trainiert und anschließend die **Chill-out Lounge** im nahen **Times Square Center** ⑲ besucht. Dass die Damen auf der kristallklaren Eisbahn im Hotel Hyatt Regency auch Schlittschuh gelaufen sind, wurde nicht berichtet.

Ob Sie alle drei Stationen des kuriosen Erlebnisses ›Wintersport in der Wüste‹ hintereinander aufsuchen möchten oder sich nur für eine Sportart entscheiden, bleibt Ihnen überlassen; alle ›Austragungsorte‹ liegen an der Metro.

Wintersport in Dubai, Schnee und Eis bei 40 °C Hitze und strahlender Sonne – eigentlich ist es ja für Besucher aus europäischen Breiten eine absurde Vorstellung, auf der Arabischen Halbinsel Ski zu fahren, Snowboarden zu lernen oder Schlittschuh zu laufen. Aber gerade weil es so absurd ist, hat es auch seinen Reiz. Andernfalls ließe es sich ja nicht erklären, dass bereits im ersten Jahr nach der Eröffnung Ski Dubai von mehr als 1 Mio. Besucher aufgesucht wurde. Das kann man durchaus als Erfolg bezeichnen.

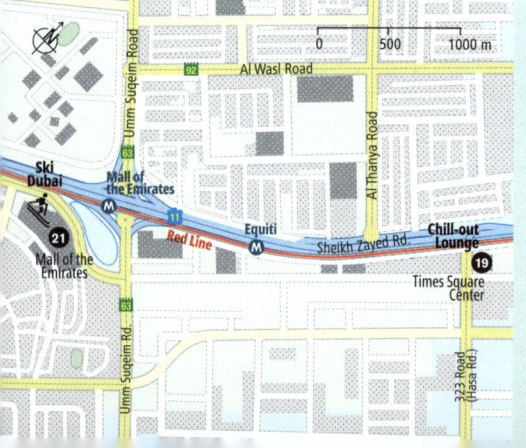

Eiskaltes Vergnügen
Sie heißt **Chill-out Lounge** und nennt sich *The coolest lounge in the Middle East.* Und das ist sie auch. Denn alles in der Bar ist aus kris-

tallklarem Eis: die Trinkgläser, die Tische und Bänke, die Theke, die ›Kristall‹-Leuchter, die Blumenvasen, die Bilder, die Kamelskulpturen und die Skyline von Dubai. Nur die Eisbärenfelle nicht, auf denen die Gäste sitzen. Stimmung bei –6 °C in der weltweit neunten Eis-Lounge. Serviert werden Sandwiches, Salate und Getränke.

Es dürfen nur 45 Gäste gleichzeitig in die Lounge, da der Atem von mehr Besuchern das Eis zum Schmelzen bringen könnte. Zehn Jahre nach ihrer Eröffnung wurde die Chill-out-Lounge 2014 vollkommen renoviert. Sie ist einfach ein Renner!

Vom Eis in der Shopping-Mall Times Square sind es nur etwa zwei Kilometer zum Schnee in der Mall of the Emirates.

Skilaufen in Dubai

In einer riesigen Skihalle, die wie ein Raumschiff an die Mall of the Emirates angedockt ist, begann im Dezember 2005 die Skisaison in Dubai. **Ski Dubai** ist der Name dieser perfekten künstlichen Winterwelt, die sich auf einer Fläche von ca. drei Fußballfeldern ausbreitet. Für den perfekten Skigenuß gibt es fünf Skilifte und eine 400 m lange Piste. Im Skipass ist alles inbegriffen und alles ist bestens organisiert. Berührungslos funktioniert das Drehkreuz – und man befindet sich mitten im Winter bei -4 °C.

Infos

📍 Karte 2, M–O 5

Chill-out Lounge: Times Square Center, Sheikh Zayed Rd., zwischen Interchange 3 und 4, T 800 24 45 56 88, www.chilloutindubai. com, So–Di 10–22, Fr, Sa 10–24 Uhr, Eintritt inkl. einem Getränk Erw. 89 Dh, Kinder 49 Dh

Ski Dubai: Sheikh Zayed Rd., Jumeirah, T 409 40 00, www. skidxb.com, Mo–Do 10–23, Fr 10–24, Sa, So 9–24 Uhr, Skipass 2 Std./250 Dh, Tageskarte 350 Dh, Ski-/ Snowboard-Kurs ab 250 Dh

Infos

📍 W 4
und Cityplan Deira
s. S. 70

Ice Rink 5: Parterre
im Galleria-Anbau
des Hyatt Regency
Dubai, Deira
Corniche, T 209 65
50, tgl. 10–21.30,
Fr, Sa 19–22 Uhr
Ice-Disko, 2 Std.
55 Dh, Schlittschuh-
verleih ab 50 Dh

Mit einem Vierer-Sessellift passiert man die Mittel-station, wo sich auch das **Café Avalanche** befindet. Hier steigen die Anfänger unter den Skifahrern aus und sind nach 250 m Schneepflugfahrens und ein paar Stemmbögen wieder am Einstieg. Weiter oben wartet ein ›schwarzer Hang‹.

Der Schnee ist ausgezeichnet und bleibt das ganze Jahr so. Der Hang oberhalb der Mittelstation ist fast leer. Auf der unteren Hälfte der Piste üben die Skischulen, meistens mit Kindern. Eines Tages wird vielleicht ein Olympiasieger aus Dubai kommen.

Wer nicht auf den Hängen Ski fahren möchte, kann vor dem Drehkreuz zur Piste im **Café Sankt Moritz** Platz nehmen und bei Kaminfeuer den Skifahrern zuschauen. Kaminfeuer? Täuschend echt flackern in einem Kamin auf einer Leinwand brennende Holzscheite. Es ist zwar nur ein Bildschirm, Gemütlichkeit strahlt das Ganze aber trotzdem aus.

Wem das noch nicht Wintersport genug ist, der kann mit der Metro oder dem Taxi ans andere Ende der Stadt zur schönsten und ältesten Eisbahn von Dubai fahren: zum **Ice Rink** 5.

Unterwegs auf Kufen

Mitten in der Wüste Schlittschuh zu laufen, hat eben-falls einen speziellen Reiz. Wer das einmal auspro-bieren möchte, kann dies das ganze Jahr über auf dem **Ice Rink** in der Einkaufsgalerie des Hotels **Hyatt Regency Dubai** tun. Die ovale Bahn ist relativ groß, gut besucht und natürlich in einem Topzustand. Wer meint, auf dieser Eisbahn würden nur Expatriates und deren Kin-der Schlittschuhlaufen, der irrt sich. Gerade arabischen Jugendlichen und ihren El-tern bereitet diese Freizeit-beschäftigung besonders viel Spaß.

Emirates den Namen des bekanntesten US-amerikanischen Skigebiets. Luxuriös-warme Innenausstattung, sehr gutes Gebäck (täglich frisches europäisches Brot), Livemusik (Klavier, Violine oder Harfe). Im Kempinski Hotel Mall of the Emirates, T 409 59 99, tgl. 24 Std., €€

Schokolade pur
9 Mirzam Chocolate: Frisch zubereitete Schokogetränke in einem Café mitten in einer Schokoladenfabrik.
Im Stadtteil Al Quoz, 3, 4th St., Warehouse A 2, Al Ghurair Complex, T 507 24 24 11, www.mirzam.com, tgl. 8–23 Uhr, €€

Von der Bohne
10 Raw Coffee: Ein Kaffeehaus mit bestem Kaffee, denn dieser wird vor Ort frisch geröstet und perfekt zubereitet. Natürlich werden auch Torten dazu angeboten.
Im Stadtteil Al Quoz, Al Manara Rd., Ecke 7 A St., Warehouse 10, neben RTA Carpark, T 339 54 74, www.rawcoffeecompany.com, tgl. 7.30–18 Uhr, €€

Gute leichte Kost
11 Tom & Serg: Der Australier Tom Arnel und der Spanier Sergio Lopez hatten gemeinsam eine zündende Idee: Ein ansprechendes Restaurant für jüngere Leute, industrielles Design, freies WLAN, gute Gerichte, viel Bio und guten Kaffee in vielen Variationen.
Im Stadtteil Al Quoz, Abfahrt Interchange 3 von der Sheikh Zayed Rd., 15 A St. Al Joud Center, neben ACE Hardware und Burjeel Hospital, T 564 74 68 12, www.visitdubai.com/de/places-to-visit/tom-and-serg, tgl. 8–18 Uhr, €€

Straßencafé
12 Al Mallah: Eines der besten libanesischen Restaurants der Stadt, nicht zuletzt wegen der köstlichen Shawarmas und des leckeren Manakish (Fladenbrot). Nimmt man auf der Straßenterrasse des Restaurants Platz, kann man besonders

gut das bunte Treiben in Al Satwa beobachten.
Al Diyafa, 2nd of December St., Stadtteil Al Satwa, T 600 52 25 21, www.almallahuae.com, Sa–Do 7–2, Fr 9–2 Uhr, €

Einkaufen

Groß, größer, am größten
1 Dubai Mall: Sie ist Dubais größte und aufregendste Mall direkt neben dem Burj Khalifa und bietet außer ihrem gigantischen Warenangebot viele andere Attraktionen, z.B. ein gigantisches Aquarium, eine Eisbahn von olympischen Ausmaßen, einen riesigen Wasserfall mit Springer-Skulpturen als Gesamtkunstwerk und viele, viele Restaurants.
www.thedubaimall.com, Mo–Do 10–23, Fr–So 10–24 Uhr, Metro Red Line, Station Burj Khalifa

Einkaufen und Skifahren
2 Mall of the Emirates: Sie bietet ein Warenangebot, wie man es in einer Mall erwartet, aber ihr bekanntestes Alleinstellungsmerkmal: Unter ihrem Dach gibt es eine 400m lange Skipiste.
Sheikh Zayed Rd., www.malloftheemirates.com, tgl. 10–24 Uhr, Metro Red Line, Station Mall of the Emirates

Luxus pur
3 Gate Avenue: Elegante Einkaufsstraße mit edler Mode, edlen Schuhen und edlem Schmuck. Mehrere Galerien, überwiegend hochpreisige Angebote.
Im DIFC (s. S. 104), Mo–Sa 10–21 Uhr, Metro Red Line, Station DIFC

Im Schatten des Burj Khalifa
4 Souq Al Bahar: In unmittelbarer Nachbarschaft zur Dubai Mall, aber das perfekte Kontrastprogramm: Man geht über eine schmale Fußgängerbrücke mit Windtürmen und befindet sich mittendrin in einem kleinen zweistöckigen, arabischen Basar.

Downtown Dubai, www.soukalbahar.ae, tgl.
10–22 Uhr, Metro Red Line, Station Burj
Khalifa

Spielzeug

5 Times Square Center: Große
Spielzeug- und Sportabteilungen, viel
Kunsthandwerk. Mit der Chill-out Lounge verfügt das Einkaufszentrum über die
einzige Bar, die komplett aus Eis besteht.
Sheikh Zayed Rd., zwischen Interchange 3
und 4, T 341 80 20, www.timessquarecenter.
ae, tgl. 10–22 Uhr, Metro Red Line, Station
Equiti

World wide shopping

6 Ibn Battuta Mall: Der berühmtes-
te arabische Forschungsreisende des
Mittelalters lädt in sechs Courts zu einer
Shopping-Weltreise ein. Jüngste Attrak-
tion: eine tolle Kegelbahn.
Sheikh Zayed Rd., Interchange 6, T 362 19
00, www.ibnbattutamall.com, So–Do 10–22,
Fr, Sa 10–24 Uhr, Metro Red Line, Station Ibn
Battuta Mall

*Candy-Paradies – in allen großen
Shopping-Malls kümmert man sich
um Kinder als zukünftige Kunden.*

Keine Fakes

7 Dubai Outlet Mall: Wenn Sie die
international renommierten *brands* bevorzugen und bereit sind, Markenartikel mit
kleinen Fehlern in Kauf zu nehmen, werden
Sie hier fündig. Weit draußen vor den Toren
der Stadt liegt an der vierspurigen Auto-
bahn nach Al Ain die große Dubai Outlet
Mall. Hier finden Schnäppchenjäger alles,
was das Herz begehrt: Kleidung, Acces-
soires, Haushaltsgegenstände, Elektronik
etc., aber auch noch Billigeres von nicht
bekannten Marken. Bei den Markenartikeln handelt es sich zwar nicht um *fakes,*
allerdings steht sehr oft »Made in China«
auf den Etiketten.
An der E 66 Richtung Al Ain, T 423 46 66,
www.dubaioutletmall.com, So–Do 10–22, Fr,
Sa 10–24 Uhr, Bus 66, 67

Internationale Kunst

8 Opera Gallery: Die bedeutende internationale Galerie mit Niederlassungen in
den USA und Europa hat jetzt auch eine
Dependence in Dubai eröffnet.
Im DIFC, Gate Village, Bld. 3, T 323 09 09,
www.operagallery.com, So–Mi 10–22, Do
10–24, Fr, Sa 11–21 Uhr, Metro Red Line,
Station DIFC

…und noch mehr internationales

9 AWC – Art World Creations: Hier
findet man moderne Kunst internationaler
Provenience. Die Galerie ist sehr erfolgreich und daher viel besucht.
Im DIFC, Gate Ave. C, Unit 104, www.awc
dubai.com, tgl. 10–18 Uhr, Metro Red Line,
Station DIFC

Zeitgenössisch arabisch

10 Cuadro Art Gallery: Die Galerie wird
von jungen Galeristen mit viel Engagement betrieben. Schwerpunkte sind Malerei arabischer zeitgenössischer Künstler,
Figuren und Objekte.
Gate Village, Building 10, T 425 04 00, www.
cuadroart.com, So–Do 10–20, Sa 12–18 Uhr,
Metro Red Line, Station DIFC

Ars arabica

11 The Farjam Foundation: Große Galerie mit großem Bestand, fördert junge einheimische Talente. Schwerpunkte: Alte und neue islamische Kunst, künstlerische Teppiche, zeitgenössische arabische und iranische Kunst.

DIFC, Gate Ave., Unit GF 097, Zone C, T 327 76 36, www.farjamcollection.org, tgl. 10–22 Uhr, Metro Red Line, Station DIFC

Bewegen

Zum Spazierengehen

2 Zabeel Park: Mitten in einem Meer von Häusern befindet sich diese große grüne Wiese.

Am Beginn der Sheikh Zayed Rd., nahe dem World Trade Center, T 398 68 88, Sa–Mi 8–22, Do–Fr 8–23 Uhr, Metro Red Line, Station Al Jafilliya, 5 Dh

Golftradition

22 Emirates Golf Club: Er eröffnete 1988 als erster Golfclub im Nahen Osten und ist jedes Jahr Austragungsort internationaler Turniere; sehr schönes Clubhaus, auch für Nichtgolfer; Beginn des letzten Flights für 9-Loch um 21.55 Uhr.

Sheikh Zayed Rd., T 417 99 99, www.dubai golf.com, Metro Red Line, Station Al Khail

Golfen vor der Skyline

23 The Address Montgomerie Golf Club: 18-Loch-Anlage mit vielen Bunkern, dessen Merkmal ein riesiges Green in der Form des VAE is. Das Clubhaus verfügt über eine große Außenterrasse.

Südwestlich der Sheikh Zayed Rd., Interchange 5, T 363 12 68, www.montgomerie golfclubdubai.com, Metro Red Line, Station GGICO

Entspannung pur

1 Talise Spa: Alle Jumeirah Hotels besitzen ein Talise Spa mit großem Behandlungsangebot. Highlight im Emirates Towers ist der Flotation Pool, ein Becken mit angenehm warmem Salzwasser, in dem sich der Gast eine Stunde lang bei leiser Musik in vollkommener Entspannung treiben lassen kann; man fühlt sich so erholt wie nach acht Stunden Schlaf, sagen manche der Gäste.

Im Jumeirah Emirates Towers, T 319 81 81, www.jumeirah.com, tgl. 9–22 Uhr, Metro Red Line, Station Emirates Towers

Après-Shopping

2 The Spa at The Address: Das Angebot richtet sich vor allem an diejenigen, die vom Shoppingbummel in der Dubai Mall erschöpft sind und deshalb zur regenerativen Erholung ohne Umwege sofort den Wellness- und Spa-Bereich des Hotels in der Mall aufsuchen wollen. Das gehobene Niveau des Hotels entspricht dem des Spas. Sehr empfehlenswert ist die zweistündige Signature-Behandlung.

Im Hotel The Address Dubai Mall, T 438 80 25, www.addresshotels.com, tgl. 11–22 Uhr, Metro Red Line, Station DIFC

Unübertrefflich

3 The CHI at Shangri-La: Im großen, Ruhe ausstrahlenden Spa-Bereich dominieren unterschiedliche Sandtöne, an den Wänden erfährt man viel über asiatische Körperphilosophie, Sanskrit-Bezüge dienen als mental stimulierende Vorbereitung für mehr als ein Dutzend Anwendungen. Angeboten werden darunter auch mehrere Programme für Paare (Ehepaare, aber auch Mutter-Tochter, Vater-Sohn). Im Ruheraum ist anschließend kaum eine Liege frei, so beliebt scheint der Spa zu sein. Ein Hit unter den Anwendungen: die »Four Hand Aroma Vitality Massage«, bei der sich zwei einfühlsam Massierende eine Stunde lang intensiv um ihre Entspannung (950 Dh) kümmern. Anmeldung empfehlenswert.

Im Hotel Shangri-La (s. S. 35), Sheikh Zayed Rd., T 343 88 88, tgl. 9–21 Uhr, Metro Red Line, Station DIFC

Get relaxed

4 Sensasia Stories Spa: Spätestens wenn die Füße vom stundenlangen Bummeln in der Mall of the Emirates schmerzen oder wenn das Skifahren an den Hängen von Ski Dubai schweißtreibende Folgen hat, bietet der Spabereich im wenige Schritte entfernten Kempinski Hotel die passenden Massageangebote und Erholungsmöglichkeiten. Nach einem Besuch im Sensasia beginnt der Tag von Neuem.

Im Kempinski Hotel Mall of the Emirates, T 341 00 00, www.kempinski.com/en/mall-of-the-emirates, Mo–Do 9–22.30, Fr–So 9–11 Uhr, Metro Red Line, Station Mall of the Emirates

Schlittschuhlaufen

5 Dubai Ice Rink: Auch die Dubai Mall besitzt eine Eisbahn, sogar von Olympischen Ausmaßen; Schlittschuhe können ausgeliehen werden.

T 448 51 11, www.dubaiicerink.com, tgl. 10–24 Uhr, Metro Red Line, Station Burj Khalifa

---

Ausgehen

Musentempel

13 Dubai Opera: Jetzt hat Dubai endlich auch ein Opernhaus, wenn auch noch kein eigenes Ensemble. In Vertretung spielen große internationale Orchester oder international bekannte Solisten nutzen die Bühne.

Sheikh Mohammed bin Rashid Blvd, Downtown Dubai, T 440 88 88 oder 80 03 62 27, www.dubaiopera.com, Metro Red Line, Station Business Bay

Jazz und Bier

Blue Bar: Die erste und bisher unübertroffene Jazz- und Bluesbar in Dubai. Sehr gemütlich, belgisches Bier. Jeden Do Live Music

Im Hotel Novotel, International Exhibition & Convention Centre, T 332 00 00, tgl. 12–2 Uhr

Exzellente Weine

Cin Cin: Beliebter Treff europäischer Expatriates, die die zentrale Lage, den Metroanschluss (wegen der Promille), die dezente Musik und die guten Weine schätzen; auf der Getränkekarte allein 35 offene und mehr als 200 Flaschenweine.

Im Hotel The Fairmont Dubai, T 5, T 332 55 55, tgl. 19–2 Uhr, Metro Red Line, Station World Trade Center

Unterm Sternenhimmel

White Club: Schon die Lage auf der Open-Air-Dachterrasse der Haupttribüne des Meydan Racecourse ist spektakulär. Während der kühleren Wintermonate hat das White damit eine grandiose Tanzfläche direkt unterm Sternenhimmel mit unverstelltem 360-Grad-Blick auf Dubais Skyline. Obendrein gibt es auch wöchentlich wechselnde Specials mit Open-Air-Brunch oder Dinner und anschließendem Konzert, Ladies Night sowie einer Nacht, in der alle weiß gekleidet sind. Weil es sich um einen Outdoor-Veranstaltungsbereich handelt, ist das White jedoch während der heißen Sommermonate (Juni–Sept.) geschlossen.

Im Meydan Racecourse, Grandstand Rooftop, T 800 91 91, www.whitedubai.com, tgl. 23–4 Uhr, Metro Red Line, Station Business Bay

Große Show

The Theatre: Geboten wird eine Kombination aus Sängern, Musikern, Akrobaten und Tänzern – eine Show als gehobenes Unterhaltungsangebot auf großer Bühne bei sehr gutem Essen und vorzüglichen Weinen. Wechselnde Programme.

Im Kempinski Hotel Mall of the Emirates, T 409 59 99, tgl. 18–2 Uhr, Metro Red Line, Station Mall of the Emirates

Ladies Night

The Avenue Club: Im 42. Stock des Shangri-La-Hotels gelegen und mit modernen Deckenscheinwerfern ausgestattet verfügt das Avenue auch über eine orientalisch inspirierte Lounge. Da jede Woche ein Line-up lokaler und internationaler DJs auflegt, reicht die Musikpalette von Hip Hop, R & B, House und Techno bis zu lokalen Sounds. Mo und Mi ist Ladies Night!

Im Hotel Shangri-La, 42. Etage, Sheikh Zayed Rd., T 544 66 66 68, www.avenueclubdubai. com, tgl. 22.30–3 Uhr, Metro Red Line, Station Financial Centre

Am Pooldeck

ikandy: Der Sonnenuntergang am tiefroten Horizont im Westen Dubais, die langsam einsetzende Dämmerung und die Lichter und Leuchtreklamen der Hochhäuser entlang der Sheikh Zayed Road, später dann der klare Sternenhimmel – das sind die atmosphärischen Zutaten zu einem Cocktail, den man in der ikandy-Lounge auf der Poolterrasse des Shangri-La-Hotels genießen kann. Der schönste Teil der Terrasse, auf der sich tagsüber die Gäste unter Palmen am Pool sonnen, wandelt sich abends zu einer Open-Air-Lounge. Die zentrale Lage, die leichte Brise, der Blick auf den Burj Khalifa, die Auswahl der Musik, die lange Liste der Cocktails, die internationalen Gäste und das Kerzenlicht – das alles macht das ikandy aus.

Im Hotel Shangri-La (s. S. 35), T 433 88 88, tgl. 18–2 Uhr, Metro Red Line, Station Financial Center

Entspannen im Wüstensand

Overnight Desert Yoga Retreat: Eine besondere Form der Abendunterhaltung ist ein Yoga Weekend Escape in die Wüste. Von Samstagnachmittag bis Sonntagfrüh kann man in einer Gruppe unter fachkundiger Führung eines Yoga-Lehrers in einem Desert Camp versuchen, seine innere Ruhe zu finden.

Anmeldung: Lifestyle Yoga, im Hotel Shangri-La, Sheikh Zayed Rd., T 566 24 10 02, www.lifestyleyogaworld.com

Große internationale Shows

8 La Perle: Franco Dragone hat für seinen Cirque du Soleil mit La Perle im Atrium der Habtoor City eine waghalsige Aufführung mit gigantischer Wasserakrobatik gestaltet. Die Show war von ihrem Start 2018 bis zur coronabedingten Pause jeden Tag ausverkauft – und das bei 1300 Sitzplätzen! Aktuell wechseln die Veranstaltungen, aber allabendlich finden große internationale Shows statt, die größten und aufwendigsten im Emirat.

The Atrium in Habtoor City, Sheikh Zayed Rd.

Movies am See

9 The Lakes: Im großen Garten der Villen-Wohnanlage auf einer Leinwand am See, organisiert vom britischen Restaurant Reform Social & Grill.

Interchange 5, To the Lakes, T 454 26 38, www.reformsocialgrill.ae, unregelmäßig Open-Air-Kino, bevorzugt britische Produktionen, aber auch US-amerikanische, Metro Red Line, Station DMCC, Eintritt frei bei Verzehr

Auf dem Dubai Ice Rink trifft man Schlittschuhfahrer jeden Alters. Macht Spaß!

Zugabe
Der Puls Dubais

Die Sheikh Zayed Road bei Nacht

Gigantomanie ist in Dubai kein Schimpfwort, Gigantomanie ist Prinzip. Das wird nicht nur an den futuristischen Gebäuden oder den künstlichen Inseln ersichtlich, sondern auch an Dubais Hauptverkehrsader, der Sheikh Zayed Road, wie hier am Interchange 1. ∎

Jumeirah

Sand, Strand und Meer — Jumeirah ist heute für Dubai-Besucher in erster Linie ein langer weißer Traumstrand – hier verbringen die meisten ihren Urlaub. Aber der Stadtteil bietet weit mehr als nur Sandstrand und Baden.

Seite 135

Jumeirah Mosque ✪

Die Jumeirah Mosque an der Jumeirah Road ist nicht nur die schönste Moschee des Emirats, sie ist auch die einzige, die von Nichtmuslimen betreten werden darf. Nach einer Führung versteht man mehr von den Traditionen der Einheimischen.

Seite 139

Baden am Jumeirah Beach

… gehört zu einem Dubai-Aufenthalt einfach dazu, entweder an den verbliebenen öffentlichen Stränden oder an einem der vielen Strandhotels.

Im Port Rashid ankert ein ganz besonderes Kreuzfahrtschiff – und zwar für immer!

Eintauchen

Seite 140

Jumeirah Archaeological Site

Ausgrabungen belegen, dass der Stadtteil Jumeirah bereits zur Zeit der omayadischen Kalifen ein wichtiges Handelszentrum an der Karawanenroute entlang der Golfküste war.

Seite 141

Majlis Ghorfat Umm Al Sheif

In der bescheidenen Sommerresidenz von Sheikh Al Rashid hat sich seit 1955 nichts verändert. Besonders beeindruckend ist das nur mit Kissen ›möblierte‹ Wohnzimmer des Sheikhs, seine Majlis.

Seite 145

Burj Al Arab

Kein anderes Hotel der Welt schmückt so oft die Titelseiten von Reisemagazinen und Illustrierten wie der ›arabische Turm‹ am Jumeirah Beach; es ist seit Jahren das touristische Wahrzeichen des Emirats.

Seite 153

Dinner am Meer

Weit draußen im Meer blickt man vom Pierchic bei einem vorzüglichen Abendessen auf die erleuchtete Skyline.

Seite 159

Jetty Lounge und The 101

Zwei Top-Locations der Hotels One & Only direkt am Meer, die schwer zu übertreffen sind. Wenn einem die eine am Festland nicht genügt, fährt man mit einem Boot zu der anderen auf der Palm Jumeirah.

Seite 159

Buddha Bar

Nach Paris und New York auch in Dubai – ein Besuch in dieser Bar des Grosvenor Houses ist eine Garantie für einen gelungenen Abend.

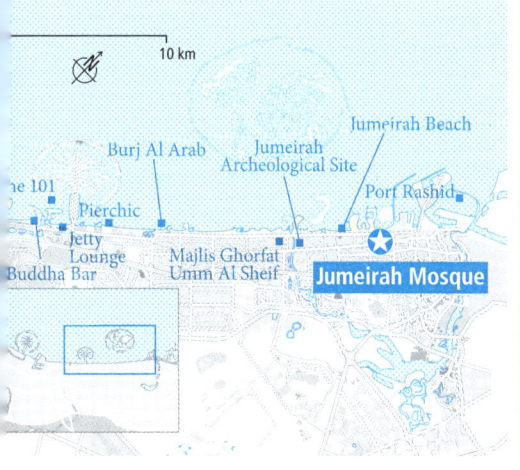

Shishas gehören inzwischen zu Dubai wie das Bier zu Bayern.

Alle Strandhotels am Jumeirah Beach, auch die auf The Palm Jumeirah, bieten einen kostenlosen Shuttle-Service zur nahen Mall of the Emirates bzw. nach Downtown zur Dubai Mall an.

Jumeirah – Das junge, moderne Dubai

Wenn man es vereinfachen will: Bis auf wenige Ausnahmen wurden die großen Visionen der Royals von Dubai im Südwesten der Stadt verwirklicht. Diese Entwicklung bahnte sich bereits vor Jahrzehnten an: Mit zunehmendem Wohlstand verließen in den 1970er-Jahren viele Einheimische ihre Stadtviertel am Creek und zogen in neue großzügige Häuser in den südwestlichen Außenbezirken. In dieser damals noch kahlen Wüstenebene namens Jumeirah gab es genügend Platz. Und hier erstreckte sich zudem kilometerlang der schönste Sandstrand des Emirats.

In diesen Außenbezirken bis hin zum rund 40 km vom Zentrum entfernten Tiefseehafen Jebel Ali investierte Dubai schwerpunktmäßig in seine Zukunft. Ende der 1970er-Jahre war Jumeirah bereits infrastrukturell erschlossen, schön begrünt und mit großzügigen Straßen versehen. Jumeirah wurde das bevorzugte Wohnviertel.

Obwohl Jumeirah historisch damals nur das stadtnächste Viertel im Südwesten war, hat sich der Name umgangssprachlich für den ganzen küstennahen Südwesten durchgesetzt, und der Strand zwischen Port Rashid und der Dubai Ma-

ORIENTIERUNG

Reisekarte: ♀ Karten 2/3, H–V 3/4
Cityplan: S. 134
Das Viertel entdecken: Jumeirah ist heute umgangssprachlich Dubais Küste, die von Port Rashid in der Innenstadt bis zur weit im Südwesten liegenden Dubai Marina reicht und deren Sandstrände durch die Aufschüttungen der Palm Jumeirah wesentlich länger geworden sind. Weil die Entfernungen innerhalb Jumeirahs doch sehr groß sind und die persönliche Verweildauer (z. B. beim Baden) unterschiedlich ausfällt, sind Taxi oder eigener Pkw das beste Fortbewegungsmittel. Wer sich nur an der Dubai Marina aufhalten will, kann die dortige Straßenbahn benutzen. Wer nur an einem bestimmten Strandabschnitt baden möchte, sollte sich wegen des Parkplatzmangels von einem Taxi dorthin bringen lassen.

rina wird als Jumeirah Beach bezeichnet. In der Sprache der örtlichen Verwaltung wird aber der Südwesten zwischen Küste und Sheikh Zayed Road bzw. zwischen Port Rashid und Dubai Marina in die Stadtteile Jumeirah, Um Suqeim und Al Sufouh unterteilt.

Am alten Hafen

Wenn man von Shindagha im Historical District in der Nähe des Creek gen Südwesten auf der Al Mina Road aufbricht, kann man sich anfangs den gestapelten Containern entlang der Quais nicht entziehen. Denn dank eines hohen Maschendrahts lässt sich das Hafengeschehen aus dem vorbeifahrenden Auto oder dem Bus beobachten. Weiter in südwestlicher Richtung sieht man im Vorfeld der aufwendig begrünten Quais auch mehrere Kreuzfahrtschiffe. Sie legen hier in **Port Rashid ❶** an – meist nur für einen Tag – auf ihren Touren im Arabischen Golf oder um die Welt.

Das war nicht immer so. Bis in die 1960er-Jahre diente in Dubai der schmale Creek als Anlaufstelle für alle Schiffe, bzw. lagen größere auf Reede am Eingang des Creek und wurden von örtlichen Tendern entladen. Nach den ersten großen Erdölerlösen ließ Sheikh Rashid bin Saeed an der stadtnahen Küste in der Nähe des Creek den ersten großen Seehafen bauen. Doch schon wenige Jahre später war klar, dass die aufstrebende Handelsnation Dubai ganz andere Flächen für einen Hafen benötigen würde. Und da bot sich das menschenleere Gebiet von Jebel Ali weit draußen an der Grenze zum Nachbaremirat Abu Dhabi geradezu an. Dort werden heute 80 % des handelsbezogenen Schiffsverkehrs abgewickelt. Doch Port Rashid war nun mal gebaut und blieb weiterhin ein beliebter Hafen, denn seine Stadtnähe war ein großer Standortvorteil, nicht nur für Container mit verderblichen Gütern sondern mit dem zunehmenden Tourismus auch für Kreuzfahrtschiffe.

Ein besonders großes Kreuzfahrtschiff ankert unübersehbar und für immer in Port Rashid und ist heute die Attraktion des Hafens: die **Queen Elizabeth 2 ❷**. Das stillgelegte Luxusschiff der britischen Cunard Line ist nach aufwendiger Renovierung das unkonventionellste 5-Sterne-Hotel in Dubai. Die 200 ehemaligen Kabinen wurden zu großzügigen

La Dolce Vita am The Walk der Dubai Marina: Auch hier gilt das Motto ›sehen und gesehen werden‹.

Jumeirah

Ansehen

1 Port Rashid
2 Queen Elizabeth 2
3 Etihad Museum
4 Jumeirah Mosque
5 Dubai Safari Park
6 La Mer
7 Mercato Mall
8 Dubai Canal
9 Safa Park
10 Jumeirah Archaeological
   Site

11 The Green Planet
12 Majlis Ghorfat Umm
   Al Sheif
13 The World
14 Jumeirah Beach Hotel
15 Wild Wadi Water
   Park
16 Burj Al Arab
17 Madinat Jumeirah
18 The Palm Jumeirah
19 Nakheel Sales Office
20 Hotel Atlantis

21 Dubai Marina
22 Ain Dubai

Essen

1 Suq
2 Pierchic
3 Celebrities
4 The Beach Bar &
   Grill
5 Al Muntaha
6 Al Nafoorah
7 The Lime Tree

Suiten mit Meerblick umgestaltet und seine Restaurants über und unter Deck sind auch für Nicht-Hotelgäste eine beliebte Anlaufstelle.

Entlang der Jumeirah Street

Unmittelbar hinter Port Rashid beginnt die Jumeirah Street, die auf älteren Straßenschildern öfters noch Jumeirah Road oder Jumeirah Beach Road heißt. Sie führt von hier parallel zur Küste bis zum Burj Al Arab und dann – unter neuem Namen – weiter bis zur Dubai Marina. Dort endet nach ca. 15 km die prominenteste Küste Dubais, der Jumeirah Beach.

Schon am Beginn der Jumeirah Street kann man sie nicht übersehen, die größte Fahne in den Farben der VAE am höchsten Fahnenmast (123 m) des Emirats. Sie wehte schon dort, als an dieser Stelle nur ein bescheidener, flacher Rundbau auf dem Gelände stand, in dem am 2. Dezember 1971 sechs Emire der Trucial States die Gründung eines gemeinsamen Staates unterzeichneten und ihm den Namen United Arab Emirates (arab. Al Imarat Al Arabiya Al Mutahida) gaben (Ras Al Khaimah trat erst 1972 als siebtes

Emirat bei). Dieser historische Rundbau mit seinem Originalmobiliar steht immer noch an der gleichen Stelle, ist aber nun Teil des großen **Etihad-Museums** ❸, das auf diesem Gelände in unmittelbarer Nachbarschaft die eigentliche Besucherattraktion ist (s. S. 153).

Jumeirah Mosque

Die Herrscherfamilie hatte sich per Dekret selbst verpflichtet, dass kein Einheimischer von seinem Wohnbezirk mehr als 1 km zurücklegen muss, um ein Gebetshaus zu erreichen. Den Be-

wohnern des Stadtteils Jumeirah steht ein architektonisch besonders eindrucksvolles Gotteshaus offen, die **Al Farooq Bin Al Khattab Mosque.** Der umgangssprachlich schlichte Name, der nur den Standort nennt – **Jumeirah Mosque** ❹ –, täuscht darüber hinweg, dass es sich hier um die schönste Moschee der Stadt handelt.

Gepflegte Rasenanlagen und Palmen trennen die Jumeirah-Moschee von der direkt vorbeiführenden Jumeirah Street. Der Eingang zur Moschee befindet sich auf der dem Verkehr abgewandten Seite.

Die Jumeirah-Moschee ist die einzige in Dubai, die Nichtmuslimen den Zutritt erlaubt. Der Besuch ist allerdings nur zu

TOUR
In der schönsten Moschee Dubais

Die Al Farooq Bin Al Khattab Mosque/Jumeirah Mosque

Es spricht für die Weitsicht von Sheikh Mohammed bin Rashid Al Maktoum, dass er durch den Besuch des schönsten Gotteshauses seines Emirats, der **Al Farooq Bin Al Khattab Mosque** – bekannt als **Jumeirah Mosque** ❹ – eine Begegnung der Kulturen ermöglicht.

Die Mitarbeiter des **Sheihk Mohammed Centre for Cultural Understanding** (s. S. 54), das den Namen des Herrschers trägt, waren anfänglich skeptisch: Ob nichtmuslimische Gäste in Dubai überhaupt Interesse am Besuch einer Moschee haben würden? Sie entschlossen sich aber dennoch, einmal in der Woche Führungen anzubieten. Mittlerweile ist der Andrang so groß, dass bereits an vier Tagen in der Woche Führungen durch dieses herausragende Beispiel islamischer Baukunst stattfinden. Dabei erfährt man nicht nur viel über die Architektur, sondern auch sehr viel über den Islam und den Alltag der Muslime in Dubai.

Verhaltensregeln: Auf angemessene Kleidung achten (s. S. 249), Einlass nur für Kinder ab 5 J., Fotografieren ist erlaubt.

Das Innere der Moschee
Das Staunen beginnt direkt hinter den schweren Holztüren am Eingang: Ganz im Stil prächtiger Moscheen, wie sie die ägyptischen Kalifen der Fatimiden zu bauen pflegten, wölbt sich ein von Säulen getragenes Kuppeldach über den großen Innenraum und zwei hohe, schlanke Minarett-Türme erheben sich zu beiden Seiten des Eingangsportals. Weitere Kuppeln schmücken die Dächer der Seitenschiffe, schwere Leuchter hängen von der Decke des Baldachins über dem Außeneingang, aufwendige Stuckarbeiten und von rhombischen Mustern durchbrochene Wände

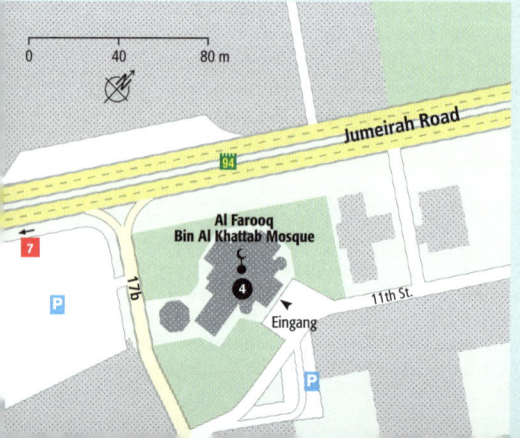

0   40   80 m

Jumeirah Road

94

Al Farooq
Bin Al Khattab Mosque

❹

7

17b

11th St.

Eingang

P

P

Ein Besuch in der Jumeirah Mosque vermittelt allerhand Wissenswertes über den Islam.

Infos

📍 Karte 2, T 4

Führungen (engl.): Sa–Do 10, 14 Uhr, Treffpunkt und erste Einführung jeweils 15 Min. vorher im Al-Majlis-Kulturcafé hinter der Moschee (s. S. 138). Organisiert und durchgeführt werden die Führungen (Anmeldung insbesondere von Gruppen erforderlich!) vom Sheikh Mohammed Centre for Cultural Understanding (SMCCU), T 353 66 66, www.cultures.ae (Services/Jumeirah Mosque Visit).

Preis: 35 Dh (einschließlich Getränken und Datteln)

vermitteln bei aller Größe und Massivität des Hauses eine spielerische Leichtigkeit.

Die fatimidischen Architekturelemente setzen sich im Inneren fort. Doch hier reduzierten die Architekten die verschwenderische Pracht. Denn eine Moschee ist kein Kultbau, auch kein Gotteshaus im christlichen Sinne, mit dessen wertvoller Ausstattung der Bauherr oder wohlhabende Stifter ihre Frömmigkeit unterstreichen wollen, sondern nur ein **Versammlungsort** für das gemeinsame Gebet.

Einen schönen Kontrast zum strahlenden Messinggelb der zwei Dutzend marokkanischen Kandelaber und dem riesigen Kronleuchter im Mittelrund bildet der hellblaue Teppichboden. Seine dunkelblauen Querlinien erleichtern beim gemeinsamen Gebet die Orientierung gen Mekka.

Islamkunde in der Moschee

Nach einem Rundgang werden die Besucher gebeten, in der Mitte auf dem Teppich Platz zu nehmen und ermuntert, alle Fragen zur islamischen Religion ohne jede Einschränkung zu stellen. Das Experiment gelingt, denn nach kurzer Zeit werden sogar sensible Fragen zum **Privatleben** muslimischer Familien (z. B. »Wie fühlt man sich als Muslima, wenn man seinen Mann mit zwei anderen Frauen teilen muss?«) gestellt und sehr ausführlich und ohne Scheu beantwortet. Nach ca. zwei Stunden verabschiedet sich das Team und bittet darum, etwaige Kritik oder Verbesserungsvorschläge schriftlich an das SMCCU zu schicken.

Da Muslime nur ›rein‹ am Freitagsgebet teilnehmen dürfen, gibt es im Vorhof der Moschee mehr als ein Dutzend Wasserhähne über halbhohen Becken. Das Reinigungsritual wird vom Koran detailliert vorgeschrieben. Frauen müssen jedoch zu Hause vor dem Moscheebesuch für ihre ›Reinheit‹ sorgen. Für sie gibt es auf dem Moscheegelände keine Waschgelegenheit.

festgesetzten Zeiten, verbunden mit einer informativen Führung eines einheimischen Teams (immer ein Mann und eine Frau) möglich. Diese wird vom SMCCU (s. S. 54) organisiert und bietet am Ende die Möglichkeit, Fragen zu stellen. Dabei werden die Besucher freundlich aufgefordert und ausdrücklich ermuntert, nicht nur Fragen zur Moschee und zum Islam zu stellen, sondern zu allen Bereichen des muslimischen Alltags, einschließlich sensibler Bereiche des muslimischen Familienlebens. Die Antworten der beiden Guides sind unerwartet offen, ermöglichen immer Nachfragen und machen dem Grundsatz »Open Doors – Open Minds« des SMCCU alle Ehre. So bietet dieser Moscheebesuch am Ende auch die große Chance, die Traditionen der Einheimischen besser zu verstehen und einem Besuch Dubais wünschenswerte Tiefe und Nachhaltigkeit zu verleihen.

Auf dem Gelände der Moschee, vis-á-vis des Eingangs, befindet sich das **Kul-**turcafé Al Majlis – mit viel Atmosphäre und einer umfangreichen Bibliothek (Sa–Do 7–16 Uhr). Hier kann man Getränke, Schokolade aus Kamelmilch und nette Souvenirs erwerben. Hier beginnt auch der Besuch der Moschee.

Dubai Safari Park

Tiere aus Afrika, Asien und von der Arabischen Halbinsel leben entsprechend ihrer Herkunft in den vier verschiedenen ›Villages‹ des **Dubai Safari Park ❺**, der ca. 25 km südöstlich von Jumeirah an der Straße nach Hatta liegt. Mit einer Größe von 120 ha und rund 2500 tierischen Bewohnern ist so viel geboten, dass man hier leicht einen ganzen Tag verbringen kann.

An dieser Stelle sei ein Ausflug in die Geschichte des Safariparks erlaubt, denn sie wirft auch ein Licht auf die Zufälligkeiten, die zur vielseitigen Entwicklung in Dubai gehören. Sie beginnt im Jahr 1962, als der österreichische Ingenieur Hans Bulart, Tierliebhaber und Geschäftsführer einer Firma in Dubai, mit dem Aufbau eines privaten Tiergartens auf dem Werksgelände begann. 1967 stellte Sheikh Rashid bin Saeed Al Maktoum ihm dafür kostenlos ein Terrain an der Jumeirah Road zur Verfügung. Bularts Tiere zogen um, er erweiterte seine Sammlung und gründete auf diese Weise den ersten Zoo der VAE. Vier Jahre später kehrte der Ingenieur nach getaner Arbeit nach Österreich zurück. 1971 übernahm die Stadtverwaltung den Tierpark und übergab die Verwaltung dem Vater von Hans Bulart, Herrn Otto J. Bulart, der noch in Dubai geblieben war. Inzwischen nämlich war der kleine private Bestand auf fast 1000 Tiere angewachsen – der Zoo stieß an die Grenzen seiner räumlichen Kapazität, eine artgerechte Tierhaltung war kaum mehr zu

Der Burj al Arab, das bekannteste Hotel Dubais, machte das Emirat über Nacht weltberühmt (s. S. 145).

gewährleisten. Mitte der 1980er-Jahre verstarb Otto Bulart und die neue einheimische Zooleitung bemühte sich seitdem zuerst um einen Aus- und Umbau, dann aber sehr schnell um ein neues Gelände. Es sollten allerdings noch über 40 Jahre ins Land gehen, bis die Tiere vom Zoo an der Jumeirah Road in den Dubai Safari Park umziehen konnten – erst Ende 2020 war es so weit. Was lernen wir daraus? Auch in Dubai gibt es Projekte, die sehr, sehr lange dauern!

Im Stadtteil Al Warqa 5, www.dubai-safa ri-park.com, tgl. 9–17 Uhr, 50 Dh, mit Tour 80 Dh

Jumeirah Beach

Exakt ist die Bezeichnung **Jumeirah Beach** für den ca. 15 km langen Sandstrand zwischen dem Etihad Museum am stadtnahen Hafen Port Rashid und der weit draußen im Südwesten liegenden künstlich geschaffenen und sich rasant entwickelnden Dubai Marina nicht. Denn nur der kleinste Abschnitt des Strandes gehört zum Stadtteil Jumeirah. Da aber die vierspurige Straße, die parallel zur Küste über Jumeirah hinaus Richtung Al Soufouh verläuft, dennoch auf dem größten Teil der Strecke (auch auf Straßenschildern) Jumeirah Street heißt, hat sich die Bezeichnung Jumeirah Beach für den gesamten Strand durchgesetzt.

Strand heißt aber in Jumeirah nicht automatisch öffentlicher Badestrand. Alle Strandhotels verfügen über große eigene Strandabschnitte, die in erster Linie ihren Gästen und nur in zweiter Linie auch Besuchern offenstehen. Letztere müssen zum Aufenthalt am Strand (inkl. der Benutzung der Bade-Infrastruktur) im jeweiligen Hotel eine Beach-Club-Tagesmitgliedschaft erwerben.

La Mer

Die Jumeirah Street verläuft parallel zum ca. 100 m entfernten schönen, aber baumlosen Jumeirah Beach. Dazwischen stehen in schmalen Seitenstraßen – quasi in der ersten Reihe – eindrucksvolle Villen. Zum langen Sandstrand hin stört kein Hochhaus die flache, höchstens zweistöckige Bebauung. An diesem Strandabschnitt liegt die Beach-Park-Anlage **La Mer** ❻, die zu den beliebtesten Strandabschnitten des Jumeirah Beach gehört. Zuerst erweiterte man durch Aufschüttungen den Strand, pflanzte Palmen und baute in minimalistischem Design kleine Cafés und Restaurants, alle mit Meerblick. Dabei wurde durchaus Wert auf Nachhaltigkeit gelegt – als Deko-Details kamen auch ›Strandgut‹ wie angespültes Holz oder verrostete Fässer zum Einsatz. Zwischen den Open-Air-Restaurants entstanden viele kleine Läden entlang eines beschatteten Boulevards und für die Badegäste die benötigte Infrastruktur an Duschen, kostenlosem WLAN und Ladestationen. Von überall ertönt Musik. Das stört vielleicht nur die wenigen Gäste, die nicht permanent mit ihrem Smartphone beschäftigt sind. Wer La Mer aufsucht, will keine Ruhe. La Mer ist der ideale Instagram-Strand (s. S. 156).

Mercato Mall

Die Jumeirah Street ist eine sehr frequentierte Straße, weil sie eine mautfreie Alternative zur Sheikh Zayed Road ist und man zudem unterwegs problemlos anhalten kann. Ein Stopp lohnt sich z. B. an der **Mercato Mall** ❼, einer lichtdurchfluteten Shopping-Mall, der ein italienischer Marktplatz als Vorbild diente. Ein hoher Glashimmel wölbt sich über die pastellfarbenen Ladenstraßen mit ihren Geschäften. Sie gehört zu den kleineren Malls der Stadt, eine Italienkopie mit klimatisierter Piazza und Riviera-Stimmung. Ausgezeichnet sind das Lebensmittel- und Früchteangebot von Spinney's im Parterre des Mercato (s. S. 155).

Dubai Canal

Folgt man der Jumeirah Street stadtauswärts Richtung Südwesten, passiert man zunächst den Dubai Ladies Club, eine Clubanlage nur für Damen, die an einem sehr schönen Strandabschnitt liegt. Direkt daneben befand sich der sehr beliebte öffentliche **Jumeirah Beach Park**. Dieser musste jedoch den Küstenanlagen und Ausschachtungen des Dubai Canal weichen, der an dieser Stelle in den Arabischen Golf mündet. Ganz in der Nähe der Kanaleinmündung unterhält an diesem schönen Strandabschnitt heute das **Four Seasons Resort Dubai** ein gepflegtes Anwesen (s. S. 36). Wer in Dubai relativ stadtnah Strandurlaub machen möchte, trifft mit diesem Hotel die beste Wahl.

Der innerstädtische **Dubai Canal** ❽ führt von der Business Bay zu Füßen des Burj Khalifa bis hierher zur Küste in Höhe des Four Seasons Resort. Hier unterquert er die Jumeirah Street. An seiner nahen Mündung in den Golf befindet sich eine große Anlegestation für die Dubai Ferries, sowohl für die Linie entlang des Kanals als auch für die zur Dubai Marina (s. S. 109).

Safa Park

Der Dubai Canal verläuft entlang der südöstlichen Seite des **Safa Parks** ❾. Für ihn mussten große Flächen des Parks weichen. Dennoch ist der Safa Park der schönste und älteste Erholungspark der Stadt und eine Oase der Ruhe. Im Herzen des Nobelvorortes Jumeirah zwischen der Al Wasl Road und der Sheikh Zayed Road dehnt sich der Park auf 64 ha aus. Er ist als hügelige Landschaft mit Bäumen und großen Rasenflächen angelegt; auf dem großen See kann man mit Tretbooten fahren. Kleine Modellgartenanlagen vermitteln allen Besuchern, wie man in anderen Erdteilen Gärten anzulegen pflegt.

Al Wasl Rd., www.dubaict.com/safa-park-dubai, T 349 21 11, So–Mi 8–22, Do, Fr 8–23 Uhr, 3 Dh

Archaeological Site

Zwischen Four Season Resort und Safa Park kann man mitten im Wohngebiet neben der Al Shaab Elementary School eine ca. 20 ha große archäologische Ausgrabungsstätte besuchen: die **Jumeirah Archaeological Site** ❿. Sie gilt innerhalb der Vereinigten Arabischen Emirate bisher als einmalig, weil hier Funde vorislamischer und islamischer Zivilisationen entdeckt wurden.

Die Grabungen in Jumeirah begannen 1969 unter der Leitung amerikanischer Forscher der Universität von Beirut. Sechs Jahre später setzten irakische Archäologen die Arbeit fort. Seit 1982 besitzt Dubai sein eigenes Ausgrabungs- und Forscherteam. Die ältesten Funde gehen auf das 5. und 6. Jh. zurück und belegen, dass auch in vorislamischer Zeit bereits in Jumeirah eine Zivilisation existierte. Später, unter den omaiyadischen und abbasidischen Kalifen, wurde Jumeirah dann ein wichtiges Handelszentrum, durch das die Karawanenstraße von Oman nach Mesopotamien führte. Bisher wurden die Grundmauern von drei größeren Gebäudekomplexen, mehreren Wohngebäuden, einer Moschee und eines Souqs mit sieben Läden ausgegraben.

Der erste Gebäudekomplex aus dem 5. Jh. wurde in der omaiyadischen Periode im 7. und 8. Jh. umgebaut. Um den offenen Innenhof gruppieren sich die Räume, an den Eckpunkten der Außenmauern befinden sich Türme. Der zweite Gebäudekomplex ist ähnlich konzipiert, jedoch größer; 20 unterschiedlich große Räume reihen sich hier um den Innenhof. Er wurde vermutlich als Karawanserei und Gasthof von Reisenden genutzt. Der dritte Gebäudekomplex besitzt keine Türme, jedoch zahlreiche Rundbögen und Säulen; seine Wände und Fensterbögen sind mit floralen und geometrischen Stuckelementen verziert. Hier befindet sich auch ein schöner Steinboden mit persischen Mustern. Die Archäologen vermuten, dass dieses Gebäude ein ehemaliger Gouverneurspalast war.

Neben den ausgegrabenen Gebäuden wurden zahlreiche Stuckteile der Tür- und Fensterdekorationen, Töpferwaren, Glasstücke, Münzen sowie Kupfer- und Eisenwaren gefunden. Derzeit ist das alte Jumeirah noch nicht der breiten Öffentlichkeit zugänglich, nach Abschluss der archäologischen Ausgrabungen soll dies jedoch erfolgen (s. S. 153).

The Green Planet

Man kann kein tropisches Paradies in der Wüste erwarten, doch ein unerwartetes Erlebnis kann es schon werden. Wenn man das sandige, baumlose Ausgrabungsgelände besucht hat, bietet sich im nahen Stadtteil Al Wasl geradezu ein Kontrastprogramm an: Ein Ausflug zu **The Green Planet** ⓫, einem tropischen Indoor-Regenwald mit über 3000 Pflanzen und Tieren in einem gigantischen Kuppelgebäude. Wenn man von der Al Wasl Road

am Jumeirah Emirates Postoffice in die 13. Street einbiegt und von ihr dann in die 20. Street abbiegt, steht man direkt davor. Innen herrschen tropisch feuchte Temperaturen. Fahren Sie mit dem Fahrstuhl bis ganz nach oben und durchwandern Sie dann in Ruhe langsam nach unten die fünf unterschiedlichen Vegetationsetagen eines tropischen Regenwaldes, vom dichten Blätterdach über den fließenden Bach zu ebener Erde. Begleitet werden Sie dabei von den neugierigen Tieren, die hier zu Hause sind (z. B. Tucane, Schlangen, Stachelschweine etc.).

The Green Planet by Meraas, 20. St. nahe der Al Wasl Rd., T 800 76 99, www.thegreenplanetdubai.com, Sa, So 10–18 Uhr, 160 Dh

Majlis Ghorfat Umm Al Sheif

Der Stadtbezirk an der Jumeirah Street hinter dem Offshore Sailing Club trägt den Namen Umm Suqueim. Noch in den 1950er-Jahren schlummerte hier eine kleine Fischersiedlung weit draußen vor den Toren Dubais. Sie war dank einer Süßwasserquelle von vielen Palmen umgeben. An diesem Ort errichtete Sheikh Rashid bin Saeed Al Maktoum 1955 ein einstöckiges Sommerhäuschen, in dem er an besonders heißen Tagen die Nachmittage verbrachte und gelegentlich auch bittstellende Untertanen sowie Gäste empfing.

Wegen ihrer historischen Funktion als *majlis* trägt die kleine Sommerfrische nahe dem Meer den Namen **Majlis Ghorfat Umm Al Sheif** ⓬. Im ersten Stock des Hauses ist noch alles so erhalten, wie Sheikh Rashid es hinterlassen hat: ein raumfüllender Teppich auf dem Boden und entlang der Wände ausschließlich Sitzkissen.

Mobiliar war in einer *majlis* nicht nötig, denn in wörtlicher Übersetzung

»Immer herein in die gute Stube!« – Auf Arabisch mag dieser Satz natürlich anders anmuten, aber letztlich bittet man die Gäste genau darum, wenn man sie in die ›majlis‹ einlädt.

ist es vergleichbar mit der ›guten Stube‹ bürgerlicher Gesellschaften, ein Raum, in dem man sitzt und Dinge bespricht.

Wegen der islamischen Geschlechtertrennung empfängt der Herr des Hauses immer nur männliche Gäste in der *majlis*. Sie ist so platziert, dass die Besucher keine Einsicht in die dahinter liegenden Räume, die Küche oder den Hof haben, in denen die weiblichen Familienmitglieder ungeachtet des Besuchs ihren Arbeiten nachgehen können. Schon in den großen Zelten oder später in den Lehmhäusern der Sheikhs kam es in der *majlis* stets zu Zusammenkünften mit anderen Sheikhs oder zwischen Sheikh und Untertanen. Daher wird der Name des Raums synonym für diese Begegnungsformen benutzt.

In dieser Art, wie sie auf alten Fotos in der Majlis Ghorfat Umm Al Sheif zu sehen ist, gibt es der Überlieferung nach seit Anfang des 19. Jh. in den Scheichtümern am Golf eine institutionalisierte *majlis*. Jeder Stammesangehörige konnte an einem bestimmten Tag und an einem bekannt gegebenen Ort seinen Sheikh – allein oder zusammen mit anderen – persönlich aufsuchen. Im direkten Gespräch trug er ihm sein Anliegen vor, zog ihn zur Schlichtung in einer Streitsache zu Rate, bat ihn persönlich um Hilfe oder erzählte auch nur von den eigenen Schwierigkeiten, um Nachsicht für Versäumnisse zu erwirken. Was immer auch zur Sprache kam, es unterlag der Verschwiegenheit. Allerdings war die Entscheidung des Sheikhs dann bindend. Manchmal lud der Sheikh selbst alle männlichen Mitglieder seines Stammes zu einer *majlis* ein, um z. B. bestimmte Vorhaben mit ihnen zu diskutieren oder um seinen Nachfolger vorzustellen.

Die Institution der *majlis* war bis in die 1960er-Jahre in vielen Regionen der Arabischen Halbinsel die einzige Form der politischen Partizipation. Inzwischen wurde sie in den meisten Staaten durch bürokratisierte Verwaltungs-, Rechts- und Rechtsprechungsinstitutionen ergänzt. Aber als loyalitätsstiftende Möglichkeit des direkten persönlichen Kontakts eines Oberhaupts zu seinen Untertanen behielt man sie bei, da sie allseits akzeptiert wird und als Form ›direkter Demokratie‹ gilt. In der Majlis Ghorfat Umm Al Sheif spürt man davon noch einen historischen Hauch (s. S. 153).

The World

In den Jahren 2006 bis 2008 entstand zwischen The Palm Jumeirah und Port Rashid, im Abstand von ca. 8 km von der Küste entfernt, die künstliche Inselgruppe The World ⑬ (www.visitdubai.com/de/places-to-visit/the-world-islands), ein Archipel in Form einer mehr oder weniger geografisch exakten Weltkarte. Hinter dem Projekt stand Sheikh Mohammed bin Rashid Al Maktoum persönlich und die örtliche Unternehmensgruppe Nakheel realisierte auf einer Fläche von rund 55 km² im warmen Wasser des Golfs seine Vision: die Erschaffung einer ›Welt‹ draußen im Meer, von begrünten künstlichen Inseln mit weißen Sandstränden, auf denen größte Privatheit im Luxus garantiert werden sollte. Jeder, der eine Insel erworben hat, kann sie in den Grenzen eines Masterplans nach eigenen Vorstellungen und Nutzungsinteressen bebauen. Zugang zu den Inseln, die den Namen von Staaten tragen, wird man nur per Wasserflugzeug, in der eigenen Jacht oder in Booten der Eigentümer haben.

Die Welt gestalten

Inzwischen hat das ambitionierte Projekt konkrete Formen angenommen. Alle ca. 200 Inseln und Inselchen von unterschiedlicher Größe ragen als zwei Meter hohe Sandflächen aus dem Wasser.

Die Bebauung ist Sache der Besitzer. Wer welchen ›Staat‹ gekauft hat, ist Teil der Gerüchteküche in Dubai. Von Rod Stewart heißt es, er habe ›England‹ erworben. Als gesichert gilt, dass der chinesische Großinvestor Bin Hu für 28 Mio. US$ ›Shanghai‹ gekauft hat. Der österreichische Immobilienunternehmer Kleindienst will auf seiner Insel ›Austria‹ ein Hotel in Gedenken an die Kaiserin Elisabeth im k.u.k.-Ambiente errichten und es ›Hotel Empress Sissi‹ nennen, hieß es aus »gut informierten Kreisen« in verschiedenen bunten Blättern. Die Insel ›Germany‹ mit der Planungschiffre E 8 ist 39 000 m² groß, soll einen zweistelligen Millionenbetrag kosten und ist noch nicht vorbestellt.

Bis heute wurde nur auf ganz wenigen Inseln mit den Bauarbeiten begonnen. Fertiggestellt – quasi als Anschauungsmodell nur aus der Luft zu besichtigen – wurde 2009 von der Herrscherfamilie ein Inselchen, in dessen Mitte ein flaches Anwesen unter Palmen mit schöner Gartenanlage steht. Hinzugekommen ist 2013 auf der Insel Libanon ein luxuriöses Strandbad für Tagesgäste. Seit 2023 gibt es auf der Inselgruppe The World auch das erste Hotel, das kleine Boutiquehotel Anantara World Island (s. S. 35).

Um die Gesamtansicht dieser ›Welt‹ auf Satellitenfotos zu erkennen, muss man ihre Koordinaten kennen: 25 Grad 18 Minuten nördlicher Breite und 55 Grad 18 Minuten östlicher Länge.

Jumeirah Beach Hotel

Der Strand von Umm Suqueim ist heute Teil des Jumeirah Beachs. Jahrzehntelang wurde er unter den Expatriates in Dubai nur ›Chicago Beach‹ genannt. Er war der Inbegriff für Badeurlaub vor den Toren Dubais. An diesem schönen, kilometerlangen, unbebauten Sandstrand gab es an einer Stelle ein betonklotzähnliches

Im Gegensatz zu unserer Erde ist Dubais The World noch fast unbebaut und quasi unbewohnt. Vielleicht träumen Sie ja von Ihrer eigenen privaten Trauminsel?

Hotel, das den Namen Chicago Beach Hotel trug. Seine Gäste waren in erster Linie US-amerikanische Expatriates, die im Offshore-Ölgeschäft tätig waren und hier mit ihren Familien das Wochenende verbrachten. Der Name des Hotels sollte ihnen in der Wüste eine heimatliche Vertrautheit vermitteln. Und hier gab es im muslimischen Dubai damals bereits Whisky.

Von Chicago nach Jumeirah

Der herrliche Strand ist immer noch vorhanden, doch das Hotel Chicago Beach wurde 1997 per Sprengung abgerissen und durch das größere, beeindruckend schöne **Jumeirah Beach Hotel** ⑭ ersetzt. Wieder wurde das Hotel nach dem Strand benannt. Genau gegenüber erhebt sich auf einer vorgelagerten künstlichen Insel im Meer die weithin sichtbare Nobelherberge Burj Al Arab (s. S. 145).

Die beiden Hotelanlagen bildeten lange ein architektonisches Ensemble: Die Silhouette des Burj Al Arab gleicht einem vom Wind aufgeblähten Segel und die des Jumeirah-Beach-Hotels einer großen Welle. Der Blick aus der Distanz auf dieses Gesamtkunstwerk verlor seine Besonderheit jedoch 2021 infolge baulicher Erweiterungen. Direkt neben dem Jumeirah Beach Hotel entsteht aktuell das weit ins Meer hinaus gebaute **Marsa Al Arab** mit zwei riesigen Hotelkomplexen und einem Yachthafen.

Wild Wadi Water Park

Neben dem Jumeirah Beach Hotel, in dessen weitläufiges Gelände auch die exklusive Bungalow-Anlage Bait Al Bahar (Haus am Meer) integriert ist, erstreckt sich heute der riesige **Wild Wadi Water Park** 🔟, ein kühle Oase im heißen Sommer mit Turborutschen, einem Wave Pool mit 1,5 m hohen Wellen, einer 500 m langen Wildwasserrutschbahn, die man in Gummibooten bewältigt, und einem Dutzend weiterer aufregender Attraktionen (s. S. 158).

Jumeirahs Goldene Meile

Burj Al Arab

Es ist ein Gebäude der Superlative, ein wahr gewordener Traum für die Architekten, aber es war ein Alptraum für die verantwortlichen Ingenieure. Auf einer eigens angelegten Insel, 280 m vom Festland entfernt, steht seit 1999 dieses Bauwerk von aufregender Dimension: 321 m ragt der **Burj Al Arab** 🔟 aus dem Meer und reicht damit in der Höhe an den Eiffelturm heran. Und so wie dieser das Wahrzeichen von Paris wurde, wurde der blau-weiße Hotelturm, der dem Segel eines ausfahrenden Schiffs gleicht, das Wahrzeichen von Dubai.

Seine Bauzeit betrug drei Jahre. 4000 Arbeiter waren in Schichten rund um die Uhr im Einsatz, allein neun Monate liefen die Wasserpumpen für die Ausschachtung und das Einlassen des Fundaments, 30 Schiffscontainer brachten Tag für Tag neues Baumaterial, 1,5 m dick sind die Stützen, die 45 m tief in den sandigen Meeresboden gerammt wurden.

Der arabische Turm

Die Konstruktion der Insel war die eigentliche Herausforderung. Da der ›Arabische Turm‹ (arab. *burj al arab*) optisch dem Segel eines fahrenden Se-

gelschiffes nachempfunden ist, musste er konsequenterweise auch auf See errichtet werden. Und mit dem direkt davor an Land zur gleichen Zeit erbauten Jumeirah Beach Hotel, dessen Kubatur einer Welle gleicht, bilden beide zusammen ein kunstvolles Ensemble. Bis 2015 schmückte der Burj Al Arab die Autokennzeichen des Emirats.

Die Ausstattung des Burj al Arab setzt neue Maßstäbe. Deshalb klassifizieren Reisemagazine die Edelherberge gerne als ›Sieben-Sterne-Hotel‹, obwohl weltweit nur maximal fünf Sterne als Auszeichnung verliehen werden. Die Eingangshalle übertrifft an Höhe und Luxus alles Dagewesene. Die Gäste wohnen in 202 jeweils zweistöckigen Suiten, davon einige mit mehr als 500 m² Wohnfläche. Ein Butler ist im Preis jeder Suite inbegriffen. Nicht im Preis enthalten ist der Transfer vom Flughafen per Hubschrauber, der in 200 m Höhe an der Außenseite des Turms auf der Plattform des Heliports landet. Wer mit der eigenen Jacht anreist, kann am Steg des unmittelbar benachbarten Jumeirah Beach Hotels anlegen. Wer mit einem der sechs hoteleigenen Rolls Royces anreisen möchte, muss den schmalen Steg zwischen Festland und Hotel benutzen. Innerhalb des ›Turms‹ bewegt man sich vertikal mit einem der schnellsten Aufzüge des Mittleren Ostens: Mit 7 m pro Sekunde katapultiert er die Gäste in die oberen Stockwerke.

VIPs im Burj Al Arab

Gäste der 202 Luxussuiten sind in erster Linie die regionalen Prinzen und Prinzessinnen, die Sheikhs der Region und ›the wealthy GCC nationals‹, die Celebrities und VIPs, die Dubai besuchen. Man trifft auch Touristen, aber meist solche, die schon alle Luxushotels der Welt kennen, für die Geld nur die zweite Rolle spielt oder die es sich etwas kosten lassen, aus 300 m Höhe einen absolut unverstellten Blick über die Küste, das Meer und über Dubai zu genießen. Und sofern es sich um Paare handelt, haben sie eines gemeinsam: Zumindest die Herren sind überwiegend in gesetzterem Alter.

Den Höhepunkt gastfreundlicher Fürsorge erfahren die Hotelgäste am Pool auf der großen Schwimmbad-Plattform: Alle 30 Minuten erscheint der Butler mit gekühlten Getränken und frischen Obststücken an ihrer Komfort-Sonnenliege, und bietet Ihnen an, die Sonnenbrille vom Dunst des Meeres und vom Ölfilm der Sonnencreme zu reinigen.

Als Tagesgast im Burj

Das Burj Al Arab ist nicht nur das prominenteste, sondern auch das aufregendste Hotel Dubais. Doch einfach mal durch die Lobby zu stromern, um es von innen kennenzulernen, ist leider nicht möglich. Wer sich eine Übernachtung nicht leisten kann, muss draußen bleiben! – »out of respect for the privacy of our guests«, heißt es zur Begründung. Bereits am Eingang der Festlandzufahrt achtet freundliches Wachpersonal auf die Einhaltung dieser Regularie. Doch es gibt durchaus Möglichkeiten, auch als Nicht-Hotelgast »the world's most luxurious hotel« (Eigenwerbung) einmal von innen kennenzulernen.

Die erste Möglichkeit: Seit 2022 organisiert das Hotel die »Inside Burj Al Arab Tour«. Die Besichtigung beginnt an der Rezeption. Man fährt auf der langen Rolltreppe hinauf durch die blau-goldene, höchste Hotellobby Dubais, um von dort per Aufzug durch die Hoteletagen zu der besonders luxuriös ausgestatteten Royal Suite zu gelangen. Durch die Räume der Suite führt ein Butler, der dezent die edlen Fabrikate und das farblich abgestimmte Design der Einrichtung in den unter-

Dubais edelstes Fischrestaurant, Al Mahara (›Die Austernschale‹), bietet nicht nur exzellentes Seafood, sondern auch das passende Unterwasser-Feeling.

schiedlichen Zimmern erläutert. Man verliert sich zwischen dem Staunen über den Luxus und der Aussicht aus den Panoramafenstern auf den Jumeirah Beach.

Die zweite Möglichkeit: Sie reservieren telefonisch in einem der Hotelrestaurants, **Al Mahara** (s. S. 18), **Al Muntaha** `5` (s. S. 19) oder in der **Skyview Lounge** `12` (s. S. 160) unter Angabe ihrer Kreditkartennummer einen Tisch. Oder Sie entscheiden sich für eine Behandlung im **Talise Spa** `5` (s. S. 156) im 18. Stock des Hotels. Die ist zwar genauso teuer wie ein Restaurantbesuch, aber um Kalorien ärmer. Außerdem trifft man hier eher als im Restaurant auf die eine oder den anderen VIP, sie kommen manchmal sogar ohne Bodyguard ins Spa. Doch auch wenn man nicht mit einem Prominenten im 144 m² großen Schwimmbecken ein paar Bahnen drehen kann, lohnt der Besuch dank der herrlichen Aussicht vom Beckenrand auf die Küste allemal.

Inside Burj Al Arab Tour: 90 Min., 249 Dh; mit ›24 Carat Gold Cappuccino‹ in der UMA Lounge 359 Dh, mit Besuch im Sahn Eddar 739 Dh, mit Abendessen im Al Ivan 699 Dh, mit Behandlung im Spa 1500 Dh; Anmeldung unter www.insideburjalarab.com

Madinat Jumeirah

Neben dem Jumeirah Beach Hotel erstreckt sich entlang eines großen Strandabschnitts inmitten grüner Vegetation das Resort **Madinat Jumeirah** `17` (Jumeirah St., T 366 88 88, www.jumeirah.com), das in seinen Ausmaßen und in der Breite seines touristischen Angebots alle bisherigen Hotelanlagen am Jumeirah Beach übertrifft. Das Resort setzt im Gegensatz zu den benachbarten futuristischen Bauten bewusst auf arabische Architekturtraditionen.

Insgesamt befinden sich vier Luxushotels in der ausgedehnten Hotelanlage,

getrennt durch schöne Gärten. Dazu mehr als ein Dutzend Restaurants und ein sehr angenehmes Wellnessparadies. Innerhalb von Madinat Jumeirah bewegt man sich mit kleinen Booten auf Kanälen.

Zur Hotelanlage des Madinat Jumeirah gehört auch ein großer, moderner, aufregender **Souq** `2`, der vom Hotel abgetrennt ist und deshalb auch von Nicht-Hotelgästen aufgesucht werden kann – der einzige im Stadtteil Jumeirah. Wer sich in den engen überdachten Gassen des traditionell anmutenden Souq verirrt hat, sollte eines der vielen Cafés aufsuchen: Das freundliche Personal hilft weiter (s. S. 155).

Al Sufouh

Biegt man von Madinat Jumeirah nicht zum Interchange 4 der Sheikh Zayed Road ab, sondern folgt der Jumeirah Road entlang des Strandes in Richtung Südwesten, passiert man zunächst einen Palastkomplex der Herrscherfamilie Al Maktoum mit hohen weißen Mauern, hinter denen Palmen hervorragen. Davor beeindrucken perfekt gepflegte Rasenflächen vor verschlossenen Holztoren. Jetzt ist man im Stadtteil Al Sufouh und die Straße, die bis 2017 den kurzen Namen dieses Stadtteils (nämlich Al Sufouh Road) trug, erhielt danach aus Ehrerbietung gegenüber Saudi Arabien den Namen des 2016 verstorbenen Königs »King Abdullah Bin Abdul Aziz Al Saud Street«. Seit 2019 trägt sie den Namen des derzeit regierenden saudischen Königs: »King Salman Bin Abdul Aziz Al Saud Street«.

Internet und Media City
Im Stadtteil Al Sufouh wurden binnen weniger Jahre die Verwaltungsgebäude einer Internet City und einer Media City aus dem Boden gestampft. In ihren Kästen aus glänzendem Chrom

und abgedunkeltem Glas unterhält z. B. der Fernsehsender CNN sein größtes Studio auf der Arabischen Halbinsel. Auch der nichtstaatliche TV-Sender Al Arabia, eine etwas weniger aufgeregte Konkurrenz zum Sender Al Jazira in Doha, strahlt von hier via Satellit seine Programme aus. In der Media City befindet sich auch die größte Open-Air-Arena Dubais, in der während der Wintermonate in fast jeder Woche ein Weltstar der Musikszene auftritt.

Im Süden der Media City liegt die American University, eine private Campus-Universität nach US-amerikanischem Vorbild. Und auf der anderen Seite der zwölfspurigen Sheikh Zayed Road unterhält der älteste und größte Golfclub von Dubai, der **Emirates Golf Club,** seinen schönen Golfplatz (s. S. 125).

The Palm Jumeirah

In diesem Abschnitt der King Abdulla Bin Abdul Aziz Al Saud Street zweigt vom Jumeirah Beach die Landverbindung zur ersten künstlichen Halbinsel, **The Palm Jumeirah** ⓲, ab. Dieser ›Stamm‹ der Palme ist ihr Verbindungsstück zum Festland. Über ihn laufen die Straßenanbindungen zu einem 1,5 km langen Tunnel, der direkt zur Sheikh Zayed Road führt.

Unmittelbar an diesem Übergang zur Palme liegt das **Sales Office** ⓳ des Bauträgers Nakheel, der The Palm Jumeirah und The World plante, sie finanzierte, sie baute und die Bebauungen bis heute verkauft. Im Pavillon stehen alle Projekte maßstabsgerecht auf riesigen Tischen, laufen Computersimulationen der Bebauung, hier sprechen potenzielle Käufer vor, treffen sich Makler und

Verkäufer. Wer die zum Neukauf oder Wiederverkauf anstehenden Projekte auf der Palm Jumeirah oder auf einer Insel des Archipels The World genauer kennenlernen möchte, sollte diesen Pavillon aufsuchen und sich kaufinteressiert zeigen. Fragen stellen kostet nichts! Nakheel bietet auch Bootsrundfahrten zu den Objekten an (auf Anfrage um 9, 10.30, 12, 13.30 und 14 Uhr, Abfahrt am Verkaufspavillon).

Schrittweise voran

Dubai sei zurzeit das einzige Land der Welt, »in dem Visionen auch Wirklichkeit werden«, erklärte Sheikh Mohammed bin Rashid Al Maktoum einst. In der Tat: In Dubai vergingen zwischen Ankündigung und erstem Spatenstich meist nur wenige Tage. Planungen, Ausschreibungen und Vergabe, teilweise auch der Verkauf waren dann bereits lange in die Wege geleitet. Das war so vor der Finanzkrise 2009. In Dubai standen bis dahin ein Fünftel aller Baukräne der Welt, und sie drehten sich Tag und Nacht. Hier wurde Architekturgeschichte geschrieben. Keine Stadt der Welt änderte so schnell ihr Gesicht.

Das Dubai World Trade Centre und die Häfen Port Rashid und Jebel Ali wurden vom Vater des heute regierenden Sheikhs damals der staunenden Öffentlichkeit angekündigt und binnen weniger Jahre realisiert. Seine Söhne verfuhren in gleicher Weise mit dem Burj Al Arab und der Dubai Marina. Immer wurden die Projekte größer und größer und damit auch das Staunen der Öffentlichkeit. Dann ruhten zwischen 2009 und 2013 im Südwesten die Bauarbeiten, z. B. für die Projekte The Palm Jebel Ali und The World.

The Palm Jumeirah und ihre Investoren hatten so gesehen Glück, denn die meisten Arbeiten waren schon vor der Finanzkrise abgeschlossen. Deshalb konnte sich das Projekt in den darauffolgenden

Jahren zu einer der größten Attraktionen des Emirats entwickeln.

Was steht wo auf der Palme?

Man muss es sich noch einmal vor Augen halten: The Palm Jumeirah gehört zu den größten künstlichen Inseln, die je von Menschenhand geschaffen wurden. Mitte 2006 wurden die ersten Apartments in den Wohnblocks entlang des Stammes, Ende 2006 die ersten Villen entlang der 16 Palmwedel bezogen. Für die teuerste der Villen bezahlte damals der erste Besitzer umgerechnet 1,3 Mio. €. Im Herbst 2008 eröffnete das architektonische Glanzstück der Palme: das **Hotel Atlantis** ⓴. Es liegt in der Mitte der Krone am äußersten Ende der Palme, ca. 5 km von der Festlandküste entfernt, und ist mit 1539 Zimmern bis heute das größte Hotel in Dubai. Zum Atlantis gehören ein großes Aquarium, das dem in der Dubai Mall gleicht (s. S. 123), ein aufregender Aquapark mit Wasserrutschen, Lagunen und eine Dolphin Bay, in der die Gäste mit 22 Delfinen von den Salomon-Inseln schwimmen können.

Noch sind nicht alle Bauprojekte auf The Palm Jumeirah abgeschlossen, aber inzwischen haben weitere Apartmenthäuser und mehrere Strandhotels entlang des Stammes der Palme eröffnet, z. B. ein Fairmont, ein Hilton und ein St. Regis. Vor allem aber boomte der Hotelbau auf der Palme rechts und links des großen Atlantis Resorts entlang der beiden Wellenbrecher, die wie Halbmonde sichelförmig die Palmwedel vor der offenen See schützen und deshalb Crescent (Halbmond) heißen. Auf dem westlichen Crescent eröffneten z. B. so erlesene wie das One & Only The Palm, Kempinski

Das erste und größte Hotel auf The Palm Jumeirah, The Atlantis, beherbergt sage und schreibe 23 Restaurants unter seinem Dach.

Hotel & Residences (s. S. 35), das Raffles und das Jumeirah Zabeel Saray (s. S. 36). Auf dem östlichen Crescent stehen die 2023 eröffnete unübersehbare Architektur-Ikone Atlantis The Royal, deren 43-stöckige Kubatur sich aus mehreren Wohnschachteln zusammensetzt und die einen Infinitypool in 90 m Höhe bietet, das Sofitel, das Waldorf Astoria (s. S. 36), das Anantara (s. S. 35) und am Ende das Rixos. Sie alle fügen ihren Namen »Palm Jumeirah« hinzu, um sich von den Stadthotels der gleichen Hotelkette abzuheben.

Entlang der Crescents führen Zulieferstraßen zu den Hotels und eine mit Palmen und Blumenbeeten bepflanzte Fußgängerpromenade. Wegen der kühlen Brise, aber vor allem wegen der einmalig schönen Aussicht auf die Skyline der Dubai Marina wird dieser ›Board Walk‹ gerne für abendliche Spaziergänge benutzt.

The Palm Jumeirah in Zahlen
Um die Dimensionen der Palm Jumeirah zu begreifen, muss man sich die Bilder ansehen, die von Satelliten aufgenommen wurden und die schrittweise Entstehung dokumentieren. 2001 wurde mit den Aufschüttungsarbeiten begonnen. 94 Mio. m³ Sand und 7 Mio. Tonnen Felsbrocken wurden bis zur Fertigstellung der Insel bewegt. Die Menge des verbauten Materials ist enorm. Die Felsbrocken kamen aus Steinbrüchen der westlichen Nachbar-Emirate, der Sand wurde von holländischen Spezialschiffen von den küstennahen Sandbänken im ›Staubsauger-Verfahren‹ aus dem Meer gesaugt und präzise per Satellitensteuerung an der vorgesehenen Stelle ›ausgespuckt‹. Erst nach zwei Jahren Bauzeit wurden die Konturen der Palme als Insel im Meer sichtbar. Würde man aus dem Material eine Mauer von 2 m Höhe und einem halben Meter Breite errichten, sie würde dreimal die Erde umrunden.

Zur Dubai Marina

Direkt hinter der Festlandanbindung der Palm Jumeirah beginnt die Gartenanlage des Hotels **The One & Only Royal Mirage** (s. S. 36), das zu den besten Strandhotels des Emirats zählt. Kein Hotel am Jumeirah Beach besitzt einen größeren und schöneren Garten als das One & Only: In dem strandnahen Park von mehr als einem Kilometer Länge blühen Blumen unter schattenspendenden Palmen. Nur unterbrochen von mehreren Schwimmbädern nehmen die drei unterschiedlichen Gebäude des Hotels den kleineren Teil der gesamten Anlage ein.

Die King Abdulla Bin Abdul Aziz Al Saud Street führt auf den nächsten Kilometern zu jenem schönen und breiten Strandabschnitt des Jumeirah Beach, an dem sich Ende der 1990er-Jahre weitere renommierte Strandhotels niedergelassen haben, darunter The Ritz Carlton und Le Royal Meridien. Einige, wie das Hilton oder das Sheraton, führen ›Jumeirah Beach‹ im Namen, um Verwechslungen mit gleichnamigen Stadthotels zu vermeiden. Neben dem Sportboothafen Mina Al Seyahi hat dann 2008 das Hotel The Westin Dubai Mina Seyahi Beach Resort eröffnet. Dieses Hotel ist die bevorzugte Anlaufstelle für Besucher und Gäste, die etwas mit den vielen Regatten zu tun haben, die das ganze Jahr über vom Mina Seyahi starten oder die als Zuschauer einen Logenplatz für eines dieser Rennen haben möchten.

Jumeirah Beach Residences
In Dubai geht es – wenn die herrschende Familie Al Maktoum beteiligt ist – immer um ganz große Projekte. Denn Dubai – so die Vision des derzeitigen

Herrschers – orientiert sich immer am Weltmaßstab.

Die im Wüstensand ab 2005 künstlich vor den Toren der Stadt angelegte **Dubai Marina** 21 ist nicht nur eine der weltgrößten Anlegestellen für Jachten, sondern um sie herum gruppieren sich bereits jetzt dicht an dicht ca. 50 Wolkenkratzer zwischen 300 und 500 m Höhe. Ein großer Teil davon bildet mit ca. 15 000 Wohneinheiten die **Jumeirah Beach Residences (JBR),** eine Ferien- und Wohn-Apartmentanlage mit direktem Strandzugang. Die JBR ist eine gute Adresse für gehobene Expatriates nicht zuletzt deshalb, weil die Infrastruktur nichts zu wünschen übrig lässt. Dazu tragen die Marina mit ihren Booten, die begrünten Promenaden und **The Walk,** eine große Fußgängerzone, bei. The Walk mit seinen vielseitigen großen und kleinen Läden und einladenden Cafés und Restaurants ist auch für die Gäste der ca. ein Dutzend Hotels an der Dubai Marina von hoher Attraktivität. Denn The Walk ist immer sehr belebt, hier verabredet man sich, wenn man zum Strand geht oder vom Strand kommt, hier ist immer etwas los, hier finden Straßenfeste statt. Und hier kann man an der **Byky Station** 9 für wenig Geld ein Fahrrad mieten. Zudem sieht man von überall das über 200 m hohe Ain Dubai-Riesenrad auf der künstlich geschaffenen Halbinsel Blue Waters (s. S. 152) oder die Paraglider, die einen Sprung bei dem nahen Skydive Dubai gebucht haben.

Lebensfreude & Ferienstimmung

Auch die Kunst hat an der Dubai Marina Einzug gehalten. Denn in Zusammenarbeit mit dem Dubai Canvas Art Festival haben sich lokale und internationale Künstler den überdimensional hohen kahlen Häuserwänden angenommen und sie mit Landschaften, wilden Tieren und einfachen Alltagsereignissen sehr eindrucksvoll bemalt. Wenn man nicht direkt davor steht, ist man verblüfft über die unerwartete Vielfalt an der Dubai Marina, so täuschend ähnlich wird hier in 3D-Imaginationen eine scheinbare Realität abgebildet.

Im Endausbau sollen über 100 Wolkenkratzer und Hochhäuser im Stadtteil Dubai Marina zwischen Sheikh Zayed Road und der Küste in den Himmel ragen. Aber noch sind das nur Pläne. Allerdings erzielen bereits heute einzelne der erbauten Hochhäuser dank ihrer außergewöhnlichen Architektur besondere Aufmerksamkeit. Dazu gehört an der Einfahrt zur Marina der unübersehbare **Cayan Tower,** der wegen seiner gen Himmel geschraubten Fassade auch gerne ›Twisting Tower‹ genannt wird. Wie die Architekten diesen Rätsel aufgebenden Effekt erreichen konnten, wird unter den davorstehenden Besuchern meist engagiert diskutiert.

Schon heute sorgt die Infrastruktur der Dubai Marina für große Beliebtheit. Man kann die ganze Marina mit ihren teuren Jachten zu Fuß umrunden. Palmen und Blumenbeete säumen die Quais, Straßencafés und Restaurants laden zum Verweilen ein. Ein besonders schöner Abschnitt dieser Promenade entlang der Dubai Marina heißt **The Walk,** der auch an den Jumeirah Beach Residences vorbei führt.

Eine Straßenbahn ›verkürzt‹ im 5-Minuten-Takt die Entfernungen. Mit ihr erreicht man die Metrostation und die Auffahrt zur Palm Jumeirah. Wer will, kann auch ein Water Taxi (s. S. 238) buchen oder mit der Dubai Ferry (s. S. 109) von hier Ausflüge zur Palm Jumeirah unternehmen. Für alle zugänglich ist an der Dubai Marina etwa ein Kilometer **öffentlicher Sandstrand.**

Wohnen an der Dubai Marina

Doch was wäre eine solche Marina mit ihren teuren Jachten ohne standesgemäße Hotels? Zuerst öffnete das luxuriöse Grosvenor House seine beiden Hoteltürme, wenig später folgte das Address Dubai Marina, das direkt mit einer gleichnamigen Shopping-Mall verbunden ist. Hinzu gekommen ist das edle Sofitel Jumeirah mit freiem Strandblick an The Walk. Mit dem JA, dem einzigen Vier-Sterne-Hotel an der Dubai Marina und dem JA Oasis Beach Tower bereicherte die Hotelgruppe Jebel Ali International das Angebot an der Dubai Marina, wo bereits im Jahr 2014 eine knappe Million Besucher ihre Ferien verbrachten. Zwei Jahre später waren es schon 1,2 Mio. Gäste, und neue Hotels waren an diesem Strandabschnitt dazu gekommen, darunter das Mövenpick Jumeirah Beach, das seinen Gästen europäische Vertrautheit und gute Schweizer Küche bietet – die vielen Expats freuen sich darüber.

Blue Waters Island präsentiert sich futuristisch, der arabische Stil wird mit der Moderne kombiniert.

Blue Waters Island

Am westlichen Ende der Dubai Marina, an der Kanalausfahrt, an der die Jachten die Marina verlassen, beginnt die aufgeschüttete, lang gezogene Insel **Blue Waters Island.** Sie ist ein Landgewinnungsprojekt wie The Palm Jumeirah und liegt an dem äußerst begehrten Küstenabschnitt der erweiterten Dubai Marina.

Blue Waters ist eine durch Sandaufschüttung dem Meer abgerungene künstliche Insel, die durch eine eigene Straßenabzweigung von der Sheikh Zayed Road mit der Küste westlich der Jumeirah Beach Residences verbunden ist. In ihrem Zentrum steht eine der Attraktionen Dubais, das **Ain Dubai** **㉒**-Riesenrad. Ein Riesenrad in Dubai musste selbstverständlich das 135 m hohe London Eye als höchstes in Europa übertrumpfen. Und so ragt jetzt auf Blue Waters das mit 210 m Höhe größte Riesenrad der Welt in den Himmel. Ungeachtet dieser Gigantomanie: Es war ohne Zweifel eine Meisterleistung, Al Ain Dubai zu verwirklichen. Allein 9000 t Stahl wurden dafür verbaut, das ist ein Viertel mehr, als man für den Eifelturm verwendete. An Bord einer der insgesamt 48 Passagiergondeln hat man einen unübertrefflichen Blick auf The Palm Jumeirah und den ganz Westen Dubais bis zum Burj al Arab – leider dreht es sich *because of technical reasons* nicht immer.

Auf Blue Waters als weiterer ›Entertainment District‹ hat bereits das Hotel Caesars Palace eröffnet, mit dem man die Unterhaltungsattraktivität von Las Vegas assoziieren soll. Gemessen an den infrastrukturellen Vorbereitungen, die derzeit auf Blue Waters im Gange sind, wird es ganz sicher weitere Projekte geben.

www.bluewatersdubai.ae/en

Museen

Die Geschichte der Einheit

❸ **Etihad Museum:** Die Galerien des Museums laden die Besucher mit interaktiven Ausstellungsformen dazu ein, in die Geschichte der sieben Emirate vor und nach ihrem Zusammenschluss einzutauchen. Besondere Schwerpunkte widmen sich der Zeit vor der Entdeckung des Erdöls und der Zeit von 1968 bis 1974, in der das Erdöl das Emirat total veränderte. Diese besondere historische Periode wird durch Fotos und Filme sehr anschaulich dokumentiert. Neben dem Museum befindet sich das ovale Union House, in dem 1971 die Vertragsunterzeichnung der sechs Sheikhs stattfand. Es ist original eingerichtet, kann aber nur von außen besichtigt werden.

2nd of December St., Jumeirah 1, etihadmu seum.dubaiculture.gov.ae/en, tgl. 10–20 Uhr, Führungen 12 und 17 Uhr, Erw. 25 Dh, Studierende bis 24 Jahre 10 Dh

Nicht nur für Archäologen

❿ **Jumeirah Archaeological Site:** Die Grabungen in Jumeirah begannen 1969 unter der Leitung amerikanischer Forscher der Universität Beirut. Sechs Jahre später setzten irakische Archäologen die Arbeit fort. Seit 1982 besitzt Dubai sein eigenes Ausgrabungs- und Forscherteam. Die ältesten Funde gehen auf das 5. und 6. Jh. zurück und belegen, dass auch in vorislamischer Zeit in Jumeirah bereits eine Zivilisation existierte. Später, unter den omaiyadischen und abbasidischen Kalifen, wurde Jumeirah dann ein wichtiges Handelszentrum, durch das die Karawanenstraße von Oman nach Mesopotamien führte. Bisher wurden die Grundmauern von drei größeren Gebäudekomplexen, mehreren Wohngebäuden, einer Moschee und eines Souqs mit sieben Läden ausgegraben.

Zwischen Jumeirah Road und Al Wasl Road, T 349 68 74, www.visitdubai.com/en/places- to-visit/jumeirah-archaeological-site, So–Do 8–14.30 Uhr, Eintritt frei

Ehemalige Sommerfrische

⓬ **Majlis Ghorfat Umm Al Sheif:** Noch in den 1950er-Jahren war es eine kleine Fischersiedlung weit draußen vor den Toren Dubais. Sheikh Rashid bin Saeed Al Maktoum errichtete hier ein einstöckiges Sommerhäuschen, in dem er an besonders heißen Tagen die Nachmittage verbrachte und gelegentlich auch bittstellende Untertanen sowie Gäste empfing. Wegen ihrer historischen Funktion als *majlis* trägt die Sommerfrische nahe dem Meer den Namen Majlis Ghorfat Umm Al Sheif. Im ersten Stock des Hauses ist noch alles so erhalten, wie Sheikh Rashid es hinterlassen hat.

Jumeirah St., T 80 03 32 22, dubaiculture. gov.ae/en/attractions/heritage-sites/majlis- ghorfat-umm-al-sheif, Mo–Fr 7.30–15.30 Uhr, Eintritt 3 Dh

Essen

Ein Markt für alle Jahreszeiten

1 **Suq:** Ein Restaurant im Stil eines Marktes (arab.: Souq oder Suq) mit vielfältigen, stets frischen Zutaten, rustikal und stilvoll zugleich. In mehreren offenen Küchen erfolgt die Zubereitung vor Ihren Augen, auf der Speisekarte stehen sowohl arabische als auch internationale Spezialitäten und Klassiker und ein großes vegetarisches Angebot. Die in den offenen Auslagen des ›Marktes‹ ausgestellten Produkte werden immer wieder umgestaltet.

Im Hotel Four Seasons (s. S. 36), Jumeirah Beach Rd., T 270 77 77, www.fourseasons. com/dubaijb/dining/restaurants/suq, Frühstück 7–11, Mittagessen 13–17, Abendessen 18–23 Uhr, €€€€

Dinner am Meer

2 **Pierchic:** Italienische Küche in viel Atmosphäre: ein luftiger, meerumspülter Holzpavillon auf Stelzen weit draußen im Meer, zu erreichen über einen 250 m langen Holzpier. Die Gäste sitzen in einem eleganten Bootshaus, auf Veranden unter Sonnenschirmen bzw. abends unterm Sternenhimmel und genießen einen traumhaften Blick auf das Hotel Madinat Jumeirah mit seinen nachts beleuchteten Gartenanlagen sowie auf den alles überragenden Burj Al Arab. Einige Tage im Voraus reservieren!

Im Hotel Madinat Jumeirah (s. S. 147), Jumeirah St., T 366 67 30, tgl. 13–14.30, 18.30–22.30 Uhr, Bus 8, €€€

Legendärer Gourmettempel
3 **Celebrities:** Das Restaurant bietet den Rahmen für große Auftritte. Man schreitet wie ein Star eine breite Marmortreppe hinunter und blickt durch riesige Panoramascheiben in die mit Fackeln erleuchtete Gartenanlage. Das lodernde Licht der Flammen spiegelt sich in den Wasserbecken und Brunnenanlagen und ist Teil des beeindruckend edlen Ambientes. Das Lokal mit bester französischer Küche wurde 2022 mit dem Gault & Millau Award ausgezeichnet. Sehr aufmerksames Personal. Unbedingt reservieren!

Im Hotel The One & Only Royal Mirage Dubai (s. S. 36), King Salman Bin Abdul Aziz St., T 399 99 99, tgl. 19–23.30 Uhr, Tram, Station Palm Jumeirah, €€€

Unter Sternen
4 **The Beach Bar & Grill:** Man durchschreitet zuerst die beeindruckenden Hallen des Hotels und den herrlichen Garten und erreicht schließlich das direkt am Strand gelegene Terrassenrestaurant: Toskana-Mobiliar auf Holzplanken, edles Dekor, direkter Blick auf The Palm Jumeirah, ausgezeichnete Küche mit Fisch- und Fleischgerichten und einer guten Auswahl vegetarischer Menüs.

Im The One & Only Royal Mirage Dubai (s. S. 36), King Salman Bin Abdul Aziz St., T 399 99 99, tgl. 12–15.30, 19–23.30 Uhr, Tram, Station Palm Jumeirah, €€€

Hoch über den Wolken
5 **Al Muntaha:** Mit einem lautlosen, gläsernen Expressaufzug fährt man in weniger als einer Minute vom Erdgeschoss ins 200 m hohe ›Himmelsblick‹-Restaurant. Von unten betrachtet scheint das Al Muntaha in Form eines Zigarettenetuis kurz unterhalb der Turmspitze im 27. Stock zu schweben. Innen fühlt man sich in ein riesiges blau-grünes Raumschiff versetzt. Der Blick aus den Panoramafenstern gehört mit Sicherheit zu den einmaligen Eindrücken im Emirat. Über die Küche braucht man nicht viel zu sagen. Die Gäste kommen nicht in erster Linie ihretwegen, aber sie ist von hoher Qualität. Nur mit Reservierung!

Im Hotel Burj Al Arab (s. S. 145), Jumeirah Rd., T 301 76 00, tgl. 12.30–15, 19–22 Uhr, Bus 8, €€€

Top Arabisch
6 **Al Nafoorah:** Authentische libanesische Edelgastronomie in orientalischem Ambiente. Viele bekannte arabische Gerichte in aufwendiger Zubereitung, köstliche Vorspeisen, bester Hummus in Dubai – ein bereichernder Ausflug in die Küche Arabiens. Das Personal ist sehr aufmerksam.

Im Hotel Jumeirah Zabeel Saray (s. S. 36), tgl. 17–23 Uhr, €€

Familiär und schmackhaft
7 **The Lime Tree:** Ein ehemals klassisches Jumeirah-Familienhaus, das zum kinderfreundlichen Café und Restaurant umgestaltet wurde, mit sehr guter Küche, u. a. schmackhafte Suppen, große Kuchenauswahl (Spezialität: Käsekuchen!), aufmerksamer Service.

Jumeirah Beach Rd., neben der Jumeirah Mosque, T 325 63 25, www.thelimetreecafe. com, tgl. 8–18 Uhr, Bus 8, €€

Preiswert und frisch
8 **Food Trucks:** Entlang des Jumeirah Beach, parallel zur Jumeirah Street zwi-

schen der Jumeirah Moschee und dem Burj Al Arab-Hotel verlaufen direkt am Strand schmale Zubringerstraßen, auf denen man die dortigen Villen und den Jumeirah Beach zu Fuß erreicht. Sie führen an ihrem Ende zu den wenigen öffentlichen Stränden, die nicht von den Strandhotels vereinnahmt wurden. Da es weit und breit keine Restaurants gibt, war diese Gegend des Jumeirah Beach geradezu prädestiniert für mobile **Food Trucks.** Davon gibt es hier inzwischen ein Dutzend, die tagtäglich ihre frisch zubereiteten kleinen Gerichte und kalten Getränke zwischen 9 Uhr und Sonnenuntergang den Badegästen – und wer auch sonst noch immer vorbei kommt – anbieten.

Fernöstliches Dekor
9 Mekong: Ein sehr freundlicher Service und ein vielfältiges Angebot an ostasiatischen Speisen in hoher Qualität – dafür hat das Restaurant bereits viele Preise erhalten. Als Getränk sollten Sie einen Mekong Sour versuchen.

Im Hotel Anantara The Palm Dubai Resort (s. S. 35), East Crescent, T 567 88 88, tgl. 18–24 Uhr, €€

Einkaufen

Italienischer Markt
1 Mercato Mall: Kleinere, lichtdurchflutete Shopping-Mall nach dem Vorbild eines italienischen Marktplatzes. Klimatisierte Piazza und Riviera-Stimmung, s. S. 139.

Jumeirah Rd., T 344 41 61, www.mercato shoppingmall.com, Bus 8, tgl. 10–22 Uhr

Moderner Basar
2 Souq Madinat Jumeirah: Zur Hotelanlage gehört auch ein großer, moderner, aufregender Souq im Stil eines traditionellen Basars. Angeboten werden in dicht gedrängten Ladennischen künstlerische Fotos, sportliche Strandbeklei-

dung, Modeschmuck, kunsthandwerkliche Arbeiten und viel Malerei. An kleinen Plätzen laden Restaurants und Cafés zum Verweilen ein.

Außerhalb des Hotels Madinat Jumeirah, King Salman Bin Abdul Aziz St., www.jumei rah.com/en/article/stories/dubai/an-essenti al-guide-to-souk-madinat-jumeirah, Bus 8, tgl. 10–23 Uhr

Unter freiem Himmel
3 The Beach: Ein schickes Modeangebot in drei Dutzend Geschäften entlang der ca. 600 m langen verkehrsberuhigten Straße der Jumeirah Beach Residences. Hier gibt es auch einen »I love Dubai«-Store für Souvenirfreunde.

Dubai Marina, www.thebeach.ae, tgl. 10–23 Uhr

Fußgängerzone
4 City Walk: Eine von Palmen gesäumte Fußgängerzone bzw. Open-Air-Mall aus

Im Madinat Jumeirah hat man einen Souq direkt vor der Hoteltür.

BADEFREUDEN FÜR LAU **B**

Wer kein Hotel am langen Jumeirah Beach oder auf The Palm Jumeirah gebucht hat, kann deren schöne Strände nur mit einem kostenpflichtigen Day Pass benutzen. Aber es gibt dort auch öffentliche Strände *(public beaches)*, an denen man zwischen Sonnenauf- und -untergang kostenlos (inkl. bescheidener Infrastruktur) baden kann. Dazu gehören La Mer (s. unten), Jumeirah Open Beach (s. S. 225), Umm Suqeim Beach (♥ Karte 2, N 4), Kite Beach (s. rechts), Al Sufouh Beach (♥ Karte 2, L 3, östl. des Zugangs zur Palm Jumeirah).

ca. 240 Geschäften und Cafés, die ein Glasdach überspannt.

Al Safa St., www.citywalk.ae, tgl. 10–23 Uhr

Funky Shopping
5 **Box Park by Meraas:** Ein kunstvoll angelegter ›Stapel‹ von ca. 50 umgebauten Containern mit kleinen Restaurants und kleinen Geschäften in der Al Wasl Road.

Ecke Safa Road im Stadtteil Al Safa, www.boxpark.ae, Mo–Do 10–22, Fr–So 10–24, Restaurants tgl. bis 24 Uhr

Bewegen

Am Strand
1 **La Mer:** Strandabschnitt am Jumeirah Beach. Es gibt zwei Eingänge, den North Beach Entrance in Höhe der Al Hudaida Road und einen Kilometer weiter südlich den South Beach Intrance, beide mit Parkmöglichkeiten in Tiefgaragen. Der Besuch in La Mer ist kostenlos, Strand- und Sandbenutzung sind umsonst, aber eine Liege oder der Sonnenschirm mit Handtuch

kosten relativ viel. Cafés und Restaurants sind sehr ansprechend.

www.visitdubai.com/de/articles/la-mer-dubais-newest-beachfront, tgl. 10–24 Uhr

WLAN am Strand
2 **Kite Beach:** Strandabschnitt am Jumeirah Beach, zu erreichen von der Jumeirah Road, ca. einen Kilometer vor dem Hotel Burj Al Arab; kostenlose Benutzung des Strandes, mehrere solar gespeiste Stationen *(smart palms)* für WLAN und zum Laden von Smartphones.

Ein wahres Vergnügen
3 **Surf House Dubai:** Stand-up-Paddeln (SUP) – wer es noch nicht kann, kann es am Jumeirah Beach lernen. Es macht großen Spaß, man lernt die *local surfing community* Dubais kennen und am Anfang kann man auch kniend paddeln. Außerdem blickt man währenddessen immer auf den Burj Al Arab. Verleih von Boards und Ausrüstung sowie Anfängerkurse.

Umm Suqeim 2, Villa 10, Jumeirah Beach Rd., T 05 05 04 30 20, www.surfingdubai.com, tgl. 7–19 Uhr

Easy running
4 **Jumeirah Beach:** Eine grüne, weich federnde Joggingstrecke direkt am Jumeirah Beach parallel zur Jumeirah Beach Road bietet über 12 km ideale Möglichkeiten zum Laufen. Sie führt vom Burj Al Arab vorbei am Kite Beach und reicht bis zum Dubai Water Canal. Alle 100 m erfahren Sie dank einer Beschilderung, wie viel Sie schon geschafft haben und wie viel Sie noch vor sich haben. Die Strecke ist sowohl bei Jogging-Fans als auch bei Freizeitläufern sehr beliebt.

Wellness über den Wolken
5 **Talise Spa:** Man könnte sich auf dem Weg zum Spa im Burj verirren. Deshalb wird man im 18. Stock von einem Butler empfangen und durch das Wellnessparadies begleitet. Bei den sehr exklusiven An-

Lieblingsort

Wie in 1001 Nacht

Es gibt im umtriebigen Dubai nach einem anstrengenden langen Tag keinen geeigneteren Ort zum Erholen und Regenerieren als einen Spa. Aber für welchen unter den vielen soll man sich entscheiden? Für mich stellt sich diese Frage nicht mehr. Ich bevorzuge ein orientalisches Märchen: Weißer Marmor, anregende Düfte, gedämpfte leise Musik, einladende Schwimmbecken, ein vielfältiges Angebot an Anwendungen mit hochwertigem Service, im Ruhebereich üppige Obstschalen, bequeme Liegen mit bunten Kissen, die Handys müssen ausgeschaltet bleiben. Und als krönendes Moment der Besuch im großen türkischen Hammam. Dass ich die richtige Wahl getroffen habe, wurde vor nicht allzu langer Zeit offiziell bestätigt: Der **Talise Ottoman Spa** wurde 2017 zum »Besten Resort-Spa im Nahen Osten« gewählt – daran hat sich bis heute nichts geändert (im Jumeirah Zabeel Saray auf der Palm Jumeirah, ♥ Karte 3, J 2, T 453 04 55, tgl. 9–21 Uhr).

wendungen wird unterschieden zwischen einem Revival Ritual (2 Std. 10 Min.), Executive Ritual (2 Std. 40 Min.) oder Luxus Ritual (3 Std. 10 Min). Nach den sehr exklusiven Anwendungen geht man in eines der beiden großen Schwimmbecken, um bei einem unvergesslichen Blick über Dubai das neue Lebensgefühl zu genießen. Im Burj Al Arab (s. S. 145), T 301 73 65, www.jumeirah.com, tgl. 8–22 Uhr

Thailändische Badekultur
6 Anantara Spa: Das Spa des Hotels zählt zu den exklusivsten und meistbesuchten in Dubai. Es bietet in 24 wohltuenden Behandlungsräumen eine breite Palette von Anwendungen und Massagen, aromatische Dampfbäder und ein türkisches Hammam. Ausgesprochen höfliches und erfahrenes Personal. Sehr empfehlenswert für Paare: das Palm Retreat, eine 3-stündige Komplettbehandlung.
Im Anantara Hotel (s. S. 35), tgl. 10–20 Uhr

Savoir Vivre
7 Health & Beauty Institute: Man durchquert eine großzügige Gartenanlage auf dem Weg zum Residence & Spa-Flügel des Hotels. In dieser Wellnessoase erwarten den Gast zwei Einrichtungen: Das **One & Only Spa** mit zwölf individuellen Therapieräumen sowie exklusiver Givenchy-Boutique und daneben ein **Oriental**

WELLNESS UNTER PALMEN [W]

Massagen und andere Behandlungen in einer Parkanlage direkt am Strand und doch privat unter Baldachinen mit abschirmenden, in der Meeresbrise wehenden Vorhängen – dieses wunderbare Wohlfühlerlebnis sollte man sich einmal gönnen (im Kempinski Hotel & Residences, s. S. 35, tgl. 9–18 Uhr).

Hammam, ein klassisches orientalisches Dampfbad mit traditioneller Massage auf beheizten Marmortischen, Dampfbädern, Jacuzzis, Massageräumen, Ruhezone mit großem Whirlpool und Sauna mit Super-Jet-Duschen. Diese beiden Oasen der Verjüngung sollte man nicht versäumen.
Im Hotel The One & Only Royal Mirage Dubai (s. S. 36), T 315 21 40, tgl. 10–21 Uhr (Damen 9–13, Damen und Herren 13–21 Uhr)

Gigantische Abkühlung
8 Aquaventure Waterpark: Der größte Wasserspielplatz Dubais (und einer der größten weltweit) mit riesigen Rutschen, aufmerksamem Rettungspersonal und der Dolphin Bay, in der die Besucher mit Delfinen schwimmen können.
Auf der Jumeirah-Palme in der Hotelanlage Atlantis, T 42 60 00 00, www.atlantisthepalm.com, tgl. Okt.–April 10–18, Mai–Sept. bis 19 Uhr, Hotelgäste frei, Tagesbesucher 315 Dh, 1 Woche 485 Dh

Fahrradverleih
9 Byky: Fahrradverleih an mehreren Abstellplätzen der Dubai Marina.
www.q8byky.com

Yoga bei Vollmond
10 Yoga: Meditation im Mondlicht und entspannendes Yoga organisiert das Hotel Al Qasr im Madinat Jumeirah. Die Sitzungen dauern 90 Minuten, Handtücher, eine Matte und Getränke sind im Preis eingeschlossen. Wann Vollmond ist, sagt Ihnen der Kalender oder Sie erfahren es bei der Anmeldung.
Im Hotel Madinat Jumeirah (s. S. 36), www.jumeirah.com/en/article/spa-wellness/dubai/talise-spa-yoga, 120 Dh

Wasser und Abenteuer
15 Wild Wadi Water Park: Nur einen Steinwurf vom Segel des Burj Al Arab entfernt liegt dieser fast 50 000 m² große Wasserspielplatz, der thematisch und architektonisch an das arabische Mittelalter

erinnert. Ob Lazy River oder Master Blaster – hier kommt jeder auf seine Kosten.

s. S. 144, T 348 44 44, www.wildwadi.com, tgl. 10–18 Uhr, Tageskarte 215 Dh

Ausgehen

Manhattan Style

Bar 44: Champagner- und Cocktailbar hoch über dem Jumeirah Beach mit traumhaftem Blick über die Dubai Marina. Eingerichtet im Manhattan-Dekor, viel Kerzenlicht, bequeme Sessel. Jeden Abend Klavier-Livemusik.

Im Hotel Grosvenor House, Dubai Marina, T 399 88 88, Mo–Do, So 18–1, Fr, Sa 18–2 Uhr, Metro Red Line, Station SOBHA

Beach Hangout

Barasti: Direkt am Strand, eine Bar zwischen Bambus und Schilfrohr mit netten Barkeepern, ab 21 Uhr einfühlsame DJ–Musik, Tanzfläche ist der Strand. 2022 wurde das Barasti zur besten »Outdoor Bar des Jahres« gewählt.

Im Hotel Le Meridien Mina Seyahi Resort and Marina, King Salman Bin Abdulaziz Al Saud St., T 318 13 13, tgl. 9–3 Uhr

Atmosphäre mit Ausblick

Mercury Lounge: Rooftop-Bar mit vorzüglicher Getränkeauswahl und einem traumhaften Blick auf den Burj Khalifa mit der Skyline von Dubai. Große Auswahl an guten Getränken und kleinen Gerichten.

Im Four Seasons Resort Dubai (s. S. 36), T 270 78 04, Okt.–April 18–1 Uhr, Fr Livemusik

Zwei Top-Locations

Jetty Lounge und The 101: In der Jetty Lounge, direkt am Strand des Royal Mirage Hotels, sitzt man unter Palmen und aufgespannten Segeln, spürt den Sand unter den Füßen und genießt die stimmungsvolle Musik. The 101-Lounge liegt auf der Westspitze der Palm Jumei-

rah, gehört zum One & Only The Palm Hotel und ist Restaurant und Lounge unter einem Dach. Erbaut auf Pfählen und Planken im Meer, zieht das 101 stets viele Besucher an. Zwischen beiden Locations verkehrt ein kleines Fährboot immer zur vollen Stunde.

In den Hotels One & Only Royal Mirage (s. S. 36), King Salman Bin Abdul Aziz St., beide T 399 99 99, tgl. 16–2 Uhr, Tram, Station Palm Jumeirah und One & Only The Palm

Miami lässt grüßen

Sobe Dubai: Flankiert von Art déco und Straßenkunst im Stil des South Beach Miami ist dies der perfekte Ort für eine Sundowner-Party auf Palm Jumeirah. Der Club im W Dubai Hotel erstreckt sich samt Dachterrassenbar über mehrere Etagen. Gespielt werden Hip-Hop und Elektro.

Im W Dubai Hotel, West Crescent, Palm Jumeirah, T 245 58 00, www.sobedubai.com, tgl. 17–1/2 Uhr, Metro Palm Atlantis Monorail

Pariser Vorbild

Buddha Bar: Wie das Original in Paris ist die Buddha Bar vor allem ein Restaurant. In Dubai im asiatischen Dekor eingerichtet, serviert sie exzellente vietnamesische und japanische Küche, angereichert mit arabischen Elementen. Wer nicht essen möchte, findet an der stilvollen Bar Platz und neue Freunde. Die Budda Bar ist seit ihrer Eröffnung fast jeden Abend ausgebucht. Mehrmals wurde sie von »Time Out« (s. S. 33) als beste Bar und bestes Restaurant ausgezeichnet.

Im Hotel Grosvenor House, T 399 88 88, Mo–Do, So 19–1, Fr, Sa 19–2 Uhr, Metro Red Line, Station SOBHA

Trendy und in

Lock, Stock & Barrel: In vielen Großstädten der Welt hat dieses gehobene Unterhaltungskonzept aus Livemusik, Happy-Hour-Angeboten, stimmungsvoller Tanzflächenbeleuchtung, Sportübertragungen in Nebenzimmern und »delicious southern US comfort food«

Furore gemacht. Auch in Dubai hat die Location voll eingeschlagen. Am Eingang informiert ein Hinweisschild die Gäste: »Smart casual dress code, no hats, no sportswear, no trainers. Club colours T-shirts & flip-flops are only allowed on Saturday & Sunday. For gentlemen, we do not permit sleeveless shirts, open-toed shoes or sandals.«

Im Hotel Rixos Premium, The Walk, Jumeirah Beach Residences, Dubai Marina, T 520 00 00, www.solutions-leisure.com/venues/lock-stock-barrel-barsha, tgl. 19–2 Uhr

Cocktails und Sport

⑧ ZaaBaa: Eine sehr gemütliche, viel besuchte Bar für Snacks, Cocktails und Sportübertragungen auf zwei großen Bildschirmen, darunter immer alle Bundesliga-, UEFA-Cup- und Champions-League-Spiele.

Im Jumeirah Zabeel Saray (s. S. 36), tgl. 16–2 Uhr

Dubai by night

⑨ Uptown Bar: Cocktailbar mit anregender Stimmung dank des gesprächigen Personals und grandioser Aussicht auf das nächtliche Dubai vom 24. Stock.

Im Jumeirah Beach Hotel, T 406 89 99, tgl. 18–2 Uhr, Bus 8

Ein orientalisches Märchen

⑩ Amaseena: Arabisch-beduinisches Ambiente, offene Zelte zwischen malerisch illuminierten Palmen und unter funkelndem Sternenhimmel. Man sitzt auf üppigen Kissen, lässt sich kleine Köstlichkeiten der arabischen Küche munden, genießt die kühle Brise, die vom Meer herüberweht, nimmt einen Mokka und raucht mit seiner Begleitung gemeinsam eine Shisha. Ein sehr stimmungsvoller arabischer Abend à la »1001 Nacht«, an den man sich gerne zurückerinnert.

In der Gartenanlage des Hotels The Ritz Carlton am Jumeirah Beach, nur Mitte Sept.–Mitte Mai, tgl. ab 19 Uhr

Orientalische Livemusik

⑪ The Palace Courtyard: Auf weichen Kissen unter Baldachinen im Garten oder begrünten Innenhof sitzen, dazu Tee oder arabischer Kaffee bei Mond- und Kerzenlicht, das sanfte Blubbern einer Wasserpfeife und im Hintergrund orientalische Musik – so schildern arabische Märchenerzähler aus vergangenen Zeiten das Leben am Hofe der Kalifen. Im heutigen Dubai kann man so eine stimmungsvolle Atmosphäre zum Glück auch noch erleben!

Im Hotel The One & Only Royal Mirage (s. S. 36), King Salman Bin Abdul Aziz St., T 399 99 99, tgl. 17–1 Uhr, Tram, Station Palm Jumeirah

Den Sternen näher

⑫ Skyview Lounge: In 200 m Höhe lauscht man vertrauter Unterhaltungsmusik und kann dabei von der Aussicht über das nächtliche Dubai einfach nicht genug kriegen. Unbedingt vorher reservieren

Burj Al Arab Jumeirah, T 43 01 76 00, tgl. 17–23.30 Uhr, Mindestverzehr 200 Dh

Programmkino

⑬ Cinema Akil: Im Künstlerviertel Al Qouz gibt es das Cinema Akil, ein Programmkino. Je nach Wetterlage sitzt man auf bequemen Stühlen und Sofas drinnen in einer Halle oder draußen auf Kissen im Hof *under the stars*. Gezeigt werden arabische Filme (mit Untertiteln), neueste Filme von bedeutenden internationalen Filmfestivals und bekannte Klassiker.

Alserkal Ave., Al Qouz 1, Warehouse G 59, cinemaakil.com, Di–So 21 Uhr

Oper und Klassik

⑰ Madinat Theatre: Wer klassische Musik bevorzugt, muss in Dubai nicht unbedingt in die Dubai Opera gehen. Große Orchester und Opernensembles gastieren sehr häufig auch auf den Bühnen des **Madinat Jumeirah.**

Im Hotel Madinat Jumeirah (s. S. 36)

Zugabe
Spektakuläre Platzwahl

Tennis spielen in 280 m Höhe

Zwei Weltstars des Tennis, Roger Federer und Andre Agassi, treten gegeneinander an – nicht in Wimbledon, nicht in Flushing Meadows und auch nicht in Paris, sondern in Dubai auf dem Hubschrauberlandeplatz des Hotels Burj al Arab. Diese kuriose PR-Aktion ging um die Welt. Über ihr Honorar wurde Stillschweigen vereinbart.

Der spektakuläre Hubschrauberlandeplatz, hoch oben neben der Spitze des Burj al Arab, ist eigentlich für jene VIP-Gäste vorgesehen, die sehr schnell das Hotel erreichen möchten. Der Flug vom Flughafen Dubai in die Ikone des Luxus dauert 15 Minuten, man erlebt die Stadt aus der Vogelperspektive und landet letztlich spektakulär auf diesem Helipad in der 28. Etage des Hotels. Der Preis für die kurze Anreise beträgt für ein Paar 13 000 Dh (ca. 3500 Euro), immer vorausgesetzt, die Windverhältnisse in 300 m Höhe lassen eine sichere Landung zu.

Weil aber der Wind ein unkalkulierbarer Geselle ist und die Mehrzahl der Gäste auch eher eine Festlandanreise bevorzugt, wird der Helipad gerne zweckentfremdet. 2011 eröffnete Tiger Woods in schwindelnder Höhe die Golfsaison in Dubai, 2013 drehte David Coulthard in einem Red-Bull-Rennwagen mehrere Runden und 2013 spielten hier oben die chinesischen Tischtennisweltmeister Lang Ma und Liu Shiwen gegen die Goldmedaillengewinner Zhang Jike und Li Xiaoxia. Die Liste ließe sich fortsetzen. Für Trauungen in dieser luftigen Höhe führt das Hotel übrigens einen eigenen Terminkalender. ∎

Jebel Ali

Projekte, Projekte — Hier im Südwesten Richtung Abu Dhabi erstrecken sich Dubais Großprojekte, als jüngstes steht die Fertigstellung von The Palm Jebel Ali auf dem Programm. Aber im Südwesten kann man sich auch sehr gut erholen.

Seite 167
Jebel Ali Resort

Wer Abstand vom Trubel der Metropole sucht, findet hier eine Oase der Ruhe, einen wunderschönen Strand und viele, viele Liegestühle – die idealen Voraussetzungen für erholsame Tage.

Seite 168
The Palm Jebel Ali

Es gibt bisher nur die Konturen aus Sand, aber The Palm Jebel Ali wird eines Tages größer sein als die bereits bebaute Palm Jumeirah. Den Strand am ›Stamm‹ der Palme kennen nur wenige und deshalb ist er fast immer leer – eine Seltenheit in Dubai.

Welcome to Paradise, liebe Golfspieler!

Eintauchen

Seite 168
Banan Beach

Der Banan Beach und die dazugehörige Unterkunft sind anders als alles andere in Dubai – nicht in preislicher Hinsicht, aber doch in puncto Feeling!

Seite 172
Restaurant Sette

Das kann nicht Dubai sein! Einen italienischen Abend im Sette mit toskanischer Küche, einer Flasche Chianti und Eros Ramazzotti als musikalischer Beigabe versetzt die Gäste wahrlich nach Italien. Zudem bietet das Restaurant einen tollen Blick über die weite Resortanlage bis zu The Palm Jebel Ali.

Seite 177

Club Joumana

Der Club Joumana bietet ein sehr abwechslungsreiches Sportprogramm. Im Angebot sind unter anderem Kamelreiten und Bogenschießen.

Seite 174

Dubai von oben

Im Jachthafen starten kleine, neunsitzige Wasserflugzeuge, die Sie zu einem unvergesslichen Rundflug über die Stadt einladen. Während des Flugs erkennen Sie voller Freude wieder, was Sie schon am Boden gesehen haben, aber vor allem, was Sie noch unbedingt sehen wollen.

Seite 177

Emirates Karting Club

Rennatmosphäre bei Flutlicht kann man auf dieser Gokart-Bahn schnuppern. Aber auch tagsüber macht es viel Spaß. Hier drehte schon Kimi Räikkönen die ein oder andere Runde.

Seite 177

Strandbar Captain's

Näher am Strand als im Captain's kann man nirgendwo sonst in Dubai ein Bier trinken. Man hört das Rauschen des Meeres und genießt den schönen Ausblick.

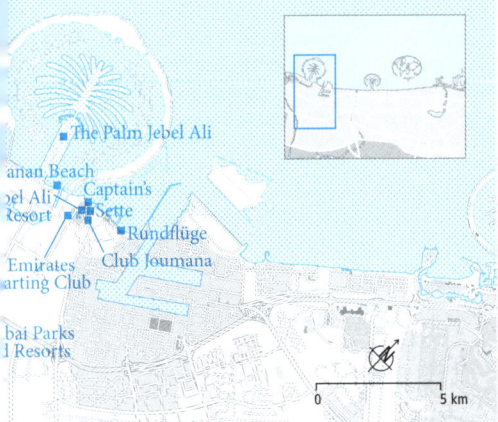

The Palm Jebel Ali

anan Beach
el Ali   Captain's
Resort   Sette
            Rundflüge
Emirates   Club Joumana
arting Club

bai Parks
1 Resorts

0   5 km

Als Familie in Dubai? Dann nichts wie hin zu Parks and Resorts. Die Kids werden es lieben!

Den besten Blick auf die Jachten im Jachthafen und über die grüne Resortanlage hat man vom Clubhaus des Golfclubs. Und der Tee dort ist ausgezeichnet.

erleben

Oase zwischen futuristischen Projekten

Jebel Ali ist das Synonym für die industrielle Entwicklung Dubais. Dieser Stadtteil bildet das ökonomische Großzentrum des Emirats, denn hier verdient Dubai das große Geld. In Jebel Ali wurden in den letzten Jahrzehnten nicht nur einer der größten Überseehäfen am Golf und gigantische Fabrikanlagen errichtet, hier stehen auch die riesigen Meerwasserentsalzungsanlagen, die Kraftwerke und Satellitenstationen. Außerdem befinden sich in Jebel Ali die größte Freihandelszone der Arabischen Halbinsel und einer der größten Flughäfen der Welt, der Al Maktoum International Airport (Dubai World Central, DWC) mit einem riesigen Frachtbereich. Die EXPO 2020 wurde ebenfalls in Jebel Ali ausgetragen. Doch Jebel Ali besteht nicht allein aus Docks und Fabriken: Die Einheimischen erfreuen sich auch an den herrlichen Freizeitanlagen im Umfeld.

Wo sich vor 40 Jahren nur eine kleine Fischeransiedlung befand, lädt heute das attraktive Jebel Ali Resort und seine Hotels zu Erholung und vielfältigen Sportaktivitäten am schönsten natürlichen Strandabschnitt Dubais ein. Bei diesen Voraussetzungen ist es kein

ORIENTIERUNG ❶

Reisekarte: 📍 Karte 3, B–D 2–4
Cityplan: S. 167
Das Viertel erkunden: Jebel Ali liegt weit draußen vor den Toren der Stadt an der Grenze zu Abu Dhabi. Bis hierhin – etwa 50 km vom Creek entfernt – hat sich die Stadt inzwischen ausgedehnt. An einem Küstenabschnitt besitzt Jebel Ali schon seit Jahrzehnten eine sehr große, schöne Ferienanlage. Direkt daneben sind die Aufschüttungen für eine zweite ›Palme‹ im Meer abgeschlossen.
Jebel Ali kennt jeder, aber man erreicht die Küste und das Jebel Ali Resort nicht mit öffentlichen Verkehrsmitteln, sondern nur mit dem eigenen Auto oder einem Taxi (Sheikh Zayed Rd., Abfahrt Interchange 9, braunes Hinweisschild, T 814 55 55, www.jaresortshotels. com). Wer vom Hotel aus nach Dubai City möchte, kann zweimal am Tag um 10 und 15.30 Uhr den Shuttlebus des Resorts benutzen.

Wunder, dass unweit davon die zweite künstliche ›Palmen‹-Insel des Emirats, The Palm Jebel Ali, Konturen angenommen hat.

Industriegebiet und Container- hafen

Das **Jebel-Ali-Industriegebiet** ❶ beginnt hinter der Dubai Marina. Hier enden der breite Sandstrand des Jumeirah Beach und die Hochhäuser der Jumeirah Beach Residences. Hier mündet auch die Dubai Marina wieder ins offene Meer und hier dreht sich eines der Wahrzeichen des Emirats, das Al-Ain-Riesenrad.

Wenige Kilometer südwestlich soll Sheikh Rashid 1976 auf einem Wüstenausflug seinen Wanderstock in den Sand gesteckt und entschieden haben, an dieser Stelle die größte Industrie- und Hafenanlage des Emirats bauen zu lassen. Inzwischen ist aus dieser Anekdote Wirklichkeit geworden, und deshalb sind ab hier die nächsten 15 km Küste für Badegäste nicht zugänglich.

Man muss auf der Sheikh Zayed Road landeinwärts in großem Bogen um die **Industrie- und Freihandelszone** herumfahren, bis man am Interchange 9 die ausgeschilderte Abzweigung zum Jebel Ali Resort erreicht. Hier biegt man in nördlicher Richtung ab, fährt an den westlichen Ausläufern des Industriegebiets Jebel Ali vorbei und folgt der Straße mitten durch die Wüste Richtung Meer. Nach mehreren Kilometern sieht man am Horizont eine Ansammlung von Grün und beginnt zu ahnen, was einen erwartet.

Doch zunächst passiert man noch eine einmalige sportliche Attraktion des Emirats, den **Jebel Ali Shooting**

Warenumschlagplatz Dubai – über den Containerhafen Jebel Ali werden viele Orte der Arabischen Halbinsel beliefert.

Club ❷. Zu dieser großzügigen Anlage gehören Einrichtungen in olympischen Dimensionen fürs Tontauben- und Skeetschießen. Bei dieser Sportart trifft man unerwartet viele Emirati und unter ihnen viele junge Frauen ohne männliche Begleitung, die beim Schießen ihre Abaya nicht ablegen. Einer der Goldmedaillengewinner im Schießen bei den Olympischen Spielen 2004 in Athen kam aus Dubai: Ahmed bin Hasher Al Maktoum. Das Mitglied der Royal Family hat auf dieser Anlage das Schießen gelernt. Seit 2007 zählt auch klassisches Bogenschießen zum Angebot des Jebel Ali Shooting Clubs (s. S. 177).

Gokart-Spaß

Je näher man der Küste kommt, um so größer wird die Ausdehnung des Grüns. Anfangs sind es nur die Seitenstreifen der Straße, auf denen blühende Büsche eine Vorstellung davon vermitteln, was inmitten der Wüste mit künstlicher Bewässerung gedeihen kann. Doch wenn man die Parkanlagen des Jebel Ali Resorts erreicht hat, wird die Vorstellung von der Realität schnell überholt.

Bevor man in den Park hineinfährt, passiert man linker Hand noch das älteste Gokart-Zentrum des Emirats. Hier draußen stört lautes Motorengeräusch unter freiem Himmel niemanden. Deshalb ist immer viel los auf der ältesten Kartbahn im Emirat.

Das **Emirates Karting Centre (EKC) ❸** ist eine Non-Profit-Government-Organisation, auf deren Anlage Kimi Räikkönen auf seinen Zwischenstopps zu den Formel-1-Rennen in Australien regelmäßig ›trainierte‹. Im Winter finden normalerweise an den Wochenenden Rennen statt, manchmal auch in der Klasse getunter Kleinwa-

Jebel Ali

Ansehen
❶ Industriegebiet
❷ Jebel Ali Shooting
   Club
❸ Emirates Karting
   Centre (EKC)
❹ Jebel Ali Resort
❺ Jebel Ali Golf Course
❻ The Palm Jebel Ali
❼ Al Maktoum
   International Airport

❽ Dubai Parks and
   Resorts

Essen
1 White Orchid
2 Sette

Einkaufen
1 La Boutique
2 Pro Shop

Bewegen
❶ Banan Beach
❷ The Spa at Jebel Ali
   Golf Resort
❸ Club Joumana
❹ Seawings

Ausgehen
❶ Captain's
❷ Bibé Roof Top Bar
❸ RePublic

---

gen. Immer geht es dabei um die Ehre,
manchmal um kleine Sachpreise, nie
um Geld. Wetten ist nicht erlaubt. Aber
untereinander um die Wette fahren darf
man natürlich.

Am Strand entlang

Jebel Ali Resort

Nach staubigbrauner Wüste und einer
Fahrt durch betongraues Industriegebiet
öffnet sich das **Jebel Ali Resort** ❹ als
grüne Oase. Dichter alter, hoher Baumbestand und neu angepflanzte Palmen
umrahmen die Auffahrt, Fasane und
Pfauen bewegen sich zwischen den hügeligen Rasenflächen. Zur Rechten wan-
dern Golfspieler entlang der Fairways.
Von Industrie oder Fabriken ist im **Jebel
Ali Resort** nichts mehr wahrzunehmen.
Die eindrucksvollen Hotelauffahrten
signalisieren den ankommenden Gästen die detailverliebte Atmosphäre und

den sportlichen Komfort dieser Anlage
bietet, die drei Hotelanlagen umfasst: **JA
Lake View, JA Palm Tree Court** und **JA
Beach Hotel.**

Das Jebel Ali gehört zu den schönsten und ruhigsten Erholungsorten von
Dubai, wozu die Lage weit vor den Toren
der Stadt wesentlich beiträgt. Wen die
deutsche TV-Serie »Traumschiff« regelmäßig begeistert, wird sich erinnern: Das
Traumschiff hat vor langerer Zeit auch
einmal in Jebel Ali angelegt.

Erfreulicherweise sind die Sport-
angebote der Anlage nicht nur für die
Hotelgäste reserviert. Tennisplätze und
Reitställe, Segelboote und Surfbretter,
Fitnessräume und Squashplätze können
von jedermann genutzt werden.

Zum breiten Freizeitangebot des
Resorts gehören auch Rundflüge per
Wasserflugzeug über die Küste. Allein
schon Start und Landung auf den Was-
sern des Jachthafens sind ein Abenteuer,
doch der Blick von oben auf das Resort
ist atemraubend (s. Tour S. 174).

Das westlich vom Hotel entstehen-
de Großprojekt The Palm Jebel Ali wird
dem Resort noch größere Attraktivität
verleihen. Und wenn auf dem neuen Al
Maktoum International Dubai Airport

die ersten Passagierflugzeuge landen werden, ist das ruhige Anwesen schneller zu erreichen.

Ein Park – auch für Golfer

Tiger Woods, der Südamerikaner Ernie Els und andere Golfgrößen spielten regelmäßig auf dem **Jebel Ali Golf Course** ❺. Und wer heute unter den Golfgrößen an den Dubai Desert Classics teilnimmt, testet hier Tage zuvor sein Können, zählt doch der von Peter Haradine entworfene 9-Loch-Platz zu den schönsten der Region. Der technisch anspruchsvolle Course ist optimal in die Landschaft integriert: Von jedem Fairway sieht man am Horizont das Meer, Pfauen stolzieren auf der Anlage frei umher, die Spieler schlagen unter exotischen Bäumen ab und ein großer Salzsee ist auf fünf Fairways eine Herausforderung. Vier verschiedene Abschläge pro Spielbahn machen den Platz für Golfer aller Handicaps reizvoll.

Man muss nicht Golf spielen können oder wollen, aber die weite Anlage mit ihren Schatten spendenden Bäume und kleinen Seen, den gepflegten Greens und den langen Fairways und vor allem das abseits gelegene Clubhaus haben schon ihren Reiz – vorbeischauen sollten Sie zumindest mal.

Vom Hotelstrand erkennt man linker Hand die bereits vollständig aufgeschütteten Sandflächen und die ersten Stützpfeiler aus Beton für die Verkehrswege von The Palm Jebel Ali.

Banan Beach

Solange dieser schöne Strandabschnitt nicht dem weiteren Ausbau von The Palm Jebel Ali zum Opfer fällt, bleibt er ein ganz besonderer. Am **Banan Beach** (s. auch S. 172) liegt nur ein kleines Camping Resort, das mit seinen zahl-

reichen Hängematten und seinen bunten Zelten sofort Wohlfühlatmosphäre vermittelt. Auch Tagesgäste sind hier willkommen. Der Banan Beach bietet eine ideale Mischung aus Entspannung auf warmem Sand und Erfrischung im kühlen Meer, denn man kann hier vielen Wassersportarten nachgehen. Das unkonventionelle Resort verfügt über Surfboards, Paddelboote und viele andere Wasserspielgeräte. Wer bis zum Abend bleibt, kann am Lagerfeuer den Sonnenuntergang bei einer Pizza aus dem Holzofen genießen. Und wer sich zum Übernachten entschließt, aber etwas mehr Komfort als eine Zeltbehausung wünscht, kann in einem der fünf Chalets unterkommen.

The Palm Jebel Ali

In Fläche und Umfang ist **The Palm Jebel Ali** ❻ westlich des Jebel Ali Resorts wesentlich größer als die bereits bebaute Palm Jumeirah vor der Küste des gleichnamigen Stadtteils. Ihre aufwendige Landgewinnung durch riesige Sandaufschüttungen ist bereits vollkommen abgeschlossen. Auch bei Jebel Ali verbindet ein breiter Stamm das Festland mit den insgesamt 16 ›Palmwedeln‹, zwei sichelförmige Schutzringe (crescents) sichern die Palme zum offenen Meer hin ab. Von den beiden äußeren, relativ breiten Ringen führen zusätzlich zum ›Stamm‹ jeweils schmale Dämme aufs Festland. Ein Gesamtkunstwerk für sich bildet der schmale innere Ring, der aus mehreren kleinen Inseln besteht. Auf diesen ›Innenring-Inseln‹, die sich zu beiden Seiten einer schmalen Sichel erstrecken, sollen Bungalows (water homes) entstehen, zum Teil auf Pfählen im Meer stehend und alle mit eigenen Bootsanlegeplätzen. Das Besondere dieser Inseln jedoch ist ihre

Anordnung: Sie stellen die kalligrafische Umsetzung eines arabischen Gedichts dar, das Sheikh Mohammed bin Rashid selbst verfasst hat und dessen bedeutungsschwerer Inhalt sich etwa so übersetzen lässt: »Übernehme die Weisheit des Weisen. Es bedarf eines Mannes mit großen Visionen, um auf dem Wasser zu schreiben. Nicht jeder, der ein Pferd reitet, ist ein Jockey. Große Männer wachsen an großen Herausforderungen.« Den Architektenwettbewerb des Bauträgers Nakheel für die Jebel-Ali-Palme gewann bereits 2007 das holländische Architekturbüro Royal Haskoning, doch seit der Finanzkrise 2009 ruhte die bauliche Entwicklung für 15 Jahre, Jebel Ali war nur für die Passagiere von Rundflügen von Interesse. Das hat sich mit der erfolgreichen Weltausstellung EXPO 2020 geändert.

2023 erkor Sheikh Mohammed bin Rashid die bauliche Vollendung von The Palm Jebel Ali zu seinem wichtigsten Megaprojekt. Mit Fertigstellung von The Palm Jebel Ali wird Dubai seinen Sandstrand um 110 km (!) erweitern, und mit 13,4 km² wird dieses ›Gebilde‹ mehr als doppelt so groß sein wie The Palm Jumeirah, wo bereits 2008 das erste Hotel eröffnet wurde. Da die aufwendige Landgewinnung für The Palm Jebel Ali schon lange abgeschlossen ist, dürfte ihre Entwicklung wesentlich schneller voranschreiten, als es bei der Schwesterpalme der Fall war.

Ungeachtet der *water homes* und der Bebauung mit Villen entlang der Palmwedel sind mehr als 80 Hotels und Resorts, Restaurants und Apartmenthäuser, Jachthäfen sowie Freizeit- und Unterhaltungsparks geplant. Dazu gehört auch das Sea Village, das entlang des zentralen Palmenstammes entstehen soll. Überall auf The Palm Jebel Ali wird es aber auch umfangreiche Grünflächen

Ausblick von der ISS-Raumstation in 400 km Höhe: The Palm Jebel Ali, The Palm Jumeirah und The World (von links nach rechts).

geben, die dafür sorgen sollen, dass höchste Lebensqualität geboten wird – das zumindest ist die Vorstellung von Mohammed bin Rashid Al Maktoum. Im Unterschied zu The Palm Jumeirah sollen auf The Palm Jebel Ali die beiden äußeren Enden der Crescents mit dem Festland verbunden werden, um eine bessere Verkehrsanbindung zum Rest der Stadt zu schaffen. Ein Drittel des Energiebedarfs aller öffentlichen Einrichtungen werden – wie das Dubai Media Office im Zuge der Vorstellung der Pläne verkündete – durch erneuerbare Energien sichergestellt. Verantwortlich für dieses Megaprojekt bleibt weiterhin das Unternehmen Nakheel, das Dubai nach den neuen Plänen von Sheikh Mohammed bin Rashid Al Maktoum »zur schönsten Stadt der Welt« machen wird. Aber noch haben die Bauarbeiten nicht begonnen. Vom Dach des JA Jebel Ali Beach Hotel kann man die sandigen Konturen der Palm Jebel Ali aber schon sehr gut erkennen.

Während die Bebauung ruhte, hat sich der Zugang zum Stamm der Pal-

me zu einem idealen Badestrand entwickelt. Er ist besonders beliebt bei Kite Surfern, denn kein anderer Strand in Dubai ist so leer wie dieser, und genau das macht – noch – seine Qualität aus.

Der Südwesten

Dubai DWC

Als Sheikh Mohammed das Bauprojekt eines zweiten Flughafens für Dubai südlich des Containerhafens Jebel Ali im Modell vorstellte, verblüffte er alle Anwesenden mit dessen Dimensionen. Mit einer Kapazität von 120 Mio. Passagieren und 12 Mio. Tonnen Fracht pro Jahr wird der **Al Maktoum International Airport** ❼ der größte Flughafen der Welt sein. Bei der anwesenden Presse überwogen die skeptischen Stimmen. Ob denn Dubai sich damit nicht überschätze, fragten die Journalisten und erinnerten an die großen Flughäfen der Welt (der Frankfurter Flughafen ist zurzeit mit 70 Mio. Passagieren im Jahr der größte in Europa). Doch Sheikh Mohammed verwies auf die Situation, vor der sein Vater 1969 stand (s. S. 87).

Wenige Jahre später hat das Projekt bereits konkrete Formen angenommen. Insgesamt will der Al Maktoum International Airport das geplante Aufkommen auf sechs Rollbahnen und zwei Terminals bewältigen. Die erste Landebahn wurde Mitte 2008 fertiggestellt, Anfang 2010 landeten dort die ersten Cargo-Clipper. Der Frachtterminal trägt als eigener Teil des Flughafens den Namen **DWC – Dubai World Central**. Bereits heute weisen an der Sheikh Zayed Road große Ausfahrtsschilder mit diesen Namen den Weg zu den Abfertigungshallen.

Zum Projekt des Al Maktoum International Airport (www.dubaiairports.ae) gehört natürlich eine entsprechende Infrastruktur in der Umgebung – die ließ lange auf sich warten, wurde aber mit – der coronabedingten, um ein Jahr verspäteten – Eröffnung der EXPO im Frühjahr 2021 fertiggestellt.

Themenparks

Im noch menschenleeren Südwesten liegt an der Grenze zu Abu Dhabi die gigantische Freizeitanlage **Dubai Parks and Resorts** ❽, die mehrere einzelne sog. Indoor-Unterhaltungsparks, einen Wasserpark und das Hotel Lapita in einem umzäunten Areal von mehreren Quadratkilometern zusammenführt.

Die Zielgruppen für die einzelnen Parks sind unterschiedlich: Im von Hollywood inspirierten **Motiongate** werden Sie in die Welt der Filmstudios von Sony und Columbia Pictures entführt, das **Neon Galaxy** bietet Kindern einen großen Astronauten-Spielplatz mit Raketenbesatzungs-Feeling in Astronautenanzügen, **Legoland** spricht mit 40 aufgebauten Themenbereichen aus Millionen von Legosteinen vor allem Familien mit Kindern an und hat wegen dieser Zielgruppe gleich neben dem Legoland einen eigenen Legoland **Waterpark** errichtet. Der ist besonders beliebt bei den Kindern. Dubai Parks and Resorts befindet sich mit diesen vier Parkanlagen erst im Aufbau. Glaubt man der örtlichen Presse, werden die Dubai Parks bald die größte und meistbesuchte Indoor-Freizeitanlage für Fa-

Eine Verbindung zu Hollywood schafft Motiongate, Teil der Dubai Parks und Resorts.

milien im Emirat sein. Wer beabsichtigt, die Anlage zu besuchen, kann sich informieren und vorbereiten auf www.dubaiparksandresorts.com.

Essen

Asiatische Küche

1 White Orchid: Eine perfekte asiatische Küche, Spezialitäten aus Indien und China werden auf offener Flamme vor den Augen der Gäste zubereitet. Das White Orchid ist das Signature-Restaurant des Hotels – elegante Atmosphäre, *smart casual* schreibt die Kleiderordnung vor. Reservierung erforderlich.

Im Jebel Ali Palm Tree Court, T 814 55 55, 8–24 Uhr, €€

Viva Italia

2 Sette: Dezente italienische Musik (vom Gefangenenchor aus Verdis Oper »Nabucco« bis zu Hits von Eros Ramazzotti) ist Teil des Ambientes dieses Restaurants mit bevorzugt mediterraner Küche und Blick über das ganze Resort.

PICKNICK AM STRAND **P**

Ein Picknick unter Palmen oder am Strand – warum sollen Liebhaber dieser naturnahen und zugleich unterhaltsamen Variante auf dieses Vergnügen draußen vor den Toren Dubais verzichten? Warum sich also nicht im Food Court der **Ibn Battuta Mall** (s. S. 124) mit Proviant versorgen und an einem Strand außerhalb des Hotels ein Picknick organisieren? Wem das zu umständlich ist, der kann alle Zutaten und Utensilien – vom Sonnenschirm über die Kühlbox bis zu den Sandwiches – bei der Concierge des JA Jebel Ali Beach Hotels ordern und losziehen.

Im Jebel Ali Beach Hotel, T 814 55 66, tgl. 18.30–23 Uhr, €€

Einkaufen

Garantiert passend

 La Boutique: Wer irgendein notwendiges Kleidungsstück zu Hause vergessen hat oder gerne eine neue modische Badehose bzw. einen neuen Bikini erwerben möchte, wird hier garantiert fündig.

Im Jebel Ali Resort, www.jaresortshotels.com/dubai/ja-the-resort

Sportliche Outfits

2 Pro Shop: Im Laden des Jebel Ali Golf Course gibt es außer Golfausrüstung auch eine große Auswahl sportlicher Kleidung.

Auf dem Gelände des Jebel Ali Golf Club, T 814 50 46, www.jaresortshotels.com/dubai/ja-the-resort

Bewegen

Stranderlebnis

1 Banan Beach: Mit vielen Liegestühlen und Hängematten an langem Sandstrand, da macht Baden Spaß.

Abzweig am Jebel Ali Resort nach links, am Fuß der ›Palme‹, T 05 05 01 64 13, www.bananbeach.com, dubeach.com/beach/banan-beach-jebel-ali-dubai-club

Erholung inklusive

2 The Spa at Jebel Ali Golf Resort: Das zweistöckige, 900 m² große Spa im andalusischen Stil gehört zu den Leading Spa of The World. Um den zentralen Ruheraum gruppieren sich zehn Behandlungszimmer und die Erholungs- und Erfrischungsbäder (Dampfbad, Jacuzzi, Sauna etc.). Sehr beliebt ist unter den mehr als 40 Gesichts-, Ganzkörper-, Anti-Aging- und Anti-Cellulite-Behandlungen das Royal Hammam Ritual (90 Min. 450 Dh). Neu: »Zeit für Männer« nennt sich die

Lieblingsort

Paradies mit Pfauen

Vor den Toren Dubais, kurz vor der Grenze nach Abu Dhabi, erlebt man im **Jebel Ali Resort** ❹ Qualität als Ensemble: ein langer weißer Sandstrand, eine großzügige Pool-Landschaft, eine tropische Gartenanlage mit Spazierwegen und Wasserläufen, viele hohe Palmen und üppige Blumenbeete, Ruhe und eine beständige Brise, dazu der unaufdringliche Service des Strandpersonals und die Möglichkeit, vielen verschiedenen Sportarten in dem weitläufigen Resort nachzugehen. Als Zugabe ein unerwartetes Alleinstellungsmerkmal: Dutzende von wunderschönen Pfauen stolzieren durch das Hotelgelände und scheuen sich überhaupt nicht vor den Gästen, ja sie sind sogar bereit, für ein Selfie ihre Federpracht voll aufzustellen. Wer in Dubai lebt, kommt gerne am Wochenende, wer Zeit mitbringt, will länger bleiben.

TOUR
Über den Wolken ...

Dubai aus der Luft

Infos

♥ Karte 2/3,
B–W 1–3

Start: Ab Jachtha-
fen des **Jebel Ali
Resort** ❹ oder ab
Landesteg im Port
Rashid, tgl. 9–17 Uhr
zur vollen Stunde

Seawings:
T 04 883 29 99,
www.seawings.ae;
Seawings Signature
Tour, 45 Min.,
1099 Dh (inkl.
Transfer vom Hotel
und zurück); privater
Charterflug für
1–9 Pers., 45 Min.,
Preis Verhandlungs-
sache

Buchungen: Direkt
bei Seawings oder
z. B. bei Gulf Circle
Tours, T 451 38
38, Aspect Tower,
Business Bay, www.
gulfcircletours.com

In den letzten Jahrzehnten hat sich Dubai so rasant entwickelt, dass man die diesem gigantischen Wachstum zugrundeliegende städtebauliche Struktur und die unterschiedlichen Etappen seiner Expansion visuell nur noch aus der **Vogelperspektive** gebührend erfassen kann. Einst eine überschaubare Fischersiedlung mit kleiner Handelsstation zu beiden Seiten des Creek, dehnt sich die Stadt heute nahezu über die gesamte Küstenlänge des Emirats zwischen seinen beiden Nachbarn Abu Dhabi im Westen und Sharjah im Osten aus.

Der Flug ist nicht ganz billig, aber man bereut es nicht. Denn es lohnt sich wirklich. Man fliegt in einem kleinen **Wasserflugzeug** entlang der Küste über die ›Palme‹ und die ›Welt‹, vorbei am **Burj Al Arab** und rund um den **Burj Khalifa**, entlang der **Sheikh Zayed Road** und über den **Creek**.

Fantastische Fotomotive
Natürlich kann man von Land mit viel Glück aus einem der Hotelrestaurants in 200 m Höhe auch einen Eindruck von der Ausdehnung Dubais gewinnen. Deutlich besser ist die Sicht auf Dubai aus 400 m Höhe von der Aussichtsplattform des Burj Khalifa, aber auch von hier sieht man immer nur einen Teil des neuen Dubai. Vergleichbar mit dem Erlebnis eines Rundflugs sind diese Möglichkeiten selbstredend nicht.

In den kleinen, sicheren Wasserflugzeugen von **Seawings** gibt es ausschließlich Fensterplätze. Der Flug beginnt und endet in der Innenstadt im Jachthafen **Port Rashid**. Der Pilot fliegt eine Route mit mehreren Schleifen entlang der Küste und landet nach 45 Min. wieder dort, wo er gestartet ist.

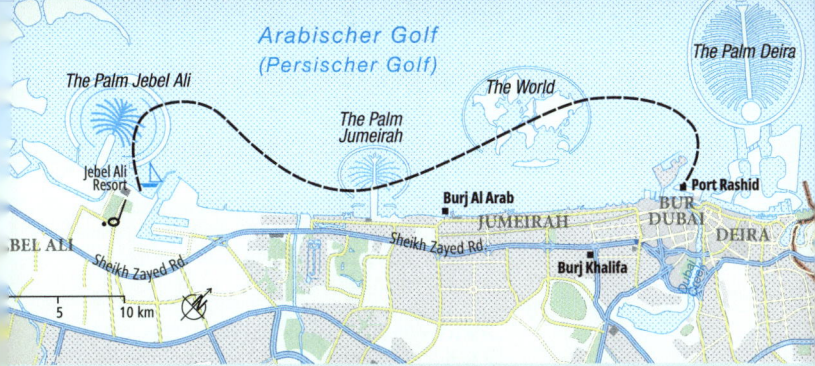

Ein sicheres, kleines Wasserflugzeug, ein erfahrener norwegischer Pilot und neun bequeme Fensterplätze sind die Garantie für ein unvergessliches Erlebnis.

Da man sich während des Fluges im Flugzeug bewegen kann, kommt jeder Gast – was Aussicht und Fotografieren betrifft – garantiert auf seine Kosten. Fragen zum Flugzeug, zur Route und zu den Bauwerken beantwortet während des Fluges der Pilot.

Wohnen auf Palmwedeln

Besonders spektakulär ist der Blick auf **The World,** die künstliche Inselgruppe in Form einer Weltkarte, und die beiden Palmen, die vor der Küste binnen weniger Jahre aus dem Sand des Meeres geschaffen wurden. Aus dem Flieger lässt sich die Dimension neuer Landgewinnung, mit der Dubai seine Küstenlänge von ehemals ca. 50 km jetzt verfünffacht hat, gut erkennen.

Eigentlich handelt es sich bei den beiden Palmen um Halbinseln, denn sie sind durch ihren ›Stamm‹ (auf den Straßenschildern steht *trunk*) mit dem Festland verbunden. Insgesamt waren drei Palmen geplant, aber nur für zwei wurde der Sand aufgeschüttet und nur eine, **The Palm Jumeirah,** wurde bisher fertiggestellt. Ihre 17 ›Palmwedel‹ sind mit Hunderten von Villen bebaut und entlang des Stammes dehnen sich Dutzende von Apartmenthäusern aus. An der Spitze der ca. 5 km vom Festland entfernten ›Krone‹ *(crescent)* steht das **Hotel Atlantis** und seit 2022 daneben das noch größere, futuristisch anmutende **Atlantis The Royal.** Inzwischen sind es auf den beiden Seiten des Crescent mehr als ein Dutzend Hotelanlagen, und es sollen noch mehr werden (s. S. 148). Die Palm Jumeirah aus der Luft zu erleben, die unterschiedlichen Ausdehnungen und die grünen Gartenanlagen der Hotels aus der Vogelperspektive zu sehen, hinterlässt bleibende Erinnerungen.

Fertiggestellt sind auch die Aufschüttungsarbeiten an **The Palm Jebel Ali** im Westen Dubais. Bisher wurde nur Sand aufgeschüttet und noch kein einziger Stein vermauert. Gleich nach dem Start überfliegt man dieses ›Kunstwerk‹ einer aus hellem Sand künstlich kreierten kompletten Palme.

Auch lassen sich während des Flugs andere aufgeschüttete Konturen entlang der Küste erkennen. Beeindruckend, weil bereits bebaut, durchbrechen die Halbinseln ›Jumeirah Bay Island‹ und ›Pearl Jumeirah‹ die ansonsten gerade Küstenlinie.

Die ›zweite Erschaffung der Welt‹

Keine Verbindung zum Festland hat der künstliche Archipel **The World** (s. S. 143), zwischen drei und acht Kilometern vor der Küste Dubais gelegen. Die Inselgruppe besteht aus 300 aufgeschütteten Inseln und Inselchen auf einer Gesamtfläche von 6 x 9 km. Als Ensemble sehen sie aus der Vogelperspektive wie eine geografisch annähernd exakte Weltkarte aus. Jede der Inseln, die zwischen 2,5 und 10 ha groß sind, trägt den Namen eines Staates. Auch hier sind die Aufschüttungsarbeiten abgeschlossen, ist in Dubai quasi »die Welt ein zweites Mal erschaffen worden«, wie der Bauträger dieses Archipel werbend vorzustellen pflegt. Die Konturen der Kontinente sind aus der Luft gut zu erkennen. Wer welchen ›Staat‹ gekauft hat, ist Teil der Gerüchteküche in Dubai. Die Entscheidung über den Zuschlag traf der Herrscher persönlich. Viele berühmte Namen werden immer wieder genannt. Bebaut sind bis heute nur zwei Inseln, 2022 kam das Anantara Boutique Hotel dazu. Alle Projekte sind Sache der Inselbesitzer.

Landmarks aus der Luft

Auch wenn man einige der Wolkenkratzer und insbesondere die architektonischen *landmarks* der Stadt an den Ufern des Creek oder entlang der Sheikh Zayed Road von einer Stadtrundfahrt her kennt, ist es dennoch unvergleichlich spektakulär, diese nebeneinander aufgereiht oder als Monolithen in noch unbebauter Umgebung von oben neu zu entdecken. Die Umrundung des **Burj Khalifa,** des 828 m hohen Turms an der Sheikh Zayed Road, und des 321 m hohen **Burj Al Arab,** des wohl bekanntesten Hotels der Welt, komplettieren die Höhepunkte auf diesem Rundflug über die Stadt.

Pflegeserie der britischen Spa-Kosmetik Elemis für eine eigens für Männer kreierte Gesichtsbehandlung.

Im Jebel Ali Resort, T 814 55 55, tgl. 9–19 Uhr

Tolles Sportangebot

❸ Club Joumana: Das Sportzentrum des Jebel Ali Resort ist der Club Joumana, ein eigenes großes Gebäude am Jachthafen, schräg gegenüber dem Streichelzoo und den Pferdeställen. Er bietet das übliche Fitnessstudio-Programm und ein Sqash Center, organisiert zudem Kamelausritte, Katamaranfahrten, Kajaking, Tauch-, Surf- und Hochseesegelkurse.

Am Jachthafen des JA Jebel Ali Resort, T 814 55 55, tgl. 6.30–23 Uhr

Dubai aus der Luft

❹ Seawings: Infos s. S. 174

Schützenfest

❷ JA Jebel Ali Shooting Club: Zehn Indoor-Schießplätze für verschiedene halbautomatische Pistolen und Revolver, die alle der internationalen Wettkampfnorm entsprechen. Geschossen wird auf Zielscheiben, die je nach Können 10–27 m entfernt sind. Überwacht wird das Schießen von qualifizierten Instruktoren, die beim Anvisieren und Nachladen behilflich sind. Wer vorerst nicht zur Waffe greifen möchte, hat in einem Simulationsraum die Möglichkeit, sich per Laser mit den Grundlagen des Anvisierens und Abfeuerns vertraut zu machen. Seit 2015 zählt auch Bogenschießen zum Sportangebot. Anfängern stehen qualifizierte Trainer zur Verfügung.

Info: An der Zufahrt zum JA Jebel Ali Resort, T 814 53 00, Mi–Mo Nov.–Mai 13–20.45, Juni–Okt. 16–22.45 Uhr

Formel 1 en miniature

❸ Emirates Karting Centre: Wer Gokarts mag oder gerne einmal ausprobieren möchte, ist hier richtig. Die Bahn ist sicher, die Carts sind gepflegt, die Preise günstig.

EKC Jebel Ali, links vor dem Jebel Ali Resort, T 28 27 11 11, Facebook: Emirates Karting Centre Jebel Ali, tgl. 11–18 Uhr, 30 Min./100 Dh

Zweimal 9 Loch

❺ Jebel Ali Golf Course: Einer der schönsten und ältesten Golfplätze Dubais.

50 km südwestlich von Dubai City, Sheikh Zayed Rd., Abfahrt Interchange 8 (braunes Hinweisschild), T 814 55 55, www.jaresorts hotels.com

Ausgehen

Strandbar

✹ Captain's: Am Ende des schönen Gartens genießt man direkt am Strand Snacks und Longdrinks bei Sonnenuntergang und noch lange danach. Das gleichmäßige Anschlagen der Meereswellen und das Rauschen der Palmen erschweren das Aufbrechen. Ab 18 Uhr kann man auch gemütlich eine Shisha rauchen.

Im Jebel Ali Resort, T 814 55 55, tgl. 9–23 Uhr

Deluxe-Cocktailbar

✹ Bibé Roof Top Bar: Die Sitzgelegenheiten sind so bequem, das Personal so freundlich und die Auswahlmöglichkeiten auf der Getränkekarte so verlockend, dass es schwerfällt, die Lounge überhaupt wieder zu verlassen.

Im JA Lake View Hotel, T 814 55 55, tgl. 17–24 Uhr

Beste Aussicht

✹ RePublic: Ein helles Gastropub, das frische europäische Gerichte und Snacks anbietet, ebenso eine große Auswahl an Cocktails und Säften. Von der weitläufigen Terrasse hat man eine überwältigende Aussicht über das gesamte Resort und besonders auf den Golfplatz. Beliebter Treffpunkt auch für Expats.

Im JA Lake View Hotel, T 814 55 55, tgl. 12–16, 18.30–23 Uhr

Zugabe
Wasser ist mehr als H_2O

Über Dubais Umgang mit einem kostbaren Gut

Schätzen Sie einmal, welches Land der Welt pro Kopf seiner Einwohner an einem Tag am meisten Wasser verbraucht? Sie meinen, die USA? – Falsch (ca. 300 l). Oder die Bundesrepublik? – Wieder falsch (ca. 140 l). Die richtige Antwort ist: Dubai und die VAE mit mehr als 600 l am Tag pro Einwohner.

Da Dubai fast kein Grundwasser besitzt und dort sehr, sehr wenig Regen fällt, müsste Wasser im Emirat eigentlich ein knappes Gut und deshalb sehr teuer sein. Das Gegenteil ist der Fall. Nirgendwo auf der Welt zahlen die Einwohner weniger für Wasser als am Golf, Wasser wird praktisch verschenkt.

»Im Paradies«, so verspricht der Koran den Gottesfürchtigen (Sure 47 Vers 15), »findet Ihr Bäche voll Wasser.« So gesehen leben die Einwohner des Emirats Dubai bereits auf Erden an einem paradiesischen Ort.

Aus salzig wird süß

Den hohen Wasserverbrauch kann sich Dubai nur leisten, weil es viele Meerwasserentsalzungsanlagen betreibt, die 99 % seines Süßwassers produzieren. Dank preisgünstiger fossiler Energie macht das nicht einmal große Mühe: Meerwasser wird zum Kochen gebracht, damit sich aus dem Dampf dann salzfreies Kondenswasser bilden kann. Diesem destillierten Wasser werden dann wieder Mineralien zugeführt, um die Qualität von Süßwasser und Trinkwasser zu erreichen.

Ein aufwendiger Lebensstil führt immer, aber besonders in heißen Ländern zu einem hohen Wasserverbrauch. Mit jedem neuen Hotel, mit jedem neuen Bürohochhaus oder mit jedem neuen Golfplatz müssen täglich Millionen Liter Süßwasser aufbereitet werden. Sie nahezu kostenlos zu liefern, sichert den Herrschern am Golf die wohlwollende Zustimmung ihrer Einwohner und die touristische Attraktivität des Emirats.

Neue zukunftsweisende Technik

Eine neue Entwicklung vermag zumindest teilweise Abhilfe zu schaffen, die sog. Membran-Technik. Dabei wird das Salzwasser durch eine Filtermembrane gepresst, deren sehr, sehr feinen Poren das Salz zurückhalten. Statt Wärme für die Verdampfung braucht diese Technik für den hohen Druck elektrische Energie. Diese ließe sich erneuerbar aus Photovoltaik-Anlagen gewinnen. In Dubai und Abu Dhabi werden die ersten Anlagen erprobt.

Wer in Dubai einen Wasserhahn aufdreht, macht sich keine Gedanken, woher das Wasser eigentlich kommt.

Ist Meerwasserentsalzung denn sicher?

Alle Anlagen zur Meerwasserentsalzung am Golf sind im Grunde ständig von Ölteppichen bedroht. Das zeigte sich besonders anschaulich, als im Zweiten Golfkrieg weite Teile im Norden des Golfes monatelang durch kuwaitisches Öl verschmutzt waren. Der Iraker Saddam Hussein setzte die Zerstörung kuwaitischer Ölquellen als Waffe ein.

Das teuerste Heu der Welt

In Kenntnis der Probleme um die Ressource Süßwasser betreibt die Regierung der VAE dennoch relativ viel Landwirtschaft und ein eigenes Ministerium subventioniert und fördert diese mit enormen Summen. In den Oasen Liwa und Al Ain werden auf über 100 000 ha Ackerland Gemüse, Salat, Kartoffeln, Viehfutter, Blumen und Früchte angebaut. Das Futtergras für die Kamele ist daher wohl das teuerste Heu der Welt.

Wassersparen ist angesagt

Die Herrscher haben es erkannt: Dubai und die VAE müssen weniger Wasser verbrauchen. Deshalb wird jetzt mit Hilfe aufwendiger Aufklärungskampagnen auf den gedankenlosen Umgang und die sorglose Verschwendung von Wasser ermahnend aufmerksam gemacht. Regierung und Tageszeitungen geben umfassende Ratschläge, wie jeder Einzelne in seinem Alltag Wasser einsparen kann. Schulen veranstalten Aktionstage. Und seit Kurzem verlangt die Regierung Gebühren, Wasser kostet jetzt Geld, wenn auch sehr, sehr wenig (2020: 1000 l für private Haushalte ca. 0,20 €; zum Vergleich: in der BRD 1000 l ca. 4 € inkl. Abwasser). Und es gibt den Regierungsplan »Clean Energy Strategy 2050«, nach dem Dubai bis 2030 bereits 25 % und bis 2050 sogar 75 % seines Energiebedarfs durch erneuerbare Energien abdecken will. ■

Es grünt so grün, wenn Dubais Palmen grünen – gepflegte Gartenanlagen benötigen hier viel Wasser, sehr viel Wasser …

Ausflüge

Vieles wird verständlicher — wenn man die nähere Umgebung während eines Dubai-Aufenthaltes einbezieht, einen Ausflug in die Wüste unternimmt oder sieht, was sich in den Nachbaremiraten tut. Manches aber auch unverständlicher.

Seite 185

Bab Al Shams Desert Resort

In der Al Sarab Rooftop Lounge auf dem Dach des Wüstenresorts Bab Al Shams seinen Lieblingscocktail genießen und dabei den Sonnenuntergang und/oder einen klaren Sternenhimmel erleben.

Seite 186

Al Hadheerah Desert Restaurant

Das Restaurant unterm Sternenhimmel in der Wüste im Stil einer offenen Karawanserei im Bab Al Shams Desert Resort & Spa ist garantiert ein außergewöhnliches Erlebnis.

Wollen Sie die Wüste auf vier Rädern oder lieber auf vier Kamelbeinen entdecken?

Eintauchen

Seite 189

Heritage Village

Mächtige Wachtürme und das historische Zentrum lohnen den Besuch der kleinen Oasenstadt Hatta.

Seite 190

JA Hatta Fort Hotel

Nach den ›Strapazen‹ einer Wüstenexkursion bietet der Pool im Hotel eine schöne Erfrischung.

Seite 202

Falken als VIP-Patienten

Ein öffentliches Krankenhaus, nur für Falken – und Sie können bei der Behandlung zusehen.

Seite 205

Sheikh-Zayed-Moschee

Sie steht unübersehbar am Eingang der Stadt Abu Dhabi nach der Überquerung der Al-Maqta-Brücke. Ihre Architektur folgt sehr traditionellen Formstrukturen, aber alles ist kostbarer als in anderen Moscheen: die weiße Marmorverkleidung, die vergoldete Kuppel, die floralen Intarsien aus Edelsteinen, der Teppich für die Betenden. Und das wichtigste für Besucher: Nichtmuslime dürfen sie betreten.

Seite 206

Louvre Abu Dhabi

Das beeindruckende Museum, das von Jean Nouvel entworfen und im Dezember 2017 eröffnet wurde, stellt große Meisterwerke der Kunst aus und versucht mit seinen Exponaten zugleich einen globalen Vergleich der Kulturen.

Seite 215

Al Ain National Museum

Am östlichen Rand der Oase Al Ain erhebt sich die Lehmfestung Al Hosn; daneben ist in einem Anbau das älteste und bekannteste Museum des Emirats Abu Dhabi untergebracht.

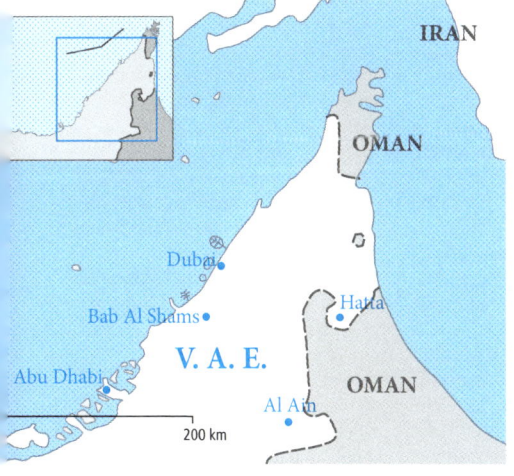

Sie wollten schon immer mal ein Kamel kaufen? Dann sind Sie auf dem Souq Jamal in Al Ain genau richtig!

Nur Dubai? – Vieles liegt vor der Tür und Sie verpassen einiges, wenn Sie nicht nach draußen aufbrechen!

erleben

Wüste, Enklave, Nachbaremirate

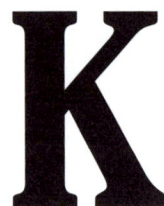

Kennt einer Dubai, wenn er nur Dubai kennt? – Goethe stellte diese Frage in Bezug auf Deutschland, nachdem er aus Italien zurückgekehrt war, aber in verallgemeinerndem Sinne gilt sie gleichermaßen auch für jedes andere Land. Nicht nur deshalb lohnen Ausflüge von jedem Ferien- oder Urlaubsort in die Umgebung.

Da wäre zuerst ein Kennenlernen der Wüste, wenn man schon einmal in jener Region ist, in der sich die größte Sandwüste der Welt, die Rub Al Khali, ausdehnt. Um den Blick über hohe eindrucksvolle Sanddünen gleiten zu lassen, muss man von Dubai jedoch nicht bis in die 300 km entfernte Rub al Khali aufbrechen. Es genügt eine knappe Stunde mit dem Auto. Die Wüsten von Dubai gehören zwar noch nicht zur Rub al Khali, ihre Dünen sind nichtsdestotrotz gewaltig hoch. Und in der Oase Liwa des Nachbaremirats Abu Dhabi beginnt dann auch schon die berühmte Rub al Khali.

Dubai grenzt nicht nur an Abu Dhabi im Südwesten, sondern auch an Sharjah im Nordosten. Beide Nachbaremirate haben zwar mit Dubai vieles gemeinsam, aber zugleich unterschei-

ORIENTIERUNG

Infos: Besuche in der Umgebung ergänzen Ihre Eindrücke und sind absolut problemlos. Man kann sich für einen Leihwagen entscheiden, den öffentlichen Überlandbus nehmen oder sich einem Tour Operator anschließen.

Verkehr: In den ganzen Vereinigten Emiraten sind die Landstraßen hervorragend, viele sogar nach Sonnenuntergang beleuchtet, die meisten an den Seiten begrünt, oft sogar von Palmen gesäumt und hervorragend ausgeschildert. Tankstellen gibt es überraschend viele, in den meisten kann man sich mit Essen und Getränken eindecken, die Toiletten sind sauber.

Bei jedem der nachstehenden Ausflüge informieren eigene Orientierungshinweise.

den sie sich sehr von Dubai – und sie unterscheiden sich auch untereinander. Diese Vielfalt in der Einheit der Vereinigten Arabischen Emirate ein bisschen kennenzulernen, die unterschiedlichen Entwicklungen aufgrund unterschiedlicher Voraussetzungen zu erleben, dazu sollen die vorgestellten Ausflüge beitragen.

Ab in die Wüste

📍 **Karte 4, C/D 2**

Wüsten bedecken den größten Teil der Arabischen Halbinsel. Sie sind ein Teil ihrer ursprünglichen Naturlandschaft, die sich auch vor den Toren Dubais ausbreitet und die man in ihren unterschiedlichen Formen im Emirat kennenlernen und erleben kann. Die Wüste sei der Garten Allahs, sagten die Beduinen, hier habe der Mensch die Chance, sich selbst zu erkennen.

Von allen Stadtteilen Dubais kann man nach ›draußen‹ in die Wüste fahren, aber am einfachsten und schnellsten erreicht man sie von der Sheikh Zayed Road auf den ausgebauten Landstraßen E44 nach Hatta oder auf der E66 nach Al Ain. Von Jebel Ali aus benutzt man zuerst die Emirates Ring Road.

Nur eine halbe Stunde Autofahrt Richtung Hatta erstreckt sich ein Wüstengebiet mit besonders hohen Sanddünen, die Einheimische und Expatriates wegen der rötlichen Farbe des Sandes Big Reds nennen. Die **Big Reds** werden gerne an Wochenenden mit vierradgetriebenen Fahrzeugen besucht. Schon die Anreise vermittelt einen Eindruck von der grenzenlosen Weite, die in literarischen Beschreibungen als die Faszination der Sandwüsten beschrieben wird. Für viele sind die Big Reds heute aber ein ›Spielplatz‹: Junge Einheimische treiben hier wagemutig den Sport des *dune bashing* (Dünen-Prügeln) und Möchtegern-Wüstenrallyefahrer suchen sich besonders hohe Dünen aus, um mit ihren Pick-ups hinunterzubrettern. Inzwischen gibt es von Oktober bis März

Am Spätnachmittag, wenn die Schatten länger werden, ist die perfekte Zeit für eine Wüstentour.

Dune bashing ist für die Teilnehmer zwar eine spaßige Angelegenheit, doch für das Öko-System Wüste ein eher problematisches Vergnügen.

besonders an den Wochenenden an der E 44 bei den Big Reds bereits eine Art Infrastruktur für die *basher:* viele Zuschauer, Getränkestände, Reparaturbetriebe und ein improvisiertes Restaurant.

Wenige Kilometer abseits des Trubels wird es stiller. Hier wird man von der Faszination der Wüste ergriffen: Vom Farbenwechsel der Sanddünen von hellem Beige bis zu warmem Rotbraun, von der Formenvielfalt, die der Wind geschaffen hat und die sich zugleich ständig verändert, oder auch von der spärlichen Vegetation, die in Gestalt grüner Farbtupfer die sandige Weite unterbrechen.

Allein in die Wüste

Die Mehrzahl der Reiseveranstalter in Dubai haben Wüstensafaris als Halbtages-, Ganztages- und Übernachtungstouren in ihrem Programm. Wer auf eigene Faust losziehen und seinen Wüstentrip individuell mit einem vierradgetriebenen Leihwagen gestalten möchte, muss einige lebenswichtige Regeln beachten:

Fahren Sie niemals allein, sondern immer mit mehreren Personen und mindestens mit zwei Fahrzeugen! Für den Fall, dass man in der Wüste eine Panne hat, sollte man unbedingt zusammenbleiben, d. h. Hilfesuchende sollten nur zu zweit aufbrechen. Bevor man einen Ausflug in die Wüste unternimmt, sollte man sein Hotel darüber informieren, wohin man fährt und wann man ungefähr zurückkommen wird. Darüber hinaus sollte man vereinbaren, dass das Hotel zwölf Stunden nach Überschreiten der avisierten Rückkehrzeit die Polizei benachrichtigt. Sich auf sein Handy zu verlassen genügt nicht, weil nicht überall eine Etisalat-Verbindung besteht. Obligatorisch ist eine zweckmäßige Ausrüstung. Dazu gehören zwingend pro Person 10 l Trinkwasser, ein Kanister Benzin, ein

Erste-Hilfe-Set, eine Wolldecke, zwei Ersatzreifen, Abschleppseil, Schaufel, Kompass und eine Uhr; eventuell noch Sandbleche und ein Keilriemen.

Organisiert in die Wüste

»Die Wüste erleben« wird als Programmpunkt im Kopf der meisten Dubai-Besucher irgendwann einmal ankommen und deshalb haben sich die örtlichen Tourenveranstalter seiner Erfüllung angenommen.

Mehrere Operator haben ca. eine Autostunde von Dubai entfernt inmitten der Wüste stimmungsvolle Beduinenlager für Besucher errichtet. Nach der Anfahrt, die besonders auf den letzten Kilometern nach dem Verlassen der Straße aufregend wird, kann man in der Nähe der Zelte in den Dünen umherwandern, einen Ausritt auf einem Kamel wagen oder sich eine Falkenvorführung anschauen. Die ersten Stunden des Abends verbringt man unter sternenklarem Himmel bei arabischer Musik. Gegrillte Köstlichkeiten werden gegen

21 Uhr serviert, die man auf Kissen und Teppichen sitzend zu sich nimmt. Dazu werden manchmal auch Bauchtänze dargeboten. Wer mag, kann den Abend mit einer Wasserpfeife abschließen, bevor er sich auf sein Feldbett im Beduinenzelt oder in einen Schlafsack unter freiem Himmel zurückzieht. Beeindruckend sind in jedem Fall die Stille der Wüste und der Sternenhimmel, der von ungewohnter Klarheit ist. Bei Sonnenaufgang wird gemeinsam gefrühstückt, spätestens zum Mittagessen ist man wieder zurück in Dubai. Die Tour Operator bieten die unterschiedlichen Übernachtungsprogramme in der Wüste nur zwischen September und April an. Empfehlenswert: Arabian Adventures (s. Kasten).

Übernachten mit Komfort

Es liegt in der Natur der Sache, dass Dubai seinen Besuchern das Erleben seiner ursprünglichen Landschaft auch auf höchstem Niveau ermöglichen möchte. So entstanden z. B. zwei Luxusresorts inmitten der Wüste, Oasen des Komforts zwischen Sanddünen, beide nur knapp 50 km von Dubai entfernt.

Ein Platz an der Sonne

Wenn das **Bab Al Shams Desert Resort** hinter den Dünen am Horizont Konturen annimmt, wird man sofort an die Festungsarchitektur von Shibam im jemenitischen Wadi Hadramaut erinnert. Verdeckt von hohen Sanddünen, mitten in der Wüste erhebt sich das ›Tor zur Sonne‹, ein flaches, in die Landschaft unauffällig eingebettetes Resort, das einer Fata Morgana gliche, gäbe es nicht eine Piste, auf der man es erreichen kann. Die Farben des Hauses ähneln denen des Wüstensandes, die Architektur ist alten Traditionen verpflichtet. Betritt man das hinter hohen Mauern gelegene Resort,

---

AUTOFAHREN WILL GELERNT SEIN **A**

Autofahren im Sand sollte nicht erst in der Wüste erprobt werden! Lernen kann man es vorab in den Kursen verschiedener Reiseveranstalter (z. B. Arabian Adventures, s. S. 239). Bei erfolgreichem Abschluss erhalten die Teilnehmer einen ansprechenden ›Wüsten-Führerschein‹. Er ist eine erinnerungsträchtige ›Trophäe‹, wenn man den eigenen nationalen Führerschein zu Hause für ein paar Monate abgeben muss.

ist man fasziniert von der Vielfalt der Blumen und Bäume inmitten der kargen Landschaft. Bab Al Shams bietet dem Gast all den Komfort, nach dem er sich nach einer Wüstenwanderung sehnt: ein großes Schwimmbad mit direktem Blick in die Dünen, ein Restaurant mit feinsten arabischen Speisen, eine Rooftop Lounge mit gekühlten Getränken, und wer will, kann hier auch noch traumhaft übernachten. Die Zimmer sind mit orientalischem Mobiliar ausgestattet und durch die Fenster sieht man nur hohe Dünen.

Al Quadra Rd., vom Autodrome ca. 45 km in südliche Richtung, T 809 61 00, www.babalshams.com, beste arabische Küche im Al Hadheerah Desert Restaurant (s. S. 20)

Fata Morgana

Wüstenaufenthalte waren früher zwangsläufig mit Strapazen und Entbehrungen verbunden. In literarischer Form schilderte das inbesondere der Brite Sir Wilfred Thesiger, der zwischen 1945 und 1950 die große arabische Sandwüste Rub Al Khali durchquerte. Seine Berichte und seine Fotos dokumentieren anschaulich die großen Strapazen. Doch inzwischen haben sich die Zeiten total geändert. Heute kann man die Wüste auf luxuriöse Art ›entdecken‹ und sich dort sogar erholen. Das **Al Maha** ist ein solches Luxusdomizil inmitten der Wüste, eine Oase zum Entspannen und Erholen zwischen hohen Sanddünen. Es gehört heute zur ›Luxury Collection‹ der Marriott Hotels und erhielt 2004 die höchste Auszeichnung von National Geographic.

Al Maha ist ein Genuss für betuchte Erholungssuchende und Naturliebhaber! 40 Suiten in einzeln stehenden

Orientalischer Luxus à la 1001 Nacht und außenherum nichts als Wüste: Das erwartet Sie im Bab Al Shams Desert Resort.

Zeltbungalows mit großzügigem Wohn-schlafzimmer, das auf eine überdachte Holzterrasse mit eigenem kleinen Swimmingpool führt. Wunderschöner Panoramablick über die liebevoll angelegte Oase bis weit hinaus in die Wüste, an deren Ende sich das Hajar-Gebirge erhebt. Alle Suiten sind 75 m² groß, die Emirates Suite und die Royal Suite sogar 175 m², alle verfügen über eigene Swimmingpools.

Oberhalb der Zeltbungalows steht ein Gebäude mit maurischen Architekturelementen, das mit der Weite der Wüste und den Sanddünen perfekt harmoniert. Hier genießt man im großen Speisesaal mit Außenterrasse das abendliche Safaridinner. Zum Hauptgebäude gehören ein Salon, eine Bar, eine Bibliothek, zwei *majlis*-Zimmer und die großzügige Lobby. Ein großer Pool mit überdachter Terrasse liegt etwas abseits des Hauptgebäudes, ebenso der Timeless Spa mit einem hervorragenden Therapieangebot. Alle Suiten und die Verbindungswege sind von Grünanlagen umgeben; die Wege zu den Zeltbungalows werden nach Einbruch der Dunkelheit stimmungsvoll beleuchtet.

Al Maha ist ein Stück Wüste mit heimischer Fauna, darunter arabische Oryxantilopen, Berggazellen und Wüstenfüchse. Alle Tiere bewegen sich völlig frei auf dem Gelände der Anlage. Zu Pferd oder Kamel können die Gäste die Wüste entdecken, am frühen Morgen Einblicke in die arabische Tradition der Falknerei gewinnen oder an einer tollkühnen Dünenfahrt teilnehmen. Von Dubai auf der E 66 nach Al Ain, Ausfahrt bei Exit 47, Parkplatz am Eingangstor des Resorts, von dort Abholung für die letzten 10 km über sandige Piste; Alternativen: Abholservice vom Flughafen Dubai, Hin- und Rücktransport bis 4 Pers. ca. 300 US-$; mit dem eigenen Pkw oder einem Taxi vom Exit 47 auf einer sehr schmalen, geteerten Piste bis zum Resort, T 04 832 99 00, www.marriott. com, €€€

Hatta

 📍 **Karte 4, E 2**

Die Exklave des Emirats Dubai liegt am Fuß des Hajar-Gebirges. Bereits die Fahrt dorthin führt durch eine faszinierende Dünenlandschaft und gehört zu den reizvollsten Routen im Land. Die Farben der Sanddünen links und rechts der Straße wechseln zwischen hellem Beige und dunklem Rotbraun. Kurz hinter Lahbab werden die Sanddünen immer gewaltiger, bis sie vor Madam enden und hinter Al Jizer in eine Ebene mit vereinzeltem Baumbestand vor der gewaltigen Kulisse des Hajar-Gebirges übergehen.

ANREISE NACH HATTA

Das von Dubai ca. 120 km entfernte Hatta erreicht man auf der vierspurigen Nationalstraße E 44. Die Fahrt führt durch weite Wüstengebiete und in ihrem letzten Teil durch einen Abschnitt omanischen Gebiets (Grenzposten mit Kontrollen – Pass nicht vergessen!). Sollte die Grenze zum Oman geschlossen sein, können Sie Hatta am besten über die Emirates Road (E 611) und dann auf der Sharjah-Kalba Road (E 102) über das Emirat Fujairah erreichen.

Von Dubai fährt der RTA-Bus ›Hatta Express‹ vom Haupteingang der Dubai Mall *(tourist bus parking area)* zur Hatta Main Bus Station (alle 2 Std. 7–19 Uhr, 25 Dh, 1,5 Std., gleiche Zeiten für Rückfahrt). Von der Hatta Main Bus Station fährt ein RTA-Bus zu allen Sehenswürdigkeiten (2 Dh). Die meisten Tourenanbieter in Dubai bieten Hatta als Tagesausflug an. Man hat jedoch mehr von der Fahrt durch die Wüste und von Hatta selbst, wenn man übernachtet.

Waschen, baden, fischen – für die Einheimischen sind die natürlichen Becken von Hatta mehr als nur eine kühle Erfrischung.

In dieser Ebene liegt Hatta und an dessen Ortseingang in einem grüne Park das JA Hatta Fort Hotel. Wenige hundert Meter weiter hat man das Zentrum erreicht.

Wieso gehört Hatta zu Dubai?

Hatta liegt geographisch viel näher am Emirat Fujeirah, aber schneller erreicht man es, wenn man omanisches Gebiet durchfährt. Wieso aber gehört die Exklave Hatta überhaupt zu Dubai? Und warum gibt es überhaupt so viele Exklaven im Norden der VAE?

Bis Anfang der 1950er-Jahre gab es keine offiziell festgelegten Markierungen zwischen den jeweiligen Herrschaftsbereichen der einzelnen Sheikhs. Es gab reale Machtverhältnisse, historische Gewohnheiten, mündlich überlieferte Traditionen und vor allem die Stammesloyalität. Aber es gab keine verbindlichen Dokumente, keine Landkarten mit Grenzziehungen. Da die Briten über Jahrhunderte als

Schutzmacht in der Golfregion wirkten, aber nach dem Zweiten Weltkrieg ihre weltpolitische Position überdenken mussten, schlugen sie eine überraschende, aber vorbildliche Lösung für klare Abgrenzungen der jeweiligen Herrschaftsbereiche und somit für Grenzziehungen in der Region vor. Eine Gruppe britischer Diplomaten unter der Führung von Julian Walker reiste Mitte der 1950er-Jahre mit Zustimmung von Sheikh Zayed in Landrovern von Dorf zu Dorf und Siedlung zu Siedlung und befragte die Einwohner, wen sie als ihren Sheikh bisher angesehen haben. Für die großen zusammenhängenden Zentren der jeweiligen Emirate war das Ergebnis relativ klar, aber in den Randgebieten führte die Befragung zu einem bunten Flickenteppich. Denn im Großen und Ganzen wussten die Familienoberhäupter in den Siedlungen und Oasen schon, zu welchem Sheikh sie bisher ›gehörten‹, an welchen Sheikh sie sich bei Streitigkeiten wandten bzw. welchen Sheikh ihre Eltern und Großeltern in ihren Erzählungen als den ›Ihren‹ bezeichnet und anerkannt hatten. Da das Befragungsergebnis auch dank des Drucks von Sheikh Zayed von den anderen Sheikhs akzeptiert wurde, kam es dank Julian Walker im Grunde zu den bis heute anerkannten Grenzziehungen zwischen den sieben Emiraten und zu der Vielzahl kleiner Enklaven, die weit entfernt vom jeweiligen Zentrum liegen, politisch jedoch zu dem jeweiligen Emirat gehören. Hatta ist eine dieser Enklaven, die zu Dubai und nicht zum viel näher gelegenen Fujeirah gehört.

Hatta – ein Überblick

Hatta selbst erstreckt sich weit auseinandergezogen in der Ebene, wobei einzelne Ansiedlungen auch die Hänge des Hajar erreichen. Der Ort beherbergt drei Sheikh-Paläste, sieben Moscheen und drei Schulen, eine Polizeistation, zwei Kliniken, Tankstellen, Banken und eine Post, sogar eine öffentliche Bibliothek und einen Fußballplatz – eine komplette Infrastruktur für höhere Lebensqualität, zu der auch das angenehme Klima beiträgt. Deshalb verbringen viele Einheimische die heißen Sommermonate im ca. 1000 m hoch gelegenen Hatta.

Die historische Oasensiedlung

Auf einer Anhöhe, inmitten eines Dattelpalmenhains, liegt das alte Dorf Hatta. Es wird überragt von einem Fort mit zwei mächtigen **Wachtürmen** aus dem Jahr 1800 und der 1780 erbauten **Juma-Moschee,** die als ältestes Gebäude von Hatta gilt. Zu den Spuren aus dieser Zeit gehören auch ca. 30 Lehmhäuser. Alle Gebäude des historischen Hatta, die teilweise stark verfallen waren, wurden als **Hatta Heritage Village** rekonstruiert. In den Räumen wurden Geschäfte, Restaurants, traditionelle Kunsthandwerkerateliers und Ausstellungsräume mit Szenen aus dem historischen Alltag eingerichtet. Im Zentrum des Heritage Village steht das historische Hatta-Fort, das 1896 von Sheikh Maktoum bin Hashr Al Maktoum errichtet wurde. Heute beherbergt es Waffensammlungen, alte Fotografien sowie einfache Möbel und Teppiche. Im Innenhof der Festung steht ein Brunnen, der die Bewohner auch dann noch mit Wasser versorgte, wenn Hatta belagert wurde. Direkt hinter dem Eingang befindet sich linker Hand der alte Friedhof.

Hatta Heritage Village, Sa–Do 8–20.30, Fr 14.30–20.30 Uhr, Eintritt frei

Das neue Hatta

Neben dem Heritage Village steht das **Hatta Fort Hotel** im Range einer Sehenswürdigkeit. Aus Dubai kommend erreicht man am ersten Verkehrskreisel links die wunderschön gestaltete Gartenanlage des Hotels. Das Hotel, seine Restaurants und sein Schwimmbad sind der beliebteste Anlaufplatz nach Besuchen im Zentrum der Stadt oder Aktivitäten im Umland. Das Hotel organisiert auch ›Safaris‹ zu den nahe gelegenen Hatta-Pools mit ortskundiger Führung und ornithologische Exkursionen. Für Kinder gibt es einen eigenen Pool sowie einen großen Abenteuerspielplatz.

Freizeit am Stausee

Die Wasserversorgung von Hatta wird durch einen eindrucksvollen Stausee mit einer ebenso eindrucksvollen Talsperre (im Englischen »Hatta Dam«) geregelt. Man erreicht ihn nach kurzer Fahrt vom Hatta Heritage Village. Die hohen Berge ringsum und das blaugrüne Wasser bilden einen faszinierenden Kontrast zur Wüstenlandschaft, durch die man auf der Anreise nach Hatta gefahren ist. Die Wege am Rand des Stausees bieten sich für Wanderungen an. Am Ufer befindet sich ein Kayak- und Tretbootverleih. So kann man die Region auch vom Wasser aus erkunden.

Schlafen

Oase der Ruhe
JA Hatta Fort Hotel: Das Resort der Ruhe liegt am Ortseingang. Links und rechts der beiden Hauptgebäude reihen sich in einer hügeligen, großzügigen Landschaft 50 Gästebungalows aneinander und hintereinander, alle mit großen Terrassen und Gartenblick. Zur Anlage gehören zwei Schwimmbäder und zwei Restaurants. Sportlich Ambitionierte können zwischen Golf, Bogen- oder Tontaubenschießen, Tennis (zwei Flutlichtplätze), Mountainbikefahren, Reiten und drei ausgeschilderten Joggingstrecken wählen.
T 048 14 54 00, www.jaresortshotels.com/dubai/ja-hatta-fort-hotel, €€

Essen

Blick auf den Hajar
Café Gazebo: Das Restaurant oberhalb des großen Pools des JA Hatta Fort Hotels

Zeugnis aus kriegerischen Zeiten: der alte Wehrturm in Hatta

bietet eine ausgezeichnete Aussicht und eine sehr gute Küche.
Tgl. 7–20 Uhr, €€

Gepflegte Umgebung
Jeema: Das Signature Restaurant des JA Hatta Fort Hotels bietet seinen Gästen internationale Küche in gepflegter Atmosphäre.
Tgl. 11.30–14, 18–22 Uhr, €€

Bewegen

Große Auswahl
Sportlich Ambitionierte können im JA Hatta Fort Hotel zwischen Golf, Bogen- oder Tontaubenschießen, Tennis (zwei Flutlichtplätze), Reiten und drei ausgeschilderten Joggingstrecken wählen.
Infos und Buchung an der Hotelrezeption

Ausgehen

Last Order
Roumoul Cocktail Bar: Eine Bar, die man gerne zu einem Drink nach dem Abendessen aufsucht.
Tgl. 20–24 Uhr

Infos

Für die Einreise nach Oman benötigt man kein Visum. Für einen Leihwagen muss man eine zusätzliche Pkw-Haftpflichtversicherung für Oman (7 Tage ca. 200 Dh) abschließen. Voraussetzung dafür ist eine Bescheinigung des Leihwagenunternehmens, dass man das Auto auch in Oman benutzen darf. Wer von Dubai nach Hatta mit dem Pkw fahren möchte, kann über das Territorium des Emirats Fujairah (♀ Karte 4, E 2), das zu den Vereinigten Arabischen Emiraten gehört, problemlos einreisen.
Informationen zu Hatta: www.visithatta.com

Sharjah ♥ Karte 4, C 1

Sharjah grenzt direkt an Dubai, ist stolz auf sein historisches Erbe, besitzt sehr viele Museen und schöne Strandhotels. 1998 wurde Sharjah von der UNESCO zur Kulturhauptstadt der Arabischen Welt gewählt.

Ein Reiz der gleichnamigen Hauptstadt des Emirats Sharjah ist ihre gelungene Verbindung von Alt und Neu: Moderne Wolkenkratzer stehen neben alten Festungen und zeitgemäße Shopping-Malls konkurrieren mit traditionellen Souqs. Wie im Nachbaremirat Dubai ist man in Sharjah bemüht, Touristen zu gewinnen, wenn auch auf bescheidenerem Niveau und mit unterschiedlicher Akzentsetzung. Sharjah ist in der VAE die Stadt mit den meisten Museen.

Sharjahs erste Touristen
Während der von Briten beeinflussten Trucial-States-Epoche und besonders nach dem Zweiten Weltkrieg war Sharjah das bedeutendste Emirat am Golf. Nach der Gründung der VAE öffnete es als erstes seine Tore für Touristen.

In den 1970er-Jahren genehmigte der Emir den Bau von Strandhotels und sorgte so dank des internationalen Fremdenverkehrs für beträchtliche Deviseneinnahmen. Denn die Hoffnungen des Emirats auf Ölquellen hatten sich zunächst nicht erfüllt. Nachdem die befreundeten Saudis großzügige Finanzhilfe gewährten, fühlte sich der in England promovierte Emir Dr. Sheikh Sultan bin Mohammed Al Qasimi im Gegenzug verpflichtet, Verkauf und Konsum von Alkohol in der Öffentlichkeit zu untersagen. Seit 1985 ist Sharjah daher ›dry‹, es herrscht Alkoholverbot. Wer im Restaurant oder in einer Bar ein Bier trinken will, muss sich seitdem ins 15 km entfernte Dubai begeben. In Sharjah darf heute jeder Nichtmuslim nur in seinem Hotelzimmer Alkohol konsumieren.

Sharjah heute
Ungeachtet seines Alkoholverbots ist Sharjah ein sehr tolerantes Emirat. Sheikh Sultan schenkte der christlichen Gemeinde Land, damit sie eine Kirche errichten konnte, bereits seit 1970 gibt es eine Oberschule für Mädchen und 1998 wurde – dank großer Anstrengungen der Herrscherfamilie

---

ORIENTIERUNG

Info: Da es keine Grenzübergänge zwischen den Emiraten gibt, merkt man gar nicht, wann man das Emirat Dubai verlassen und das östlich angrenzende Sharjah erreicht hat. Sharjah ist mit 2600 km² nur in etwa halb so groß wie Dubai und zählt ca. 1,5 Mio. Einwohner, davon ca. 130 000 Emiratis. Dazu gehören auch die Bewohner der am Golf von Oman liegenden Exklaven Khor Fakkan, Dibba und Kalba, die auch zum Emirat Sharjah gehören.

Verkehr: Zwischen Sharjah und Dubai verkehren öffentliche und private Buslinien von 5 bis 24 Uhr im 15-Minuten-Takt. Sie werden von vielen Expatriates genutzt, die im billigeren Sharjah wohnen, aber in Dubai arbeiten. Die Haltestelle in Dubai befindet sich am Baniyas Square, in Sharjah an der Al Wahda Road, Fahrpreis 8 Dh. In Sharjah-Stadt verkehren öffentliche Buslinien, Taxifahren ist genauso billig wie in Dubai. Taxifahrer können nette Tourguides sein. Allerdings sollte man sich vor Fahrtantritt ihrer Englischkenntnisse versichern.

um das historisch-kulturelle Erbe des Emirats – Sharjah von der UNESCO zur Kulturhauptstadt der arabischen Welt erklärt. Viele aufwendig und mit großer Sorgfalt restaurierte Bauten, die heute Museen beherbergen, führten zu dieser Auszeichnung.

Erdöl wird in Sharjah erst seit 1974 gefördert, doch in wesentlich geringerem Umfang und mit wesentlich geringeren Einnahmen als in Dubai und Abu Dhabi. Die Förderung auf der Insel Abu Musa wird mit Iran geteilt, der die Insel seit 1974 besetzt hält; die Ausbeute fällt mit ca. 60 000 Barrel pro Tag vergleichsweise bescheiden aus (Vergleich: z. B. Saudi-Arabien 10 Mio. Barrel am Tag!). Ergiebiger sind die Ende der 1980er-Jahre entdeckten Erdgasvorräte, aus deren Einnahmen seit Mitte der 1990er-Jahre die Restaurierungsarbeiten bestritten werden. Insgesamt gilt Sharjah als Dienstleistungszentrum der Vereinigten Arabischen Emirate. Darüber hinaus hat es den Hafen Khor Fakkan an der omanischen Golfküste ausgebaut, um von dort Güter auf dem Landweg an die Westseite der Emirate zu transportieren; das erspart Frachtschiffen bis zu zwei Tage Fahrtzeit durch die Straße von Hormuz und erhebliche Kosten.

Eine Stadt kultureller Vielfalt

Sharjah liegt an drei Creeks, deren Windungen zwar für einen besonderen Reiz der Stadt sorgen, aber auch gewisse Verkehrsbeeinträchtigungen zwischen den Stadtteilen verursachen.

Von Dubai führen mehrere Hauptverkehrsstraßen nach Sharjah, doch auf der küstennahen Al Ittihad Road ist man am schnellsten im Zentrum. Von Dubai kommend, biegt man am Stadteingang am Al Wahda Flyover von der Al Ittihad Road nach links in die Al Khan Street Richtung Küste ein. Diese Straße führt zwischen den beiden großen Lagunen Khor Al Khan im Westen und Khor Khaled im Osten hindurch, kreuzt den Al-Qasba-Kanal (s. S. 196) und erreicht nach etwa 4 km in dem ehemaligen Fischerdorf Al Khan das Meer.

Der älteste Stadtteil

In **Al Khan,** der ältesten Siedlung in Sharjah, lebten die Bewohner vom Fischfang und wohnten in Lehmhäusern. 2002 wurde der ganze Stadtteil saniert und nahezu alle alten Lehmhäuser abgerissen. 2008 eröffneten hier zwei Museen: Das Sharjah Maritime Museum und direkt daneben das Sharjah Aquarium (siehe Museen).

Neben den Museen beginnt die Mina Road, eine breite Straße, die parallel zur Küste verläuft und an der mehrere Strandhotels (z. B. das Sharjah Carlton, das Sharjah Grand Hotel, das Sharjah Beach Resort) liegen. Die Straße endet am Gebäude der Hafenbehörde von Port Khaled. Dieser Strandabschnitt gehört zu den schönsten des Emirats Sharjah, ist aber mit dem von Jumeirah weder in der Gestaltung noch in der Qualität der Hotels zu vergleichen.

Stadtzentrum

Um ins Zentrum von Sharjah zu gelangen, muss man auf der Al Khan Road 2 km zurückfahren und an der nächsten Kreuzung nach links Richtung Nordosten in die Al Arouba Street zur Sharjah Bridge einbiegen, die über den Khor Khalid in die Innenstadt führt.

Auf der Brücke sieht man bereits rechter Hand inmitten großer Grünanlagen die langgestreckten blauen Hallen des **Souq Al Markazi** (auch als Central Souq bezeichnet) liegen. Die beiden 1978 errichteten Tonnengewölbe, die durch Laufbrücken miteinander verbunden sind, erinnern an gigantische Bahnhofs-hallen. Im Inneren werden die Hallen von unzähligen Säulen geschmückt und jeweils von zehn eindrucksvollen Windtürmen mit Frischluft versorgt. Die blauen und grünen Kacheln zieren kalligrafische Spruchbänder und Mosaike.

Diesem neoislamischen Baustil verdankt der Souq, dass er in den 1990er-Jahren nicht nur zu den bekanntesten Markthallen der Vereinigten Arabischen Emirate gehörte, sondern auch zum Wahrzeichen von Sharjah wurde und auf dem 5-Dh-Schein abgebildet ist. Mehr als 600 kleine Geschäfte bieten in den Korridoren der zweistöckigen Hallen alles nur Erdenkliche an, außer Lebensmitteln. Besonders lohnend ist das Angebot im ersten Stock der ersten Halle mit verschiedenen Teppich- und Antiquitätengeschäften. Hier kann man unter anderem schönen Silberschmuck aus Südarabien erstehen.

Die sich östlich hinter den Souq-Hallen erhebende Große Moschee wurde dem Emirat von König Feisal aus Saudi-Arabien gestiftet und trägt auch seinen Namen; die kleine zierliche Moschee zwischen der ersten Souq-Halle und der Sharjah-Brücke wird hauptsächlich von den Beschäftigten des Souqs zum Mittagsgebet aufgesucht.

Der historisch beeindruckende Teil der Stadt liegt an der Mündung des Khaled Creek, nördlich des Al Souq Al Markazi. Um dorthin zu gelangen, überquert man die Al Arouba Street unter einer Brücke und folgt dem Ufer der Lagune bis zum Fischmarkt. Hier werden täglich bis zum frühen Mittag direkt vom Boot Körbe und Kisten voller Fische zu den unmittelbar angrenzenden Verkaufs-

Zwei Wahrzeichen Sharjahs am Khalid Port: die Pyramiden des Radisson-Blu-Hotels und die Al-Maghfirah-Moschee

Was man sich wohl so erzählt nach Feierabend? Sicherlich nur Gutes über diese Aussicht auf die Skyline von Sharjah.

ständen entlang der Kaimauer gebracht und lautstark zum Verkauf angeboten.

Heritage Area

Die Straße entlang dem Lagunenufer heißt in Anlehnung an ihre französischen Vorbilder Corniche Road. Auf dieser erreicht man hinter dem Al Merralija Square die historische Altstadt von Sharjah, heute ein großes Freiluftmuseum, genannt Heritage Area. Diese verkehrsberuhigte Zone erstreckt sich zwischen der Merralija Road im Westen und der Golf Road im Osten sowie der Al Arouba Road im Süden, in der die alte Festung Al Hisn steht.

Mehrere restaurierte, zum Teil auch nach alten Plänen neu errichtete Gebäude versetzen hier die Besucher in die Zeit des

19. Jh. Beeindruckend ist beispielsweise das 1845 erbaute **Bayt Al Naboodah.** In dem zweistöckigen Stadthaus, errichtet in traditioneller Golfarchitektur, wird der feudale Lebensstil einer wohlhabenden Kaufmannsfamilie in dem Haus mit 20 Zimmern und einem eindrucksvollen Innenhof dokumentiert. Es war nämlich das Haus des reichen Perlenhändlers Obaid bin Eissa bin Ali Al Shamsi, der den Spitznamen Al Naboodah trug und in Sharjah als geizig galt.

Historischer Sitz des Herrschers

Bedeutendstes Bauwerk der Heritage Area ist die Festung **Al Hisn** (oft auch Al Husn transkribiert), die volkstümlich auch Sharjah Fort genannt wird. Von der 1822 erbauten eindrucksvollen Lehmfestung, die mehr als ein Jahrhundert das Zentrum Sharjahs bildete und in der einst die Herrscherfamilie der Qasimi lebte, war in den 1960er-Jahren nur ein 12 m hoher Turm erhalten geblieben. Alle anderen Gebäude fielen dem in dieser Zeit einsetzenden Hochhausbau im Zentrum von Sharjah zum Opfer. Sheikh Sultan Al Qassimi, der sich 1969 zu Studienzwecken in Kairo aufhielt und von den Abräumarbeiten während der Regentschaft seines Bruders Khalid zugunsten der Al Burj Avenue hörte, stoppte im letzten Moment den Abriss des Turms. In mühevoller Rekonstruktion nach alten Stichen und Fotos gelang es ihm nach seinem Regierungsantritt (1972), die Festung mit Originalmaterialien (z. B. roter Basalt aus Abu Musa und Mangrovenhölzer aus Sansibar) wieder aufzubauen.

Da die Rekonstruktionsarbeiten außerordentlich schwierig waren und weil auf originalgetreue Details geachtet wurde, dauerte es 25 Jahre, bis Fort Hisn 1997 wieder eröffnet wurde. Heute wirkt es wegen der zu beiden Seiten unmittelbar neben der Festung stehenden zwanzigstöckigen Hochhäuser wie eine weiße Liliputanerburg.

Souq und Kaffeehaus

Vom Naboodah-Haus überquert man den Platz zum **Souq Al Arsah,** dem ältesten Basar der Stadt mit engen Gassen, mehr als 100 kleinen Läden, schönen Holztüren und einladender Geschäftigkeit. Nur die unter Putz liegenden Stromleitungen verraten, dass die arabische Ladenstraße einer Komplettsanierung unterzogen wurde.

An der Al Arsah Souq grenzen das arabische Kaffeehaus **Al Qahwa Al Shabiah** (tgl. 9–13, 16–20 Uhr) und die Majlis Ibrahim Mohammed Al Midfa, das restaurierte Haus einer alteingesessenen arabischen Händlerfamilie. Die Al Midfas kühlten ihr Haus durch einen eindrucksvollen runden Windturm, den man in dieser Form sonst nirgendwo im Emirat antrifft. Ibrahim Mohammed Al

Midfa gab 1927 die erste Zeitung in den Emiraten heraus und war bis zu seinem Tode 1983 Sekretär der Herrscherfamilie.

Auf der anderen Seite des Bayt Al Naboodah erhebt sich das Haus von Saeed bin Mohammed Al Shamsi (Al Taweel), das heute das Calligraphy Museum beherbergt. Zu diesem Museumsensemble gehört auch der Heritage Square, ein offener Platz mit einem großen Zelthaus, in dem eine umfangreiche Bibliothek arabischer Literatur untergebracht ist.

Art Area

Neben der Heritage Area ließ Sultan Al Qasimi östlich der Bourj Avenue entlang der Corniche die alten Gebäude des Souq Bin Kamil restaurieren und schuf mitten im Stadtzentrum eine verkehrsberuhigte Art Area, einen weiträumigen Platz, der von restaurierten Bauwerken umgeben ist, die sich alle der Kunst verschrieben haben.

Das 1997 eröffnete Kunstmuseum, das Sharjah Art Museum, ist das Zentrum der Art Area, ein gewaltiger Bau in traditionell arabischer Architektur, dessen äußere Schmucklosigkeit in krassem Gegensatz zu Ausstattung und Wert der Exponate im Inneren steht.

In dem anderen renovierten Gebäude der Art Area haben sich einige Künstlerorganisationen niedergelassen; hier kann man Kunstgegenstände und Bücher kaufen.

Entlang der Küste

Verlässt man die Heritage und Art Area und folgt der Corniche weiter die Küste entlang, so ist zur Rechten der ehemalige Al Majarra Souq nicht zu übersehen, denn seine prächtige Goldkuppel drängt einen Vergleich mit dem Jerusalemer Felsendom geradezu auf. Hinter den sich entlang der Corniche erstreckenden braunen Marmormauern von Al Majarra befand sich einst eine der schönsten Shopping-Malls des Emirats. 2008 wurde sie zu einem Museum umgebaut und das Sharjah Museum of Islamic Civilisation zog in das schöne Bauwerk ein (s. rechts).

Palast der Herrscherfamilie

Auf der weiteren Fahrt entlang der Corniche gelangt man zum Palast der Herrscherfamilie. In diesen Palast, der von Palmen umgeben ist, zog die Herrscherfamilie Ende der 1950er-Jahre ein, als die alte Al-Hisn-Festung zu baufällig wurde.

Cultural Square

Sharjah besitzt weit mehr Museen als alle anderen Emirate. Zwei der neueren liegen außerhalb des Stadtzentrums am Culture Square. In der Mitte dieses eindrucksvollen Verkehrskreisels steht als Denkmal ein überdimensional großes aufgeschlagenes Buch aus Marmor – der Koran als Kunstwerk. Unmittelbar am Verkehrskreisel befindet sich der Cultural Palace, dessen Treppenaufgang von außen beeindruckt und in dem Theater- und Kulturdarbietungen aufgeführt werden.

Rechter Hand des Cultural Square befinden sich das Science Museum sowie das Archäologische Museum.

Al-Qasba-Kanal

Auf der Rückfahrt nach Dubai auf der Al Wahda Road kann man am westlichen Stadteingang einen Abstecher zum Al-Qasba-Kanal machen. Es ist ein künstlich angelegter Kanal zwischen der Al-Kahn- und der Al-Kahled-Lagune von ca. einem Kilometer Länge. Entlang des Kanals und seiner breiten Uferpromenade befinden sich Terrassen, Plätze und Restaurants sowie Gebäude in islamisch-andalusischer Bauweise, in denen kleine Geschäfte ihre Waren anbieten. Das ganze Gebiet versteht sich als Unterhaltungsmittelpunkt. Dazu trägt die klimatisierte Gondel eines Riesenrads, genannt »The Eye of the Emirates« bei, das die Fahrgäste auf 60 m Höhe bringt und mit einer herrlichen Aussicht belohnt.

Museen

Die Museen Sharjahs verteilen sich auf ca. 4 km voneinander entfernte Stadtbezirke. Deshalb sollte man seine Interessen bündeln: Die Ausstellungshäuser für Geschichte und Kunst befinden sich in der Heritage Area am Sharjah Creek, jene, die sich der Archäologie und den neuen Wissenschaften widmen, im Südosten der Stadt an der Sheikh Rashid Bin Saqr Street. Alle Museen haben Sa–Do 8–20 und Fr 16–20 Uhr geöffnet. Überblick über alle Museen: www.sharjahmuseums.ae/en-US/Museums.

Religiöse Pracht
Museum of Islamic Civilization: In dem 1987 errichteten Souq Al Majarrah findet man auf zwei Stockwerken in den umgebauten Fluren und Hallen herausragende Exponate der islamischen Geschichte wie alte Münzen und Gläser, ein großes Stück des schwarzen Stoffes, der die Kaaba in Mekka umhüllte, und alte Korantexte.
T 565 54 55, www.islamicmuseum.ae, Erw. 5 Dh, Kinder frei

Piraten und Perlen
Sharjah Maritime Museum: Schwerpunkt der Ausstellungen ist die maritime

Silberschmiedin auf den Sharjah Heritage Days

Geschichte des Emirats und des Perlentauchens.
Frw. 10 Dh, Kinder frei

Viele Fische
Sharjah Aquarium: Direkt neben dem Maritime Museum; es bietet die Möglichkeit, trockenen Fußes die Unterwasserwelt vor der Küste zu erkunden.
T 528 52 88, Sa–Do 8–20, Fr 16–22 Uhr, Erw. 25 Dh, Kinder 15 Dh

Festung und Palast
Fort Al Hisn: Im Inneren des Forts faszinieren eine Ausstellung mit Fotos zur Geschichte Sharjahs, alte Dokumente und Waffen sowie eine Dokumentation der Restaurierungsarbeiten. Eindrucksvoll ist auch das Gefängnis im alten Al-Mahalwasa-Turm, der als einziger Teil der ursprünglichen Festung erhalten ist.
Al Bourj Ave., T 568 55 00, Erw. 10 Dh, Kinder 5 Dh

Schrift als Kunst
Calligraphy Museum: Das Kalligrafiemuseum lädt zu einer Zeitreise in die Geschichte der arabischen Schriftarten ein.
T 569 45 61, Eintritt frei, wegen Renovierung bis Mitte 2024 geschlossen

Arabische Malerei
Sharjah Art Museum: Auf zwei Stockwerken werden Bilder arabischer Maler und die Privatsammlung der Herrscherfamilie gezeigt, zu der viele ältere Zeichnungen und Gemälde des Briten David Roberts mit Motiven aus allen Teilen der Arabischen Halbinsel gehören.
T 556 82 22, Eintritt frei

Eine Reise zu den Sternen
Sharjah Science Museum: Das naturwissenschaftliche Museum erfreut sich auch wegen seines herausragenden Planetariums vieler Besucher.
Sheikh Rashid Bin Saqr Al Qasimi St., T 566 87 77, Erw. 10 Dh, Kinder 5 Dh

Spannende Ausgrabungen
Sharjah Archaeology Museum: Das Archäologische Museum bringt mit modernsten audiovisuellen Mitteln und in Modellen den Besuchern die Frühgeschichte des Emirats näher. Besonders eindrucksvoll wurde das 2500 Jahre alte Pferdegrab rekonstruiert, in dem ein Mann zusammen mit seinem Pferd und vielen Gegenständen aus Gold beerdigt wurde. In einem eigenen Raum des Museums macht Sheikh Sultan Al Qasimi seine wundervolle Antiquitätensammlung der Öffentlichkeit zugänglich.
Sheikh Rashid Bin Saqr Al Qasimi St., T 566 54 66, Erw. 10 Dh, Kinder 5 Dh

Schlafen

Das Hotelangebot in Sharjah kann im Luxussegment nicht mit dem in Dubai mithalten. Doch auch hier gibt es schöne Hotels, und sie sind billiger als in Dubai.

Preisbewusste Reisende wohnen daher in Sharjah und besuchen von dort aus das nur 15 km entfernte Dubai. Hat man sich in Dubai einquartiert, lohnt es sich mitunter nicht, bei einem Ausflug nach Sharjah dort zu übernachten, es sei denn, man möchte sehr viel besichtigen und sich die Stunde Fahrtzeit im Berufsverkehr ersparen.

Städtischer Luxus

Double Tree by Hilton Sharjah Waterfront: Der 18-stöckige Hotelturm liegt direkt an der Khalid Lagoon. 259 helle Zimmer, alle mit fantastischer Aussicht über die Lagune oder die Stadt. Das ansprechende Majdolin-Restaurant besitzt eine einladende Außenterrasse.
Jamal Abdul Nasser St., im Stadtteil Al Majaz, T 06 511 19 00, www.hilton.com, €€

Strand und Sport

Occidental Sharjah Grand: Ein sehr beliebtes Strandhotel unter Barceló-Management, großer Pool und vielseitiges Sportprogramm. Tgl. Shuttle-Service zur Dubai Mall, dem größten Einkaufszentrum im Nachbaremirat.
Al Meena St., im Stadtteil Al Khan, T 06 593 79 79, www.barcelo.com/en-ie/occidental-sharjah-grand, €

Nicht nur für Jugendliche

Youth Hostel Sharjah: Kleine Jugendherberge (3–5 Betten pro Zimmer, alle mit AC) in einem zweistöckigen Haus, sehr persönliche Atmosphäre; 5 km zum Strand. Übernachtung auch ohne DJH-Ausweis möglich.
Im Stadtteil Al Sharghan, nahe dem Al Muroor R/A, T 06 569 77 07, uaeyha.gov.ae/sharjah-heritage-hostel-branch, €

Essen

Frische Meeresfrüchte

Marasea: Ein sehr guter Italiener, der nicht nur Klassiker, sondern vor allem auch besonders gute Fisch- und Meeresfrüchtegerichte anbietet.
Im Sheraton Sharjah Beach Resort, T 06 563 00 00, Di–So 18.30–24 Uhr, €€€

Mit herrlichem Meerblick

Al Khaimah Beach Restaurant: Große Terrasse, internationale Küche.
Im Al Lou'a Lou'a Beach Resort, Al Mina Rd., T 528 50 00, loulouabeach.com, tgl. 11.30–14, 19–23 Uhr, €€

Frisch gebrüht

Rals Café: Neu eröffnetes, modernes Café im 1. Stock des Einkaufzentrums. Sehr gutes Preis-Leistungs-Verhältnis.
Al Nahda Rd., Sahara Centre, T 705 96 62, www.saharacentre.com, Mo–Do 10–23, Fr–So 10–24 Uhr, €

Bewegen

Riesenrad

Eye of the Emirates: Aus 60 m Höhe hat man den besten Blick über die Stadt, wegen des Lichts ist ein Besuch zwischen 17 und 22 Uhr am besten.
Am Al-Qasba-Kanal, tgl. 10–23 Uhr, Erw. 30 Dh, Kinder 15 Dh

Am Wasser

Strände: In Al Khan beginnt die Mina Road, eine breite Straße, an der die älteren Strandhotels liegen. Dieser Strandabschnitt gehört zu den schönsten der Stadt. Wer nach Sharjah des Badens wegen fährt, sollte die Strände in Khor Fakkan auf der omanischen Seite aufsuchen.

Einkaufen

Shopping in Sharjah

Al Souq Al Markazi: Der aufregendste Souq der Stadt in zwei großen Hallen.
Al Buhaira Corniche, Khalid Lagoon, tgl. 9–13, 16–23 Uhr

Historische Ladenstraße

Souq al Arsah: In diesem Souq ist das Antiquitätenangebot am größten.
Heritage Area, Sa–Do 9–13, 16–21 Uhr

Infos

● **Touristeninformation:** Reservierung von Unterkünften und Mietwagen sowie Infos über Stadt und Umgebung.
Sharjah Commerce & Tourism Development Authority, Crescent Tower, 9. Stock, T 556 67 77, www.sharjahtourism.ae

Abu Dhabi 📍 Karte 4, A 3

Das Emirat Abu Dhabi ist mit mehr als vier Fünfteln der Gesamtfläche das größte der VAE. Abu Dhabi besitzt zudem die meisten Erdölvorkommen und ist mit Abstand das reichste unter den sieben Emiraten. Seine Herrscher aus der Familiendynastie der Al Nahyan amtieren seit der Staatsgründung 1971 als Präsidenten der VAE. Die Hauptstadt des Emirats trägt den Namen des Emirats und ist zugleich die Hauptstadt der VAE.

Abu Dhabi, ›Vater der Gazelle‹

Im Jahre 1761, als die Nahyan-Familie als Teil des Beduinenstammes der Bani Yas in der Liwa-Oase siedelte, entdeckten umherwandernde Angehörige des Stammes auf einer Sandinsel vor der Küste des Arabischen Golfs Gazellen an einem Wasserloch. Lebenswichtiges Süßwasser war gefunden – und ein Name auch. Man errichtete eine kleine Siedlung und nannte sie Abu Dhabi. 1793 verlegte der Scheich seinen Sitz von Liwa dorthin. Noch 150 Jahre später, in den 1960er-Jahren (vor dem Erdöl), lebten in der Stadt Abu Dhabi nur annähernd 5000 Emirati.

Ein großes Emirat

Die rund 400 km lange Golfküste des Emirats besteht im Wesentlichen aus flachen Sandstränden und Salzsümpfen mit zwei künstlichen Häfen: Mina Zayed auf der Insel Abu Dhabi und Jebel Dhanna. Die riesigen Flächen des Landesinneren sind Wüste, ihre Sanddünen nehmen nach Al Ain hin einen rötlichen Ton an. Neben der Hauptstadt Abu Dhabi werden die Stadt Al Ain sowie mit Einschränkung auch die Liwa-Oasen im Landesinneren und die Inselwelt entlang der Westküste gerne aufgesucht. Abu Dhabi hat sich erst 2003 dem Tourismus geöffnet. Viele erstklassige Business- und Strandhotels, die in den Boomjahren entstanden sind, bilden den Grundstock seiner Hotellerie. An den schönsten Strandabschnitten der stadtnahen Inseln Saadiyat Island und Yas Island entstanden mehrere Ferienhotels.

INFOS

Die Stadt Abu Dhabi erstreckt sich auf einer Insel vor dem Festland und ist mit diesem durch drei Brücken verbunden. Sie hat seit 1960 einen ungeheuren Bauboom erlebt und wurde entlang der Corniche abermals vollständig umgebaut. Die Stadt besitzt mehr als 20 Parks und viele Moscheen, darunter die Sheikh-Zayed-Moschee, die auch Nichtmuslime betreten dürfen.
Die mit Brücken verbundenen stadtnahen Inseln Yas und Saadiyat bilden seit 2010 die neuen Kultur- und Unterhaltungszentren. Auf Saadiyat Island eröffnete 2017 das neue Louvre-Museum und auf Yas Island befindet sich die Formel-1-Rennstrecke, Ferrari World und der größte Wasserspielpark der VAE.

Entlang der Küstenstraße

Palmengesäumte Boulevards gliedern die Stadt, in der unablässig Ströme von Autos fließen. Unter ihnen erstreckt sich entlang der nördlichen Küstenlinie die aufwendig ausgebaute, 6 km lange Prachtstraße Corniche. Prachtvolle Hochhäuser, spiegelnde Glaspaläste, edle Hotels, großzügige Shoppingkomplexe – die Verbindung moderner mit traditioneller islamischer Architektur kennt keine Grenzen entlang dieser Straße.

Zwischen Corniche und Meer verläuft eine Promenade mit Springbrunnen, Parks und Spazierwegen; entlang der Corniche gibt es mehrere gepflegte öffentliche Badestrände. Besonders attraktiv ist der ca. 500 m lange Al Bahar.

Immer im Blick: Emirates Palace

Wo man sich auf der Corniche auch aufhält, immer gleitet der Blick hinüber zur prächtigen Silhouette des **Emirates Palace** (heute von der Hotelgruppe Mandarin Oriental geführt). Dem lang gestreckten, in den Farben rötlichen Sandes gestalteten Bauwerk mit seinen vielen großen und kleinen Kuppeln kann man sich einfach nicht entziehen. Das Emirates Palace ist das Gästehaus der Regierung der Vereinigten Arabischen Emirate und ein Hotel. Weil in der Region für jede Regierung das Repräsentieren sehr wichtig ist, besitzt der Palast die doppelte Länge des Schlosses von Versailles, und alles, was in seinem Inneren golden glänzt, ist auch Gold.

Über dem Mittelpunkt des Palastes erhebt sich mit 42 m Höhe eine der

Die Sheikh-Zayed-Moschee besitzt nicht nur einen 15 m hohen, vergoldeten Swarovski-Leuchter mit 1 Mio. Kristallen, sondern auch den mit 5000 m² weltgrößten handgeknüpften Teppich.

mächtigsten Kuppeln der Welt, vergleichbar der des Petersdoms. Durch ihre acht großen Dachfenster dringt die Sonne ins Atrium, um das sich die Eingangshallen sowie die Staatsgastsuiten gruppieren und von dem die beiden Hotelflügel abzweigen. Einen Besuch im Hotel und in einem seiner Restaurants sollten sich Besucher Abu Dhabis nicht entgehen lassen.

Hier wohnt ein Scheich

Sheikh Khalifa bin Zayed Al Nahyan, der Sohn des Staatsgründers und 2022 verstorbene Präsident der Vereinigten Arabischen Emirate, machte seinen Präsidentenpalast **Qasr Al Watan** 2019 für die Öffentlichkeit zugängig. Davor war das herrschaftliche Gebäude aus weißem Marmor mit einer Vielzahl beeindruckender Kuppeln, das erst 2017 in einer weitläufigen Gartenanlage direkt am Meer hinter dem Emirates Palace Hotel erbaut wurde, Auserwählten vorbehalten. Heute bewohnt sein Sohn und Nachfolger, Sheikh Mohammed bin Khalifa bin Zayed al Nahyan, den Palast.

Auf geführten Touren erhält man exklusive Einblicke in die Welt eines königlichen Hofes und in die prunkvollen Sitzungssäle. Nach Einbruch der Dunkelheit erwartet die Besucher die Licht- und Soundshow »Palace in Motion«, die auf die Fassade des Gebäudes projiziert wird. Al Ras Al Akhdar, T 600 54 44 42, www. qasralwatan.ae; Palast: tgl. 10–17.30 Uhr, Erw. 65 Dh, Kinder 30 Dh; Garten: 25 Dh; Show: tgl. 19.30 Uhr, Dauer 15 Min.; Tickets im Besucherzentrum am Eingang oder online über contact@qasralwatan.ae

Reise in die Vergangenheit

An vielen Orten der VAE wurden in den 1990er-Jahren Heritage Villages (›historische Dörfer‹) aufgebaut, die einheimischen und ausländischen Besuchern den Alltag am Golf vor der Entdeckung des Erdöls nahebringen bzw. wieder in Erinnerung rufen sollen. Dass von Seiten der einheimischen Bevölkerung großes Interesse an dieser Art Freiluftmuseum besteht, zeigt der tagtägliche Besucherandrang, besonders wenn im Heritage Village auch historische Darbietungen (z. B. Tänze) aufgeführt werden.

Abu Dhabi besitzt ein besonders schönes **Heritage Village.** Vom Emirates Palace am westlichen Ende der Corniche ist es nicht weit bis dorthin, an dem der Corniche zugewandten Küstenabschnitt am östlichen Ende der Breakwater-Halbinsel.

In der Innenstadt

Von den Sehenswürdigkeiten der Stadt Abu Dhabi ziehen zwei besonders viele Besucher an, weil sie die Grundfesten des Emirats symbolisieren: die Herrschaft der Familiendynastie der Al Nahyan und die Religion des Islam.

Historischer Wohnsitz

Von der Mitte der Corniche erreicht man das historische **Qasr al Hosn**, seit der Gründung Abu Dhabis Sitz der Nahyan-Familie. Die Festung (auch White Fort oder Old Fort genannt) wurde 1793 an jener Stelle errichtet, an der der Legende nach die Gazelle an der Wasserquelle gesichtet wurde. Es ist das älteste Gebäude der Stadt und diente bis 1966 der Herrscherfamilie als Wohnsitz. Im 19. Jh. wurde das Fort erweitert, seit 2012 aufwendig restauriert und Ende 2018 neu eröffnet.

Direkt neben dem Qasr liegt die **Cultural Foundation** mit der Nationalbibliothek des Emirats.

Zum Ruhme Allahs

Es war der letzte Wunsch von Sheikh Zayed bin Sultan Al Nahyan, dass in der Hauptstadt seines Emirats eine wirklich

TOUR
Falken als VIP-Patienten

Ein Besuch im Falkenhospital

Auf Krankenschein seinen Falken kurieren lassen? Im angrenzenden Emirat **Abu Dhabi,** nur eine Autostunde westlich des Dubaier Stadtteils Jebel Ali, steht der Welt größtes Krankenhaus für Falken. Das kann nur verstehen, wer um die große Bedeutung von Falken in arabischen Gesellschaften weiß.

Hilfe für verletzte Falken

Während ihres letzten Jagdausflugs hatte sich Latifah Al Sariyah (›die Schönste unter den Schnellsten‹) beim Schlagen eines jungen Kaninchens, das im letzten Moment noch unter einem Fels Schutz suchen wollte, an einer scharfen Kante Fuß und Schnabel stark verletzt. Deshalb kehrte der Falke von Rashid bin Ali nicht mit der Beute zurück. Rashid bin Ali musste seinen Falken (arab. *al saqr*) mit dem Jeep aus den Dünen holen. Früher hätte eine solche Verletzung das Ende eines Jagdfalken bedeutet. Heute bleibt dieses Schicksal den zur Jagd abgerichteten Falken nicht nur erspart, ihnen wird sogar eine erstklassige medizinische Versorgung zuteil.

Fachärztliche Versorgung

Aus der Ferne ist das begrünte Anwesen mit mehreren einstöckigen Gebäuden mitten in der Wüste nicht als Krankenhaus zu erkennen. Erst direkt davor sieht man das Schild über der Einfahrt: **Abu Dhabi Falcon Hospital.** Doch hinter der unscheinbaren Umzäunung befindet sich seit 1999 der Welt größtes und renommiertestes Forschungs- und Behandlungskrankenhaus für Falken, ausgestattet mit modernster Technik. Bis zu 800 Falken pro Monat (!) werden hier behandelt.

Abu Dhabi International Airport

Terminals

Airport Free Zone

Airport Road

↑ Jebel Ali, Dubai

AL FALAH

Sweihan Road

Abu Dhabi Falcon Hospital ★

↑ Downtown Abu Dhabi

Sheikh Maktoum Bin Rashed Road

MFW 30

AL SHAMKHA

0   1   2 km

📍 Karte 4, B 3

Anreise: Von Dubai
auf der Sheikh Zayed
Rd. stadtauswärts
(E11), noch vor Abu
Dhabi Abzweigung
zum Flughafen Abu
Dhabi International.

**Abu Dhabi Falcon
Hospital:** Sweihan
Rd., in der Nähe
des Abu Dhabi
International Airport,
T 885 81 00, www.
falconhospital.com,
Führungen Mo–Do
10, 14, Fr und So
10 Uhr, Anmeldung
erforderlich

Falken als Jäger

Für die Beduinen, die in oder am Rande der Wüste lebten, trugen jagende Falken früher zur Nahrungsbeschaffung bei. Denn nur mit ihrer Hilfe konnten die Beduinen größere Vögel wie Trappen jagen, die von Norden kommend in der Golfregion den Winter verbrachten. Da Wanderfalken selbst Zugvögel sind, die ebenfalls aus unseren Breiten nach Süden fliegen und bestimmte Arten an der Golfküste einen Zwischenstopp einlegen, konnten die Beduinen den Umstand nutzen, dass die Falken ca. drei Wochen vor den Trappen eintrafen. Hatte ein Beduine mit viel Geschick einen Falken lebend gefangen, blieben ihm nur ca. drei Wochen zum Abrichten des Tieres. Wenn die ersten Trappen die Golfküste erreichten, musste die Ausbildung abgeschlossen sein. Dann jagte er den Winter über mit dem Falken und ließ ihn im Frühjahr für den Rückflug nach Europa wieder frei, denn den Sommer hätte damals kein Falke in diesen Breiten überlebt. Die hohe Kunst des Abrichtens und Jagens brachte den beduinischen Falknern den Respekt ein, der sich in den Emiraten bis heute in der hoch angesehenen Tradition der Falknerei widerspiegelt.

In Zeiten immenser Vermögen und klimatisierter Lebenswelten hat das Kaufen von Jungvögeln das Einfangen von durchziehenden Falken ersetzt, und auch für das Abrichten kann man sich Zeit lassen. Heute ist die Falknerei eine prestigeträchtige Freizeitgestaltung. Inwieweit Tierschutzaspekte im Sinne artgerechter Haltung dabei eine Rolle spielen, ist umstritten.

Falken als Familienmitglieder

In Gefangenschaft können Falken bis zu 20 Jahre alt werden, wobei die zum Jagen abgerichteten Vögel Fortpflanzung und Brüten verweigern. Deshalb müssen für die Falknerei immer wieder junge Vögel neu abgerichtet werden. Bevorzugt werden am Golf Tiere aus Europa, insbesondere Wanderfalken *(falco peregrinus)*. Einen Falken zum Jagen abzurichten, ist eine hohe Kunst, denn es gilt, ein ausgewogenes Maß an Aggression, Spannkraft und Gehorsam zu erreichen. Wird der Falke z. B. in Gefangenschaft zu gut gefüttert, verliert er das Interesse an der Beute, wird er schlecht gefüttert, ist er zu müde, den Köder zu schlagen. Zahm sollte ein Falke zwar nie werden, aber mit dem Menschen vertraut. Erst wenn ein abgerichteter Falke wie ein in freier Wildbahn aufgewachsenes Tier jagt, aber mit der Beute zu seinem Besitzer zurückkehrt, ist er sehr viel wert. Bis zu 250 000 Dh werden heute für ein kräftiges Weibchen – weibliche Falken jagen besser – bezahlt.

Patient Falke

Falken können krank werden oder sich bei der Jagd verletzen. Deshalb ließ Sheikh Zayed bin Sultan Al Nahyan 1999 aus seiner Privatschatulle das Falcon Hospital errichten, das von der deutschen Tierärztin **Dr. Margit Gabriele Müller** seit der Gründung geleitet wird. Es ist ein öffentliches Krankenhaus mit 25 Angestellten und fester Gebührenordnung. Eine endoskopische Untersuchung kostet z. B. 200 Dh Selbstbeteiligung. Einfache Behandlungen sind umsonst.

Für jede Untersuchung werden die Falken anästhesiert. Operationen sind an der Tagesordnung, auch mittels plastischer Chirurgie werden Körperteile – etwa die bei einem Kampf stark verletzten Ohren – perfekt wiederhergestellt. Eine ganze Abteilung kümmert sich nur um das Ersetzen verlorener oder gebrochener Federn, die genau passend in Farbe und Größe implantiert werden, damit Flugfähigkeit und Wert des Falken nicht leiden. Nach der Operation bleiben die Falken zur Nachsorge noch einige Tage in der ›Reha‹-**Station.**

Falken, deren Besitzer in den Vereinigten Arabischen Emiraten leben, haben alle einen Pass. So können die Tiere jederzeit an der Seite ihres Halters zum Jagen ins Ausland reisen: Beliebt sind Jagdgesellschaften in Kasachstan und Pakistan. Und sie tragen einen implantierten Chip unter dem Federkleid, damit sie jederzeit per GPS geortet werden können.

Während eines Besuchs im Krankenhaus kann man von der Aufnahme bis zur Operation alle Behandlungsschritte hinter Glas mitverfolgen. Ein Blick ins ›**Warte- zimmer‹** lohnt sich: Hier sitzen die Tiere, ihren Kopf mit einer Lederkappe *(burqa)* bedeckt, auf mit Grasteppich bezogenen Bänken in mehreren Bankreihen hintereinander und warten, bis sie von einer behandschuhten ›Krankenschwester‹ zur Behandlung abgeholt werden.

große Moschee gebaut würde. Er hinterließ zu diesem Zweck aus seiner Privatschatulle die Summe von umgerechnet 350 Mio. Euro. Im Herbst 2007 wurde der Bau fertiggestellt.

Für jeden, der vom Flughafen Abu Dhabi in die Innenstadt fährt, erheben sich die Minarette und Kuppeln der **Sheikh-Zayed-Moschee** am Eingang der Stadt gleich nach der Überquerung der Al-Maqt'a- bzw. Al- Mussafah-Brücke unübersehbar. Die Architektur der Moschee folgt sehr traditionellen Formstrukturen. Aber durch ihre Verkleidung mit edlem weißem Marmor und ihre sehr kostbare Innenausstattung ist sie eine der wertvollsten und größten der Welt. 10 000 Betende finden in ihrem Inneren und weitere 40 000 im Hof Platz. Die Moschee darf auch von Nichtmuslimen betreten werden.

So–Do 9–22, Fr 16.30–22 Uhr, Eintritt frei, kostenlose Führungen

Saadiyat Island

Die Insel liegt unmittelbar im Nordosten gegenüber dem Hafen Mina Zayed und ist mit einer Brücke mit dem Zentrum Abu Dhabis verbunden. An großen geschützten Küstenstreifen wachsen Mangroven und halophytische Büsche, an ausgewählten weißen Sandstränden stehen heute sehr gepflegte Strandhotels, aber vor allem beherbergt die Insel einen Cultural District, einen eigenen Bereich für insgesamt fünf überwältigende Museen, darunter das Louvre Abu Dhabi (s. S. 206). Der französische Architekt Jean Nouvel hat direkt an der Küste einen flachen faszinierenden Bau geschaffen, der von einer gigantischen Betonhalbkugel überwölbt wird, durch deren verglaste Öffnungen lichtdurchflutete Räume für die Ausstellungsobjekte entstehen.

Yas Island

Vor den Toren Abu Dhabis im Südwesten an der E 10 in Richtung Dubai liegt die Insel Yas. Man kann sie direkt von der Corniche über die Insel Saadiyat erreichen. Die 25 km² große Insel ist das touristische Erlebnis- und Freizeitzentrum Abu Dhabis. Hier ziehen ein Golfplatz, der größte Wasserpark der Emirate, **Yas Waterworld,** und mehrere Themenparks (z. B. **Warner Brothers Theme Park** und **Sea World Abu Dhabi**) einheimische und touristische Besucher gleichermaßen an. Im Zentrum von Yas Island liegt die größte Shoppingmall der Welt **Yas Mall**, ein Einkaufseldorado mit Bäumen, Blumenbeeten und Bänken, aber vor allem mit einem einzigartig vielfältigen Warenangebot.

Aber Yas Island ist vor allem ein Zentrum des Motorsports. Bereits 2009 wurde hier der **Yas Marina Circuit** eröffnet und Abu Dhabi damit zum Austragungsort des ersten Formula 1 Etihad-Airways Abu Dhabi Grand Prix. Die Rennstrecke selbst ist eine der Sehenswürdigkeiten des Emirats. Direkt daneben unterhält Ferrari den gigantischen, 200 000 m² großen Themenpark **Ferrari World**, der allein durch seine architektonische Form und seine aufregende Dachkonstruktion – natürlich knallrot mit überdimensional großem Ferrari-Logo – sehenswert ist.

Museen

Abu Dhabis Geschichte

Qasr al Hosn: Die sehr aufwendig renovierte Lehmfestung bildet das historische Zentrum des Emirats. Ihr Besuch ist ein Ausflug in die Geschichte Abu Dhabis, der durch viele alte Fotos in museumsdidaktisch hervorragenden Abteilungen zu einem beeindruckenden Erlebnis wird. Dazu tragen z. B. auch aufgezeichnete

Interviews sehr alter Emirati über ihren früheren Alltag im Emirat bei. Jährlich im Februar stattfindendes Qasr-al-Hosn-Festival auf dem Gelände.

Sheikh Rashid bin Saeed al Maktoum St., qasralhosn.ae, So–Do 9–20, Fr 14–20 Uhr

Beduinischer Alltag

Heritage Village: Man betritt es durch ein schweres Holztor. Die runden Festungstürme zu beiden Seiten des Tores erinnern an die frühere Notwendigkeit, sich schützen zu müssen. Das ganze Dorf ist deshalb auch von einer (neuen) Mauer umgeben. In der Anlage findet man sich dank befestigter Wege und Hinweisschilder auch in englischer Sprache sehr leicht zurecht. Man sieht Barasti-Hütten und Beduinenzelte, Holzwerkabteilungen, Küchen und einen Souq mit Gewürzen, eine landschaftliche Gartenanlage mit einem *falaj*-Bewässerungssystem sowie ein sehr informatives Museum.

Breakwater Rd., nahe Marina Mall, T 681 44 55, visitabudhabi.ae/en/what-to-see/histori cal-and-cultural-attractions/heritage-village, Sa–Do 9–16, Fr 7.30–12, 15–21 Uhr, Eintritt frei

Ein Muss!

Louvre Abu Dhabi: Das Museum versteht sich als Vermittler unterschiedlicher Kulturen und stellt themenbezogene Exponate aus mehreren Kulturkreisen und unterschiedlichen Epochen nebeneinander. Zudem finden im Louvre Abu Dhabi als Ergänzung der eigenen Bestände häufig aufwendige Ausstellungen berühmter Maler statt (z. B. 2019 eine mit 30 Originalen des holländischen Malers Rembrandt von Rijn).

T 600 56 55 66, www.louvreabudhabi.ae, Di–So 10–24 Uhr, 63 Dh

Schlafen

Wenn man sich für eine Übernachtung in Abu Dhabi entscheiden sollte, empfiehlt

sich ein Hotel am Strand. Allg. Informationen: visitabudhabi.ae/de/where.to.stay. aspx.

Voller Glanz

Shangri-La Qaryat Al Beri: James Hilton hat in seinem Roman »Lost Horizon« einen Ort im Himalaya beschrieben, an dem sich Frieden, Glück und Ruhe vereinten. Diesen Ort nannte er Shangri-La. Das Shangri-La Qaryat Al Beri in Abu Dhabi kommt diesem imaginären Ort sehr nahe. Luxuriöse Materialien verbinden sich mit moderner Funktionalität und liebevollen Details: Hinter der Lobby hängt z. B. ein Wandkunstwerk aus Gesichtsmasken (*burkas* beduinischer Frauen). Die 213 Zimmer gehören zu den größten der Stadt.

Auf Abu Dhabis Festlandseite am Khor Al Maqta'a zwischen der Al-Mussaffah- und der Al-Maqta'a-Brücke, T 509 88 88, www. shangri-la.com/en/abudhabi/shangrila, €€€

Designer-Urlaub

Traders Hotel: Jung, modern und lindgrün – farbenfrohe Kunst an den Wänden und Naturplastiken in den Nischen. Zielgruppe: ›Young global travellers‹. Entsprechend sind die großen Zimmer eingerichtet – mit Laptopanschluss, TV-Großbildschirm, Obstschale und Blumen, Designerarmaturen im Bad. Leisten Sie sich ein Zimmer im 8. oder 9. Stock, nicht nur der schönen Aussicht wegen, sondern auch der damit verbundenen Nutzung der Club Lounge im 9. Stock. Einziges 4-Sterne-Hotel mit einem eigenen Strand; darüber hinaus direkter Zugang zu allen Einrichtungen des Shangri-La.

Qaryat Al Beri, direkt am Khor Al Maqta'a, T 510 88 88, www.shangri-la.com/abudhabi/ traders, €€

Tausendundeine Nacht

Emirates Palace Mandarin Oriental: Von außen wirkt das Hotel wie ein Palast aus einem orientalischen Märchen. Die luxuriösen und komfortablen Zimmer sind mit modernster Technologie ausgestattet, der zimmereigene Laptop ist auch am Strand zu bedienen. Das 3 m breite Doppelbett wird abends nicht nur aufgedeckt, der weiße Bettvorleger wird auch mit Rosenblättern bestreut. Alles an und in diesem Hotel ist einfach *king size*. 320 Zimmer und 92 Suiten.

Corniche, T 69 09 00 00, www.mandarin oriental.com/de/abu-dhabi/emirates-palace, €€€

Am schönsten Strand
St. Regis Saadiyat Island Resort: So stellt man sich ein sehr schönes Strandhotel vor: eine weiträumige Anlage mit mehreren Swimmingpools, davor ein langer weißer Sandstrand, alle Zimmer mit Meerblick, sehr guter Service, es fehlt an nichts – eben ein St. Regis. Der Strand ist Teil eines Schildkröten-Naturresorts, in dem man die nächtliche Eiablage beobachten kann.

Strandhotel auf Saadiyat Island, T 498 88 88, www.marriott.com, €€€

Dem Himmel sehr nah
Conrad Etihad Towers: Das Hotel im Ensemble der fünf futuristischen, bis zu 280 m hohen Etihad-Türme besticht durch eine perfekte Mischung aus gastfreundlicher Ruhe, aufmerksamem Service und luxuriösem Topdesign. Die 40–60 m² großen Zimmer liegen oberhalb des 26. Stocks und bieten einen traumhaften Ausblick. Dank behaglicher Betten, Whirlpool-Badewanne, Kaffeemaschine und großem TV-Bildschirm mangelt es an nichts.

Am westlichen Ende der Corniche, T 811 55 55, www.hilton.com, €€€

Essen

Ahlan wa sahlan – Willkommen
Lebanese Terrace: Libanesische Küche in einem orientalischen Palast mit arabischer Musik. Die edelste, schmackhafteste und zugleich teuerste Gelegenheit, die arabische Küche in ihrer ganzen Vielfalt kennenzulernen, entweder drinnen zwischen Olivenbäumen und bunten Glasfenstern oder draußen auf einer traditionellen libanesischen Terrasse.

Im Emirates Palace Mandarin Oriental, T 690 79 99, tgl. 12.30–23 Uhr, €€€

Arabischer Garten
Layali Zaman: Großer Rundbau inmitten einer Parkanlage mit unverbautem Blick auf die Corniche. Libanesisch-arabische Küche, herrlicher Shisha-Duft. Wählen Sie einen Tisch auf dem Balkon im 1. Stock.

Corniche, T 626 45 55, cityseeker.com/ abu-dhabi/591880-layali-zaman, tgl. 12–1 Uhr, €

Bekannt aus »Fast and Furious«, aber in Wirklichkeit vor allem futuristisch: die Conrad Etihad Towers

In der größten Shopping-Mall der Welt, der Yas Mall in Abu Dhabi, hat man mitunter das Gefühl, eigentlich draußen zu sein.

Mitten in der Stadt
Café 302: Stadtcafé und Tagesrestaurant in hellem, modernem Design, Buffet und á la carte, vielfältiges vegetarisches Angebot.
Im Apartmenthotel Al Maha Arjaar, Hamdan St., T 610 66 66, tgl. 6–23 Uhr, €€

Deutsche Gemütlichkeit
Brauhaus: Wer auf eine bayrische Maß Bier, Sauerkraut, Weißwürste und Semmelknödel nur schwer verzichten kann, ist hier genau richtig. Auch viele Expats zieht es in dieses Restaurant. An den Wochenenden werden europäische Sportveranstaltungen übertragen.

Im Beach Rotana Hotel, 10th St., Al Zahiyah Area, T 697 90 00, www.rotana.com/sport shub/beachrotana/brauhaus, Mo–Do 16–1, Fr–So 12.30–2 Uhr, €€€

Bewegen

Spaß im Wasser
Yas Water World: Mehrere Schwimmbäder, große Wasserrutschen, viel Spaß im Wasser. Besonders an warmen Tagen und in jedem Fall in den heißen Sommermonaten ein wahres Vergnügen. Aber das viele Wasser hat seinen Preis, auch an der Kasse.
T 600 51 11 15, www.yaswaterworld. com, tgl. 10–20, Juni–Aug. 10–22 Uhr, Erw. 295 Dh, Kinder 225 Dh

Knallrot
Ferrari World: Der Themenpark beherbergt ein Museum des Rennsports, ein Kino, in dem alle Formel-1-Rennen in voller Länge gezeigt werden, und natürlich einen Fanartikel-Shop
T 600 51 11 15, ferrariworldabudhabi.com, tgl. 11–20 Uhr, 345 Dh, Kombiticket für Yas Water World und Ferrari World (14 Tage gültig) 475 Dh

Einkaufen

Die Allergrößte
Yas Mall: Die 2014 eröffnete Shopping-Mall ist gigantisch, hierhin geht man nicht nur des Einkaufens wegen. Die Mall ist ein Erlebnis! Sie besticht neben der ungeheuren Vielfalt des Angebots durch die großzügige, lichtdurchflutete Weite der Anlage mit vielen Cafés und Restaurants; zwischen Bäumen und Blumenbeeten stehen Bänke, die zum Verweilen einladen. Besonders im heißen Sommer ist sie ein kühles Paradies.
Im Zentrum der Insel Yas, T 414 64 01, www. yasmall.ae, Sa–Mi 10–22, Do, Fr 10–24 Uhr

Al Ain ♀ Karte 4, D 4

Einst eine beschauliche Oase, später umkämpftes Grenzgebiet und heute die zweitgrößte Stadt des Emirats Abu Dhabi: In Al Ain trifft man auf beduinische Traditionen und auf die Spuren jüngerer politischer Geschichte dank der restaurierten Festungen und Paläste, die heute als Museen dienen.

Die ›Gärten Arabiens‹

Unter diesem Motto preist Al Ain seine Vorzüge gegenüber anderen touristischen Zielen in den Emiraten. Denn keine andere Stadt der Vereinigten Arabischen Emirate besitzt so viele Grünflächen und so große Palmenwälder wie Al Ain.

Mehr als 200 Quellen und Brunnen inmitten der Sandwüste an den Ausläufern des Hajar-Gebirges ließen am Fuße des Jebel Hafit ein 200 km² großes Oasengebiet entstehen, dessen Zentrum die Stadt Al Ain bildet. Al Ain ist nicht nur der fruchtbarste Landstrich, sondern auch die größte Oase der Emirate: Die Datteln von hier gelten als besonders schmackhaft, schon der Prophet lobte ihren Wohlgeschmack.

Eine vierspurige, zum Teil von Palmen gesäumte und des Nachts beleuchtete Straße führt von Dubai durch die Wüste nach Al Ain. Das Oasengebiet im Grenzdreieck Oman, Saudi-Arabien, Vereinigte Arabische Emirate blickt unter seinem ursprünglichen Namen Buraimi-Oase auf eine bewegte, auch kriegerische Vergangenheit zurück. Buraimi war als größte Oase im Nordwesten der Arabischen Halbinsel jahrtausendelang ein wichtiger Verkehrsknotenpunkt von Karawanenrouten, wie die Ausgrabungen von Hili bestätigen. Im 19. Jh. rückte das Oasengebiet ins Zentrum politischer Veränderungen, als saudische Truppen 1866 die Oase im Zuge der militärischen Eroberung zur Verbreitung ihres wahabitischen Islams einnahmen. Der omanische Sultan konnte 1869 nach erbitterten Kämpfen die Oase zurückgewinnen. 1952 marschierten die Saudis erneut ein; diesmal unterstützten sie fundamentalistische Aufständische, die den omanischen Sultan vertreiben wollten, da dieser nichtislamische (englische) Ölbohrtrupps ins Land geholt hatte. Mit britischer Hilfe gelang es, die omanischen Ansprüche 1959 militärisch durchzusetzen, und dank des Internationalen Gerichtshofs in Den Haag verzichtete Saudi-Arabien auf alle Ansprüche und erkennt seit 1974 die südlich des Oasengebiets verlaufende Grenze an.

ORIENTIERUNG

Info: Von Dubai erreicht man Al Ain schneller als von der Hauptstadt des Emirats Abu Dhabi, zu dem die Oase gehört.

Verkehr: Al Ain liegt ca. 110 km südlich von Dubai und ist auf einer autobahnähnlichen Schnellstraße (E 66) in gut 1 Std. zu erreichen. Mit dem Bus von Dubai geht es auch: ab Al Ghubaiba Bus Station mit RTA-Buslinie 201 (stdl. Mo–Fr 6.20–21.20, Sa, So 7.20–23.20 Uhr, 25 Dh, 1 Std. 45 Min.), Ankunft in Al Ain Central Bus Station. Wer in Al Ain zeitlich unabhängig sein möchte, sollte lieber per Leihwagen anreisen. In Al Ain gibt es ein innerstädtisches Busnetz (T 800 55 55) sowie eine Touristeninformation: Department of Culture and Tourism Abu Dhabi (DCT), Ali Bin Abu Taleb St., T 764 20 00, www.visitabudhabi.ae, So–Do 8–14 Uhr.

Al Ain Municipality: Al Baladiya St., So–Do 10–12.30 Uhr.

Al Ain gilt nicht ohne Grund als Gartenstadt: Nirgendwo sonst in den VAE findet man mehr Grünflächen, Parks und Palmen als hier.

Eine Oase – zwei Staaten

Heute teilen sich Oman und die VAE die ursprünglich neun Dörfer der Buraimi-Oase. Die Grenze zwischen beiden Staaten verläuft entlang den traditionellen Besitzmarkierungen der vorstaatlichen Scheichtümer: Sechs Dörfer, historisch im Familienbesitz der Sheikhs von Abu Dhabi, gehören zu den VAE, drei zum Oman. Im Oman heißt dieser Teil nach wie vor Al Buraimi, während die VAE ihrem Oasengebiet den Namen jenes Dorfes gaben, in dem ihr Staatsgründer Sheikh Zayed geboren wurde: Al Ain. Die Grenze zwischen Al Ain und Al Buraimi, d. h. zwischen der VAE und Oman, verläuft heute entlang der Mohamed bin Khalifa Street. Nur die mächtigen Forts aus gestampftem Lehm erinnern noch an die kriegerischen Zeiten.

Die Oasenstadt Al Ain bewohnen heute ca. 800 000 Menschen. Wegen ihres trockenen Klimas ist sie die beliebteste Sommerfrische der VAE und zugleich auch ein kulturelles Zentrum: Hier befindet sich seit 1977 die Landesuniversität der VAE (ca. 25 000 Studierende), es gibt mehrere eindrucksvolle Museen und im Stadtteil Hili förderten Archäologen die bedeutendsten Ausgrabungen der Region zu Tage.

Die Stadt ist heute dank sanfter städtebaulicher Planung und klarer Straßenführung eine der schönsten der VAE: ohne die Hochhäuser des Erdölbooms, mit vielen prächtigen Parkanlagen und imposanten Roundabouts, in denen sich Kunst und Natur in der spielerischen Weise des neuzeitlichen arabischen Geschmacks begegnen.

Historisches Zentrum

In Al Ain findet man sich leicht zurecht. Das Zentrum der Stadt erstreckt sich entlang der **Zayed Bin Sultan Street,** die Al Ain von West nach Ost durchquert. Hier und in den von ihr abzweigenden Seitenstraßen befinden sich die wichtigen Behörden, auf ihr erreicht man an einem Kreisverkehr den **Clock Tower,** der gar kein Uhrturm im klassischen Sinne ist, sondern nur ein schräg stehendes, riesiges, blaues Zifferblatt inmitten einer Grünanlage. Gegenüber erstrecken sich die **Central Gardens,** eine der schönsten Parkanlagen der Stadt mit eindrucksvollen Springbrunnen (tgl. ab 16 Uhr). Am Südrand der Central Gardens steht das 1898 von Sheikh Zayed bin Khalifa erbaute **Jahili-Fort,** ein restaurierter Lehmpalast mit zwei mächtigen Rundtürmen und einem eindrucksvollen Holztor. In dem Gebäude wurde 1918 Sheikh Zayed bin Sultan Al Nahyan geboren, der Gründer und ehemaliges Staatsoberhaupt der VAE. Das Fort beherbergt heute eine Dauerausstellung über Sir Wilfried Thesiger (Mubarak bin London), der 1940 die Wüste Rub Al Khali durchquerte.

Paläste und Palmen
Zentrum des alten Al Ain war die Oase, die als wunderschöner riesiger **Palmenpark** erhalten ist. Durch sie führen gepflasterte schmale Gässchen mit Begrenzungsmauern, hinter denen man sehr gut die alten Bewässerungsgräben des Falaj-Systems erkennen kann. Mitten in der Oase befindet sich die **Ali-Ibn-Hamad-Al-Mutawa-Moschee,** ein einstöckiger Lehmbau.

Die Oase wird von zwei sehenswerten Bauwerken begrenzt. Im Osten schützte das **Sultan-Bin-Zayed-Fort** (auch **Eastern Fort** oder **Qasr Al Hosn**) die Oase. Am Westende der Oasenstadt steht der ehemalige Palast von Sheikh Zayed bin Sultan. Er lebte hier als Kronprinz und Gouverneur von Al Ain. Nach der Restaurierung beherbergt das 1910 erbaute Fort heute das **Al Ain Palace Museum** (ehemals Sheikh Zayed Palace Museum). Sheikh Sultan bin Zayed regierte Abu Dhabi von 1922 bis 1926.

Am Ostrand der Oase steht auf dem Gelände des Eastern Fort heute das **Al Ain National Museum,** das schönste Museum im Emirat Abu Dhabi (s. S. 215). Es wurde 1971 von Sheikh Tahnoun bin Mohammed, dem Stellvertreter des Gouverneurs eröffnet und besitzt zwei Abteilungen, eine ethnografische und eine archäologische.

Hier lebte Sheikh Zayed
Im Zuge der Restaurierung der Forts von Al Ain wurde auch jenes Anwesen am westlichen Rande der Oase wieder vollständig instand gesetzt, das Sheikh Zayed bin Sultan bis 1966 bewohnte. 2003 wurde es als **Al Ain Palace Museum** (s. S. 218) der Öffentlichkeit zugänglich gemacht. Bei der Restaurierung legte man besonders Wert auf Authentizität, weshalb nur Materialien verwendet wurden, die man um 1900 in Al Ain kannte, also Lehm, Steine, Palmstämme und importiertes Teakholz.

3000 Jahre alt
Verlässt man das Zentrum von Al Ain Richtung Norden, gelangt man in den Stadtteil **Al Hili.** Hier liegen die Ausgrabungsstätten der Eisenzeit und eine der großen Sehenswürdigkeiten der Stadt: der **Hili National Archaeological Park,** der von der UNESCO als Weltkulturerbe eingestuft wurde.

Mittelpunkt des Parks ist ein ca. 3000 v. Chr. errichtetes Rundgrab, dessen bedeutendste Grabbeigaben in den Museen von Al Ain und Abu Dhabi zu besichtigen sind. Das 1974 restaurierte Rundgrab, das dänische Archäologen

TOUR
Kamele zum Anfassen

Auf dem Souq Jamal in Al Ain

Arabische Länder ohne Kamele kann man sich nicht vorstellen, dort kommen sie her. Wilde, freilaufende Kamele gibt es jedoch auf der Arabischen Halbinsel nicht mehr. Kamele teilen dort das Schicksal unserer Pferde: Sie werden gezüchtet, verwendet, verkauft, geschlachtet, verzehrt, aber auch bewundert und verehrt. Erleben kann man das alles auf dem größten Kamelmarkt der VAE.

Nur eine Autostunde südlich von Jumeirah liegt die Oasenstadt **Al Ain.** Hier treffen sich auf dem Kamelmarkt tagtäglich Käufer und Verkäufer – hier geht es ausschließlich ums Geschäft, nicht um touristische Folklore.

In Al Ain gab es schon immer einen großen Kamelmarkt (Souq Jamal), der bis 1997 neben dem Murabbaa-Fort mitten im Zentrum der Stadt lag. 2009 wurde er in den Süden der Stadt verlegt und Teil des neuen riesigen **Central Markets.** Bis zur Jahrhundertwende gab es in jeder größeren Stadt der VAE einen Markt, auf dem auch Kamele gehandelt wurden. Übrig geblieben ist nur der von Al Ain. Er ist heute der größte Markt in den Vereinigten Arabischen Emiraten, auf dem Kamele öffentlich zum Kauf angeboten werden.

Kamele zu kaufen
Nirgendwo kommt man so nahe an so viele Kamele he-

Infos

📍 Karte 4, D 4

Dauer: Minimum halber Tag wegen der Fahrt von Dubai nach Al Ain

Öffnungszeit: tgl. 6 Uhr bis zum Einbruch der Dunkelheit, 12–16 Uhr Mittagsruhe, Eintritt frei

Hinweis: Der Kamelmarkt befindet sich im Süden der Stadt an der Mezyadh Road hinter der Al Bawadi Mall, ca. 15 km vom Zentrum entfernt. Man läuft zwischen den Gattern umher und schaut an den Rampen beim Verladen zu.

ran. Die Anlage ist groß, aber übersichtlich. Gatter, Pferche und Hallen sind lieblos funktional angelegt und nüchtern eingerichtet, dazwischen befinden sich die Rampen zum Verladen der Tiere. Auf dem großen Areal gibt es mehr als 100 durch Drahtzäune voneinander abgegrenzte **Pferche,** in denen die Tiere Tag und Nacht im Freien stehen und auf Käufer warten. Gerne erklären die freundlichen (meist pakistanischen) Pfleger, um welche Art Kamele es sich handelt: Männliche Tiere, die als Fleischlieferant schon für 1000 Dh den Besitzer wechseln, oder Kamelstuten, die wegen ihrer Milch mindestens das Zehnfache bringen.

Junge potenzielle Rennkamele, die nicht unter 100 000 Dh zu haben sind, findet man nur noch ganz selten auf dem Markt von Al Ain. Sie werden bereits vorher aussortiert und auf der benachbarten Rennstrecke unter den Augen von Interessenten ›getestet‹ und dann direkt dort verkauft.

Unter den auf dem Kamelmarkt von Al Ain zum Kauf angebotenen Kamelen befinden sich immer auch Jungtiere oder gerade geborene Fohlen. Wenn man auf den schmalen Wegen zwischen den Pferchen umherläuft, wird man von den Pflegern öfter aufgefordert, sich doch den Kamelen zu nähern, sie zu berühren und die Jungtiere zu streicheln. Übermäßige Vorsicht ist dabei unbegründet: Die meisten Tiere halten still, aber der Pfleger erwartet ein Trinkgeld (ca. 5 Dh).

Wenn der Preis stimmt

Spannend wird es, wenn ein Pick-up sich den Gattern nähert und der Verkauf eines Kamels sich anbahnt. Auch wer des Arabischen nicht mächtig ist, merkt schnell, dass Verkäufer und Käufer sich einen Wortwechsel liefern, bis sie sich schließlich gestenreich auf einen Preis einigen. Dann wird das Tier gnadenlos auf die Ladefläche des Pick-ups gezerrt und geschoben und mit dicken Seilen festgezurrt. Dass es dabei spuckt und brüllt, stört niemanden. Am Ende fügt sich das Kamel in sein Schicksal, die Männer verabschieden sich mit Handschlag und ab geht die Fahrt Richtung Stall oder Schlachthaus.

in den 1960er-Jahren freilegten, hat einen Durchmesser von ca. 10 m und eine Höhe von bis zu 3 m. Es wird der Umm-Al-Nar-Kultur zugeordnet (3000–2000 v. Chr.). Die Kultur trägt den Namen jener Grabstätte auf einer Insel bei Abu Dhabi, bei der freigelegte Gräber des gleichen Typs zum ersten Mal eine eigenständige Zivilisationsepoche in der Golfregion dokumentierten. Bei erneuten Ausgrabungen im Jahr 2004 stießen die französischen Archäologen in Hili auf Geschirr und Keramiken aus Mesopotamien und Indien als Grabbeigaben. Zudem entdeckten sie, dass sich die 5000 Jahre alte Siedlung über ca. 10 ha erstreckte.

In der Parkanlage, zu der auch ein großer Kinderspielplatz gehört, ist ein Ausgrabungsdistrikt ausgewiesen, der nur mit besonderer Erlaubnis betreten werden kann. Der Hili National Archaeological Park ist wegen seiner schönen Gartenanlage mit großen Rasenflächen und Schatten spendenden Bäumen an Feiertagen ein äußerst beliebtes Ausflugsziel.

Mohammed Bin Khalifa St., im Norden von Al Ain, aus Dubai kommend am Stadteingang, T 03 712 80 00, abudhabiculture.ae/en/discover/pre-historic-and-palaeontology/hili-archaeological-site, tgl. 12–23 Uhr, Eintritt frei

Eine Stadt für Kinder

Wer mit Kindern reist, kann ihnen zuliebe die nahe **Hili Fun City** aufsuchen, eine arabische Variante des US-amerikanischen Disneylands, zu der auch ein Eislaufstadion (ice rink) von olympischen Ausmaßen gehört. Der 1985 eröffnete Vergnügungspark bietet 28 Sport- und

Wenn der Trubel auf dem Kamelmarkt in Al Ain vorüber ist, sind die Händler wieder unter sich. Gerade am Wochenende und in den Morgenstunden wird hier nämlich gefeilscht, was das Zeug hält.

Spielstätten, über ein Dutzend ausgefallener Karussells, Picknickplätze, Restaurants und Souvenirshops. Die beliebtesten Attraktionen des größten Unterhaltungsparks der VAE sind moderne Großkarussells nach dem Muster der Rollercoasters (gigantische Achterbahnen) oder Gyrotowers, bei denen sich eine geschlossene Kabine langsam an einem hohen Stahlmast hochschraubt, oben mehrere Runden dreht und dann wieder nach unten saust.

Neben dem Hazza Bint Zayed Stadium, Al Ain–Dubai Road, visitabudhabi.ae/en/where-to-go/adventure-and-theme-parks/hili-fun-city, Di–Do 16–22, Fr–So 14–22 Uhr, Mi–Sa 60 Dh, Di 30 Dh, Kinder bis zu einer Größe von 0,9 m Eintritt frei

Außerhalb der Stadt

Stadtauswärts in Richtung Jebel Hafit passiert man auf der Jebel Hafit Street den **Al Ain Zoo,** den ein großes Giraffenkunstwerk am letzten Verkehrskreisel bereits angekündigt hat. Der Tierpark, der vor allem wegen seiner Zuchterfolge bei vom Aussterben bedrohten Tierarten auf der Arabischen Halbinsel Ansehen genießt, erfreut sich u. a. wegen seines Großaquariums großer Beliebtheit. 2008 wurde der Park vollkommen umgestaltet. Seine Fläche ist seither doppelt so groß (870 ha), es gibt einen afrikanischen Safaripark mit Löwen, Nashörnern, ein Affenhaus und den »Elezaba«-Streichelzoo. Auch Kinderspielplätze sind vorhanden.

Zayed Al Awwal St., T 03 704 15 00, visit abudhabi.ae/de/where-to-go/parks-and-zoos/al-ain-zoo, tgl. 9–18 Uhr, Erw. 30 Dh, Kinder 10 Dh

Die Nummer 2 in den Emiraten
Südlich von Al Ain erhebt sich der zweithöchste Berg der VAE, der 1249 m hohe **Jebel Hafit,** zu dessen Gipfel eine 13 km

lange kurvenreiche Straße führt. Der Hazza Ibn Sultan Street Richtung Süden folgend, zweigt nach 5 km die Gipfelstraße zum Jebel Hafit in östlicher Richtung ab. 1 km hinter der Abzweigung erreicht man auf dem Weg zum Gipfel rechts die Freizeitanlage **Green Mubazzarah Hot Springs,** einst ein Thermalsee, dessen blaugrünes Wasser in vegetationsloser Wüste und vor dem Hintergrund des kargen Jebel Hafit geradezu künstlich anmutet. Den See umrahmt heute eine riesige Ansammlung fantasieloser Ferienbungalows. Zu der Anlage gehören auch mehrere, für Männer und Frauen getrennte Badehäuser.

Vom Gipfel des Jebel Hafit hat man bei klarem Wetter einen herrlichen Blick über das gesamte Oasengebiet. Hier oben hat 2004 das schöne Mercure Grand Hotel Jebel Hafit mit zwei Restaurants und einem Schwimmbad inmitten einer großzügigen Gartenanlage eröffnet: Von hier oben präsentiert sich am Abend Al Ain in einem funkelnden Lichtermeer.

Museen

Palast der Künste
Fort Jahali: Das Fort ist Veranstaltungsort für Konzert der Abu Dhabi Classics und beherbergt eine Dauerausstellung über Sir Wilfried Thesiger (Mubarak bin London), der 1940 die Wüste Rub Al Khali durchquerte.

Sa, So, Di–Do 9–17, Fr 15–17 Uhr, Eintritt frei

Für Freunde der Geschichte
Al Ain National Museum: Man betritt das Museum in der Ethnografischen Abteilung, in der das traditionelle Leben im Emirat museumsdidaktisch sehr eindrucksvoll vorgestellt wird. Hier erhält man einen guten Einblick in den Alltag der Wüstenbewohner und ihre Handwerkskünste.

TOUR
Hinauf auf den Jebel Hafit

Al Ain aus himmlischer Perspektive

Infos

📍 Karte 4, südlich von D 4

Start: im Süden Al Ains an der Khalifah bin Zayed Al Awwal St.

Länge: hin und zurück ca. 30 km vom Stadtzentrum

Dauer: etwa einen halben Tag (mit Besuch des Hotels Mercure)

Eintritt: frei

Diese **Straße** ist in den Emiraten einmalig: Sie ist 12 km lang und führt in 60 Haarnadelkurven von der Oasenstadt **Al Ain** auf den 1249 m hohen Jebel Hafit, den höchsten Berg des Emirats Abu Dhabi und den zweithöchsten der Vereinigten Arabischen Emirate. Für alle, die die Oasenstadt Al Ain von oben kennenlernen möchten, ist der Jebel Hafit ein Muss.

In dem flachen Emirat Abu Dhabi wirkt die Erhebung des **Jebel Hafit** wie ein Wunder. Die Straße zu seinem Gipfel gilt daher folgerichtig als ›Wunderwerk‹. Sheikh Zayed bin Sultan hat sie anlegen lassen. Er wurde in Al Ain geboren, suchte öfter den Jebel Hafit bei Jagdausflügen auf und hat ihn auch mehrmals bestiegen. In den Sommermonaten verbrachte Zayed hier oben oft längere Zeit in einem stattlichen Zelt, weil es auf dem Gipfel des Jebel Hafit zehn Grad kühler war als in seinem Palast in Al Ain. Später ließ Zayed auf dem Gipfel einen **Palast** errichten.

Lange Zeit war die Straße hinauf nur eine Piste für die Baufahrzeuge. Doch als der Palast fertig war, ordnete der Sheikh an, die Piste als dreispurige Straße auszubauen und oben auf dem Gipfel ein riesiges Plateau anzulegen, damit die Bevölkerung – genau wie er – Kühle und Aussicht genießen konnte. Wenig später wurde dann unterhalb des Gipfels das **Hotel Mercure** eröffnet (s. S. 219).

Heute ist die Straße durchgängig nachts beleuchtet und außerdem vollständig zu beiden Seiten mit einer Betonbegrenzung eingefasst, damit Autos nicht die Böschung hinunterstürzen können. Eine solche Straße verlockt natürlich Autofahrer, sich zu messen. Mehrmals im Jahr wird sie deshalb als Teststrecke genutzt und danach von Journalisten der Automagazine als ›größte Her-

ausforderung‹ beschrieben. 2005 benötigte der britische Rallye-Fahrer **Alistair Weaver** in einem Minicooper 8 Min. und 5 Sek. für den ›Aufstieg‹. Das ist bis heute Rekord.

Wer so schnell fährt, hat wenig von der Aussicht, die beim Hinauffahren nach jeder Kurve schöner und aufregender wird. Und er hat keinen Blick für die Gebirgsformationen und die Greifvögel, die in den thermischen Aufwinden um den Gipfel kreisen.

Die Straße windet sich in **Serpentinen** hinauf zum Gipfel, überholen ist nur an ganz wenigen Stellen möglich. Nach vielen Kurven biegt unterhalb des Gipfelplateaus rechter Hand die Einfahrt zum **Hotel Mercure** ab. Von hier führt die Straße noch ca.1 km bis hinauf zum Gipfel. Dort oben stehen an der schönsten Stelle hinter hohen Mauern drei **Paläste der Familie Al Nahyan**; zu ihnen haben Besucher keinen Zugang.

Der **Gipfel des Jebel Hafit** ist heute ein großes rechteckiges, asphaltiertes Areal, das von Bergwänden und zur Al-Ain-Seite hin von einem hohen Eisengitter eingerahmt wird. An Wochenenden dient dieser Platz als **Parkplatz** für Besucher, die sich am Blick hinab ins Tal erfreuen und sich gegenseitig fotografieren bzw. Selfies machen. In regelmäßigen Abständen kommt tagsüber auch eine Motorradpatrouille der Polizei hinauf. Sie umrunden mehrmals das Plateau und sind nach einer Minute wieder verschwunden. Abends wird es auf dem Plateau leer. Dann wandelt er sich zum Spielplatz junger Emirati, die mit ihren Autos hier halsbrecherische Runden drehen und sich Verfolgungsjagden liefern. Die schwarzen Reifenspuren auf dem Asphalt des Plateaus sind am nächsten Morgen die stummen Zeugen ihres Treibens.

In Szenen mit lebensgroßen Figuren wird vor allem das Alltagsleben in der Zeit vor dem Ölboom veranschaulicht. In Glasvitrinen sind Werkzeuge, Haushaltsgegenstände, Kinderspielzeug, traditioneller Schmuck, außerdem Waffen, Kleidungsstücke, kupfernes Kaffeegeschirr und Musikinstrumente ausgestellt, auch ausgestopfte Wüstenvögel gehören zur Sammlung.

Eine ganze Wand ist einem *family tree* der regierenden Familie Al Nahyan vorbehalten, ein mit Fotos und Portraits illustrierter Stammbaum von 1793 bis zur Gegenwart, der die Bedeutung dieser Familie für das Emirat unterstreicht.

In der Archäologischen Abteilung gehören zu den historisch bedeutenden Stücken die 5000 Jahre alten Ausgrabungsfunde von Hili, eine herausragende Sammlung alter Keramiken aus Mleiha, die ins 2. Jh. datiert werden, und ca. 300 hellenistische Silbermünzen, die in Al Ain gefunden wurden. Besonders die Schmuckstücke und Waffen der Grabbeigaben von Hili, aber auch Einzelstücke aus den Gräbern von Umm Al Nar sind besonders eindrucksvoll. In einer eigenen Abteilung kann man Kurioses bewundern: Staatsgeschenke ausländischer Regierungsgäste an Sheikh Zayed bin Sultan.

Sheikh Zayed Bin Sultan St., T 03 76 41 59, www.visitabudhabi.ae, Sa, So, Di–Do 8–19.30, Fr 15–19.30 Uhr, wegen Renovierungsarbeiten bis Mitte 2024 geschlossen

Des Herrschers Alltag

Al Ain Palace Museum: Man betritt das Palastanwesen durch ein mächtiges Holztor, dessen Eingang zu beiden Seiten von zwei mehrstöckigen Rundtürmen gesichert wird. Besonders eindrucksvoll ist innerhalb der Palastanlagen der Old Residential Complex, der 1937 erbaut wurde und sowohl Wohnbereiche als auch den großen Empfangsraum beherbergt, in dem der Herrscher Staatsgäste und Stammesführer empfing. Sitzkissen und

Bei Nacht ist die Fahrt hinauf zum Jebel Hafit ein ganz besonderes Erlebnis.

Teppiche waren das damals ausreichende Mobiliar, und dort, wo Sheikh Zayed saß, schmücken nun seine beiden Gewehre die Wand. Gegenüber dem Gebäude steht das große Beduinenzelt, in dem Sheikh Zayed im Sommer gerne in nostalgischer Erinnerung verweilte; es ist ebenfalls mit Teppichen und Kissen ›möbliert‹.

Zum Old Residential Complex gehört rechter Hand ein Gebäude, in dessen Parterre ein Raum als private Palastschule genutzt wurde: vier Schulbänke für max. acht Kinder, die hier mangels eines öffentlichen Schulwesens von Sheikh Zayed im Lesen und Schreiben unterrichtet wurden.

Nicht zu übersehen ist auf dem großen Innenhof ein sehr alter britischer Landrover, die erste ›Staatskarosse‹ von Sheikh Zayed.

Hassa Bint Mohammed St., T 03 751 77 55, tgl. 9–19 Uhr, Eintritt frei

Schlafen

Die Oasenstadt Al Ain ist eine beliebte ›Sommerfrische‹ und ein vielbesuchtes Wochenendziel der Expatriates aus Dubai und Abu Dhabi. Da es in der Stadt auch touristisch Interessantes zu sehen gibt, besteht ein dichtes Hotelnetz für gehobene Ansprüche.

Ganz oben

Mercure Grand Hotel Jebel Hafit: Allein die Lage mit dem Blick auf das 900 m tiefer gelegene Al Ain, über die Dünen und Wadis der Wüste und das angrenzende Hajar-Gebirge sind es wert, hier zu übernachten. Zudem bietet das Hotel ein großes Schwimmbad und neun Flutlicht-Tennisplätze. Alle 145 Zimmer und neun Suiten sind geräumig, modern eingerichtet und haben einen herrlichen Ausblick. Kinder kommen dank der langen Wasserrutschen im Schwimmbad auf ihre Kosten.
Auf dem Gipfel des Jebel Hafit, oberhalb von Al Ain, T 03 704 68 88, all.accor.com/hotel/3573/index.de.shtml, €

Der Klassiker

Radisson Blu Hotel & Resort: Der sechsstöckige Komplex mit weitem Atrium, ausgedehnten Gärten und großzügiger Poolanlage hat wesentlich dazu beigetragen, dass Al Ain ein beliebtes Ausflugsziel der Emiratis geworden ist. Das Hotel verfügt über einen 9-Loch-Golfplatz, ein schönes Kinderschwimmbecken und einen Pool mit 50-m-Bahn. Alle Zimmer orientieren sich in ihrer Einrichtung vor allem an Bequemlichkeit, der Service ist freundlich.
Zayed Ibn Sultan St./Khalid Ibn Sultan St., T 03 768 66 66, www.radisson.com, €€

Tradition vor Ort

Danat Resort Al Ain: Sechsstöckig, gestufte Hotelanlage mit zwei Flügeln, alle Zimmer mit Balkon und Gartenblick, zwei große Pools und viele Sportmöglichkeiten, mehrere Restaurants, einladende Gartenanlage. Außerdem befindet sich im Hotel die Bar Luce mit einem musikalischen Unterhaltungsangebot bis in den frühen Morgen (Do−Sa 21−6, So−Mi 19−4 Uhr).
Al Salam St., am Südostrand der Stadt, T 03 704 60 00, www.danathotels.com/alain/danat alainresort, €

Moderne Festung

Al Massa Hotel-Apartments: Zweistöckiges Haus in Form eines Forts mit 62 geräumigen Zimmern.
Hamdan Bin Mohammed St., schräg gegenüber der Al-Ain-Universität, T 03 703 91 00, €

Essen

Mehr als nur Curry

Tanjore: Das sympathische, freundliche Restaurant serviert hervorragende authentische Küche aus Indien bei Kerzenlicht.
Im Danat Al Ain Resort, T 704 60 00, tgl. 13−23 Uhr, €€€

Voller Erinnerungen

Zest: Viele Gemälde und üppige Dekorationen an den Wanden, und nicht zuletzt: gute Küche
Im Al Ain Rotana, Zayed bin Sultan St., T 03 703 10 67, tgl. 6−10.30, 12.30−15.30, 18.30−22.30 Uhr, €€

Tagesrestaurant

Flavours: Das beste und schönste Restaurant des Radisson Blu mit Terrasse direkt am Pool und internationaler Küche.
Im Radisson Blu, T 03 76 86 66, tgl. 6−23 Uhr, €€

Mediterrane Küche

Le Belvedere: Das Restaurant wird weniger wegen seiner guten französisch-mediteranen Küche als wegen der traumhaften Aussicht besucht.
Im Hotel Mercure auf dem Jebel Hafit, tgl. 12.30−23 Uhr, €€

Zugabe
Sandrosen

Oder: Welche Rosen wachsen in der Wüste?

Besucher sehen die sogenannten Wüsten- oder Sandrosen meist zum ersten Mal in gläsernen Vitrinen in Hotelfoyers. Vereinzelt werden auch noch kleinere Stücke im Souq angeboten. Wer aber die Rosen in ›freier Wildbahn‹ entdecken möchte, muss hinaus in die Wüste.

Sandrosen bestehen aus Calciumsulfat, dessen Kristalle wunderschöne Formen bilden können. Man stößt auf sie, wenn sich in der Region größere Gipsvorkommen unter dem Sand abgelagert haben – die Oberfläche schimmert dann weiß-grau. Araber nennen diese Flächen *sabkha* (›flacher Salzsee‹). Da vereinzelte Wüstenabschnitte unterhalb des Meeresspiegels liegen, kann salziges Meerwasser unter den Sand und zum Teil auch in seine Oberfläche dringen. Das an Calciumsulfat reiche Meerwasser konzentriert sich durch Verdunstung unter dem heißen Sand. Es bilden sich Gipsformationen, die wiederum verstärkende Bedingungen für die Verdunstung schaffen. Am Ende dieser Prozesse, die Hunderttausende von Jahren benötigen, kommt es zu jenen sehr schönen Kristallbildungen, die wir Sandrosen nennen. Obwohl Wüsten- oder Sandrosen ca. einen Meter unter der Oberfläche entstehen, findet man sie mit etwas Glück und dank lang anhaltender Winderosionen auch an der Oberfläche.

Souvenirsammler sollten die Sandrosen unbedingt ›stehen‹ lassen, denn sie sind in den VAE naturgeschützt, dürfen nicht mitgenommen, geschweige denn ausgeführt werden. Bis 2004 war das anders. Deshalb findet man sie noch in den gläsernen Vitrinen und im Souq. ∎

Das Kleingedruckte

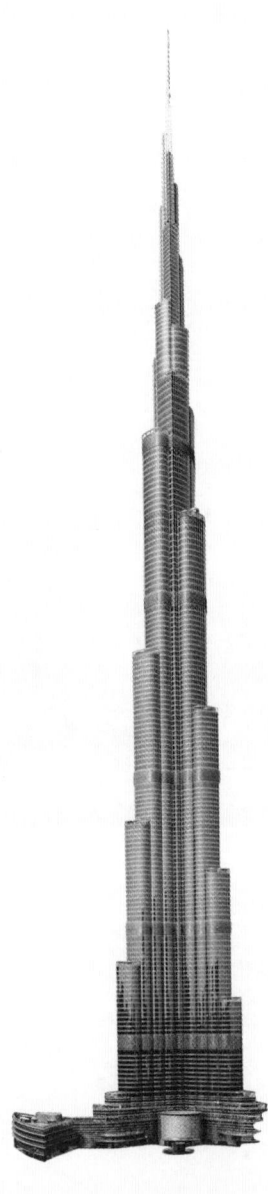

Die kühle Ästhetik des Burj Khalifa. Kein anderes Gebäude der Welt ragt so hoch in den Himmel wie dieser Turm im Herzen Dubais.

Ankunft

... mit dem Flugzeug

Dubai liegt ca. 5000 km Luftlinie oder rund 6,5 Flugstunden von Deutschland entfernt.

Dubais International Airport (DXB), auf dem jährlich etwa 80 Mio. Passagiere abgefertigt werden, erhielt mehrere Auszeichnungen für seine hohe Qualität in den Bereichen Wetterdienst, Flugverkehrs- und Luftraumkontrolle. Auch Dubais Fluglinie Emirates Airlines wurde mehrfach preisgekrönt und gilt als eine der besten und sichersten der Welt. Flughafeninformation in Dubai unter T 224 55 55 oder online auf www.dubaiairports.ae.

Die meisten Direktflüge von Deutschland aus bestreitet Emirates Airlines (www.emirates.com) – je 2 x tgl. von Hamburg, München und Düsseldorf und 3 x tgl. von Frankfurt/M. Aus der Schweiz fliegt Emirates 2 x tgl. von Zürich, aus Österreich 2 x tgl. von Wien. Für einen Direktflug aus Europa zahlen Sie zwischen 450 und 600 €. Fluginformation: T 069 945 19 20 00 (Deutschland), T 844 11 15 55 (Schweiz), T 01 206 09 19 99 (Österreich).

Die Fahrt vom Flughafen mit dem Taxi zu einem Hotel in der Innenstadt dauert ca. 10–15 Min. und kostet zwischen 35 und 50 Dh, zu einem Hotel auf The Palm Jumeirah kostet die ca. 30-minütige Fahrt etwa 120 Dh. Metrostationen (Red Line) befinden sich im Terminal 1 und 3.

Der weit draußen in Jumeirah liegende neue Flughafen **Dubai World Central (DWC)** (♥ Karte 4, C 2) wird zurzeit überwiegend von Fracht- und Charterlinien angeflogen (s. S. 170). Wer dessen ungeachtet dort landet: Die Buslinie F55 bringt Sie vom Flughafen zur Metrostation (Red Line) Ibn Battuta (Betriebszeit: 6–23 Uhr).

STECKBRIEF

Lage: Dubai ist Teil der Vereinigten Arabischen Emirate (VAE, arab. Al Imarat Al Arabiya Al Mutahida).
Einwohner: VAE ca. 10,5 Mio., davon ca. 85 % Ausländer *(expatriates);* Dubai 3,62 Mio., davon nur etwa 250 000 Emirati aus Dubai
Sprachen: Amtssprache Arabisch, Englisch sehr verbreitet
Staat und Verwaltung: Die VAE ist der Zusammenschluss der sieben Emirate Abu Dhabi, Dubai, Sharjah, Fujairah, Ras al Kaimah, Ajman und Umm al Qaiwain. An ihrer Spitze steht der Emir von Abu Dhabi. Gewerkschaften und Parteien sind verboten. Die Verwaltung der einzelnen Emirate erfolgt autonom. Herrscher von Dubai ist seit 2006 Sheikh Mohammed bin Rashid Al Maktoum (s. S. 286).
Religion: Der Islam ist Staatsreligion, anderen Religionen ist die Ausübung ihrer Riten und die Errichtung von Gotteshäusern gestattet.
Tourismus: 2022 kamen knapp 15 Mio. Besucher, darunter ca. 0,5 Mio. aus Deutschland.
Landesvorwahl: 00 971 plus Vorwahl des jeweiligen Emirats, z. B. Abu Dhabi 2, Al Ain 3, Dubai 4 etc.
Zeitzone: MEZ +2 Std.

... mit dem Schiff

Im Kreuzfahrtterminal des stadtnahen Port Rashid legen inzwischen Hunderte deutsche und internationale Kreuzfahrtschiffe an (www.dubaicruiseterminal.com).

Eine Anreise per Frachtschiff ist ab Hamburg möglich: Frachtschiff-Touristik Kapitän Zylmann, Mühlenstraße 2, 24376 Kappeln, T 04642 965 50, www.zylmann.de.

Bewegen und Entschleunigen

Dubai ist kein Ort der ruhigen Erholung, es ist die Sport- und Wellnessmetropole im Mittleren Osten und kein anderes Emirat kann mit so vielen großen Sportereignissen aufwarten. Das monatlich erscheinende Veranstaltungsmagazin »Time Out Dubai« (s. S. 33) nennt in der Rubrik »Sport and Outdoor« über 70 (!) verschiedene Sportarten, denen man in Dubai nachgehen kann, und stellt die jeweiligen Angebote mit den Adressen der Sport- und Übungsstätten vor. Dubai bezeichnet sich heute als »Ganzjahresdestination«. Dennoch: Angenehm ist es für die meisten Outdoor-Sportarten von November bis April. Zwischen Mai und September ist von sportlichen Aktivitäten an Land und unter freiem Himmel wegen der Intensität der Sonne und den hohen Außentemperaturen abzuraten. Allerdings gibt es auch klimatisierte Sportstätten für Tennis, Squash, Klettern oder sogar für Skifahren und Eislaufen.

Dubai ist unter diesen Prämissen vielleicht auch ein Ort, um einmal ausgefallene Sportarten wie Gokartfahren (s. S. 177), Schießen (s. S. 177), Polo (s. S. 225) oder Skifahren in der Wüste (s. S. 120) ohne großen Aufwand auszuprobieren.

Strände und Strandleben

Zur Attraktivität Dubais tragen die kilometerlangen weißen Sandstrände im Emirat wesentlich bei. Die angenehmen Wassertemperaturen des Arabischen Golfes, der sanfte Wellenschlag und der nur ganz allmählich abfallende Meeresgrund sind ideal fürs Baden im Meer. Allerdings ist ein großer Teil der schönen Strände für die jeweils dahinter liegenden Luxushotels reserviert. Um hier zu baden, muss man im Hotel wohnen oder kann eine Tageskarte für den hoteleigenen Beach Club erwerben. Doch es gibt auch öffentliche Strandabschnitte, die für jedermann kostenlos zugänglich sind (s. S. 224).

Beach Clubs: Der Zugang zu den Stränden und Schwimmbädern der Hotels am Jumeirah Beach ist unkompliziert, aber nicht billig. Die Strandhotels haben ihre Strände und Wassersportanlagen als Clubs organisiert, in denen Nichthotelgäste Tagesmitglieder werden können. Detaillierte Auskünfte über diese Tagesmitgliedschaften erhält man in den einzelnen Hotels.

Zurzeit gibt es nur noch eine öffentliche Parkanlage mit eigenem Strandabschnitt, den **Al Mamzar Beach** Park. Er ist vorbildlich sauber, verfügt über Süßwasserduschen und Toiletten, es gibt mehrere Restaurants, ausgedehnte Liegewiesen mit Bäumen, am Strand stehen Schattenspender, und junge *bay watcher* achten auf die Sicherheit der Badegäste (♥ Karte 2, Z 4, Al Mamzar Creek, an der Grenze zu Sharjah, T 296 62 01, www.visitdubai.com/de/places-to-visit/al-mamzar-beach-park, Mo–Do 8–22, Fr–So 8–23 Uhr, Eintritt 5 Dh, Auto 25 Dh).

Die am Jumeirah Beach neu eröffnete Anlage La Mer (s. S. 139) könnte man auch zu den öffentlichen Beach Parks zählen, denn den Zugang zu Strand und Meer sind dort umsonst, aber für alles andere zahlt man.

Gebührenfreie Strände: Für jedermann zugänglich sind vier kostenlose Strandabschnitte am Jumeirah Beach mit unterschiedlich schlechter Infrastruktur. Alle sind von der Jumeirah Road direkt zu erreichen. Nachfolgend von Ost nach West:

– **Jumeirah Open Beach:** ♥ Karte 2, S 4, westlich des Dubai Marina Beach, ca. 2 km lang, mit Duschen.

– **Kite Beach:** ♥ Karte 2, O 4, S. 156, im Stadtteil Umm Suqeim, nicht nur für Kitesurfer, mit bescheidener Infrastruktur.

– **Burj Beach:** ♥ Karte 2, N 4, östlich des Burj Al Arab, zieht wegen des Blicks auf den Burj viele Gäste an, hat aber keine Infrastruktur.

– **The Walk:** ♥ Karte 3, J 3, S. 151, direkt vor der Promenade der Jumeirah Beach Residences, gegenüber dem Riesenrad – immer voll, aber beste Infrastruktur.

Kitesurfen

Wen Windsurfing nicht mehr herausfordert, sollte es mit Kitesurfing probieren. Dabei steht man auf einem Wakeboard und lässt sich von einem Lenkdrachen übers Wasser ziehen, wobei höhere Sprünge möglich sind. Anfängerkurse in dieser Trendsportart bietet der Dubai Kite Club am Jumeirah Beach im Stadtteil Umm Suqeim an.

Kitesurf School Dubai, T 502 54 74 40, www. kitesurf.ae, tgl. 7–18 Uhr

Golfen

Mehr als ein halbes Dutzend Golfplätze, alle nicht weit voneinander entfernt und vier davon sogar Austragungsort internationaler Turniere und Weltmeisterschaften – damit gehört Dubai zum weltumspannenden Golf Circuit. Die Plätze unterscheiden sich wesentlich und fordern selbst sehr gute Golfer heraus. Fünf davon verfügen über 18-Loch-Parcours auf Weltniveau, nur der Jebel Ali Parcours beschränkt sich auf neun Löcher. Gäste sind in allen Clubs willkommen, die Ausrüstung kann man ausleihen, angemessene Kleidung wird erwartet. Nach dem Handicap (Männer 28, Frauen 45) wird selten gefragt.

(Winter-)Preise für Gäste: 18-Loch zwischen 500 und 900 Dh, 9-Loch zwischen 250 und 600 Dh. UGA-Mitglieder erhalten auf allen Plätzen hohe Ermäßigungen. Hier eine Auswahl:

– **Dubai Creek Golf & Yacht Club:** s. S. 93

– **Emirates Golf Club:** s. S. 125

– **Jebel Ali Golf Course:** s. S. 177

– **The Address Montgomerie Golf Club:** s. S. 125

– **Arabian Ranches Golf Club:** Arabian Ranches, T 884 67 77, www.arabianranchesgolfdubai.com. Kombination aus grünen Fairways und sandigen Roughs.

Reiten

Reiten ist ein überaus beliebter Sport in Dubai. Sheikh Mohammed bin Rashid, der Herrscher des Emirats, ist begeisterter Pferdeliebhaber. Auch deshalb gibt es in Dubai mehrere Reitclubs, die Unterricht und Ausritte anbieten, darunter den **Jebel Ali (JA) Equestrian Club** mit trainierten Pferden und erfahrenen Reitlehrern (T 814 55 55, www.jaresortshotels.com, tgl. 7–12, 16–19 Uhr).

Wer gerne einmal auf einem echten Araberpferd durch die Wüste reiten möchte, kann dies vor den Toren Dubais im **Bab Al Shams Desert Resort** (in Begleitung eines Reitlehrers, 300 Dh pro Stunde, s. S. 185) in die Tat umsetzen. Der Ausritt in die Wüste (in Begleitung eines erfahrenen Kamelreiters) kostet dasselbe. Die Deutsche Uschi Musch bietet auf ihrer Farm (Richtung Bab Al Shams) und am Jumeirah Beach in Dubai ebenfalls Kamelreiten an (s. S. 282).

Polo

Der Dubai Polo & Equestrian Club bietet zwischen Mai und Oktober ab 6.30 Uhr Anfängern die Möglichkeit, den ausgefallenen Sport kennenzulernen.

Dubai Polo & Equestrian Club, T 36 18 11, www.poloclubdubai.com

Wellness

Dubai ist der richtige Ort, sich den Ritualen des Pflegens, Entspannens und Belebens hinzugeben, um unter geschulten Händen in schöner Umgebung und mit der richtigen Kosmetikmarke jene glücklichen Momente zu erfahren, die totale Entspannung verheißen. Alle Luxushotels in Dubai verfügen über große Wellness- und Spa-Bereiche, die hohe Qualität der Behandlungen zu relativ günstigen Preisen bieten. Das qualifizierte Personal ist freundlich und einfühlsam, die Spas sind architektonische Wohlfühltempel. Wer vor Reiseantritt im Wellnessdschungel Orientierung sucht, findet sie unter www.wellnessverband.de. Hier eine Auswahl:

Amara: Hier konzentriert man sich auf das individuelle Spa-Erlebnis. In edlen Räumen mit großzügiger, nicht einsehbarer Außenterrasse kann der Gast wählen zwischen *shiffa hammam*-Ritual mit Damaszener-Rosenöl oder andalusischem Jasminöl, Aromatherapie, Reflexzonenmassage und verschiedenen Gesichtsbehandlungen (auch speziell ›Für Ihn‹). Individualität und Komfort lassen sich noch toppen: Die Residential Spa Rooms sind

Das Hammam-Ritual gehört zum Standardrepertoire aller größeren Wellness-Tempel in Dubai.

Komfortsuiten, in denen ein Zimmer mit eigenem Dampfbad, Massageliege und Behandlungsstuhl ›möbliert‹ ist!
Im Hotel Park Hyatt Dubai (s. S. 91), T 602 12 34 oder 602 16 60, tgl. 9–22 Uhr

The Talise Spa: Talise ist ein eigenes, für Jumeirah entwickeltes Konzept, das alle für das Wohlbefinden relevanten Elemente berücksichtigen will. Alle Anwendungen sollen nicht nur zu einem angenehmen Körpergefühl beitragen, sondern auch zu innerer Kraft führen. Massagen, Yoga, Meditation und eigene Jumeirah-Produkte tragen dazu ebenso bei wie die Räumlichkeiten des mehrfach preisgekrönten Luxus-Spas mit orientalisch-sinnlicher Atmosphäre in einem wunderschönen Garten.
In allen Jumeirah Hotels, z. B. Jumeirah Zabeel Saray (s. S. 36, 157) oder im Madinat Jumeirah (s. S. 147), tgl. 9–22 Uhr

The Spa: Die gesamte Palette von Gesichts- und Körperbehandlungen, Massagen, Maniküre und Pediküre im Ambiente römischer Badekultur. Außerdem gibt es zwei Schwimmbäder (Sunset- und Sunrise-Pool), Outdoor- und Indoor-Jacuzzi, Sauna, Dampfbad, Fitnesscenter und ein Aerobic Studio, alles mit exzellentem Service.
Im Hotel The Fairmont Dubai, Sheikh Zayed Rd., T 332 55 55, tgl. 8–22 Uhr

CHI: Großer, ruhiger Spa-Bereich in Sandtönen, asiatische Körperphilosophie und Sanskrit-Bezüge als literarische Vorbereitung der mehr als ein Dutzend Anwendungen. Drei Jacuzzis mit unterschiedlichen Temperaturen. Programme für Paare (Ehepaare, aber auch Mutter-Tochter, Vater-Sohn). Auch sehr empfehlenswert: Four Hand Aroma Vitality Massage, 1 Std. 950 Dh. Der Spa ist sehr beliebt, daher unbedingt vorher anmelden.
Im Hotel Shangri-La (s. S. 35, 125)

Diplomatische Vertretungen

Nur Deutschland und die Schweiz unterhalten in Dubai Generalkonsulate. Österreicher wenden sich an die **Österreichische Botschaft** in Abu Dhabi (Sky Tower, Office No. 507, Reem Island, T 02 694 49 99, www.bmeia.gv.at/oeb-abu-dhabi, Mo–Do 9–13, Fr 12–13 Uhr).

Deutsches Generalkonsulat
Street 14 A
Jumeirah I (hinter dem alten Dubai Zoo)
T 349 88 88, www.uae.diplo.de

Schweizerisches Generalkonsulat
World Trade Centre
T 329 09 99, www.eda.admin.ch/dubai

Einreisebestimmungen

Besucher aus Deutschland, Österreich und der Schweiz erhalten in ihren noch mindestens sechs Monate gültigen Pass ein gebührenfreies Visum (*visa on arrival*) an der Passkontrolle am Flughafen Dubai. Es berechtigt zu einem Aufenthalt von bis zu 90 Tagen. Eine Verlängerung um einen weiteren Monat ist bei den Immigration Offices möglich und kostet 500 Dh. Kinder benötigen unabhängig vom Alter einen eigenen Reisepass.

Zollvorschriften: Zollfrei eingeführt werden dürfen 2000 Zigaretten, 400 Zigarren, 2 kg Tabak und 4 l Alkohol.

Feiertage

Alle großen islamischen Feste sind in Dubai staatliche Feiertage. Der Samstag ist gesetzlicher wöchentlicher Feiertag, nicht mehr wie früher der Freitag – jetzt bilden Samstag und Sonntag das Wochenende.

Da das muslimische Jahr aufgrund des ihm zugrunde liegenden Mondkalenders ca. elf Tage kürzer ist als unser Sonnenjahr, verschieben sich die Termine der islamischen Feiertage von Jahr zu Jahr. Doch nicht nur das: Da nach dem Mondkalender jeder Monatsanfang vom ersten Erscheinen der Mondsichel nach Neumond bestimmt wird, können die Daten immer nur annäherungsweise für die folgenden Jahre festgelegt werden. Eine eigene Kommission beobachtet genau das Erscheinen der Mondsichel.

An den religiösen Feiertagen kleiden sich die muslimischen Einwohner feierlich. Die christlichen Feiertage Weihnachten oder Ostern spielen zwar keine Rolle im Arbeitsalltag, wohl aber für die Dekorationen der Schaufenster und das Warenangebot der Shopping-Malls.

Islamische Feiertage
Mawlid al Nabi: Geburtstag des Propheten (15. Sept. 2024, 4. Sept. 2025, 25. Aug. 2026, 14. Aug. 2027)
Id al Fitr: Das Fest des Fastenbrechens wird am Ende des Ramadan drei Tage lang gefeiert (10.–12. April 2024, 30. März–1. April 2025, 20.–22. März 2026, 9.–11. März 2027).
Id al Adha: Das große Opferfest im Zusammenhang mit der Pilgerfahrt nach Mekka dauert ebenfalls drei Tage (16.–18. Juni 2024, 6.–8. Juni 2025, 27.–29. Mai 2026, 16.–18. Mai 2027).
Ras al Sana al Hijra: Islamisches Neujahrsfest, Beginn des islamischen Jahres im Gedenken an die Flucht des Propheten von Mekka nach Medina im Jahre 622 (17. Juli 2024, 26. Juni 2025, 16. Juni 2026, 6. Juni 2027).
Ramadan: Fastenmonat (11. März–10. April 2024, 1.–30. März 2025, 18. Febr.–21. März 2026, 7. Febr.–7. März 2027).

Staatliche Feiertage
1. Jan.: New Year's Day
2. Dez.: Nationalfeiertag, Gründung der VAE im Jahre 1971. In allen Emiraten wird

dieser Jahrestag mit großen Feierlichkeiten begangen. Dazu gehören nicht nur Staatsakte und Galaessen, sondern auch folkloristische Veranstaltungen mit Tanz und Musik sowie Feuerwerke am Abend.

Feste und Events

Der Herrscherfamilie Al Maktoum ist es gelungen, ihr Emirat Dubai durch aufsehenerregende Veranstaltungen weltweit bekannt zu machen. Das Department of Economy and Tourism (DET) veröffentlicht auf seiner Homepage www.visitdubai.com jedes Jahr alle Veranstaltungen, auch eventuelle zeitliche Verschiebungen sind dort zu finden.

Geld

Die Währung Dubais und der VAE ist der Dirham (Dh, offiziell AED), unterteilt in 100 Fils. Er ist seit 1980 fest an den US-Dollar im Verhältnis 1 USD = 3,67 AED gekoppelt. Der Wechselkurs des Dirham zum Euro und zum Schweizer Franken hängt daher von deren Kurs zum US-Dollar ab. Den tagesaktuellen Wechselkurs kann man auf www.oanda.com/converter schnell ermitteln.
Wechselkurs (November 2023): 1 Dh = ca. 0,25 €, 1 € = ca. 4,03 Dh

Gesundheit

Für die Einreise sind keine **Impfungen** vorgeschrieben. Wegen der Hitze sollten Sie tgl. 3–5 l Flüssigkeit zu sich nehmen (Tee oder Wasser). Leitungswasser ist trinkbar, Mineralwasser eher zu empfehlen (Literflasche im Supermarkt zwischen 1,50 und 3 Dh).

Den niedergelassenen Ärzten und vorbildlich ausgestatteten Krankenhäusern kann man sich sorglos anvertrauen. In den staatlichen Krankenhäusern werden Notfälle kostenlos behandelt. In allen anderen Fällen müssen Touristen bar oder via Hotel mit Kreditkarte bezahlen. Eine **Liste deutschsprachiger Ärzte** gibt es beim deutschen Konsulat unter www.dubai.diplo.de. Der Abschluss einer Auslandskrankenversicherung ist ratsam.

Medikamente sind im Drugstore nach US-amerikanischem Vorbild oder in der Pharmacy-Abteilung der Shopping-Malls erhältlich. Infos über die Mitnahme von Medikamenten, die daheim rezeptfrei sind, in die VAE aber nicht ohne ärztliches Rezept eingeführt werden dürfen, unter www.uae.diplo.de/ae-de/laenderinfos/reise-sicherheit.

Informationsquellen

Nahezu alle öffentlichen Informationen im Emirat werden nur noch digital angeboten. Das gilt besonders für den Tourismus- und Entertainmentsektor.

Department of Economy and Tourism (DET)

In Dubai: nahe dem Dubai World Trade Center, One Central, Bldg. 2, 4th floor, T 600 55 55 59, www.dubaitourism.gov.ae, Mo–Fr 8–18 Uhr.
In Deutschland: Grüneburgweg 16, 60322 Frankfurt/M., T 069 710 00 20, www.visitdubai.com.

Im Internet

Dubai ist mit offiziellen und privaten Websites im Netz präsent. Die Seiten der Regierung und die der Stadt sind überwiegend ins Englische übersetzt, man erkennt sie an der Landeskennung ›ae‹. Hier eine Auswahl.
u.ae/en: Das Regierungsportal der UAE mit vielen landeskundlichen Informationen (Link ›Information and Services‹).
www.visitdubai.com: Portal der Tourismusbehörde DET; umfassende Informationen zu Events, Sport, Shopping, Wetter,

Hotels etc. mit vielen nützlichen Hinweisen zu Veranstaltungen und Aktivitäten (in mehreren Sprachen).

www.desertadventures.com: Homepage (auch in Deutsch) von Desert Adventures Tourism, einem örtlichen Tourismusunternehmen. Wer Dubai in einem Ballon überfliegen, im Arabischen Golf Hochseefischen oder einen nächtlichen Trip in die Wüste unternehmen möchte, wird unter »Touren« fündig (Spezialist für Gruppenreisen).

www.dm.gov.ae: Informationen der Stadtverwaltung von Dubai *(municipality)*. Auch Informationen zu Museen, Märkten, Angeboten für Kinder etc.

www.dsc.gov.ae/en: Verlässliche, offizielle Statistiken des Emirats Dubai, z. B. aktuelle Einwohnerzahlen.

www.dubai.de, www.ewtc.de: Webseiten eines seriösen deutschen Reiseanbieters mit umfassenden Infos, u. a. zu Hotels, Ausflügen und Events.

www.dubai-city.de: Homepage eines deutschen Reisebüros mit vielen Informationen zu Veranstaltungsterminen, TV-Hinweisen, ausführlicher Produktwerbung und einer »Dubai-Reisecheckliste«.

www.dubai.diplo.de: Die Website des deutschen Generalkonsulats in Dubai mit Adressen und Informationen der deutschen Botschaft in Abu Dhabi.

www.britannica.com: Enzyklopädische Informationen über alle Lebensbereiche Dubais.

www.dubai360.com: Hier können Sie viele Sehenswürdigkeiten von The Palm Jumeirah virtuell in Panoramaansicht erkunden.

www.hallodubai.com: Webseite einer Schweizerin, die seit 1994 in Dubai lebt und mit einem Emirati verheiratet ist. Viele nützliche Informationen über das Emirat, z. B. den Stammbaum der Herrscherfamilie oder die Nationaltracht, und große Fotogalerie der vielen Luxushotels Dubais.

www.dubai.ae: Offizielles Portal der Regierung mit umfangreichen Informationen über Staat, Recht, Verwaltung, auch historische und touristische Informationen.

www.uae-embassy.de: Botschafts-Homepage der Vereinigten Arabischen Emirate (VAE) in Berlin. Viele Informationen über die VAE inkl. aktueller Nachrichten aus den Emiraten.

www.emirates.com/de: Die Fluggesellschaft mit Sitz in Dubai bietet auf ihrer Website ausführliche Hinweise für einen Aufenthalt im Emirat.

Internetzugang und Telekommunikation

Die Landesvorwahl lautet 00971, die Ortsvorwahl für Dubai 04. Telefon- und Internetdienste werden von den Gesellschaften »Etisalat« und »du« angeboten. Lokale SIM-Karten mit günstigen Tarifen in der VAE (auch für Gespräche nach Europa) sind an Verkaufsständen der beiden Gesellschaften am Flughafen und in den Malls erhältlich. Ein Preisvergleich lohnt, z. B. bietet Etisalat für 125 Dh die SIM-Karte ›Visitors Line Premium‹ an, mit der man bis zum Ablauf des eigenen Tourismusvisums in den VAE telefonieren kann und darüber hinaus ein Volumen für Auslandsgespräche hat.

WLAN gibt es in allen öffentlichen Einrichtungen und in den Shopping-Malls.

Kinder

In einer Gesellschaft, in der ›Kinder zu haben‹ einen wesentlichen Aspekt der Identität und des Ansehens eines Erwachsenen darstellt, werden Kinder mit besonderer Wertschätzung behandelt. Von dieser positiven Grundeinstellung profitieren auch Kinder von Besuchern, besonders in Hotels, Restaurants und in Freizeitparks.

Hinzu kommen neue, bei Europäern noch unbekannte Freizeitangebote, die auch Kinder interessieren könnten, z.B. Ausflüge in die Wüste, Kamelreiten und der Besuch eines Kamelmarkts, oder eine Vorführung jagender Falken.

Nach Möglichkeit ein Strandhotel

Da in Dubai die Wassertemperatur des Meeres meist angenehm warm ist, sollten Eltern nach Möglichkeit ein Hotel am Strand einem Stadthotel vorziehen. In jedem Fall sollte das Hotel über ein Schwimmbad verfügen.

Einige der Strandhotels am Jumeirah Beach (z. B. das Four Seasons, das Jumeirah Beach Hotel oder das Jebel Ali Resort) haben eigene **Kids Clubs** eingerichtet, in denen Kinder mit einem abwechslungsreichen, altersgerechten Spiel- und Unterhaltungsprogramm zwischen 9 und 16 Uhr am Strand und im Wasser bei Laune gehalten werden. Unter den Stadthotels ist nur das Grand Hyatt vorbildlich auf Familien mit Kindern eingestellt; es bietet betreute Spielangebote und verfügt über ein ganzjährig temperiertes, rutschfestes und großes Kinderschwimmbecken mit Sonnensegel.

Besuch in Parks und Malls

Attraktiv sind für Kinder auch die öffentlichen Parks, wie z. B. der **Creekside Park** (s. S. 231), in dem etwa ein Drittel der Fläche für Kinder zum Spielen gestaltet wurde und der eine kleine Hochbahn bieten kann. Auch der **Safa Park** (s. S. 140) ist für Kinder sehr attraktiv. Und der **Al Mamzar Park** (s. S. 224) hat außer Schwimmbädern mit Wasserrutschen auch einen eigenen Strand zu bieten.

Da zum Dubai-Programm von Familien auch der Besuch einer oder mehrerer Shopping-Malls gehört und Kinder die Kunden von morgen sind, die bereits jetzt großen Einfluss auf die Kaufentscheidungen ihrer Eltern haben, sind die Einkaufszentren bestens auf die junge Klientel eingestellt. Einige haben gar ein ganzes Stockwerk mit Spielgeräten aller Art für

den Nachwuchs reserviert. Besonders aufregend dürfte die **Kempinski Mall of the Emirates** sein, in deren Ski Dome Kinder mitten in der Wüste Ski-, Snowboard- oder Schlittenfahren können (s. S. 120).

Klima und Reisezeit

Dubai definiert sich selbst als touristische »Ganzjahresdestination« und wird von deutschen Reiseveranstaltern auch gerne als solche angeboten. Aber zwischen Mai/Juni und September kann die Tagestemperatur mehr als 40 °C betragen und das Thermometer im Juli und August – in Verbindung mit hoher Luftfeuchtigkeit – sogar auf 50 °C steigen. In dieser Zeit wird das Meerwasser bis zu 28 °C warm. Die Hotelpreise sind von Mai bis September sowie während des Ramadan (s. S. 227) niedriger. In den Sommermonaten bieten die luxuriösen Strandhotels (zusammen mit Emirates Airlines) sehr günstige Aufenthalte mit Halbpension an. Bevorzugt bewegt man sich dann in klimatisierten

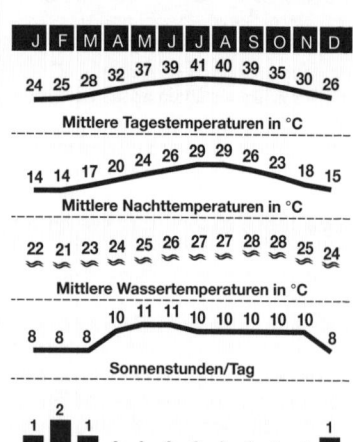

So ist das Wetter in Dubai.

Taxis zwischen den klimatisierten Hotels und den klimatisierten Shopping-Malls. Auch die Wartehäuschen der öffentlichen Busse sind klimatisiert.

Klimatisch angenehm ist es von Oktober bis April, die Regentage kann man an einer Hand abzählen und die Sonne scheint 8–10 Stunden am Tag. Die Wassertemperatur des Golfs beträgt selbst im Januar noch 19 °C.

Wetterinformationen

Fernsehen: N-tv zeigt viermal täglich Livebilder aus Dubai mit Wetterimpressionen via Webcam von EarthTV.

Internet: Aktuelle Klimadaten und Wettervorhersagen bieten u. a. die folgenden Websites unter Eingabe des gewünschten Reiselandes:
www.theweather.com
www.wetteronline.de
www.wetter.com
www.wetter.net

Lesetipps

Doris Behrens-Abouseif: Schönheit in der arabischen Kultur.

Christopher Davidson: Dubai: The Vulnerability of Success.

Ernest Gellner: Der Islam als Gesellschaftsordnung.

Frauke Heard-Bey: From Trucial States to United Arab Emirates – A Society in Transition.

Jim Krane: Dubai: The Story of the World's fastest City.

Jean-Bernard Naudin und Odile Godard: Zu Gast bei Scheherezade – Kulinarische Genüsse aus 1001 Nacht.

Julia Wheeler und Paul Thuysbaert: Telling Tales. An Oral History of Dubai.

Jeremy Williams: Don't they know it's Friday?

Graeme Wilson: Rashid's Legacy. The Genesis of the Maktoum Family and the History of Dubai.

Parks

Die öffentlichen Parkanlagen Dubais sind bei der Bevölkerung sehr beliebt. Die meisten Parks besitzen auch Angebote für Kinder vom Sandkasten mit Schatten spendenden Sonnensegeln bis zu körperlich anspruchsvollen Spielgeräten. Üppiges Grün, weite Rasenflächen mit hohen Bäumen und eine sehr saubere, besucherfreundliche Infrastruktur tragen zur ihrer Attraktivität bei (z. B. Toiletten etc.). In Dubai finden Sie ein halbes Dutzend solcher Parks (www.dm.gov.ae).

Creekside Park: Der gepflegte Stadtpark mit Schatten spendenden Bäumen, aufwendigen Blumenbepflanzungen und viel Rasen erstreckt sich über mehrere Quadratkilometer. Etwa ein Drittel seiner Fläche wird von Spielanlagen für Kinder eingenommen, seine Infrastruktur (Bänke, Toiletten, Papierkörbe etc.) ist ohne Makel. Anziehungspunkt ist die Delfinshow im Dolphinarium (www.dubaidolphinarium.ae).
Zwischen der Al-Maktoum- und der Al-Garhoud-Brücke, Creek Park Gate 1, Umm Hurair Rd., ♥ Karte 2, V 6, T 336 76 33, So–Mi 8–22, Do–Sa 8–23 Uhr, Eintritt 5 Dh, Delphinshow ab 120 Dh

Al Mamzar Beach Park: Möchten Sie sich am Wasser erholen? Der Khor Al Mamzar, eine ins Festland reichende Meeresbucht im Osten an der Grenze zu Sharjah, bildet den natürlichen Raum für den Park, der sich über eine Hügellandschaft ausbreitet und neben Meer und Strand auch Schwimmbäder, Cafés und Restaurants bietet. Tagsüber können Sie im Park auch ein Strandhaus mieten; Strandhaus je nach Größe 150–200 Dh.
Adresse und Öffnungszeiten: s. S. 224

Safa Park: Mehr als drei Viertel des Parks sind gepflegte Rasenflächen mit hohem Baumbestand und vielen Blumenbeeten. Im Park leben ca. 200 un-

terschiedliche Vogelarten, deren Gezwitscher unüberhörbar ist. Auch gibt es eine eigene Ladies' Park Area, die nur Frauen (mit und ohne Kindern) vorbehalten ist. An seiner östlichen Seite verlor der Park 2016 einen Streifen an den neuen Dubai Water Canal.
Adresse und Öffnungszeiten: s. S. 140

Zabeel Park: Er gehört zu den großen Parkanlagen und ist zweigeteilt: in eine Parkanlage für Spiele und Sport mit vielen technisch anspruchsvollen Geräten und Klettermöglichkeiten und einen Parkteil mit viel Rasen, hohen Bäumen und Blumenbeeten. Am östlichen Rand des Zabeel-Parks eröffnete 2018 **The Frame,** ein 140 m hohes, schlankes Gebäude in Form eines »Rahmens«, das von seiner oberen Umrandung den Blick über ganz Dubai ermöglicht (s. S. 101).
Am Beginn der Sheikh Zayed Rd., nahe World Trade Center, T 507 25 29 94, Sa–Mi 8–22, Do–Fr 8–23 Uhr, 5 Dh

Dubai Parks and Resorts: Verschiedene private Themenparks unter einem ›Dach‹ mit kinderbezogenem Entertainment.
www.dubaiparksandresorts.com, s. S. 171

Preise

In Dubai bewegen sich die Hotelpreise inzwischen auf Weltstadtniveau. Billiger sind sie nur während des heißen Sommers von Mai bis September und während des Ramadan. Immer kommen 10 % Bedienung, 10 % *municipality tax,* weitere 5 % Mehrwertsteuer und der sog. Tourism Dirham in Höhe von bis zu 5 € pro Nacht und Zimmer hinzu. Einzelzimmer sind unwesentlich billiger als Doppelzimmer. Die im Reiseteil des Buches angegebenen Preise beziehen sich auf ein Doppelzimmer ohne Frühstück bzw. ein Hauptgericht.

Schlafen
€ = unter 150 Euro
€€ = 150 bis 250 Euro
€€€ = über 250 Euro

Essen
€ = unter 15 Euro
€€ = 15 bis 25 Euro
€€€ = über 25 Euro

Reisen mit Handicap

Dubai ist eine Stadt der Autofahrer. Überlegungen zur Barrierefreiheit spielen bei den Straßenplanungen keine Rolle. Aber es gibt schnelle Fortschritte, insbesondere in den internationalen Hotels und Restaurants. Für ›People of Determination‹ (dazu zählen z. B. auch Rollstuhlfahrer) bietet die **Dubai Taxi Cooperation** (T 80 08 80 88, 507 25 29 94, www.dubaitaxi.ae/en/ Our-Services/Special-Needs-Taxi) Kleinbusse an, die mit Liften ausgestattet sind. Diese sind 24 Std. vorher zu reservieren, dann wird man, wo immer man ist, abgeholt.

Nicht alle Museen verfügen über barrierefreie Zugänge. Hilfe erhalten Behinderte beim **Dubai Centre for Special Needs** (T 344 09 66, www.dcsneeds. com).

Reiseplanung

Emirates Airlines
Die Fluglinie des Emirats Dubai fliegt zu mehr als 100 Destinationen rund um die Welt. Wer bei einem Flug mit Emirates einen Zwischenstopp in Dubai einlegt, bietet die Fluggesellschaft preisgünstige Angebote, die Stadt und das Emirat kennenzulernen (www.emirates.com).

Nur wenige Stunden Aufenthalt
Wenn Ihr Dubai-Aufenthalt sich auf drei bis fünf Stunden beschränkt, bie-

tet selbst der Flughafen ein ›bisschen‹ Dubai. Keinesfalls sollten Sie sich den größten Duty Free Shop der Welt entgehen lassen. Kleine Einkaufswagen für das eigene Handgepäck erleichtern die ›Wanderung‹ durch das 25 000 m² große Einkaufsparadies mit seinen teils preisgünstigen Markenartikeln. Wer es lieber ruhig angehen möchte, sollte die Zen-Gärten im Flughafen (pridedubai. com/zen-garden-dubai-airport-2023) aufsuchen. In dieser Oase der Ruhe kann man auch auf angenehmen Sesseln das kostenlose WLAN nutzen.

Mehr als einen halben Tag Zeit

Bei mehr als vier Stunden Zwischenaufenthalt lädt Emirates Sie in eines der vielen Flughafenrestaurants ein. Den Gutschein gibt es am Transferschalter.

Dank perfekter Verkehrsanbindung lohnt es aber auch, einen Ausflug in den Stadtteil Deira zu unternehmen und entlang der Sheikh Zayed Road bis zum Burj Khalifa zu fahren. Am einfachsten nimmt man die Metro.

Bei längeren Stopovern

Dubai bietet eine bunte Palette an Sehenswürdigkeiten. Da sind u. a. die aus TV-Sendungen bekannten Architekturikonen und die künstlichen Inseln in Form überdimensionaler Palmen zu nennen. Es gibt interessante Museen, Dutzende von Shopping-Malls und unvergleichliche Basare.

Auf die Hitliste der Orte, die Ihnen ein Gefühl für die Besonderheit der Stadt vermitteln, gehören:

– ein Besuch im Gold- und im Gewürzsouq (s. S. 72) sowie in der Dubai Mall (s. S. 108).

– ein Abendessen auf dem Creek, z. B. auf dem Bateaux Dubai (s. S. 62).

– ein Spaziergang durch Al Fahidi, der ›Altstadt‹ von Dubai (s. S. 51).

– ein Besuch der Jumeirah-Moschee (s. S. 135).

– ein Blick von oben auf die Skyline, z. B. beim Afternoon Tea im Burj al Arab oder im Burj Khalifa (s. S. 19, 119).

Golfer werden die Zeit nutzen, um einen der herrlichen Golfplätze des Emirates zu bespielen (s. S. 225).

Wer mit Kindern reist, verbringt erlebnisreiche Stunden in einem der gigantischen Wasserparks (s. S. 158, 158). Und nicht zuletzt lockt ein Ausflug in die aufregend schöne Wüste (s. S. 183).

Alle Ziele kann man dank sehr preisgünstiger Taxis bequem erreichen. Emirates ist aber auch bei der Anmietung eines erschwinglichen Autos behilflich, und sogar bei der Buchung von Touren und Safaris in die Wüste unterstützt die Airline ihre Fluggäste. Wer das nicht möchte: Am Flughafen bieten zwölf Mietwagenfirmen ihre Dienste an.

Übernachtungsmöglichkeiten

Für Zwischenstopp-Passagiere vermittelt Emirates nach der Flugbuchung stark ermäßigte Unterkünfte. Die Angebote schließen die meisten Hotels der Stadt ein und reichen vom einfachen Apartment bis zum ›Sieben‹-Sterne-Hotel Burj Al Arab (Hotelauswahl s. ab S. 34). Der Transfer zum Hotel ist außerdem kostenlos. Wer sich erst kurzfristig oder vor Ort für ein Hotel entscheiden möchte, kann in der Ankunftshalle vor der Passkontrolle am Schalter Hotel & Visa for Dubai vielleicht ein günstiges Last-Minute-Angebot erhaschen. Eine Vorausbuchung solcher ›Schnäppchen‹ durch Emirates ist nicht möglich.

Formalitäten

Die Einreiseformalitäten zum Verlassen des Flughafens beschränken sich bei EU-Bürgern auf das Vorzeigen des Reisepasses, in den ein kostenloses Besuchervisum gestempelt wird. Die ›Ausreise‹ aus Dubai nach dem Zwischenaufenthalt ist ebenfalls komplikationsfrei. Mitreisende Partner aus Nicht-EU-Ländern erhalten am Schalter Hotels & Visa for Dubai

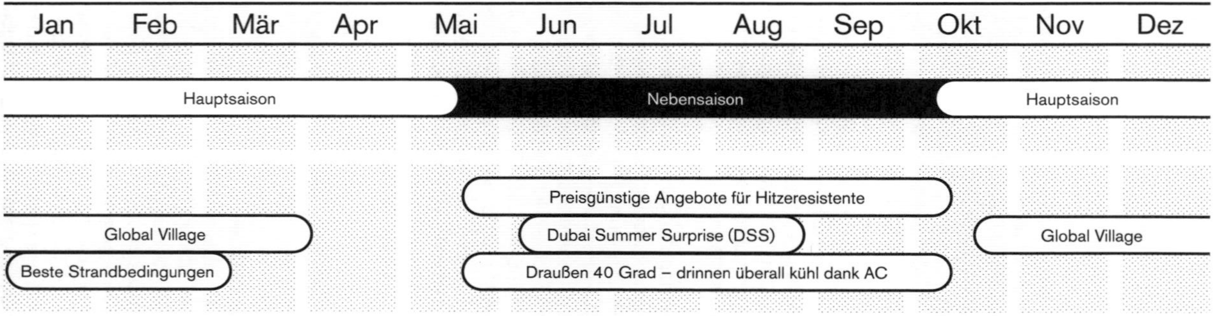

Jan	Feb	Mär	Apr	Mai	Jun	Jul	Aug	Sep	Okt	Nov	Dez

Hauptsaison

Hauptsaison

Nebensaison

Global Village

Global Village

Beste Strandbedingungen

Preisgünstige Angebote für Hitzeresistente

Dubai Summer Surprise (DSS)

Draußen 40 Grad – drinnen überall kühl dank AC

O Januar
Dubai Marathon
Dubai Shopping Festival
Dubai Desert Classics

O Februar
The Bride Show
Dubai International Jazz Festival
Emirates Airline Festival of Literature
Dubai Duty Free Tennis Championships

O März
Dubai International Boat Show
Dubai International Horse Fair
Art Dubai
Dubai World Cup

O April/Mai
Dubai Food Festival
Dubai Polo Gold Cup

November O
Cityskape Global: Immobilienmesse
Dubai Airshow
Dubai International Motorshow
Dubai International Rallye
Dubai Design Week

Dezember O
Dubai International Parachuting Championship
Dubai International Film Festival

O 1.1. Neujahr

Nationalfeiertag (Gründung der VAE) **2.12. O**

in Verbindung mit einer Hotelbuchung ebenfalls formlos ein 96-Stunden-Visum für die VAE.

Sehr empfehlenswert ist es, bereits bei der Buchung des gesamten Flugs die Dauer des Zwischenstopps festzulegen. Zwar kann man jederzeit vor Ort seinen Aufenthalt verlängern – EU-Bürger bis zu 30 Tage, die meisten Nationalitäten bis zu vier Tage –, aber dann fallen je nach Ticket und Flugklasse unterschiedlich hohe Umbuchungsgebühren an.

Sicherheit und Notfälle

In Dubai und den anderen Emiraten sind Straßenkriminalität, Betrug, Gewalttätigkeit oder Raub so gut wie unbekannt, aggressiv bettelnde Kinder werden Sie nicht finden. Im Bur Dubai Souq und im Deira Souq mehren sich in jüngster Zeit leider aufdringliche Händler.

Frauen können sich in Dubai sehr sicher bewegen – selbstverständlich auch alleinreisende Touristinnen. Dessen ungeachtet gilt: Missverständliche Erfahrungen bleiben denen erspart, die sich Kenntnisse über das Land und seine Sitten aneignen. Die wirksamste Verteidigung gegen freundlich-aufdringliche Bewerber ist immer ein entschiedenes lautes »Nein« in der Landessprache (arab.: la), das auch andere in der Umgebung hören.

Falls es dennoch zu Schwierigkeiten kommen sollte, hilft Ihnen das **Tourist Security Department**: T 901 (gebührenfrei), www.dubaipolice.gov.ae.

NOTFALLNUMMERN

Polizei: T 999
Ambulanz: T 998
Feuerwehr: T 997
Sperrung von Handys, Bank- und Kreditkarten: T +49 116 116

Umgangsformen

In arabischen Ländern wird großer Wert auf das Einhalten gesellschaftlicher Regeln, formaler Umgangsrituale und der landesspezifischen Etikette gelegt. Aus Respekt vor dieser Tradition sollten Besucher über wesentliche Verhaltensformen informiert sein.

Im Magazin dieses Reisen-Taschenbuchs gibt es einen Beitrag (s. S. 247), in dem wesentliche Sachverhalte abgehandelt werden. Ebenso geht das Interview mit Frau Stolz-Schmitz (s. S. 252) an manchen Stellen darauf ein. Was ›angemessene Kleidung‹ in Dubai bedeutet, wird auf S. 249 näher erläutert.

Der Umwelt zuliebe

»Gibt es ein richtiges Leben im falschen?« Zwar geht es dem Philosophen T.W. Adorno bei dieser Frage um andere gesellschaftliche Zusammenhänge als den Umweltschutz in Dubai, aber jeder Besucher wird sich in Bezug auf Umweltverhalten doch fragen: Wie kann ich mich in einem reichen, heißen Land mit nahezu unbegrenztem Energie- und Wasserverbrauch überhaupt umweltfreundlich verhalten? Was kann ich beitragen?

Selbstverständlich ist natürlich, dass ich auf der Straße die Abfallkörbe benutze (Schilder erinnern mich: »Littering« kostet 500 Dh!), aber eine getrennte Abfallentsorgung findet bisher nur am Flughafen statt.

In der Zeitschrift National Geographic beschreibt Robert Klunzig im April 2017 unter dem Titel »The World's Most Improbable Green City« (Die unglaubwürdigste Grüne Stadt der Welt) den Zwiespalt des hohen Ressourcenverbrauchs und den Bemühungen um die Umwelt (mit interessanten Fotos): https://www.natio nalgeographic.com/environment/urban-ex

peditions/green-buildings/dubai-ecologi
cal-footprint-sustainable-urban-city.

Wie hält es Dubai mit seinen CO_2-Emissionen? Um gemäß dem Pariser Abkommen seine CO_2-Bilanz auszugleichen, pachtet Dubai in afrikanischen Staaten riesige intakte Urwaldgebiete und verpflichtet sich zu deren Erhalt. Formal senkt es damit seine Gesamtbilanz.

Verkehrsmittel

Dubais effizienter ÖPNV wird von der Roads & Transport Authority (RTA) organisiert. Das Metro- und Busnetz ist in Zonen eingeteilt – jede Fahrt innerhalb einer Zone kostet 3 Dh, mehr als zwei Zonen maximal 6 Dh. Außerdem betreibt die RTA Wassertaxis. In Bussen kann nur *prepaid* mit der Nol Card (s. Kasten) bezahlt werden, bei Metro und Wassertaxis gibt es auch andere Bezaloptionen, z. B. Einzelfahrscheine und Zehnertickets.

DIE NOL CARD

Wenn Sie beabsichtigen, häufiger mit öffentlichen Verkehrsmitteln zu fahren, lohnt sich der Kauf der **Nol Card** (www.nol.ae) – damit geht es meist schneller und bequemer, als wenn man sich vor jeder Fahrt erneut ein Ticket kauft. Erwerben und aufladen können Sie die Karte an Metrostationen und größeren Bushaltestellen. Sie kostet 25 Dh, worin 19 Dh Fahrguthaben enthalten sind. Es gibt auch die Möglichkeit, eine NOL-Tageskarte (*red ticket*) für alle Zonen für 20 Dh zu kaufen. Die Nol Card ist beim Betreten und Verlassen des Verkehrsmittels einfach vor das Lesegerät zu halten. Der Fahrpreis wird dann automatisch von der Karte abgebucht.

Bus

Dubai verfügt über ein nahezu perfektes öffentliches Busnetz. An den meisten Haltestellen sind die Wartehäuschen klimatisiert. Busse werden in erster Linie von den hier arbeitenden Expatriates genutzt. Betriebszeit: tgl. 4–1 Uhr, die Linie C0 1 fährt rund um die Uhr. Busfahren ist billig (Bezahlung nur mit NOL-Card möglich, s. Kasten) und bequem (51 Sitz- und nur zehn Stehplätze). Die ersten drei Reihen sind Frauen vorbehalten. Größter Umsteigebahnhof ist die Al Ghubaiba Bus Station (zwischen Al Rifa St. und Al Ghubaiba Rd.) im Stadtteil Bur Dubai.

Öffentliche Busse fahren auch nach Hatta (tgl. alle 2 Std. 7–19 Uhr ab Dubai Mall, 25 Dh) sowie in die Nachbaremirate Sharjah und Abu Dhabi.

T 800 90 90 (gebührenfrei), www.rta.ae

Metro

In Dubai verkehren zwei Linien einer vollautomatischen Metro im 10-Min.-Takt (Mo–Do, Sa 5–24, Fr 5–1, So 9–1 Uhr). Die Red Line fährt von der Station Centrepoint über den Dubai International Airport (DXB, Terminal 1 und 3) entlang der Sheikh Zayed Road zur Mall of the Emirates und weiter in Richtung Jebel Ali. 2020 wurde eine Abzweigung der Red Line zum – inzwischen ehemaligen – EXPO-Gelände in Betrieb genommen. Die Green Line fährt von Al Qusais nach Al Jaddaf. An zwei Stationen kreuzen sich die Linien.

In die Metro dürfen nur ein Koffer plus maximal ein Handgepäckstück mitgenommen werden. Zwei ausgewiesene Wagen sind Frauen vorbehalten; Frauen können aber auch alle anderen Wagen nutzen. Den Verlauf des Streckennetzes und die Namen der Stationen finden Sie in den Cityplänen dieses Buches.

www.dubaimetro.ae

www.rta.ae

www.visitdubai.com/de/articles/guide-to-dubai-metro

›Straßenbahn‹ – Dubai Tram

Im Bereich der Dubai Marina verkehrt eine Straßenbahn, die man von der Innenstadt kommend an der Metrostation SOBHA (Red Line) erreicht. Diese Dubai Tram (Betriebszeit: Mo–Sa 6–1, So 9–1 Uhr) fährt durch die Straßen der Dubai Marina bis nach Al Sufou am Übergang zur Palm Jumeirah am One & Only Royal Mirage Hotel. Dort kann man in den Palm Monorail zur The Palm Jumeirah umsteigen.
www.alsufouhtram.com

Palm Monorail

Um als Nicht-Autofahrer einen Eindruck von der Größe der Palm Jumeirah zu gewinnen, empfiehlt sich die Benutzung der Palm Monorail. Zu Fuß macht es keinen Sinn, zumal es bis zur Mitte der ›Krone‹ (Hotel Atlantis) allein schon 5 km sind. Die Monorail fährt den gesamten Stamm der Palme entlang bis zur Krone (Aquaventure-Waterpark). Sie ist nur an die Straßenbahn der Dubai Marina, nicht an die Metro (Red Line), angeschlossen.
www.palmmonorail.com, tgl. 9–22 Uhr, 20 Dh einfach, 30 Dh hin und zurück

Dubais Metro ist zwar sehr beliebt, aber wirklich voll ist sie glücklicherweise nur in Stoßzeiten.

Taxi

In Dubai sind ca. 10 000 Taxis zugelassen, alle cremefarben, in sehr gutem Zustand, klimatisiert und mit Videokameras ausgestattet. Die unterschiedlichen Farben ihres Daches weisen lediglich auf das jeweilige Taxiunternehmen hin. Taxis sind für Touristen das eigentliche öffentliche Transportmittel. Die **Grundgebühr** beträgt 6 Dh (22–6 Uhr 8 Dh, für Fahrten ab Flughafen 25 Dh), der Preis liegt bei 1,96 Dh/km (Mindestfahrpreis: 14 Dh). Taxis werden vom Straßenrand angewunken, man kann sie aber auch telefonisch bestellen: T 208 08 08, www.dubaitaxi.ae.

Falls Sie etwas im Taxi vergessen haben: T 264 00 00

Wenn bei Taxis das Taxometer nicht eingeschaltet wurde (egal, ob absichtlich oder ›aus Versehen‹), dürfen und sollen Sie die Bezahlung verweigern und am Ziel einfach aussteigen.

Wenn Sie beim Verlassen des Hotels nach einem Taxi fragen, holt der Bellboy meist ein Limousinentaxi. Diese stehen nur vor Hotels, sind ca. 50 % teurer, dafür aber auch bequemer, und ihre Fahrer sind immer des Englischen mächtig.

Frauentaxi – Women Only

Für weibliche Fahrgäste (mit und ohne Kinder) gibt es ca. 50 von Frauen gesteuerte, großräumige Taxis, die an der Dachfarbe **Rosa** zu erkennen sind. Sie verkehren zwischen 6 und 1 Uhr und stehen meistens am Flughafen. Männer allein werden nicht mitgenommen, Paare schon. Sie können sie bereits vor der Ankunft reservieren oder vom Hotel aus bestellen.
T 80 08 80 88, www.dubaitaxi.ae/en/Our-Services/Ladies-And-Family-Taxi

Abras (Fähren)

Eine abra (Plural: abrat, engl.: abras) ist ein mittelgroßer, einfacher Holzkahn mit Sitzbänken für 20 Personen. Die Boote pendeln für 1 Dh zwischen 5 und 24 Uhr ohne festen Fahrplan u. a. über den Creek von Bur Dubai nach Deira und umgekehrt (s. S. 46). Weitere Abra-Linien verbinden Deira (Baniyas Station, Dubai Municipality) mit Al Seef (Linie CR 6) oder mit dem Waterfront Market (CR 12 und CR 13); sie sind etwas teurer (ab 2,5 Dh) und verkehren nur alle 15 Min. zwischen 8 und 23 Uhr, sind aber bequemer. Informationstafeln zu den Linien befinden sich an allen Abra-Stationen.

www.visitdubai.com/de/places-to-visit/abra-creek-crossing

Dubai Water Bus

Draußen in Jumeirah verkehrt innerhalb der langgezogenen Dubai Marina ein Passagierboot zwischen festgelegten Stationen, bezahlt wird bar.

Sa–Do 10–23, Fr 12–24 Uhr, alle 20 Min., 5 Dh

Dubai Wonderbus

Ein knallgelber amphibischer Reisebus fährt im Bereich der Altstadt zu Sehenswürdigkeiten an Land und zu Wasser.

T 359 56 56, www.wonderbusdubai.net, 90 Min., 150 Dh

Dubai Ferry

Die Boote mit diesem Namen sind nicht nur Fährschiffe, sondern werden gerne für Besichtigungstouren genutzt. Sie verkehren zwischen dem Creek (Al Shindagha Station) und der Dubai Marina. Auf der Strecke entlang der Küste passieren sie die Mündung des Dubai Water Canal, den Burj al Arab und The Palm Jumeirah, bevor sie nach ca. 1 Std. an der Dubai Marina anlegen. Die Fähren sind barrierefrei.

www.dubai-ferry.com, 75 Dh

Water Taxis

Die RTA betreibt luxuriösere Water Taxis, in denen bis zu elf Personen auf komfortablen Ledersitzen Platz haben. Sie verkehren zwischen mehr als 40 Anlegeplätzen vom Al Mamzar Beach Park im Osten bis zum Jebel Ali Beach Resort im Westen bzw. entlang des Creek und des Dubai Canal. Man bucht es per Telefon (800 90 90) und bezahlt an Bord, entweder bar oder mit der NOL Card (s. Kasten S. 236). Man kann es auch als Charter für touristisches Sightseeing buchen: 1 Std. 400 Dh.

www.dubai-infoguide.de/dubai-water-taxi, tgl. 10–22 Uhr, je nach Strecke 55–535 Dh

Autofahren – Selbst am Steuer

Dubai ist eine ausgesprochen autofreundliche Stadt. Doch es gibt zu viele Autos, fast immer steht man im Stau.

Parken ist in der Innenstadt Dubais schwierig und kostenpflichtig (3 Dh pro Std., bei Nichtbeachtung 150 Dh Strafe!). Nur in der Mittagshitze zwischen 13 und 16 Uhr, wenn die Innenstadt leer ist, ist auch das Parken gebührenfrei. In Hotelrestaurants löst man das Parkproblem mit *valet parking* (Erstattung der Parkgebühren bei Verzehr).

Straßengebühren: Auf der zwölfspurigen Skeikh Zayed Road sowie auf der Al-Maktoum-Brücke gilt die Salik-Maut (www.salik.gov.ae, 5 Dh pro Strecke).

Verkehrsregeln: Die Vorschriften unterscheiden sich nicht wesentlich von den europäischen. Anschnallen ist Pflicht. Handybenutzung ist dem Fahrer untersagt. Die Promillegrenze liegt bei 0,0 (!). Geschwindigkeitsüberschreitungen (Radarkontrollen!) werden mit mindestens 200 Dh geahndet.

Tanken: Benzin ist sehr günstig. 1 l Normalbenzin kostet 3,3 Dh, 1 l Super 3,4 Dh. Das sind weniger als 1 €/l.

Unfälle: Bei einem Unfall ist in jedem Fall die Verkehrspolizei (T 269 44 44) hinzuzuziehen. Sonst zahlt keine Versicherung.

Leihwagen: Um ein Auto zu mieten, benötigen Sie in Dubai einen nationalen, in den anderen Emiraten der VAE einen internationalen Führerschein (Mindestalter: 21 Jahre). Ein Wagen kostet ab 100 Dh/Tag, mit Vierradantrieb ab 300 Dh/Tag. Ein Dutzend Anbieter, darunter alle internationalen, unterhalten Filialen in der Ankunftshalle des Flughafens und im ganzen Stadtgebiet. Eine Reservierung vor Reiseantritt ist sehr empfehlenswert. Preisgünstig und zuverlässig ist z. B. **Billiger Mietwagen,** T 0221 56 79 99 11 (in Deutschland), www.billiger-mietwagen. de. Das Unternehmen arbeitet mit dem jeweils preiswertesten unter den zuverlässigen Anbietern in Dubai zusammen.

Stadtrundfahrten und organisierte Touren

So abenteuerlich es sein kann, das Emirat in Eigenregie zu erkunden, so bequem ist es, sich bei einer Stadtrundfahrt oder Wüstensafari einem erfahrenen Veranstalter *(tour operator)* anzuvertrauen. In Dubai gibt es über 100 Reiseunternehmen, die in den Hotels mit bunten Hochglanzbroschüren für ihr Angebot werben. Eine Liste der ortsansässigen Reiseveranstalter kann man beim DET (s. S. 228) anfordern. Preisvergleiche lohnen sich! Prüfen Sie zuerst, ob Sie die Standardangebote (z. B. City-, Shopping-, Museumstour, Dhaufahrt auf dem Creek oder Ausflug nach Hatta) nicht selbst preiswerter organisieren können (z. B. per Hotel-Shuttlebus, mit Leihwagen oder Taxi). Wenn Sie sich für einen Tour Operator entscheiden, hier drei sehr zuverlässige mit deutschsprachigen Führern:
Arabian Adventures: T 80 02 72 24 26, www.arabian-adventures.com
Dubai Travel Tourism: T 545 40 41 71, www.dubaitraveltourism.com
Gulf Circle Tours: T 451 38 38, www. gulfcircletours.com

Big Bus

Der große Doppeldecker-Bus mit Panoramadeck fährt auf drei Routen durch Dubai.
– **City Tour:** durch die Innenstadt (rote Linie, 2 Std.)
– **Beach Tour:** zu den südwestlichen Außenbezirken in Jumeirah bis zur Mall of the Emirates (blaue Linie, 3 Std.)

– **Night Tour:** eine Mischung aus abendlicher Bus- und anschließender Dhau-Fahrt auf dem Creek inkl. Buffett, als Abschluss die Lightshow der Dubai Fountains am Burj Khalifa.
Auf der roten und blauen Tour passiert der Bus viele Sehenswürdigkeiten, Hotels und Museen. Man kann an jeder Haltestelle aussteigen, etwas unternehmen, und mit dem nächsten Bus weiterfahren (tgl. 9–20 Uhr alle 30 Min.). Für einen ganzen Tag Busbenutzung einschließlich Erläuterungen in acht Sprachen (u. a. Deutsch) und freiem Museumseintritt zahlen Erwachsene 64 €/Tag bzw. 87 €/2 Tage. Die Nachttour kostet 120 €.
www.bigbustours.com/de/dubai/stadtrund fahrt-dubai

Dubai aus der Luft

Einen unvergesslichen Eindruck von der Stadt und ihrer Umgebung vermittelt ein Rundflug.
Mit dem Wasserflugzeug: s. S. 174
Mit dem Hubschrauber: Heli Dubai, Dubai Police Academy, Al Sufouh 1, gegenüber der Mall of the Emirates, T 20 81 45 55, www.helidubai.com, tgl. 9–17.30 Uhr (Preise: 710 Dh/12 Min., 945 Dh/17 Min., 1299 Dh/22 Min., 1990 Dh/30 Min.).
Mit dem Heißluftballon: Über die Wüste zu fliegen bietet an: **Balloon Adventures Emirates,** T 412 63 33, www.ballooning. ae, tgl. 16. Sept.–31. Mai, 1350 Dh, Reservierung jeweils bis 18 Uhr für den nächsten Tag.

Fahrradfahren in Dubai

Dubai ist eine Stadt der Autos, Fahrradwege wurden meist gar nicht eingeplant. Erst in letzter Zeit gibt es in wenigen Stadtteilen Fahrradwege sowie Radverleiher – in der Dubai Marina und auf The Palm Jumeirah bietet das Unternehmen Byky an mehreren Verleihstationen Fahrräder an.
q8byky.com
www.visitdubai.com/en/articles/a-guide-to-cycling-in-dubai

Sprachführer Arabisch

AUSSPRACHE **A**

Allgemeines

Die Landes- und Amtssprache ist
Arabisch. Arabisch wird von rechts
nach links geschrieben. Die Schrift-
sprache besitzt 28 Konsonanten und
die drei Vokale a, i und u. Lange
und kurze Aussprache der Vokale
verändert die Bedeutung des jeweiligen Wortes, außerdem können die
Vokale auch hell oder dunkel ausgesprochen werden (wie e oder o),
je nachdem welcher Konsonant
sie begleitet.
Für die Transkription von
arabischen Begriffen und Namen
gibt es keine Regeln, sie erfolgt nach
Gehör. Deshalb findet man für dasselbe Wort oft unterschiedliche
Schreibweisen, z. B. für Scheich:
sheikh, shaiq, sheigh oder für den
Namen des Großvaters des heutigen
Herrschers: *Zayed, Saheed, Saeed,
Seiid.* Da in Dubai und auf der
Arabischen Halbinsel in der Presse, in
Büchern, an Geschäften und auf Hin-
weisschildern durchweg die englische
Transkription üblich ist, wird in diesem
Buch (um des besseren Wieder-
erkennens vor Ort willen) ebenfalls
die englische Schreibweise gewählt
(es sei denn, es handelt sich um in
die deutsche Sprache fest einge-
bürgerte Begriffe).
Zahlen werden von links nach rechts
gelesen

Allgemeines

Hallo	as salam aleykum, marhaba
Willkommen	ahlan wa sahlan
Auf Wiedersehen	ma'a salama
danke	shukran
bitte	afwan, men fadlak
macht nichts	maalish
tut mir leid/ Entschuldigung	mi assif
ja	na'am
nein	la
wie viel	kam
es gibt	fi
es gibt nicht	ma fi
gut	quaies

Unterwegs

Auto	sayara
Bus	autobis
Taxi	taksi
Straße	shera
geradeaus	dugri
links	yasar
rechts	yamin
Boot	safina
Schiff	bakhira
Hafen	mina
Bucht/Meeresarm	khor
Teich/Wasserlauf	ghadir
Insel/Sandbank	jazirah
Tal/trockenes Flussbett	wadi
Wasserkanal	falaj
Wassertaxi	abra
Flugzeug	tayara
Flughafen	matar
Flugticket	tazkara
Fahrschein	ruksah
Stadt/Altstadt	medina
Platz	meidan
Haus	dar/beit
arab. Café	gauwa
Restaurant	matam
Post	baried
Botschaft	safara
Tor	bab
Turm	burj
Burg/Fort/Palast	qasr
Berg/Hügel/ Gebirge	jebel

Zeit

der Morgen	saba
der Abend	masa
die Nacht	layl
der Tag	yaum
morgen	bukra
gestern	ams
sofort	a elhal
später	ba'den
Samstag	yawm al-Sabt
Sonntag	yawm al-Ahad
Montag	yawm al-Ithnain
Dienstag	yawm al-Thalatha
Mittwoch	yawm al-Arab'a
Donnerstag	yawm al-Khamis
Freitag	yawm al-Dschum'a

Übernachten

Herberge, Hotel	funduk
Schlüssel	muftah
Badezimmer	hammam

Einkaufen

Markt	souq
Geld	flus
Bank	masraf/bank

Notfall

Unfall	hades
Arzt	tabib
Schmerzen	wadja/alan
Apotheke	seidaliya
Krankenhaus	mustashfa
Polizei	ashurta
Polizei-Station	markaz ashurta

Zahlen

1	wahed	18	tamania-
2	itnin		tasha
3	talata	19	tisatasha
4	arba'a	20	ishrin
5	khamsa	21	wahed wa
6	sitta		ishrin
7	seb'a	30	talatin
8	tamania	40	arba'in
9	tisa'a	50	khamsin
10	ashra	60	sittin
11	ahadasha	70	saba'in
12	itnasha	80	tamanin
13	talatasha	90	tisa'in
14	arbatasha	100	mia
15	khamsa-	200	mia'tin
	tasha	300	talata
16	sittatasha		mia
17	sabatasha	1000	alf

WICHTIGE SÄTZE

Allgemeines

Wenn Gott will.	In sha'allah.
Ich heiße …	Ismi …
Sprechen Sie Deutsch?	Tata kalam al Almania?
Ich spreche kein Arabisch.	Ana la atakalam Arabia.
Können Sie mir bitte helfen?	Mumkin an tusa edni.
Wie heißt Du/ heißen Sie?	ma ismak (Mann), ma ismik (Frau)?
Wie geht es Ihnen?	Kaif halak?
Geh fort!	Jalla!
Wann öffnet …?	Mata jaftach al …?

Unterwegs

Wo ist …?	Afwan aina …?
Was kostet …?	Kam saman al …?

Im Restaurant

Ich würde gerne einen Tisch reservieren.	Ana uridu an ahjiza tawilatan lau samaht.
Die Speisekarte, bitte.	Qa-imatu al ma'kulat, lau samaht.
Ich möchte bezahlen.	Al hisab lau samaht!
Wo sind bitte die Toiletten?	Aina al merhadh lau samaht?

Kulinarisches Lexikon

Allgemeines

mezze	Vorspeisen
nabatie	vegetarisch
sukhar	Zucker
wajbatu al yaum	(Tages-)Gericht

Frühstück

asal	Honig
baid	Eier
beed ayun	Spiegelei
beed makli	Rührei
chubs muhammar	Toastbrot
djubne	Käse
laban	Joghurt
muesli/shufan	Müsli
murabba	Marmelade
sudjuq	Wurst

Vorspeisen und Suppen

achar/muqabilat	eingelegtes Gemüse
baba ganoush	Auberginenpüree
houmus	Kichererbsenbrei
salata khadra	grüner Salat
salata tamtim	Tomatensalat
shurbar addas	Linsensuppe
shurbar khudar	Gemüsesuppe
wara enab	mit Reis gefüllte Weinblätter

Fleisch, Geflügel und Fisch

dajaj	Hühnerfleisch
dajaj fi-l-furn	Backhähnchen
djambari mashwee	gegrillte Garnelen
kharuf	Lamm
kifta	Hackfleischbällchen
lahm	Fleisch
lahm mashwee	gegrilltes Fleisch
lahm muhammar	Fleischbraten
samak	Fisch
samak harra	gebratenes Fischfilet
samak mashwee	gegrillter Fisch
shish kabab	Lammfleisch am Spieß
shishlick	Fleischspieß

Gemüse und Beilagen

aish/arous	Reis
bagdunes	Petersilie
bandura	Tomate
basall	Zwiebeln
batatis mahile	frittierte Kartoffelscheiben mit Sesamöl
chubs/raghif	Fladenbrot
chudar	Gemüse
falafel	frittierte Gemüsebällchen mit Kichererbsen oder Bohnen
koussa mahsi	gefüllte Zucchini
maskoul	Reis mit Zwiebeln
muaddas	Reis mit Linsen
pitta	gefülltes Fladenbrot
samouni	Baguette
zaitun	Oliven

Typische Gerichte und Zutaten

baharat	Gewürzmischung aus Koriander, Pfeffer, Zimt, Kümmel, Nelken, Paprika, Muskat
bastila	Huhn mit Mandeln im Teigmantel
borek/fattayer	gewürzte Pastete mit Spinat und Quark
foul medames	dicke Bohnen in einer Soße aus Zwiebeln, Tomaten, Karotten

ghuzi	gegrilltes ganzes Lamm auf Reis, mit Nüssen	tabuleh	gehackte Petersilie, fein gewürfelte Tomaten und Zwiebeln, mit Zitronensaft, Minze und Weizenschrot
hareis	Lamm mit gegartem Weizen		
kabouli	Fleisch oder Fisch auf Reis mit Pinienkernen und Rosinen	tahina	Paste aus Sesammehl, Knoblauch und Joghurt
kabsa	ganzes Lamm, gefüllt mit gewürztem Reis und Mandeln	talal	scharfes Püree aus Tomaten, Zwiebeln, Petersilie, Paprika, Walnuss, Oliven
kibde	dünne Streifen von Rindfleisch, Kartoffeln, Zwiebeln und Tomaten	taratur	Knoblauchsoße nach syrischer Art
		yakni	Gulasch mit Bohnen oder Erbsen
kuba al aish	mit Reis gefüllte Lammfleischbällchen		
kubali	panierte Hackfleischbällchen		

Nachspeisen und Obst

kubbeh	Bällchen aus gehacktem Lammfleisch und Weizenschrot mit Pinienkernen	baklawa	Blätterteig mit Mandeln und Nusssirup
machbous	gewürzter Lammeintopf mit Reis	basbousa	Mandel-Grieß-Kuchen
makaruna fi-l-furn	Nudelauflauf	esh asaraya	Käsekuchen
mashaqiq	gegrillter Spieß mit mariniertem Fleisch	fakiha	Obst
		halwa	halb Götterspeise, halb Nusskuchen
moutabel	gegrillte Auberginen mit Sesam-Knoblauch-Joghurt-Soße	harissa	Maisgrieß mit Nüssen und Sirup
		kich al fuqura	Mandel-Reis-Creme
quarmah dajaj	Curry aus Hühnerfleisch	kunafa	Teignudeln mit flüssigem Käse
sabaneq	Spinatgericht mit Koriander, Zwiebeln, Knoblauch, Zitrone, Olivenöl	mehabiya	Pudding mit Rosenwasser, Honig und Pistazien
		muhammar	Reis mit Kardamom, Rosinen, Mandeln
samak narjeel	Fisch in Kokosmilchsoße	tamar	Datteln
sambusa	gefüllte, gebratene Teigtaschen		

Getränke

shawarma	gegrillte Lamm- oder Huhnstreifen mit Salat im Fladenbrot	asir	Saft
		chai/schai	Tee
		halib	Milch
shish tawouk	mariniertes Hühnerfleisch am Spieß mit Joghurtsoße	kawa/qahwa	Kaffee
		muya	Wasser

Das

Das moderne Dubai ist vor allem bekannt für seine rasante Entwicklung und gigantische Shopping-Malls. Wem das alles zu schnell geht, kann in den traditionellen Souqs noch dem Zauber vergangener Tage nachspüren.

Magazin

Fettnäpfe vermeiden

Versuch eines Dubai-Knigge — Auf gesellschaftliche Regeln und formalisierte Umgangsformen wird in Arabien großer Wert gelegt.

Im Sheikh Mohammed Centre for Cultural Understanding erfährt man auf angenehm unaufdringliche Weise sehr viel über die Dos and Don'ts in Arabien.

Für Geschäftsleute ist die Kenntnis der Etikette oftmals ausschlaggebend für den Erfolg ihres Vorhabens. Auch Besucher der VAE sollten sich aus Respekt gegenüber dem Gastland ein bisschen auskennen.

Begrüßung

Die gebräuchlichste Grußformel ist »As salamu alaikum« (Friede sei mit euch), die Antwort lautet »Wa alaikum as salam« (Auch mit euch sei Friede). Dann folgt ein beiderseitiges »Ahlan wa sahlan« (Herzlich willkommen), und das Gespräch wird mit Fragen nach dem Befinden des Geschäftspartners, nach dem Reiseverlauf oder nach der Familie (nicht aber an erster Stelle nach dem der Ehefrau!) fortgeführt. Europäer sollten bei diesem Ritual nicht sofort über Ihnen zugestoßene Unzulänglichkeiten im Gastland klagen.

Männer begrüßen sich mit Handschlag, männliche Verwandte und gute Freunde in der Regel mit Umarmung und Küssen auf die Wange. Die Ehefrauen bzw. die begleitenden Gesprächspartnerinnen halten sich diskret im Hintergrund. Diese Zurückhaltung wird natürlich auch von europäischen Frauen erwartet. Als Mann streckt man einer Frau nicht die Hand zum Gruß entgegen, Frauen gegenüber Männern auch nicht. Paare verzichten in der Öffentlichkeit auf den Austausch von Zärtlichkeiten.

In der Anrede spricht man sein Gegenüber mit Sayed (Herr) plus Vorname bzw. Sayeda (Frau) plus Vorname an. Der vollständige Name des Gegenübers spielt bei den Gesprächen keine Rolle, wohl aber gegebenenfalls sein Titel (z. B. Sheikh oder Dr.).

Zu Gast sein

Gastfreundschaft als bedeutende Tradition begegnet Besuchern in Dubai auch heute noch, denn Gastfreundschaft war fester Bestandteil der beduinischen Gesellschaft. Sie wurde immer gewährt, wenn der Sheikh sicher war, dass der fremde Besucher nicht in feindlicher Absicht kam. Erst wenn ihm nach einer Zeit des Abtastens etwas zum Trinken angeboten wurde, war der Fremde seinerseits sicher, dass er als Gast willkommen war. Befristet stand er jetzt unter dem persönlichen Schutz des Sheikhs. Nach drei Tagen brach der Besucher wieder auf; so damals die ungeschriebene Regel. Heute bekommt man während des Wartens an Rezeptionen oder in Geschäften meist einen Tee angeboten.

Bei Einladungen sollte man beim Betreten der Wohnung die Schuhe ausziehen. Denn diese Sitte demonstriert in beduinischer Tradition ehrerbietende Höflichkeit, weniger teppichschonende Reinlichkeitserwägungen. Wird der Eingeladene von seiner Frau in eine traditionell arabische Familie begleitet, erwartet der Gastgeber, dass sie die Zeit getrennt von ihrem Mann mit den Frauen des Hauses in separaten Räumen verbringt.

Bitte Schuhe ausziehen! Und das nicht nur vor der Moschee, sondern auch vor dem Betreten von Privatwohnungen.

... auf einen Kaffee

Das Anbieten eines Kaffees (Qahwa) ist traditionell ein Zeichen der Ehrerbietung gegenüber einem Gast. Auch heute liefert ein Kaffee (meist mit Kardamom zur Magenberuhigung) den Beweis, dass man willkommen ist. Er wird in einer kleinen Tasse ohne Henkel serviert, die nur zu einem Viertel gefüllt wird, weil der Kaffee sehr heiß ist und der Gast sich die Finger nicht verbrühen soll. Die Tasse muss man mit der rechten Hand annehmen und auch stets mit dieser halten. Als höflich gilt, sich mindestens einmal nachgießen zu lassen. Der Bedienstete schenkt meist ungefragt nach, sobald die Tasse leer ist. Dass man genug hat, zeigt folgende Geste: Man schwenkt die leere Tasse in der Hand ein wenig vor und zurück, nickt dem Bediensteten freundlich zu und reicht sie zurück. Zu einem arabischen Kaffee werden Datteln gereicht, um seinen etwas bitteren Geschmack zu kompensieren.

Erst nach dem Kaffee kann man auf sein Anliegen zu sprechen kommen. Die Zeit vor und während des Kaffees ist für den Austausch von Grüßen und Komplimenten vorgesehen.

... zum Abendessen

Besonders eindrucksvoll sind für ausländische Besucher jene Festmahle, die an beduinische Traditionen anknüpfen. Bei diesen Essen sitzt man auf dem Boden und isst mit der Hand. Meistens gibt es dann Kabsa, sehr schmackhaftes Lamm mit Reis, serviert auf einer großen Platte, die in die Mitte gestellt wird. In solchen Fällen darf man immer nur mit der rechten Hand zugreifen und essen (s. Die Rolle der Hand). Gewöhnlich legt bei diesem Kabsa-Essen der Gastgeber dem Gast die besten Bissen vor, und es wäre unhöflich, diese abzulehnen. Es wird relativ schnell gegessen, Tischgespräche finden kaum statt, geschäftliche gelten als

Kaffee, Kardamom und Datteln sind die traditionellen Attribute arabischer Gastfreundschaft.

unhöflich. Arabische Essen fangen spät an; man wird gegen 20 Uhr eingeladen, aufgetragen wird aber erst gegen 22 Uhr. Die Unterhaltung findet im Wesentlichen vor dem Essen statt. Wenn nach dem Essen der Kaffee gereicht wird, ist dies das Zeichen zum Aufbruch.

Die Rolle der Hand

Im arabischen Kulturkreis gilt die linke Hand als unrein, weil sie zur reinigenden Hygiene auf der Toilette benutzt wird. Man sollte also nichts mit links überreichen oder bei traditionellen Essen mit der linken Hand Speisen nehmen oder anderen anbieten. Linkshänder sollten dies üben oder sehr bald dezent erklären, dass ihre linke Hand die reine Hand sei.

Übrigens: Auf der Suche nach den Toiletten wendet man sich nur an Personen des eigenen Geschlechts und fragt verklausuliert, wo man sich die Hände waschen könne.

Feilschen im Souq

Handeln ist Teil der arabischen Preisfindungskultur und das Aushandeln eines Preises ist Voraussetzung für ein beide Seiten zufriedenstellendes Geschäft. Denn zahlen Sie sofort den vom Händler geforderten Preis, ist dieser unzufrieden, keinen höheren gefordert zu haben, und Sie selbst werden etwas später unzufrieden sein, weil Sie den gerade erworbenen Gegenstand vom nächsten Händler billiger angeboten bekommen. Nur wenn beide Seiten sicher sind, den jeweils optimalen Preis erreicht zu haben, breitet sich beiderseits Zufriedenheit aus.

Kleidung

Aus Respekt gegenüber den Traditionen des Gastlandes verzichten Männer auf kurze Hosen und ärmellose T-Shirts bzw. darauf, mit freiem Oberkörper außerhalb des Pool- oder Strandbereichs herumzulaufen. Frauen verzichten auf kurze, enge Röcke, auf Minis oder Shorts, durchsichtige Blusen und Spaghetti-Tops, auf tiefe Dekolletees und im Falle sehr langer Haare darauf, diese offen zu tragen. Kopftücher sind – im Gegensatz zum Iran – in den VAE nicht vorgeschrieben. ∎

Dubai, Destination der Luxushotels

First Class Tourism — Reiseveranstalter betonen in ihren Programmangeboten immer die komfortablen Hotels, in denen sie ihre Gäste in Dubai unterbringen. Luxushotels sind ein wesentliches Markenzeichen ihrer Dubai-Reisen.

Das stimmt und so repräsentiert sich das Emirat gerne. Aber keine Bange: Es gibt auch andere sehr schöne Unterkünfte mit viel Atmosphäre, kleine Boutiquehotels, z. B. in alten, rekonstruierten Stadthäusern im historischen Viertel, und es gibt sogar eine Jugendherberge. Aber Fakt ist: Keine andere Stadt der Welt heutzutage kann mehr als 150 Luxushotels im 5-Sterne-Segment aufweisen; nur London nähert sich dieser Zahl. Aber noch bemerkenswerter ist: Nahezu alle dieser vielen Luxushotels wurden erst nach dem Jahr 2000 gebaut und eröffnet. Und es werden jedes Jahr mehr!

Komfort-Tourismus

Beduinen brauchten keine Hotels. Wenn Fremde zu Besuch kamen, standen sie unter dem Schutz des jeweiligen Sheikhs. Er gewährte ihnen seine persönliche Gastfreundschaft, und nach drei Tagen brachen sie wieder auf – das war die unausgesprochene Regel. Deshalb gab es in Dubai bis in die 1960er-Jahre keine Hotels und daher es gibt es bis heute keine

eigene familiengeführte Hoteltradition. Mit der Entdeckung des Erdöls mussten zunächst die ausländischen Geschäftsleute untergebracht werden. Hotels wurden jetzt für die reichen einheimischen Familien ideale Investitionsmöglichkeiten, deren unternehmerische Seite man risikolos an bewährte internationale Hotelketten weitergab. Deshalb heißen in den 1970er-Jahren die ersten drei großen Hotels in Dubai Sheraton, Hyatt und Intercontinental, und alle drei standen am Creek. Wo denn sonst damals?

Mitte der 1990er-Jahre folgte die Trendwende: Für die ›Nach-Ölzeit‹ sollte Tourismus eine der wesentlichen neuen Wirtschaftsperspektiven werden. Der schöne 15 km lange, damals unbebaute Sandstrand westlich vor den Toren der Stadt heißt seitdem Jumeirah Beach und im Jahre 2000 eröffnete dort das Prestigehotel Burj al Arab. Es folgten in rasantem Tempo weitere Luxushotels aller internationaler Nobelmarken. Am Jumeirah Beach und an der Dubai Marina stehen heute ca. 40, gegenüber auf The

Exklusive Hotels, imposante Wolkenkratzer, paradiesische Gärten: Dubai ist für viele der Inbegriff von orientalischem Luxus. Und es stimmt: Fast alles hier ist ein wenig größer und opulenter als anderswo.

Palm Jumeirah ein weiteres Dutzend, darunter das größte Strandhotel Dubais, das Atlantis mit über 1500 Zimmern. Aber auch in der Innenstadt entlang der Sheikh Zayed Road und Downtown Dubai um den Burj Khalifa gibt es Dutzende von Luxushotels. Und oft stehen neben den Luxushotels gleichgroße Apartmenthäuser. Ihr Vorteil: Ein Apartment bietet mehrere Schlafzimmer und die Gäste können die Annehmlichkeiten des Hotelservices inkl. Schwimmbad in Anspruch nehmen.

Architekturikonen mit Alkohollizenz

Hotelarchitekten wurden in Dubai keine Grenzen gesetzt. Einige der neuen, imponierenden Hotelpaläste aus Glas und Marmor sind deshalb zu *landmarks* innerhalb der Stadt avanciert. Denn von Anfang an spielten große, schöne Luxushotels eine maßgebliche Rolle im Alltag und im Sozialleben der Einheimischen. Und so ist es heute noch. Denn nur diese Hotels verfügen über großzügige klimatisierte Empfangshallen mit vielen Sitzgelegenheiten, mehrere schöne Restaurants und Cafés. Außerdem bieten sie musikalische Unterhaltung am Abend und vor allem: Nur hier gibt es alkoholische Getränke.

Trendwende?

Mit der Entscheidung für die EXPO 2020 und den zu erwartenden 20 Mio. Besuchern zeichnete sich 2015 eine Trendwende ab. Zwar wurden weiterhin neue Luxushotels gebaut, aber es kam auch zu auffallend vielen Neueröffnungen im gehobenen 3-Sterne-Segment. »Catch them all« lautete das Motto der örtlichen Investoren. Inzwischen hat Dubai sogar die Vermietung von privaten Apartments als Ferienwohnungen zugelassen. ■

Als Deutsche in Dubai

Die Welt der ›Expatriates‹ — In Dubai arbeiten mehr als 3 Mio. Gastarbeiter aus mehr als 100 Ländern, darunter auch ca. 7000 Deutsche. Letztere arbeiten fast alle in gehobenen Positionen und die ganz große Mehrzahl von ihnen sind Männer.

Es war nicht leicht, eine Deutsche in Dubai zu finden, die hauptberuflich dort arbeitet und ein Interview geben möchte. Die Mehrzahl der deutschen Frauen in Dubai lebt als Ehefrau ihres dort berufstätigen Mannes.

Dank einer befreundeten Familie in der Schweiz lernte der Autor Frau Michaela Stolz-Schmitz kennen. Zum Zeitpunkt des Interviews lebte sie bereits jahrelang in Dubai, leitete die Strategie- und Marketing-Abteilung eines deutschen Unternehmens und baute eine Healthcare Academy für lokale und internationale Ärzte im Mittleren Osten auf.

Sie arbeiten schon länger als leitende Angestellte in Dubai. Wie erleben Sie als Frau die Zusammenarbeit mit Ihren männlichen Kollegen aus Dubai, in einem Land, in dem fast ausschließlich Männer an den Schalthebeln der Macht sitzen? Worauf müssen Sie persönlich besonders achten, wenn Sie mit männlichen Locals gemeinsam ein Projekt planen? In welchen Situationen müssen Sie sich als Frau in Dubai zurücknehmen?

Dubai ist sehr international. Die Gemeinde der Expats macht mehr als 80 Prozent der Gesamtbevölkerung aus. Meine Kunden und Kollegen kommen aus aller Herren Länder und es ist nicht selten, dass man eine Besprechung mit 10 Personen abhält und diese aus 9 verschiedenen Ländern kommen. Die verbindende Sprache ist Englisch. Das macht es einfacher.

Mein Eindruck ist, dass in Dubai sowohl Männer und Frauen in Führungspositionen sind, auch bei den Emiratis. Frauen haben hier häufig sogar eine Passion für »Leadership«.

Als ausländische Frau sollte man zunächst immer etwas Distanz halten und sachlich verhandeln. Es ist wichtig, erst einmal eine Vertrauensebene mit seinem Gegenüber zu schaffen, unabhängig vom Geschlecht. Generell erlebe ich Emirati als sehr höfliche Menschen, die eine Frau in Verhandlungen oder in einer leitenden Funktion durchaus akzeptieren.

Welche protokollarischen Regeln in Ihrem Arbeitsalltag unterscheiden sich von denen in Deutschland?

Meetings oder Besprechungen beginnen meist mit einem Austausch von Freundlichkeiten. Die besagte vertrauenswürdige Atmosphäre ist wichtig, bevor man über Geschäftliches spricht. Generell sollte man geduldig sein. In Verhandlungen sollte man eher indirekt kommunizieren. Das Wort »Nein« kann man zum Beispiel vermeiden und stattdessen in einer bestimmten Tonlage »vielleicht« sagen. Der Verhandlungspartner weiß dann schon, was gemeint ist, und jeder kann sein Gesicht wahren.

Michaela Stolz-Schmitz bei einem Trip in die Wüste

Welche sozialen Regeln oder welche Etikette müssen Sie in Dubai besonders beachten?

Zur Begrüßung sollte man als Frau abwarten, ob die Hand gereicht wird, was meistens der Fall ist. Erst wenn einem die Hand gereicht wird, sollte man diese Geste erwidern, ansonsten genügt zur Begrüßung ein freundliches Kopfnicken. Der Geschäftspartner bestimmt dann auch allgemein die Dauer des Händeschüttelns.

Termine beginnt man am Besten mit Kaffee oder Tee, nur Wasser zu servieren wäre etwas unfreundlich.

Wenn man als Gast in eine größere Runde kommt, sollte man erst den Gastgeber begrüßen, dann den Ältesten im Raum, und dann die anderen.

Ich empfehle, sich vorher zu informieren, welchen Titel der Gastgeber oder Geschäftspartner hat. Schließlich sollte man ihn mit seinem Titel ansprechen. Es ist auch höflich, bei einer schriftlichen Kommunikation den ganzen Namen zu verwenden. Dieser kann mitunter sehr

lang sein. Generell ist der persönliche Kontakt wichtig. Am besten beginnt man eine Geschäftsbeziehung mit einem persönlichen Treffen. Danach kann man per Telefon oder E-Mail kommunizieren. Ein Geschäft via E-Mail zu beginnen, ist meines Erachtens eher schwierig. Wenn man den Gastgeber kennt, sollte man sich nach der Familie erkundigen, hier aber am besten nach den Kindern und nicht direkt nach dem Ehegatten.

Mündliche Zusagen (Abmachungen per Handschlag) haben einen hohen Wert. Man sollte darauf achten mündliche Zusagen auch einzuhalten.

Die Arbeitswoche in den UAE geht von Sonntag bis Donnerstag! Am besten also nicht für Freitag einladen.

Außerdem sollte man stets pünktlich sein, aber nicht ungehalten reagieren, wenn der/die Geschäftspartner/in etwas später zum Termin erscheint.

Häufig sind bei offiziellen Terminen passive Teilnehmer dabei. Man sollte also ausreichend Sitzplätze einplanen und eventuell auch mit einem äquivalenten Team den Termin wahrnehmen.

Was ist denn besonders schwierig, wenn Sie mit einheimischen Geschäftsleuten verhandeln?

Man muss Geduld haben und verstehen, wie Entscheidungsprozesse auf der anderen Seite funktionieren. Außerdem sollte man versuchen, die Hierarchien nachzuvollziehen, um die richtigen Themen an die richtige Frau oder den richtigen Mann zu adressieren.

Wo und wie ist es Ihnen gelungen, tiefere Einblicke in Brauchtum und Kultur am Golf zu erhalten?

Ich hatte die Freude, an einem Projekt eines Ministeriums teilzunehmen. Unser Projekt wurde in Dubai und Fujairah (ca. 2 Stunden Fahrtzeit von Dubai, am Arabischen Golf) ausgearbeitet. Bereits im ersten Meeting haben wir unsere »Vision«

erstellt und uns klare Ziele und eine straffe Timeline gesetzt. Wir waren ein kleines Team von ca. 15 Personen und die meisten Teammitglieder waren Emirati. Alle arbeiteten freiwillig an diesem Projekt, zusätzlich zu ihrer eigentlichen Arbeit. Innerhalb von 100 Tagen hatten wir unser Ziel erreicht. Jede Woche trafen wir uns, um den Status der gesetzten Meilensteine zu besprechen und reporten. Es war eine unglaublich intensive Zeit, die uns alle sehr verbunden hat. In diesem Projekt durfte ich erfahren, wie visionär Emirati sind. Nichts ist unmöglich und »geht nicht – gibt's nicht«.

Haben Sie private Kontakte zu Einheimischen?

Ja, ich habe mehrere Emirati als Bekannte und Freunde. Wir treffen uns zu Ausflügen oder zum gemeinsamen Essen. Ich war auch mal privat auf einer Henna-Party eingeladen. Dies war allerdings eine reine Frauenveranstaltung.

Welche öffentlichen Freizeitmöglichkeiten haben Sie als Frau in Dubai?

In Dubai und in den Vereinigten Arabischen Emiraten gibt es sehr viel zu erleben. Es gibt eine wunderschöne Altstadt, mit einem natürlichen Fluss. Man kann auf einer Abra den Fluss überqueren und die verschiedenen Souqs besuchen. Am Fluss gibt es idyllische Cafés. Dort genieße ich am Wochenende gerne den Sonnenuntergang. Am Kite Beach kann man tagsüber sportlich aktiv sein … Schön ist es auch, am Wochenende in die Wüste zu fahren. Ganz gleich, ob man eines der tollen Resorts besucht oder einfach nur in der Wüste ein Feuer macht und die Sterne beobachtet. Die Wüste ist immer ein besonderer Ort. Knapp 40 Autominuten entfernt von Dubai gibt es eine Kamel-Rennbahn. Die neue Oper ist fantastisch und ein Besuch im Louvre im nahegelegenen Abu Dhabi ist immer eine Reise wert.

Erleben Sie Dubai als muslimischen Staat?

Ich wohne gleich neben einer Moschee und das Stadtbild ist geprägt von vielen Glaubenshäusern. Als Frau sollte man in Dubai beruflich konservative Kleidung tragen, eine bestimmte Sitzordnungen einhalten und Männer sollten einen intensiven Blickkontakt mit einheimischen Frauen vermeiden. Eine Vermeidung von Blickkontakt gegenüber Frauen gilt als Zeichen des Respekts. Gleichzeitig ist es völlig üblich, in Badekleidung am Strand zu liegen. Das Leben ist international und die Stimmung in der Stadt würde ich als offen und locker beschreiben. Es gibt einen »Minister of State for Happiness« – übrigens eine Frau. Das sagt ja schon einiges. Die Menschen in Dubai sollen glücklich sein und die Regierung ist sehr engagiert, dass dem so ist.

Was sind Ihrer Meinung nach die häufigsten Vorurteile, die Ihre Besucher aus Deutschland mitbringen?

Dubai wird oft mit »wenig Kultur« verbunden. Das Fahidi-Fort, welches heute das Dubai-Museum beherbergt, ist aus dem 18. Jahrhundert. Dubai hat eine sehr interessante Geschichte und die Geschichte Dubais, von den Anfängen bis in die 1970er-Jahre, wird dort sehr anschaulich erzählt … Erst in den 1960er-Jahren wurde in Dubai Öl gefunden. Das Dubai, das wir heute kennen, ist also noch jung, und man sollte sich die Zeit nehmen, auch das »alte Dubai« kennenzulernen.

Das zweite Thema ist die Toleranz. Mehr als 200 Nationalitäten leben hier friedlich zusammen. Zahlreiche multikulturelle Veranstaltungen zeigen, wie integriert Menschen aller Nationalitäten in diesem Land arbeiten und leben können. Das schafft auch für Besucher und Reisende eine interessante und besondere Atmosphäre. ∎

Der Koran und der Alltag

Allahu akbar — Kenntnisse des Koran und über den Propheten Mohammed sowie die daraus abgeleiteten Vorstellungen eines vorbildlichen Lebens tragen wesentlich zum Verständnis und zur Kommunikation im Alltag am Golf bei.

So wie im Christentum Bibel und Überlieferung die Lehre bestimmen, so sind für Muslime neben dem Koran auch die Hadith (Mitteilungen), d.h. die überlieferten Aussprüche und vorbildlichen Handlungen von Mohammed, verbindlich. Koran und Hadith bilden die Grundlage einer gottgewollten Lebensordnung, die durch die Gelehrten, die *ulema* (Wissende), jeweils interpretiert und neuen Erfordernissen angepasst wird. Die Ulema sind also religiöse Autoritäten im Islam, der weder eine kirchliche Organisation noch eine Gemeindestruktur oder ein Oberhaupt ähnlich dem Papst besitzt.

Die fünf Säulen

Die streng monotheistische Religion des Islam (Hingabe an Gott) verspricht – genau wie Judentum und Christentum – allen Gläubigen, die die Gnade Gottes verdienen, ein Weiterleben im Paradies. Voraussetzung dafür ist ein dem Koran gemäßes Leben, insbesondere die Befolgung der fünf Grundpflichten, *arkan* oder Fünf Säulen genannt: Bekenntnis zum Glauben an den einen Gott, fünfmaliges Gebet am Tag, Fasten im Monat Ramadan, Almosen geben und die Pilgerfahrt nach Mekka. Einheitliche Regeln prägten von jeher das Leben der Muslime und fördern das soziale und politische Zusammengehörigkeitsgefühl der islamischen Welt. Inzwischen bekennen sich weltweit ca. 1,8 Mrd. Menschen zum Islam (zum Vergleich: zum Christentum ca. 2,3 Mrd.).

Kirche und Staat

Gemäß dem Koran lehnen strenggläubige Muslime eine Trennung von Staat und Kirche und eine Aufteilung der Lebensbereiche in weltbezogene und religiöse ab. Für sie ist ein säkularer Verfassungsstaat gemäß westlicher Staatstheorien nicht mit dem Islam vereinbar.

Auch in den VAE bildet der Koran die Grundlage der Rechtsprechung. Neue Gesetze, die aufgrund neuer Tatbestände erlassen werden müssen, dürfen ihm nicht widersprechen und die Vorgaben der Scharia sind der Maßstab islamischer Gerichtshöfe für das Straf- und Zivilrecht. Aber am Golf wird die Scharia moderater ausgelegt als im benachbarten Saudi-Arabien oder im Iran. Festzuhalten bleibt, dass die Vorgaben der Scharia im Familienrecht mit den UN-Menschenrechten und insbesondere mit der Gleichstellung der Frau in Konflikt stehen. Um nur ein Beispiel zu nennen: Eine Tochter erbt ge-

DER RUF DES MUEZZIN **M**

Christen werden von Glocken zum Gottesdienst gerufen, Muslime erinnert der Ruf des Muezzin vom Minarett an ihre Gebetspflicht. Früher erscholl er live, vorgetragen von dem Imam höchst selbst. Heute sind es in vielen Moscheen Tonträger bzw. Lautsprecher, die seinen Ruf verbreiten. Der Ruf des Muezzin ist fünfmal am Tag überall im Emirat zu hören, häufig intoniert als Gesang, und alle Muslime kennen den Text auswendig. Die genaue Zeit des jeweiligen Gebets hängt vom jeweiligen Sonnenstand am jeweiligen Ort ab. Die Zeiten des Gebetsbeginns findet man täglich in den Zeitungen.

mäß dem Koran grundsätzlich nur die Hälfte dessen, was ein Sohn erbt.

Leben und Werk Mohammeds

Mohammeds Familie (mit vollem Namen hieß der Prophet Abd Al Qasim Mohammed ibn Abdallah ibn Abd Al Mutalib) gehörte in Mekka dem angesehenen Stamm der Quraish an. Mekka war damals schon ein bedeutender Ort, weil er an der Karawanenroute lag, auf der z. B. Weihrauch, Myrrhe und andere Luxusartikel der antiken Welt aus dem Süden Arabiens zum Mittelmeerhafen Gaza befördert wurden. In Mekka befindet sich auch der seit alters her verehrte schwarze Stein, um den ein quadratischer Schrein errichtet worden ist. Der Überlieferung nach geht diese Kaaba auf den semitischen Stammvater Abraham zurück.

Als Mohammed 25 Jahre alt war, heiratete er um 595 die 40 Jahre alte reiche Kaufmannswitwe Chadidsha, in deren Dienst er stand. Als Karawanenführer unternahm er jetzt selbst weite Reisen, beschäftigte sich aber immer auch mit religiösen Fragen und zog sich öfter in die Einsamkeit der Wüste zurück. Ab 610 verkündigte er in öffentlichen Predigten als ›Gesandter Gottes‹ jene Offenbarungen, die ihm Gott durch den Erzengel Gabriel mitteilen ließ.

Bald schlossen sich immer mehr Bürger aus Mekka der neuen Lehre an, die u. a. die Freilassung der Sklaven und eine Unterstützung der Armen gebot und nur den Glauben an einen einzigen Gott zuließ. Die oligarchische Schicht der Mekkaner sah aber in der neuen Lehre eine Gefahr für die Wirtschaft der Stadt, weil sie die nach Mekka pilgernden Anhänger anderer Religionen ausschloss. So häuften sich die Drohungen gegen Mohammed. Am 15. Juli des Jahres 622 verließ er deshalb mit seinen Anhängern Mekka und ging in die nördlich gelegene Stadt Yathrib. Dieser Tag der Flucht (arab. hijra) wurde später als Beginn der islamischen Zeitrechnung festgelegt. Von Mohammed zur »Heiligen Stadt« erklärt, erhielt Yathrib bald den Ehrennamen Al Madinat an Nabi (die Stadt des Propheten), später verkürzt zu Medina. Von Medina aus überfielen Mohammed und seine Anhänger die Karawanen von Mekka, 624 besiegten sie eine Armee der Mekkaner in Badre, und im Jahr 630 zog Mohammed schließlich wieder siegreich in Mekka ein. Er entfernte alle anderen religiösen Verehrungssymbole aus der Stadt und erklärte die Kaaba zum Heiligtum des Islam. Seit 630 regierte Mohammed von Mekka aus sein islamisches Reich, doch 632 starb der Prophet ganz unerwartet.

Sunna und Schia

Der Tod des Propheten führte zu Unsicherheiten bei der Frage seiner Nachfolge. Aus den unterschiedlichen Auffassungen erwuchsen die zwei unterschiedlichen Glaubensrichtungen: Sunniten und Schiiten. Unmittelbarer Nachfolger Mohammeds wurde 632

Abu Bakr, sein Schwiegervater; ihm folgte Omar (Ibn Al Chattab), ebenfalls ein Schwiegervater Mohammeds (634–644). Als Omar, der zweite Khalif, starb – Khalif ist die Amtsbezeichnung des Nachfolgers von Mohammed als politisch-religiösem Oberhaupt der *umma* (Gemeinschaft der Gläubigen) –, gab es zwei Anwärter: Ali (Ibn Abu Thalib), der Cousin Mohammeds und Ehemann seiner Tochter Fatima, sowie Othman (Ibn Affan), ein Mitglied der Quraishi, der den Propheten von Mekka nach Medina begleitet hatte. Ali und seine Anhänger meinten, nur ein Mitglied der Familie Mohammeds könne die Führerschaft übernehmen. Othmans Anhänger dagegen verlangten eine Wahlentscheidung »unter den besten«. Als Othman zum Khalifen gewählt wurde, spaltete sich Alis Partei (arab. *schia*) ab. Ali wurde zwar 656 als vierter Khalif gewählt, verlegte aber den Regierungssitz von Medina nach Kufa (heute Irak). 661 wurde Ali ermordet. In dem darauffolgenden Bürgerkrieg seiner Schia gegen die sunnitische Mehrheit starben auch seine Söhne Hasan und Husain. Anschließend ging das Khalifat an die Dynastie der Omayaden über, die in Damaskus residierten. Als Goldene Zeit des Islam gelten deshalb nur jene 40 Jahre, in denen die Umma vom Propheten und seinen ersten vier Nachfolgern, den ›rechtgeleiteten‹ Khalifen, geführt wurde. Ca. 90 % der Mulime gehören heute der Richtung der Sunniten an.

›Religiöse‹ Auseinandersetzungen

Die Überzeugung, dass es eigentlich nur eine einzige, nur eine ›wahre‹ Auslegung des Koran gäbe, waren und sind bis heute Anlass zu engagierten Streitigkeiten bis hin zu Kriegen zwischen Muslimen. Darin unterscheidet sich der Islam allerdings nicht von anderen Religionen. Sehr oft werden von politisch Mächtigen die religiösen Unterschiede machtpolitisch instrumentalisiert, um z. B. nationale Loyalitäten oder eigene Machtansprüche zu legitimieren und zu sichern. Dazu liefern der Nahe Osten und die Staaten der Arabischen Halbinsel anschauliche Beispiele. Oft wird dort z. B. in der Auseinandersetzung zwischen Saudi-Arabien und Iran die ›Unversöhnlichkeit‹ von Schiiten und Sunniten betont, obwohl es beiden Staaten nahezu ausschließlich um die eigene Vormachtstellung am Golf geht. ∎

DER KORAN

Die göttlichen Offenbarungen in arabischer Sprache, die Mohammed als Gesandter Gottes zwischen 609 und 632 verkündete, sind in den 114 Suren (Versen) des Koran (Quran) als »Gottes gesprochenes Wort« niedergeschrieben und unterliegen daher keiner Veränderung. Was den Koran mit seiner monotheistischen Grundformel »Es gibt keinen Gott außer Allah« (Sure 112), die sich gegen die christliche Vorstellung von der Dreifaltigkeit wendet, auszeichnet, sind seine praxisorientierten Regeln für den Alltag der Gläubigen. Für zahlreiche Lebensbereiche ist ein verbindlicher Verhaltenskodex festgehalten, z. B. für die Pflege der Gesundheit, für die Ehe, für Erbangelegenheiten und Scheidung, für Esssitten, Erziehung und Strafen, zum sozialen Verhalten und zur Gestaltung des Tages- und Jahresablaufs. Nach islamischer Auffassung gibt es einen Ur-Koran im Himmel. Als Mohammed 632 starb, gab es noch keine vollständige Sammlung der Offenbarungen. Erst um 650 unter dem dritten Khalifen Osman wurde eine komplette verschriftlichte Fassung zusammengestellt.

Das zählt

Zahlen sind schnell überlesen — aber sie können die Augen öffnen. Nehmen Sie sich Zeit für ein paar überraschende Einblicke. Und lesen Sie, was in Dubai zählt.

275

Euro kostet der billigste Roboter-Jockey, eine Schweizer Erfindung. Die Maschinen lösen bei Kamelrennen seit 2004 Kinder aus armen Staaten als Reiter der Rennkamele ab.

0

Stützpfeiler hat das 7-stöckige, 77 Meter hohe Museum of the Future, das als Wunderwerk der Ingenieurskunst gilt – und darüber hinaus als eines der 14 schönsten Museen der Welt. Verziert ist die gigantisch große Edelstahlhülle mit arabischen Kalligrafien, die ein Gedicht von Sheikh Mohammed bin Rashid Al Maktoum wiedergeben und in denen er seine Vision für die Stadt zum Ausdruck bringt.

4

Minuten-Takt ohne Schaffner, ohne Kontrolleure, ohne Zugführer, und ein 75 Kilometer langes Streckennetz – das ist die Dubai Metro, die längste automatisierte fahrerlose Metro der Welt.

3,67

Dirham bekommt man seit 1994 für einen US-Dollar. Denn zwischen Dirham und Dollar besteht eine sog. feste Parität, ungeachtet des Wechselkurses des Dollars zu anderen Währungen, z. B. dem Euro. Weil der Wert des Dollars schwankt, ändert sich auch der Wechselkurs zwischen Euro und Dirham.

219

Millionen Selfies haben in den ersten fünf Jahren seit seiner Fertigstellung Besucher von sich und dem Burj Khalifa gemacht. In diesem Zeitraum (2010–2015) wurde kein Bauwerk der Welt öfters für Selfies benutzt. Kein Wunder: Mit 828 Metern ist der Burj Khalifa nicht nur das höchste Gebäude Dubais sondern zugleich auch das höchste der Welt.

7,6

Tage bleiben Besucher im Durchschnitt in Dubai und 97 Prozent der 17 Millionen Gäste pro Jahr (2022) besuchen mindestens einmal die Dubai Mall.

3.618.000

Einwohner hat Dubai (2023), aber nur ca. 284 000 davon haben einen Pass der VAE. Die überwältigende Mehrheit der ca. 90 Prozent Ausländer (Expatriates) sind Gastarbeiter aus mehr als 100 Ländern der Welt, wobei die meisten aus Indien und Pakistan kommen. Auch deutsche Staatsbürger arbeiten in Dubai, aber es sind nur ca. 7000.

7

Sheikhs entschlossen sich nach dem Rückzug der Briten aus der Region 1971 für einen Zusammenschluss ihrer Scheichtümer zu einem neuen Staat mit dem Namen Vereinigte Arabische Emirate. Weil Sheikh Zayed von Abu Dhabi die Initiative dazu ergriff und bis 2004 an der Spitze des neuen Staates stand, wird er der ›Vater‹ der VAE genannt.

48

Gondeln hat das Riesenrad Ain Dubai auf der künstlichen Halbinsel Blue Waters vor der Dubai Marina. Das 210 Meter hohe Riesenrad übertrifft in dieser Größe alle anderen der Welt.

2.500

Flamingos der Spezies *Phoenicopterus ruber* halten sich in den Wintermonaten im Ras Al Khor Dubai Wildlife Sanctuary auf. Dank eigens eingerichteter Beobachtungsstationen kann man sie aus nächster Nähe beobachten.

1.951

Sitzplätze gibt es für die Besucher der Dubai Opera. In der von Janus Rostock entworfenen Konzerthalle spielen regelmäßig weltbekannte Sinfonieorchester – Freunde großer, klassischer Kulturereignisse kommen damit auch in Dubai auf ihre Kosten.

27,2

Millionen US-Dollar Preisgeld werden beim Dubai World Cup ausgelobt, der Sieger erhält immerhin etwa 7,5 Millionen US-Dollar. Damit ist dieses jährlich im März ausgetragene Pferderennen das höchstdotierte der Welt.

30

Tage lang fasten Muslime während des Monats Ramadan, d. h., sie essen, trinken, rauchen und lieben sich nicht körperlich zwischen Sonnenaufgang und Sonnenuntergang.

360

Grad Aussicht über ganz Dubai genießt man von The Frame im Zabeel Park. Vergleichbar einem gigantischen Bilderrahmen bietet er in 150 Meter Höhe einen lückenlosen Rundumblick nach allen Seiten.

Das Einmaleins der Herrschertitel

Macht und Titel — Adelstitel haben heute im deutschsprachigen Raum vielleicht noch für Leser der Regenbogenpresse Bedeutung. Doch auf der Arabischen Halbinsel gibt es sie noch: die Herrscher mit Macht und Titel.

Wie im frühen Europa gab es auch in der orientalisch-islamischen Welt eine klare Hierarchie der Titel und der damit verbundenen Machtbefugnisse. Erst nach dem Zweiten Weltkrieg und mit der Gründung von Nationalstaaten reduzierte sich die politische Bedeutung der Herrschertitel zumindest in denjenigen arabischen Ländern, in denen sich die Republik als Staatsform durchsetzte. Anders ist es in den arabisch-islamischen Staaten, deren Verfassung keine oder nur eine sehr eingeschränkte politische Beteiligung ihrer Bürger zulässt. Hier besitzen die Herrscher Macht und Titel und vererben beides an ihre Kinder.

BEDEUTENDE SHEIKS

– **Zayed bin Sultan Al Nahyan:** geb. 1918, 1966–2004, Abu Dhabi
– **Khalifa bin Zayed Al Nahyan:** geb. 1948, seit 2004 Herrscher von Abu Dhabi und Präsident der VAE
– **Rashid bin Saeed Al Maktoum:** geb. 1912, 1958–1990, Dubai
– **Mohammed bin Rashid Al Maktoum:** geb. 1949, seit 2006 Herrscher von Dubai

Kalif

Kalif war einst der höchste Herrschertitel in der arabisch-islamischen Welt. Ihn trugen jene Herrscher, die in der Nachfolge Mohammeds oberste weltliche und religiöse Macht in ihrer Person vereinigten. Kalifen wurden anfangs gewählt und hatten ihren Sitz bis 657 in Medina. Danach beanspruchten unterschiedliche Dynastien das Kalifat, z. B. die Omayaden in Damaskus. Nur die ersten vier Nachfolger Mohammeds, also jene der ›Goldenen Zeit‹ vor der Spaltung der islamischen Gemeinschaft in Sunniten und Schiiten, gelten als ›gerechte Kalifen‹. Auch die türkischen Sultane als geistige Führer aller sunnitischen Muslime liebäugelten nach 1460 mit diesem Titel.

Sultan

Sultan bedeutet Herrschaft bzw. Herrscher und ist in sunnitisch-islamischen Gebieten ein Titel von sehr hohem Rang. Zum ersten Mal taucht er im 11. Jh. auf Münzen eines seldschukischen Wesirs auf. Ursprünglich vom Kalifen verliehen, wurde der Titel als selbstständiges Herrschaftsprädikat von seinen Trägern interpretiert und selbstbewusst getragen.

Vom Status her ist ein Sultan mit dem eines absolutistischen Fürsten vergleichbar. Die mächtigsten Sultane waren bis 1922 die osmanischen Potentaten. Es gibt zur Zeit nur zwei islamische Herrscher, die diesen Titel tragen und vererben: Sultan Haitham bin Tareq von Oman und Sultan Hassan Bolkiah von Brunei.

Emir

Emir ist der Titel eines arabischen Stammesfürsten, der als Gouverneur oder als militärischer Befehlshaber diese Auszeichnung vom Kalifen oder vom Sultan verliehen bekam. Später wurde diese Würde auf das nachfolgende Stammesoberhaupt quasi vererbt. Diesen Titel tragen heute die Herrscher von Qatar und Kuwait, während der Emir von Bahrain, Hamad bin Isa Al Khalifa, den Titel ablegte und sich im Jahr 2002 selbst zum König ernannte. Protokollarisch wird er seitdem als King of Bahrain angesprochen.

Sheikh

Der Titel Sheikh (dt. Scheich) war dem Oberhaupt eines arabischen Beduinenstammes vorbehalten. Später wurde er auch bei führenden Persönlichkeiten des geistlichen Lebens verwendet. Der Titel wird nicht verliehen, sondern aufgrund des hohen, angesehenen Ranges im öffentlichen Leben als Anrede benutzt. Er ist der bescheidenste aller arabischen Herrschertitel, der offiziell zurzeit nur von den Oberhäuptern der sieben Emirate getragen wird. Aber auch angesehene ältere Familienoberhäupter werden in den VAE mit Sheikh angesprochen. In der öffentlichen Berichterstattung werden heute auch die Söhne der Herrscher bereits als Sheikhs, ihre Frauen und Töchter als Sheikhas vorgestellt. Oft wird der Titel auch als Anrede für die weitere Verwandtschaft der Royals verwendet. Den Bezug zu besonderen Verdiensten hat er damit verloren. ■

Die versammelte Herrscherelite der VAE – heute ist bereits die zweite Generation der Staatsgründer an der Macht.

Beduinisches Kulturerbe

Verlust und Rekonstruktion — Keine großartigen Bauwerke, keine bedeutenden Denkmäler, auch keine schriftlichen Chroniken, nur die überlieferten Dimensionen ihres Alltags hinterließen beachtenswerte Spuren ihrer Kultur.

Die Bedeutung des kulturellen Erbes wird in den Emiraten und besonders in Dubai in öffentlichen Erklärungen gerne hervorgehoben. Tatsächlich sehen sich die Herrscher zum Handeln in diesem Bereich veranlasst, weil der Staat selbst sehr jung ist und die Kinder und erst Recht die Enkel der Staatsgründergeneration nur ein Leben im Erdölzeitalter mit all seinen Annehmlichkeiten kennen.

Traditionspflege

Viele Emirati wissen nur aus Erzählungen und der Literatur, welch hartes Leben ihre Großeltern zu meistern hatten, wie deren Alltag aussah, welche Sitten, Regeln und Gebräuche in früheren Zeiten das Überleben sicherten. Insbesondere die älteren Staatsbürger der VAE sind deshalb zutiefst davon überzeugt, dass das Bewahren der alten beduinischen Werte im Zeitalter von Satelliten-TV und Internet dringend notwendig ist, um einem Verlust von Identität und Charakterstärke vorzubeugen. Deshalb wird so viel Wert auf Folklore, auf traditionelle Musik, Tänze, Lesungen, aber auch auf traditionelle Aktivitäten – wie etwa Reiten und Pferderennen, Falknerei, Kamelzucht und -rennen und Dhau-Segeln – gelegt.

Orale Tradition

Um dies zu verstehen, müssen sich die Besucher Dubais ins Gedächtnis rufen: Bis in die Mitte des 20. Jh. gab es so gut wie keine eigene schriftliche Überlieferung. Jede Geschichtskenntnis stützt sich in beduinischen Gesellschaften auf mündliche Erzählungen, die von Generation zu Generation weitergegeben wurden. Deren Objektivität scheint dadurch gesichert, dass ein jeder jeden kannte und verfälschende Darstellungen ein und desselben Ereignisses durch Gegenerzählungen im Kollektiv korrigiert wurden. Auch wurden natürlich Lebensdaten wie Geburt, Tod oder Hochzeit nicht systematisch registriert. Deshalb haben die meisten der Bewohner, die vor den Jahren um 1950 in den Emiraten geboren sind, nur vage Anhaltspunkte bezüglich eines genauen Termins ihrer Geburt.

Auch bei der Bewältigung des alltäglichen Kampfes ums Überleben, gegen Hitze und Wassermangel, gegen Armut und Hunger konnte man keine schriftlichen Quellen zu Rate ziehen. So benötigte man z. B. noch 1950 sieben Tage, um auf einem Kamel unter sengender Hitze quer durch die Wüste von Dubai in die Oase Al Ain zu gelangen. Diesen Weg fand nur derjenige, der ihn aus Erfahrung oder eben mündlicher Erzählung kannte, denn Wegbeschreibungen, geschweige denn Wegweiser gab es nicht.

Die wenigen historischen Dokumente der Emirate aus der Zeit vor 1950 sind die an das britische Außenministerium adressierten Berichte des britischen Political Agent über die Ereignisse in den Herrscherfamilien. Sie und alle Verträge mit den Trucial States findet man in britischen Archiven. Da die Herrscher der Emirate des Lesens und Schreibens meist unkundig waren, befanden sie sich gegenüber den Briten immer im Nachteil, wenn es darum ging, Beweise oder Belege für Ansprüche geltend zu machen.

Traditionspflege als Staatsaufgabe

Ein ganz wesentlicher Beitrag des Bewahrens einer Emirati-Identität besteht in den archäologischen Ausgrabungen, der Errichtung von Museen und sogenannten *heritage villages*, aber auch in der Rekonstruktion zerstörter historischer Gebäude. Vor welchen Schwierigkeiten die Verantwortlichen dabei stehen, wird besonders bei den Rekonstruktionen deutlich. Es gibt keine Baupläne, so gut wie keine Fotografien, vielleicht aus Zufall ein paar alte Zeichnungen. In mehreren Emiraten haben sich trotz dieser Schwierigkeiten in den letzten Jahren örtliche Kulturgesellschaften liebevoll dieser Aufgabe angenommen. Sharjah wurde dafür von der UNESCO als ›Kulturhauptstadt der arabischen Welt‹ ausgezeichnet.

In Dubai nimmt sich das Hamdan Bin Mohammed Heritage Center (HHC, hhc.gov.ae/en) dieser Kulturpflege für alle Emirati, aber insbesondere für die jüngere einheimische Bevölkerung an. Kronprinz Hamdan, dessen Name das HHC trägt, beschreibt diese Aufgabe: »Its vision focuses on deepening the sense of national identity among the younger generation of Emiratis and promoting Emirati culture, values and traditions at both a regional and international level.«. Mit diesem Ziel

Damit die beduinische Kultur nicht in Vergessenheit gerät, gibt es mittlerweile viele Heritage Villages und Festivals.

organisiert das HCC in allen traditionsbezogenen Kultursegmenten eindrucksvolle Veranstaltungen.

Tradition Kamel-Marathon

Eine der spektakulären Traditionsveranstaltungen ist z. B. der jährliche »National Day Camel Marathon« in der Wüste auf der Al Marmoon Ebene. Es wird von Tausenden einheimischen Familien besucht. Bei diesem Rennen werden die Tiere von Männern, nicht von »electronic robots« geritten und es gibt einen eigenen Jugendwettbewerb. »Camel racing is a huge part of Emirati culture. It is a traditional sport that requires time and effort«, erklärt Ali bin Saroud, der HHC-Rennleiter. »The key factor at the competition is experience. We want to inspire and train young Emiratis to go camel riding at a young age… And the experience they get while training for the marathon will help them in the other races and, more importantly, promote further the country's heritage sport.« ∎

Dubai und seine Gastarbeiter

Expatriates, vor allem aus Indien und Pakistan, haben als Bauarbeiter die Visionen der Elite Dubais verwirklicht. Vom Glanz und Glamour der Stadt bekommen sie jedoch nur sehr wenig mit.

Der eigentliche Motor — Ein Leben ohne Gastarbeiter ist in Dubai undenkbar, sowohl für die Emirati als auch für die Touristen. Das war nicht immer so.

Im Umfeld der Fußball-Weltmeisterschaft 2022 wurde über die Arbeits- und Lebensbedingungen der Gastarbeiter in Qatar zu Recht sehr kritisch berichtet. Die strukturellen Machtverhältnisse der Arbeitswelt sind in allen Staaten am Golf sehr ähnlich, und ein Leben ohne Gastarbeiter ist für die Emiratis nicht mehr vorstellbar. Das war aber nicht immer so.

Rasante Entwicklung

Wenn es heute um die Bevölkerungszahlen in den Staaten am Golf geht, muss man zwischen Einheimischen (*nationals* oder *locals*) und Gastarbeitern (*expatriates*) unterscheiden, denn in den nationalen Statistiken werden sie zusammen als ›Einwohner‹ geführt. Das gilt auch für Dubai.

Um 1900 lebten auf dem heutigen Gebiet des Emirats Dubai etwa 10 000 Menschen, fast alle waren einheimische Nachkommen von Beduinen, die sich seit ca. 1830 aus Abu Dhabi kommend in einem Fischerdorf am Creek niedergelassen hatten. Eine Staatsangehörigkeit gab es damals nicht, nur eine Stammeszugehörigkeit.

Mit dem Erdöl änderten sich die Bevölkerungszahlen am Golf schlagartig. Man brauchte dringend viele billige Arbeitskräfte aus dem Ausland. Von den 60 000 Einwohnern in Dubai betrug bei der Staatsgründung der VAE im Jahre 1971 der Anteil der Ausländer bereits ca. 75 % – damals lebten also nur ca. 15 000 VAE-*nationals* in Dubai. 50 Jahre nach der Staatsgründung werden die VAE von rund 10 Mio. bewohnt, aber weniger als 10 % davon besitzen einen Pass der VAE. Das bevölkerungsreichste Emirat, Dubai,

zählt heute 3,5 Mio. Einwohner, von denen jedoch nur knapp 300 000 ihren Ursprung auf dem Territorium des Emirats haben. Etwa 3,2 Mio. Einwohner sind *expatriates* aus »200 different nations«, wie es in amtlichen Angaben heißt, um die Internationalität des Emirats zu unterstreichen.

Diese Millionen von Gastarbeitern sind es, die den wenigen Einheimischen und den vielen Millionen von Touristen zu einem Leben mit großen Annehmlichkeiten verhelfen und durch deren Arbeit sich das Land zu dem entwickeln konnte, wie wir es heute kennen.

Ohne sie läuft nichts

Um beim Beispiel Dubai zu bleiben: Jede einheimische Familie in Dubai hat durchschnittlich zwei ausländische Hausmädchen. Alle körperlichen Arbeiten im Eigenheim, fast alle Arbeiten in den Hotels oder Shopping-Malls und vor allem alle Arbeiten auf den Baustellen oder im Hafen werden ausschließlich von ausländischen Arbeitskräften erledigt. Sie kommen in der Mehrzahl aus Niedriglohnländern mit hoher Arbeitslosigkeit wie Indien, Pakistan, Bangladesch und Nepal. Insbesondere der Bausektor ist unersättlich. Tag und Nacht wachsen neue Wohn- und Bürotürme in den Himmel, werden neue Straßen gebaut. Allein das lokale Unternehmen Habtoor – um nur ein Beispiel zu nennen – hat mehr als 60 000 (!) ausländische Bauarbeiter unter Vertrag. 1995 waren es nur 3000.

Die Golfstaaten sind in den Heimatländern dieser Gastarbeiter – oft auch angesichts ihrer bescheidenen Qualifikationen – das Synonym für Arbeit und Geldverdienen. Von beidem gibt es zuhause, wenn überhaupt, viel zu wenig. Deshalb kommen sie an den Golf. Sie alle verdienen in den Ölstaaten wesentlich besser als in ihren Herkunftsländern und überweisen mindestens die Hälfte bis zu Dreiviertel ihres Lohns Monat für Monat an ihre Familien. Nach Angaben der qatarischen Regierung betrugen die Überweisungen der Arbeitsemigranten 2018 über 10 Mrd. Euro, 2019 beruhte ein Drittel des nepalesischen Bruttoinlandsproduktes auf Löhnen aus dem Ausland. Für das zahlen die Gastarbeiter am Golf jedoch einen hohen Preis.

Zum Verhältnis von Lohn und Nationalität

Karim, ein Bauarbeiter aus Pakistan, wohnt in einer Sammelunterkunft weit draußen am Rand der Stadt, arbeitet viel und spart. Am Freitag, seinem einzigen freien Tag, geht er mit anderen Pakistani in die Moschee, dann in einem Park oder entlang des Creek spazieren, trinkt einen Tee und geht früh nach Hause, weil am nächsten Morgen der Firmenbus zur Arbeitsstätte um 5 Uhr losfährt. Sein Freund Kamil arbeitet als Reinigungskraft am Flughafen. Seine Arbeitsbedingungen dort sind zwar klimatisch angenehmer, aber sein Lohn ist fast derselbe: umgerechnet ca. 300 € im Monat.

Die Agenturen in den Heimatländern der Gastarbeiter und die örtlichen Arbeitgeber am Golf als ihre ›Sponsoren‹ orientieren sich an den Löhnen in den Herkunftsländern, sind sich natürlich auch der dortigen hohen Arbeitslosigkeit bewusst. Im Grunde bestimmt damit der Pass das Lohnniveau der Gastarbeiter am Golf. Ein philippinischer Gastarbeiter verdient etwas mehr als ein nepalesischer, ein deutscher Ingenieur verdient auf der gleichen Baustelle weitaus mehr als sein ägyptischer Kollege.

Drei Viertel aller Gastarbeiter kommen aus südostasiatischen Ländern. Die allermeisten leben hier alleine, denn nur wer (umgerechnet) über 1500 € im Monat verdient, darf seine Familie nachholen. Die Arbeitsbedingungen sind hart, die Arbeitszeiten lang, die Verträge streng. Das wissen die *expatriates,* bevor sie die Verträge unterschreiben und einreisen. Außer ihrem bescheidenen Lohn erhalten sie in Dubai eine Krankenversorgung, eine Unterkunft in Mehrbettzimmern, den Transport zum Arbeitsplatz und einmal im Jahr (bei manchen Unternehmen auch nur alle zwei Jahre) einen vierwöchigen Heimaturlaub inklusive Freiflug. Dafür arbeiten sie sechs Tage in der Woche und überweisen den größten Teil ihres Lohnes nach Hause. Arbeitsbedingungen und Lohnniveau können sie nicht ändern: Gewerkschaften sind verboten, Streiks untersagt. Dennoch sind die Wartelisten lang.

Solange sich die ökonomischen Machtverhältnisse in einer global kapitalistisch organisierten Welt und die Dominanz des neoliberalen Zeitgeistes strukturell nicht ändern, werden Menschen aus Ländern mit sehr hoher Arbeitslosigkeit diese schlechten Arbeitsbedingungen bei niedrigem Lohn in Kauf nehmen (müssen). Deshalb darf man bei aller Kritik an der ökonomischen Haltung der

Zumindest das: kostenloser Transport zwischen Unterkunft und Arbeit

Golfstaaten bezüglich ihrer Gastarbeiter nicht vergessen, dass auch in Europa um höherer Rendite willen eine Verlagerung der Produktion in Niedriglohnländer nicht unüblich ist. Am Golf haben sich die Staaten für die umgekehrte Richtung entschieden: Sie holen die Niedriglöhner an die Arbeitsstätten.

Das Kafala-System

Alle Arbeitsverhältnisse am Golf beruhten bis vor Kurzem auf dem sog. Kafala-System (benannt nach dem arab. Wort *kafil* = Bürge, Pate). Die ausländischen Arbeitskräfte konnten ohne schriftliche Erlaubnis des *kafil* auf der Grundlage ihres Arbeitsvertrages nicht einreisen, sie konnten den Arbeitsplatz nicht wechseln oder einen anderen Job annehmen. Und sie konnten das Land nicht verlassen, weil sie ihrem Arbeitgeber ihren Pass aushändigen mussten. Das hat sich in mehreren Golfstaaten im Vorfeld der Fußball-WM geändert. Die *expatriates* dürfen nun ihr Ausweisdokument behalten und den Arbeitsplatz in Dubai wechseln, sofern sie einen neuen nachweisen können. Doch würden diese Arbeitsrechtsreformen staatlicherseits noch nicht entschieden kontrolliert, sagt Amnesty International.

Keine Zugeständnisse vonseiten der Politiker werden bei Einwanderungsfragen gemacht, dafür sorgt allein das immense demografische Ungleichgewicht zwischen *nationals* und *expatriates*. Angesichts eines Zahlenverhältnisses von $1:10$ (!) sind sich alle einig: Für Gastarbeiter ist die Einbürgerung definitiv ausgeschlossen, selbst wenn sie bereits jahrzehntelang oder schon in der zweiten Generation am Golf leben und arbeiten. »Wenn wir den *expatriates* die Staatsangehörigkeit geben würden, wären wir kein arabisch-islamisches Land mehr,« so die offizielle Argumentation. Und das verstorbene Staatsoberhaupt der VAE, Sheikh Khalifa bin Zayed Al Nahyan, ergänzte in einem Interview: »Wir sind einfach viel zu wenig, um die *expatriates* nach ein paar Jahren zu Staatsbürgern zu machen.«

Die Golfstaaten holen auch hoch qualifizierte Gastarbeiter, meist aus den USA oder Europa ins Land. Auch sie verdienen hier wesentlich besser als zuhause. Diese sehr zufriedenen ›White-collar-first-class‹-*expatriates* trifft man im Firmen- und Hotelmanagement, als Berater bei Banken und im Medienbereich. Ihre Zahl beträgt in Dubai ca. 100 000, darunter etwa 9000 Deutsche.

Residenzstatus

Wer Kompetenzen vorzuweisen hat, ist in den VAE auf Zeit willkommen, aber sobald der Arbeitsvertrag ausläuft, muss die Person wieder ausreisen. Bei abgelaufenen Arbeitsvisa gehen die Behörden sehr schnell und bedingungslos vor. Ohne vertraglichen Arbeitsplatz ist ein Aufenthalt nicht erlaubt, Abschiebungen werden zügig vollzogen. Nur für Vermögende gelten in Dubai andere Regeln.

Bereits seit 2004 konnten Ausländer in bestimmten, abgegrenzten Gebieten (z. B. auf den Palmeninseln und The World sowie an der Dubai Marina) Land- und Hausbesitz erwerben und erhielten zugleich ein dauerhaftes Residenzvisum. Diese lokale Beschränkung auf Stadtteilbereiche wurde inzwischen durch das sog. ›Golden Visa‹ weitgehend aufgehoben. Heute können sich Vermögende und ihre Familien dank des ›goldenen Visums‹ einen Aufenthalt (keine Staatsbürgerschaft!) an jedem Ort in Dubai sichern, sofern sie im Emirat eine Immobilie im Wert von mindestens 2 Mio. Dh (ca. 500 000 €) erwerben, sich an einem Unternehmen mit 500 000 Dh beteiligen (mind. fünf Jahre Aufenthaltserlaubnis) oder als Investor mindestens 500 000 € in ein Unternehmen einbringen bzw. diese Summe in einem inländischen Investmentfond anlegen (mind. zehn Jahre Aufenthaltserlaubnis). ∎

Von der Frau des Propheten lernen

Frauen und der Beruf — Außerhäusliche Berufstätigkeit von Frauen ist in der arabischen Welt nicht selbstverständlich, obwohl die erste Frau des Propheten Mohammed, die 40-jährige Witwe Chadidsha, eine erfahrene Unternehmerin war, die ihn zum Teilhaber ihres florierenden Handelsgeschäftes machte.

Sie war die erste Geschäftsfrau in der Geschichte des Islams. Möglicherweise ist wegen Chadidsha das Recht der Frau auf eigenen Besitz, lange bevor solche Gedanken in Europa aufkamen, im Koran festgeschrieben. Persönlicher Privatbesitz ist eines der Privilegien muslimischer Frauen.

Vorbilder und Rollen

Auch wenn Frauen heute in den Staaten der Arabischen Halbinsel im öffentlichen und politischen Leben kaum eine Rolle spielen, verfügen sie sehr wohl über Besitz. Alle Geschenke des Ehemanns, ihre Mitgift und ihr Erbe gehören zu ihrem Vermögen, über das sie uneingeschränkt verfügen können. Sie erben zwar nach dem islamischen Recht der Sharia nur die Hälfte dessen, was ihre Brüder erben, aber diese müssen als Männer nach einer Verheiratung für ihre Familien und deren mittellose Verwandte sorgen, während Frauen über ihr Erbe absolut frei verfügen können. Was Frauen seit den Zeiten des Erdölbooms am Golf geerbt haben, kann man in den Grundbüchern der Städte und anhand der Firmeneintragungen der Handelskammern feststellen. Nach Recherchen von Mai Yamani, der Tochter des ehemaligen saudischen Ölministers, befand sich bereits 1995 etwa ein Drittel allen Privatvermögens in weiblicher Hand.

Die wichtigste gesellschaftliche Rolle der Frau in der arabischen Welt ist noch immer die der Ehefrau und Mutter, und noch immer sind es auf der Arabischen Halbinsel nur Frauen der Ober- und Mittelschicht, die darüber hinaus nach einem Studium eine Berufstätigkeit anstreben oder sich selbstständig ökonomisch betätigen. Ihr Vorbild wird Wirkung zeigen. Wenn zudem am Golf die Abhängigkeit von ausländischen Arbeitskräften beklagt wird und man sich für die ›Emiratisierung des Arbeitsmarktes‹ ausspricht, trägt das zugleich zur ökonomischen Emanzipation der einheimischen Frauen bei. Denn wer die Frauen vom Arbeitsmarkt ausschließt, reduziert das nationale Arbeitspotenzial rein statistisch um die Hälfte.

Die Situation der Frau in den Emiraten hat sich in den beiden letzten Jahrzehnten wesentlich verbessert. Heute besuchen alle Mädchen eine Schule, 1980 waren es nur ein Fünftel. Frauen stellen etwa 40 % der Angestellten im Öffentlichen Dienst, 65 % der Lehrer und 70 % der Studierenden. In Dubai gibt es zwar rund 4000 Unternehmerinnen, aber die meisten von ihnen führen Kosmetiksalons oder Modegeschäfte. Top-Positionen nehmen bisher nur die wenigsten ein.

Frauen am Steuer

In fast allen Staaten am Golf gehören auch Frauen dem Kabinett an. In den VAE sind es drei, u. a. die Wirtschaftsministerin Sheikha Lubna Bint Khaled Al Qasimi, eine Prinzessin aus der Herrscherfamilie des kleinen Emirats Sharjah. Und im Dezember 2006 war Amal Al Qubaisi die erste Frau unter den gewählten 20 Mitgliedern des Nationalrats der VAE.

Aber die traditionelle Rollenzuschreibung innerhalb der Familienstrukturen mit patriarchaler Dominanz, die der Frau den häuslichen Bereich zuweist, existiert parallel zu modernen Lebensentwürfen. Diese beiden Lebenswelten werden in TV-Talkshows thematisiert und haben Hochkonjunktur in großen Frauen-Konferenzen, die in Dubai öfters stattfinden. Dort werden die realen Schwierigkeiten einer Vereinbarkeit von Ehe und Beruf am Golf öffentlich thematisiert. Denn insbesondere bei jungen Akademikerinnen findet ein Sinneswandel statt. Berufliche Tätigkeit setzt auch am Golf Kräfte frei für Selbstbestimmung. Voraussetzung ist eine gute Ausbildung. Nach einer Studie der Universität Sharjah hat der Studienabschluss bei 75 % der Studentinnen Priorität vor einer Heirat. Konkret heißt das:

Sie verschieben ihre Hochzeit um vier bis sechs Jahre und werden – auch deshalb – weniger Kinder gebären als ihre Mütter.

In Dubai arbeiten heute schon Frauen in klassischen ›Männerberufen‹. Während im benachbarten Saudi-Arabien Frauen erst seit 2018 (!) am Lenkrad ihres eigenen Wagens sitzen dürfen, erlaubt Dubai Frauen bereits seit Jahren den Beruf der Taxifahrerin; allerdings zurzeit nur zur Beförderung von Frauen und Familien, (noch) nicht von alleinreisenden Männern. Allerdings werden die meisten der rosafarbenen Frauen-Taxis von weiblichen Expatriates aus ›Entwicklungsländern‹ gesteuert. Doch das ist in erster Linie nur eine Lohnfrage, denn für beschäftigte Staatsbüger gelten in Dubai sehr hohe Mindestlöhne, die die einheimischen Taxiunternehmen gerne vermeiden. ■

Es geht voran: Frauen dürfen jetzt auch in Berufen arbeiten, die zuvor Männern vorbehalten waren.

Der Mythos vom ›edlen Wilden‹ aus Sicht der Europäer hielt sich lange. Dabei unterhielten die ersten Zivilisationen am Arabischen Golf bereits im dritten vorchristlichen Jahrtausend erstaunliche Handelsbeziehungen.

Reise durch Zeit & Raum

Einstige Piratenküste — Dubai und die Emirate sind uns heute als globale Wirtschaftsmacht und luxuriöse Touristendestination bekannt. Aber wie kam es überhaupt dazu?

Frühe Handelsbeziehungen
Ab ca. 2500 v. Chr.

Auf erste Spuren einer sesshaften Kultur am Golf stießen dänische Archäologen 1958 auf Umm Al Nar bei Abu Dhabi und in Hili bei Al Ain. Ihre Ausgrabungen belegen, dass um 2500 v. Chr. bereits eine hohe Entwicklungsstufe bestand. Die Grabbeigaben – neben Waffen auch Geschirr aus Mesopotamien, Halbedelsteine aus Afghanistan (Lapislazuli) und Indien (Karneol) sowie Siegel aus Syrien – sind ein Indiz für erstaunliche Handelsbeziehungen. Mesopotamische Tontafeln aus dem dritten vorchristlichen Jahrtausend berichten davon, dass das dort verwendete Kupfer aus dem »Lande Magan jenseits des großen Meeres« kam und dass »Schiffe aus Magan und Schiffe aus Dilmun« es nach Mesopotamien gebracht hätten. Doch Kupfer wurde damals nachweislich nur im 200 km von der Küste entfernten Hajar-Gebirge abgebaut. Die Hypothese der Archäologen: Das Hajar-Gebirge ist das Land Magan, auf Kamelen wurde das Metall durch die Wüste zum Golf transportiert und gegen andere Waren getauscht. Um 1500 v. Chr. verloren sich diese Zivilisationsspuren, aber wir wissen, dass die Region der Emirate und die Golfküste Griechen und Römern als Karawanenrouten bekannt war. Erst nach der Islamisierung wurde unter dem Kalifat der Abbasiden der Hafen Julfar (heute Ras Al Khaimah) ausgebaut. Auch in Dubai haben Archäologen im Stadtteil Jumeirah eine große Handelsstation aus dieser Zeit freigelegt.

Zum Anschauen:
Jumeirah Archaeological Site, S. 140, und Saruq Al Hadid Museum, S. 59

Beduinen und seefahrende Araber
16.–18. Jh.

Zu Beginn des 16. Jh. rückte die Golfküste in den Blickpunkt europäischer Machtansprüche, zuerst in den der Portugiesen, zeitweise auch den der Holländer, dann in den von Großbritannien. Um die Handelsrouten von Indien durch den Golf nach Europa zu sichern, errichteten die Briten in der persischen Hafenstadt Bushir, auf der anderen Seite des Golfes, eine bewaffnete Repräsentanz und versuchten, die Küste der heutigen Emirate unter ihre Kontrolle zu bringen.

Im 18. Jh. zogen Beduinenstämme und seehandelserfahrene Araber der Region vermehrt an die Golfküste. Sie gründeten Siedlungen entlang der menschenleeren Küste, z. B. in Bahrain, in Abu Dhabi oder Anfang des 19. Jh. auch in Dubai. Aus diesen Niederlassungen entstanden die späteren Scheichtümer, die wir heute als Golfstaaten bezeichnen. Im frühen 18. Jh. beanspruchte die Familien-

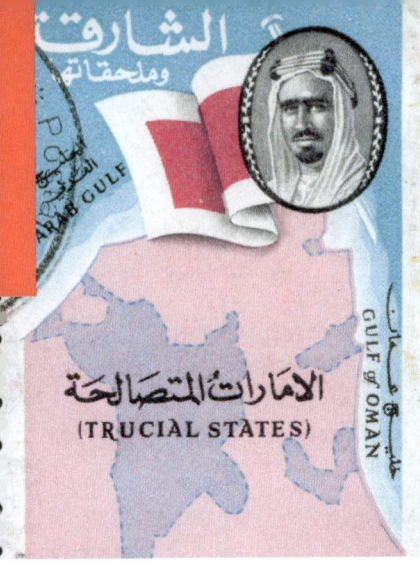

Lange vor der Staatsgründung der VAE im Jahre 1971 gab es für die damals sogenannten Trucial States im Auftrag Großbritanniens bereits Briefmarken.

dynastie der Al Bu Said die Region des heutigen Oman, während den Stämmen der Bani Yas und der Qawasim die Küste und das Hinterland zwischen Qatar und der Halbinsel Musandam zufielen. Die Qawasim knüpften an die Traditionen der seefahrenden Araber mit Zentren in Ras Al Khaimah und später in Sharjah an, während die Bani Yas beduinischer Herkunft waren und ihr Zentrum in der Oase Liwa im Landesinneren hatten. 1793 verließen Mitglieder der beduinischen Familie Al Nahyan als erste die Oase Liwa und siedelten an den Golf im heutigen Abu Dhabi.

Zum Anschauen:
Qasr al Hosn, Abu Dhabi, S. 201

Die Trucial States
19. Jh.

Im Jahr 1818 traten die Briten militärisch mit einer großen Flotte auf den Plan. Denn die Schiffe der Qawasim hatten mehrmals britische Handelsschiffe im Indischen Ozean überfallen, was der Region den Namen ›Piratenküste‹ eintrug. Daraufhin zerstörten die Engländer den Hafen von Ras Al Khaimah und die gesamte Flotte der Qawasim. Mit den anderen Sheikhs schloss Großbritannien Verträge, deren Kern darin bestand, alle Konflikte durch Verhandlungen zu lösen und den Waffenhandel zu unterbinden. In amtlichen Dokumenten hießen die Scheichtümer am Golf ab Mitte des 19. Jh. deshalb Trucial States (Vertragsstaaten). Für die Weltmacht Großbritannien waren gesicherte Vereinbarungen am Golf von großer Bedeutung für die Aufrechterhaltung ihrer Herrschaft in Indien. Da die Scheichtümer bis in die jüngste Zeit über keinerlei Bodenschätze oder wertvolle Handelsgüter verfügten, blieben der Bevölkerung Formen des europäischen Kolonialismus erspart. Zwar unterzeichneten die Oberhäupter der Stämme Verträge, die sie außenpolitisch einengten, aber innerhalb der Stammesgebiete galten die traditionellen Herrschafts- und Verwaltungsstrukturen weiter. Auch der im 19. Jh. aufkommende Perlenhandel blieb in den Händen örtlicher Händler.

Zum Anschauen:
Dubai Museum im Al Fahidi Fort, S. 58

Dubai – ein kleiner Hafen
20. Jh.

1902 mussten arabisch-sunnitische Kaufleute den persischen Handelshafen Lingeh verlassen und siedelten sich in Dubai an. Sie baten die Briten um Aufrechterhaltung der eingespielten Handelsbeziehungen, und so steuerte die British Indian Steam Navigation Company von nun an mit ihren Schiffen anstelle von Lingeh das auf der anderen Seite des Golfes liegende Dubai an. Damit war für den kleinen Hafen ein wichtiger Grundstein gelegt, um sich nach dem Ersten Weltkrieg zu einem internationalen Handelsplatz zu entwickeln. Mitte der 1930er-Jahre landeten zum ersten Male britische Was-

serflugzeuge auf dem Weg von London nach Bombay auf dem Creek, seit 1937 gastierte ein ›politischer Resident‹ als Vertreter der britischen Krone in der Stadt. Nach dem Zweiten Weltkrieg kamen der Region am Golf die alten Handelstraditionen mit England zugute. Das Königreich half beim Aufbau der Verwaltungen und finanzierte bis 1967, als bereits erste Erdöleinnahmen in die Kassen der Sheikhs flossen, den Haushalt des Trucial States Development Council, des gemeinsamen Entwicklungsetats der sieben Emirate.

Zum Anschauen:
Al Fahidi, S. 51; Bait Al Maktoum,
S. 54; Bayt al Wakeel, S. 50

Die Scheichs gründen einen Staat
1971

Die Entscheidung Großbritanniens im Jahr 1968, weltweit als Kolonialmacht abzutreten und sich ab 1970 aus allen Besitzungen »east of Suez« zurückzuziehen, stellte die kleinen unabhängigen Scheichtümer in der Golfregion vor große Probleme, denn damit entstand ein begehrtes Machtvakuum. Saudi-Arabien hatte sich aufgrund seiner frühen Erdöleinnahmen (etwa seit 1940) zu einem starken, fast die ganze Arabische Halbinsel einnehmenden, streng konservativen und westlich-liberalen Einflüssen unzugänglichen Königreich entwickelt, und Iran strebte unter Schah Reza Pahlewi auf der anderen Seite des Golfs ebenfalls die Vormachtstellung über den Golf an.

Auf Drängen Großbritanniens kam es 1969 zu Verhandlungen der Sheikhs über eine Föderation, die Bahrain und Qatar miteinschließen sollte. Wegen territorialer Streitigkeiten erklärten aber diese beiden Emirate Mitte 1971 überraschend jeweils ihre eigene Unabhängigkeit. Die verbleibenden sieben Scheichtümer führten weiter intensive Verhandlungen. Diese gestalteten sich äußerst schwierig, weil den großen Erdölemiraten Abu Dhabi und Dubai fünf kleine, zum Teil erdöllose und somit arme Emirate gegenüberstanden.

Doch es gelang der Durchbruch. Am 30. November 1971 verließen die Briten den Golf, bereits am 2. Dezember rief die Föderation der Vereinigten Arabischen Emirate ihre staatliche Unabhängigkeit aus. Alle Chronisten sind sich einig, dass es das persönliche Verdienst der beiden Scheichs von Abu Dhabi und Dubai, Sheikh Zayed bin Sultan Al Nahyan und Sheikh Rashid bin Saeed Al Maktoum, war, diese Föderation zustande zu bringen. Leicht waren die ersten Schritte des jungen Staates nicht, zumal Iran drei Inseln in der Straße von Hormuz beanspruchte und militärisch besetzte. Doch der Ölboom am Golf rief die westliche Welt als ›Verteidiger‹ der neuen Unabhängigkeit auf den Plan und sichert den Emiraten bis heute als Staat eine eigenständige Entwicklung (s. auch S. 277).

Zum Anschauen:
Etihad Museum, S. 153

11. Juli 1968: Dubais damaliger Herrscher, Rashid bin Saeed Al Maktoum, am Heathrow Airport

Pearls of Arabia

Jede Perle ist ein Unikat — Um ihren Wert bestimmen zu können, klassifiziert man sie nach Farbe, Form, Größe und Reinheit der Oberfläche. Doch ihr Glanz, im Fachjargon Lüster genannt, ist das wichtigste Qualitätskriterium.

D ie feinsten Perlen der Welt – so sagen Kenner – wurden vor den Küsten Bahrains und der heutigen Emirate gefunden. Das Geheimnis ihres Glanzes liegt in der konstant warmen, einzigartigen Mischung aus süßem und salzigem Wasser, in dem die Muscheln hier lebten. Denn vor nicht allzu langer Zeit sprudelten am Meeresboden noch Süßwasserquellen, und die Muschelbänke gediehen unter diesen Bedingungen besonders gut.

Lange bevor das Erdöl zum alles beherrschenden Wirtschaftsfaktor am Golf aufstieg, verlieh die Perlenfischerei der Region eine ähnliche, wenn auch geringere Bedeutung. Im 19. Jh. begannen Perlenfischer aus den Emiraten systematisch, vor ihren Küsten nach Perlen zu tauchen. Von Juni bis September – in den heißesten Monaten, wenn das Meer auch in tieferen Schichten warm genug ist und Haie die kühleren und küstenferneren Gewässer bevorzugen – fuhren die Schiffe in einer Distanz von bis zu 50 km entlang der Küste von Austernbank zu Austernbank. Die Perlentauchschiffe waren kleine Dhaus, ihre Besatzung bestand aus 10–15 Mann.

Im Sommer 1949 verließen zum letzten Mal Perlenfischer an Bord mehrerer Dhaus die Häfen von Abu Dhabi und Dubai. Als sie im Oktober 1949 zurückkehrten, wussten die Mannschaften, dass ihr Erlös der niedrigste sein würde, den sie je mit Perlentauchen erarbeitet hatten. Denn in den Souqs der Region wurden bereits ab den 1930er-Jahren

DAS GEHEIMNIS DER PERLEN **G**

Lange Zeit war die Entstehung von Perlen ein Mysterium. Heute weiß man: Sie entstehen als Abwehrreaktion der Muscheln auf eingedrungene Sandkörner. Die Muschel sondert dann verstärkt Perlmutt ab, das sich um die Fremdkörper legt und sie unschädlich macht. Diesen Mechanismus macht man sich bei der Zucht zunutze: Den Muscheln werden künstlich Fremdkörper injiziert. Mit bloßem Auge ist kein Unterschied zu Naturperlen zu erkennen. Der Echtheit kann man sich nur im Labor mithilfe von Röntgenstrahlen versichern.

Oben: Wasserfall in der Dubai Mall – Hommage an die Perlentaucher, deren Arbeit bis zum Beginn des 20. Jh. eine wesentliche Einkommensmöglichkeit am Golf war.
Unten: Unzählige dieser Naturwunder können Sie im Pearl Museum bestaunen.

Heutzutage wird nur noch bei den »Pearl Diving Festivals« auf traditionelle Weise nach Perlen getaucht.

billigere japanische Zuchtperlen angeboten.

Akkordarbeit unter Wasser

Ausfahrt und Rückkehr der Perlenflotte war immer ein großes Ereignis, denn die Perlenfischer verbrachten zwischen Juni und September bis zu vier Monate auf dem Meer. Bei den Tauchgängen waren sie lediglich mit einer Nasenklammer, einem Messer, einem Korb und Handbandagen ausgerüstet; Letztere sollten sie vor Schnitten beim Lösen scharfkantiger Muscheln von den Riffen schützen. Getaucht wurde am Golf mit zwei Seilen: Das erste Seil wurde durch einen größeren Stein beschwert, das zweite hatte nur eine Schlinge. Der Taucher ließ sich mit dem beschwerten Seil von Bord des Schiffes auf den Meeresgrund in 10–20 m Tiefe ziehen – hinabzuschwimmen hätte zu viel Zeit und Luft gekostet! Dort sammelte er in einer Minute ca. zehn Muscheln in seinen Korb und ließ

sich mit der anderen Leine wieder nach oben ziehen. Inzwischen war auch das beschwerte Seil wieder an Bord gezogen worden. Bis zu 120 Tauchgänge am Tag waren die Regel, das heißt, ein Taucher war täglich mehr als zwei Stunden unter Wasser. Die tägliche Hauptmahlzeit an Bord wurde nach dem Abendgebet eingenommen; täglich gab es Fisch, Datteln, Brot und Kaffee. Geschlafen wurde an Deck.

Mit dem Perlengeschäft war ein kompliziertes System der Verschuldung verbunden. Taucher liehen sich vor Antritt der Fahrt Geld von den Kapitänen, um die Versorgung ihrer Familien während der Abwesenheit sicherzustellen. War der Vorschuss größer als der Saisonlohn, mussten sie sich für das nächste Jahr verpflichten, um ihre Schulden zurückzuzahlen. Die Boote wurden hingegen von Händlern finanziert, sodass die Kapitäne diesen gegenüber in der Schuld standen. Am Ende der Saison bekam der Kapitän 25 % des Verkaufserlöses der Perlen, drei Viertel wurde zwischen den Tauchern und Seilziehern geteilt. Am meisten verdienten die Händler, am schlechtesten waren die Taucher dran, denn sie erkrankten häufig aufgrund der körperlichen Strapazen. Starb ein Taucher, ohne seine Schulden bezahlt zu haben, musste sein Sohn oder ein anderes männliches Familienmitglied ihn ersetzen. Auf diese Weise wurden Familien generationenlang gezwungen, Taucher zur Verfügung zu stellen.

Heute sind Japan und Australien die größten Zuchtperlenproduzenten der Welt. Auch gibt es inzwischen gezüchtete Perlen, die äußerlich nur von Fachleuten von echten Perlen zu unterscheiden sind. Von der Perlentradition am Golf ist wenig übrig geblieben. Bahrain ist heute der einzige Staat der Welt, in dem der Verkauf von Zuchtperlen verboten und nur der Handel mit Naturperlen erlaubt ist. ■

Politik am Golf

Dubai und die Emirate — Nach jahrhundertelanger Selbstständigkeit fiel es den Sheikhs 1971 nicht leicht, verpflichtende Vereinbarungen für einen neuen gemeinsamen Staat auszuhandeln.

An die Föderation der VAE (engl. UAE, United Arab Emirates; arab. Dawlat Al Imarat Al Arabya Al Mutahida) haben die sieben Emire nur einen Teil ihrer Souveränität abgegeben. Diese regelt nur die Außen- und Verteidigungspolitik, das Erziehungs- und Gesundheitswesen sowie wirtschaftspolitische Teilbereiche, z. B. die Infrastrukturpolitik wie auch die Wirtschafts- und Zollunion. Für das Familien- und Strafrecht sind auf der Grundlage der *sharia* zuerst die traditionellen islamischen Gerichtshöfe in den Emiraten zuständig.

Verfassung

Ursprünglich sollte die Verfassung von 1971 nur fünf Jahre gültig sein. Sie wurde aber seitdem immer wieder verlängert und 1996 für zeitlich uneingeschränkt gültig erklärt. Sie sieht als zentrale Organe der VAE ihren Präsidenten, seinen Stellvertreter, den Obersten Rat (Federal Supreme Council), einen Nationalen Föderationsrat (Federal National Council) und ein Oberstes Gerichtswesen vor. Ausdrücklich spricht sie von einem einheitlichen Staatsvolk der Emirate mit einheitlicher Sprache und gemeinsamer Religion.

Wichtigstes staatliches Zentralorgan ist der Oberste Rat, die Versammlung der sieben Emire. Er bestimmt aus seinem Kreis das Staatsoberhaupt der VAE und ernennt auch die Minister und den Chef der Streitkräfte. Jeder Emir hat nur eine Stimme. Für einen Beschluss in diesem Gremium genügen fünf Stimmen, wobei den Herrschern von Abu Dhabi und Dubai ein Vetorecht zugestanden wird. Der Präsident (bislang immer aus Abu Dhabi) und der Vizepräsident (immer aus Dubai) werden jeweils für fünf Jahre gewählt; eine Wiederwahl ist unbegrenzt möglich. Der Oberste Rat regiert mit Hilfe eines Ministerrats, dem der Vizepräsident (zurzeit Sheikh Mohammed bin Rashid Al Maktoum, der Herrscher von Dubai) vorsteht und dem (seit 2006) 24 Minister angehören. Die Minister kommen fast alle aus den Herrscherfamilien und haben meist eine akademische Ausbildung im westlichen Ausland erworben. Staatsoberhaupt der VAE ist zurzeit (2023) Sheikh Mohammed bin Zayed Al Nahyan, der Herrscher von Abu Dhabi.

Dem Obersten Rat stehen die 40 Mitglieder des Federal National Council (FNC) zur Seite. Sie haben nur ein Beratungsrecht. Bis 2006 wurden die

40 Mitglieder des FNC, dessen Zusammensetzung proportional zur Größe der einzelnen Emirate erfolgt, für zwei Jahre von den Emiren ernannt. Seit 2006 wird die Hälfte der FCN-Mitglieder von der Bevölkerung aus einem Electoral Council gewählt, dem bei den letzten Wahlen (2015) ca. 225 000 Emirati (davon 46 % Frauen) angehörten. Vorsitzende ist seit 2015 eine Frau: Dr. Amal Al Qubaisi, die bereits 2006 als erste Frau und seitdem wieder in den FNC gewählt wurde.

Die Mitglieder des Obersten Gerichtshofs und der zwei Berufungsgerichte werden vom Präsidenten der VAE bestellt. Parteien und Gewerkschaften sind verboten. Innerhalb der einzelnen Emirate obliegt die Verwaltung den jeweiligen Emiren. Für die zentrale Verwaltung, also für den Staatshaushalt der VAE, kommen Abu Dhabi und Dubai mehr oder weniger alleine aus ihren Öleinnahmen auf. Sie unterstützen somit auch die Verwaltungen der öllosen Emirate.

Herrschaftssystem
Das Herrschaftssystem der VAE sowie in jedem der sieben Emirate ist eine Mischung aus traditionellem Feudalismus und großzügigem Paternalismus. Im engen Kreis der Herrscherfamilien werden durch interne Abstimmungen alle wesentlichen Entscheidungen getroffen sowie alle Regierungs- und Behördenämter besetzt, sehr häufig mit eigenen Familienangehörigen. Solange diese › Vetternwirtschaft‹ den wachsenden Reichtum in den Emiraten und ein Leben in einem perfekt organisierten Wohlfahrtsstaat nicht mindert, gibt es darüber zwar immer wieder Gerede, aber keine größere Unzufriedenheit.

Die Regierung ist der Hauptarbeitgeber der meisten männlichen und zunehmend auch weiblichen Einheimischen, sofern sie nicht selbstständige Geschäftsleute sind. Die Arbeit im öffentlichen Dienst, z. B. in Armee, Ministerien und Behörden, wird überdurchschnittlich gut bezahlt.

Wohlfahrtsstaat
Die soziale Situation und die gesundheitliche Versorgung, insbesondere der einheimischen Bevölkerung, sind ausgezeichnet. Alle Krankenhäuser und Ambulanzstationen des Landes arbeiten mit modernster technischer Ausstattung. Wasser und Strom werden hoch subventioniert, für jedes Kind zahlt der Staat monatlich Erziehungsgeld. Witwen, alte Menschen, Behinderte und unverheiratete Frauen über 40 Jahre erhalten großzügige Alimentationen. Es besteht Schulpflicht und über 500 Schulen sorgen dafür, dass es keine Analphabeten mehr gibt.

Der bildungspolitische Entwicklungssprung binnen einer Generation manifestiert sich am deutlichsten in der landeseigenen Universität von Al Ain. Hier studieren zur Zeit mehr als 25 000 junge Emirati mit großzügigen Stipendien, davon die Mehrzahl Frauen, deren Mütter meist noch Analphabetinnen waren.

Außenpolitik
Die Außenpolitik der VAE ist prowestlich ausgerichtet und an engen freundschaftli-

chen Verbindungen mit vielen arabischen Staaten orientiert. Die VAE unterhalten diplomatische Beziehungen zu fast 140 Staaten der Welt. Die Emirate sind Mitglied der UNO, der Opec, der Arabischen Liga und des Gulf Cooperation Council (GCC). Dieser Golfkooperationsrat wurde 1981 von den sechs arabischen Golfanrainerstaaten – Saudi-Arabien, Kuwait, Qatar, Oman, Bahrain und VAE – als Reaktion auf den Ausbruch des Ersten Golfkrieges zwischen Iran und Irak gegründet. Ziel des GCC ist eine enge Koordination der Außen-, Sicherheits- und Wirtschaftspolitik der Unterzeichnerstaaten. Iran und Irak sind von diesem Gremium ausgeschlossen. Zwischen 2017 und 2021 trübte ein Boykott Qatars durch drei GCC-Staaten die Beziehungen innerhalb des GCC. Seit 2022 unterhalten die meisten Staaten des GCC diplomatische Beziehungen zu Israel (Abraham-Abkommen).

Golfkriege

Im Ersten Golfkrieg (1980–89) unterstützte der GCC Bagdad mit großzügigen Finanzhilfen gegen den Iran. Zehn Jahre später, nach dem Überfall des Irak auf Kuwait 1990 im Zweiten Golfkrieg, brachte der GCC ca. 100 Mrd. US$ gegen Irak auf, um Kuwait mithilfe der USA und 36 anderer Staaten zu befreien.

Im Dritten Golfkrieg (2002–03), in dem die USA und Großbritannien den irakischen Diktator Saddam Hussein stürzten, gewährten die GCC-Staaten den USA umfassende logistische Unterstützung, entsandten aber keine Soldaten.

Bei den außenpolitischen Unsicherheitsfaktoren steht Iran an erster Stelle – jedoch weniger wegen dessen fundamentalistisch-religiöser Ausrichtung. 1971 besetzte Iran drei Inseln in der Straße von Hormuz, die zu Sharjah und Ras Al Khaimah gehören (Abu Musa, die Große Tunb- und die Kleine Tunb-Insel). Seit Irak 1991 durch die USA ausgeschaltet wurde, betrachtet Iran den Golf als seine Hegemonialzone. 1992 annektierte er die Inseln, worauf die VAE sofort aufrüsteten.

Die irakische Invasion in Kuwait machte deutlich, dass eine Mitgliedschaft im Golfkooperationsrat nur begrenzt Sicherheit bietet. Schritte zu einer engeren politischen Union der GCC-Staaten, einer ›EU am Golf‹, scheiterten von Anbeginn an den Staatsoberhäuptern, die nicht bereit sind, um dieses Zieles willen auf einen Teil ihrer nahezu absoluten Herrschaft zu verzichten. Aus der ungelösten Sicherheitsfrage resultiert die Anlehnung der VAE an die Schutzmacht USA, was innerhalb der Emirate Kritiker nicht nur aus dem islamisch-fundamentalen Lager auf den Plan ruft. Erschwert wird seit 2016 zudem die Situation durch einen ›Stellvertreterkrieg‹ zwischen Saudi-Arabien und Iran um die Vormachtstellung am Golf, der als ›Bürgerkrieg‹ im Jemen stattfindet. Saudi-Arabien und Iran unterstützen massiv jeweils einen der Kontrahenten. In diesem Krieg beteiligten sich die VAE an der Seite Saudi-Arabiens. ■

Dr. Amal Al Qubaisi, Präsidentin des emiratischen Parlaments

Das Wunderwesen der Wüste

Kamele sind nicht nur nützlich, sondern auch schön. Inzwischen gibt es für die Schönsten unter den Schönen im Nachbaremirat Abu Dhabi jedes Jahr im Dezember aufwendige Beauty Contests …

El Gamal — Das bedeutendste Säugetier der Arabischen Halbinsel ist das Kamel. Gewöhnliche Kamele legen selbst bei großer Hitze problemlos 30 bis 50 km am Tag zurück. Dabei können sie noch bis zu 250 kg Last tragen und brauchen nur alle fünf Tage Wasser.

Ohne das Kamel wäre menschliches Leben vor der Entdeckung des Erdöls auf der Arabischen Halbinsel undenkbar gewesen. Für Beduinen war das Kamel ein sehr hohes Gut: Es schenkte ihnen Bewegungsfreiheit, versorgte sie mit Milch und Fleisch, es lieferte Material für Sandalen, Gürtel und Wassersäcke (Haut) und für Kleidung, Zelte und Teppiche (Haare und Fell). Selbst die Exkremente fanden in getrocknetem Zustand Verwendung als Heizmaterial. Die dadurch entstandene innige Beziehung, ja Verehrung, schlägt sich in Liedern, mündlichen Erzählungen und in der Literatur nieder. Die arabische Sprache kennt für das Kamel 1000 verschiedene Namen wegen seiner Genügsamkeit, seiner Schönheit, seiner Geduld und seiner Ausdauer.

Frühe Domestizierung

Auf der unmittelbar vor dem Festland gelegenen Insel Umm Al Nar bei Abu Dhabi wurden bei Ausgrabungen eines prähistorischen Siedlungsgebiets große Mengen von Kamelknochen aus einer Zeit entdeckt, in der das Kamel noch nicht als domestiziert galt. Für Historiker aus der Golfregion steht damit fest, dass an der Küste der Emirate jene arabischen Vorfahren siedelten, die das wild lebende Kamel zum Nutztier zähmten und denen daher große Verdienste für die Geschichte der Arabischen Halbinsel zukommen.

Perfekt angepasst

Wie kein anderes Tier hat das Kamel in einem langen Evolutionszeitraum eine Fülle physiologischer Anpassungen an seinen extremen Lebensraum vollzogen, die es zum idealen Wüstentier machen: In seinen Höckern speichert es Fett, sodass es mehrere Tage ohne Nahrungsaufnahme auskommen kann (entgegen der verbreiteten Meinung ist der Höcker kein Wassertank!). Die schwielenartigen, tellerförmig gespreizten Fußballen wirken wie Niederdruckreifen, die nicht in den Sand einsinken, und eine dicke Hornschicht schützt gegen den heißen Sand.

Die Nasenmembran des Kamels besitzt eine vierzigmal größere Fläche als die des Menschen und hält die Feuchtigkeit der Atemluft im Körper zurück, um sie zur Kühlung zu verwenden. Bei extremen Außentemperaturen kann ein durstiges Kamel seine Körpertemperatur auf 42 °C ansteigen lassen; dies vermindert das Schwitzen und somit größeren Wasserverlust. Das Magensystem des Wiederkäuers kann innerhalb kurzer Zeit bis zu 150 l Wasser aufnehmen und in Speicherzellen einlagern. Dichte Wimpern schützen die Augen vor Sand und

Staub selbst bei Sandstürmen. Sollte dennoch ein Sandkorn ins Auge geraten, sorgt ein Sekret für einen Tränenfilm, der das Wundreiben der Hornhaut verhindert.

Kamelrennen

Heute spielt das Kamel als Wirtschaftsfaktor nur noch eine geringe Rolle. Dennoch werden nach wie vor Kamele gezüchtet und verkauft. In Al Ain befindet sich z. B. der größte Kamelmarkt der Arabischen Halbinsel und noch immer gilt das Kamel in den Emiraten als Statussymbol. Ein junges Tier kostet so viel wie ein

USCHI UND IHRE KAMELE

Ursula Musch aus Bad Waldsee in Oberschwaben besuchte 1988 als Touristin zum ersten Mal die VAE, weil sie eine besondere Zuneigung zu Kamelen hatte. Es gefiel ihr in Dubai sehr gut, sie kam wieder – und blieb. Sie verpachtete ihren landwirtschaftlichen Besitz und erwarb eine kleine Farm außerhalb Dubais, mitten in der Wüste Richtung Bab Al Shams, auf der sie **Yousuf Baker Horse and Camel Hiring** eröffnete. Heute besitzt sie drei Dutzend Kamele und bietet beduinische Abende in der Wüste mit frisch zubereiteten Speisen, arabischem Kaffee und Lagerfeuer an, aber ohne Bauchtanz und Shisha, weil beide nicht beduinischen Traditionen entsprechen. Bei Uschi kann man Kamele streicheln, auf ihnen reiten oder frisch gemolkene Kamelmilch probieren. Uschis Kamele sieht man auch regelmäßig an den Stränden von Jumeirah, damit Touristen dort Ausritte am Meer unternehmen können (www.visitdubai.com/de/articles/kamel-uschi-kamel-farm-dubai).

gebrauchtes Auto. Ganz andere Preise erzielen Rennkamele; die bisher notierte Rekordsumme liegt bei 1,2 Mio. €. Denn Camel Racing hat in den Emiraten eine lange Tradition. Die Rennen finden zwischen Oktober und März an den Wochenenden (Fr–So) morgens ab 7 Uhr statt. Bis 2005 wurden bevorzugt Kinder – etwa aus Somalia oder Pakistan – als Jockeys eingesetzt. Auf Drängen der UNICEF beschloss die VAE 2006 ein 3-Mio.-US-$-Programm, das den etwa 1000 ehemaligen Kinderjockeys der VAE eine Ausbildung ermöglichte. Seither muss ein Jockey mindestens 18 Jahre alt sein und mindestens 45 kg wiegen. Allerdings vertrauen die Kamelbesitzer heute bei Kamelrennen mehr der Technik: Seit 2009 sitzen nur noch computergesteuerte Robot Jockeys auf den schnellen, kostbaren Tieren.

Die Milch macht's!

Camelicious heißt ein 2003 in Dubai gegründetes Unternehmen, das sich als erstes weltweit auf die kommerzielle Produktion von Kamelmilch und ihrer Produkte (z. B. Joghurt, Schokolade etc.) spezialisiert hat (www.camelicious.ae). Mit 16 Kamelstuten begann das Unternehmen, heute gehören ca. 6000 Tiere dazu, aber sie stehen nicht in Stallungen, sondern leben frei und artgerecht in kleinen sozialen Gruppen auf dem Farmgelände. Nur zum Melken kommen sie in die Stallungen. Ein Kamel produziert nur ca. 16 Monate lang nach der Geburt seines Kälbchens Milch und das auch nur, wenn das Kalb dabei ist. Pro Tag gibt ein Kamel zudem nur 5–8 Liter Milch (unsere industriellen Turbo-Kühe geben tgl. ca. 40 l!). Kamelmilch ist deshalb teurer als Kuhmilch, dafür aber viel gesünder.

2013 erhielt Camelicious von der EU die Einfuhrlizenz. Sie können sich deshalb bereits zuhause mit der Kamelmilch-Schokolade Al Nassma (www.al-nasma.com) auf Ihre Dubai-Reise vorbereiten. ∎

Familienleben und Familienstrukturen

Das Zentrum arabischen Lebens — und die wichtigste Institution in der arabischen Gesellschaft ist die Familie. Sie ›arrangiert‹ die Verheiratung ihrer Kinder, der Zusammenhalt zwischen Geschwistern bleibt zeitlebens groß …

… und ältere Familienmitglieder genießen immer respektvolle Ehrerbietung. Ein jüngerer Mann wird einem älteren Mann in der Öffentlichkeit niemals widersprechen. Auch ältere Frauen nehmen innerhalb der Familie eine geachtete Stellung ein. Die Privatsphäre in der eigenen Familie wird in den Emiraten nach außen sehr abgeschirmt. Werden ausländische Besucher in eine Familie, zum Beispiel zu einer Hochzeit, eingeladen, ist dies eine besondere Ehre.

Heirat und Hochzeit

Hochzeiten sind traditionell die größten Familienfeste. Die Feierlichkeiten dauern mindestens drei Tage und enden meist am Donnerstagabend. Art und Weise der Partnerwahl haben sich bis heute wenig verändert. Sehr oft – heute jedoch seltener als früher – heiraten Cousins und Cousinen untereinander, weil dies die Familienbande stärkt. Mit der Auswahl des Ehepartners wird ein erfahrenes Familienmitglied beauftragt, und fast immer sind die zukünftigen Eheleute mit der Wahl einverstanden. Früher heirateten Frauen am Golf im Alter von 13–15 Jahren, heute meist nicht unter 20 Jahren. Jungen und Mädchen treffen sich

vor ihrer Verheiratung nur, wenn viele andere Gleichaltrige oder erwachsene Familienmitglieder anwesend sind. Allerdings eröffnen heute Internet, Social Media und das Handy neue, von Eltern nicht zu kontrollierende Möglichkeiten.

Vor einer Heirat müssen sich Brautvater und Bräutigam über den Brautpreis *(maham)* einigen. Dieses Geld zahlt der Bräutigam zwar an den Vater, aber es gehört der Braut, damit sie im Scheidungsfall nicht mittellos dasteht. Zusätzlich werden Goldschmuck für die Braut und die Ausstattung für die Wohnung oder das Haus als Geschenke erwartet. Auch die Eltern der Braut beschenken die Familie des Bräutigams.

Die Heirat wird durch einen Vertrag vor einem Richter oder Geistlichen geschlossen. Die Zeremonie findet traditionell in der Familienwohnung der Braut statt. Danach beginnen die Vorbereitungen für das große Fest, an dessen Vorabend die Ehe formal geschlossen wird. Auch auf den Hochzeitsfeiern herrscht eine strenge Geschlechtertrennung: Es gibt eine riesige Feier der Braut, an der nur Frauen teilnehmen, und eine des Bräutigams für die männlichen Gäste. Traditionell verbringen die Eheleute die Hochzeitsnacht im Haus der Braut-

Unten: Für Hochzeiten werden keine Ausgaben gescheut. Manche reiche Familie übertreibt dabei gern ein wenig.

Oben: Ein Familienbild gehört beim Ausflug immer zum Programm dazu. Unten: Zwei Generationen, zwei Welten – eine Mutter besucht mit ihren Kindern den Aquaventure Waterpark.

Familienfreundliche Emirate: Etwa ein Drittel der Staatsbürger der VAE sind unter 14 Jahre alt.

eltern und ziehen am nächsten Tag in das Haus der Familie des Bräutigams, seltener in eine eigene Wohnung. Heute überbieten sich in Dubai die Hotels mit Spezialarrangements für Hochzeitsfeier und die Hochzeitsnacht. Auch nach der Heirat behält die Braut ihren ›Mädchen‹-Namen. Allerdings unterscheidet sich das System der arabischen Namen grundsätzlich von unserem.

Arabische Namen

Dem arabischen System der Familiennamen liegt die Vater-Sohn- bzw. die Vater-Tochter-Beziehung und die Zugehörigkeit zur Großfamilie zugrunde. Ein Beispiel: Der derzeitige Herrscher Dubais heißt Sheikh Mohammed bin Rashid Al Maktoum. Sheikh ist sein Titel, *bin* heißt nichts anderes als ›Sohn von‹ (bei der Transkription findet man statt *bin* auch gleichbedeutend *ibn*). Der Name von Sheikh Mohammed besagt also, dass er der Sohn von Rashid ist, der wiederum der Sohn von Saeed war. Al Maktoum bezeichnet das dynastische Geschlecht, das wiederum Teil eines Stammes ist, in diesem Fall des Stammes der Bani Yas. Der Familienname Maktoum wird durch den Artikel *Al* gekennzeichnet. Sheikh Rashid bin Saeed Al Maktoum, der 1990 nach 32 Jahren Regentschaft verstarb, hatte vier Söhne. Zuerst trat sein erster Sohn die Thronfolge an. Als dieser 2006 starb, wurde sein jüngerer Bruder Sheikh Mohammed bin Rashid Al Maktoum sein Nachfolger.

Sheikh Mohammed heiratete 2006 seine zweite Frau. Sie heißt mit Vornamen Haya und ist die Tochter *(bint)* des verstorbenen Königs Hussein von Jordanien. Ihr Name ist (ungeachtet ihrer inzwischen geschiedenen Ehe mit Sheikh Mohammed) Sheikha Haya bint Hussein.

Scheidung

Ob arabische Ehen als *arranged marriages* glücklicher sind oder länger halten als *love marriages* in westlichen Kulturkreisen, soll hier nicht erörtert werden. Aber in der VAE kann keine Frau gegen ihren Willen von ihrem Vater zur Heirat gezwungen werden und sie kann, genau wie der Mann, um eine Scheidung der Ehe ersuchen.

Während der Mann relativ schnell geschieden ist, wenn er unter Zeugen dreimal den Satz ausspricht: »Ich trenne mich von dir«, muss die Frau, falls der Mann ihrem Trennungsersuchen nicht zustimmt, einem islamischen Gericht ihre Gründe vortragen. Sollte ein Mann seine Trennung – weil im Zorn voreilig vollzogen – bereuen, hängt die Aussöhnung von ihrer Zustimmung ab. Nach einer Scheidung kehrt die Frau mit den Kindern in das Haus ihrer Eltern zurück, der Mann muss für den Kindesunterhalt aufkommen. Wenn die Söhne sieben Jahre alt sind, ziehen sie von der Mutter zum Vater, die Töchter bleiben bei der Mutter. Geschiedene Frauen heiraten in der Regel bald wieder. ∎

DIE EMIRATI SIND JUNG

Von den ca. 10 Mio. Einwohnern (2023) der VAE sind ca. 1 Mio. *nationals,* also Staatsbürger, die einen Pass der Emirate besitzen. Die anderen 9 Mio. Einwohner sind *expatriates* (Gastarbeiter aus mehr als 100 Ländern, alle mit befristetem Aufenthaltsstatus) und davon rund 75 % Männer (die nur unter bestimmten Voraussetzungen ihre Familie mitbringen bzw. nachkommen lassen dürfen). Von den *nationals* der VAE sind nahezu die Hälfte unter 20 Jahre und ca. ein Drittel sogar unter 14 Jahre alt.

Sheikh Mo

Der Khalif von Dubai — Wer ist dieser Herrscher Mohammed bin Rashid Al Maktoum, der von seinen Untertanen so verehrt wird und der das kleine Emirat am Golf für Touristen und ausländisches Kapital so attraktiv gemacht hat?

Politische Laufbahn

Mohammed wurde am 22. Juli 1949 als dritter Sohn von Sheikh Rashid bin Saeed in Dubai, wahrscheinlich im Haus seines Großvaters auf Al Shindagha (heute die Residence Al Maktoum), geboren. Seine Ausbildung erhielt er ab 1966 in der Bell School of Languages in Cambridge und beendete sie als Absolvent der Kadettenschule Aldershurst bei London, bevor er 1968 nach Dubai zurückkehrte. Dort übertrug ihm sein Vater die Führung der örtlichen Polizei. Ein Jahr später wurde er 1971 als 25-Jähriger Verteidigungsminister der VAE. Doch gemäß der strengen Rangordnung wurde sein ältester Bruder Maktoum Nachfolger des 1990 verstorbenen Vaters. Als Staatsoberhaupt bestimmte Sheikh Maktoum erstaunlicherweise 1995 seinen jüngeren Bruder Sheik Mo (und nicht einen seiner Söhne) zum Nachfolger. Damit stand fest: Mohammed erhielt ab sofort Regierungsverantwortung und wird eines Tages Herrscher des Emirats.

Welche Vorstellungen er von dieser neuen Position hatte, machte Mohammed gleich zu Beginn seines Amtsantritts 1995 deutlich: »I do not know if I am a good leader. But I am a leader and I have visions. I look to the future 20, 30 years, I learnt from my father, Sheikh Rashid. I follow his example. He would rise early and go alone to watch what was happening on each of his projects. I do the same. I watch, I read faces, I take visions and I move full throttle.«

Unbändiger Gestaltungwille

Vollgas geben – *full throttle* – und immer in der Königsklasse. »Wir warten nicht darauf, dass etwas passiert, wir machen, dass es passiert,« das ist seine Devise. So hob er das Dubai Shopping Festival (1995) und den Dubai World Cup (1996) aus der Taufe, er initiierte spektakuläre Bauwerke wie das Hotel Burj Al Arab (2000), die Dubai Marina (seit 2001), The Palm Jumeirah und den künstlichen Archipel ›The World‹ vor der Küste (seit 2003). Dubai besitzt seit 2005 eine Metro, 2010 eröffneten den Burj Khalifa, mit 828 m das höchste Gebäude der Welt, und der neue Al Maktoum International Airport. 2017 wurde der künstliche Dubai Canal eröffnet, 2021 richtete Dubai die EXPO 2020 aus, und 2022 eröffnete das Museum of the Future. Mit immer neuen Projekten trumpft Sheikh Mo auf und begründet seine Ziele mit einleuchtender Offenheit: »Meine Zeit ist begrenzt, meine Visionen nicht. Deshalb bin ich in Eile.«

Der Wettlauf um immer eindrucksvollere Projekte hat aber auch seinen Preis, denn viele der milliardenschweren Architekturikonen gerieten mit Beginn der globalen Wirtschafts- und Finanzkrise 2007 bis 2010 in schwere finanzielle Nöte. Nur dank Finanzspritzen der ölreichen Verwandtschaft in Abu Dhabi konnte z.B. der Burj Khalifa fertiggestellt werden.

Familie und Thronfolge

Die Al Maktoums sind eine reiche Familie. Allein das private Vermögen von Sheikh Mohammed und seiner Familie wird durch eine Reihe von Unternehmensgründungen heute auf 12 bis 14 Mrd. US-Dollar geschätzt. Sheikh Mo´s besondere Leidenschaften gelten dem Reitsport und dem Schreiben von Nabati-Gedichten, was man auf seiner persönlichen Website (sheikhmohammed.ae/en-us) nachlesen kann. Über die Zahl seiner Kinder gibt es Spekulationen. Aber nur zwölf spielen in der offiziellen Genealogie für das Herrschaftsprotokoll eine Rolle. Die ersten Kinder stammen aus der 1970 geschlossenen Ehe mit seiner Cousine Hind bint Maktoum bin Juma Al Maktoum. Sheikha Hind (Senior Wife), die sechs Söhne und fünf Töchter zur Welt brachte, ist in Dubai sehr angesehen, lebt aber zurückgezogen. 2004 heiratete Mohammed in zweiter Ehe Haya bint Al Hussein, die 1974 geborene Tochter des verstorbenen Königs Hussein von Jordanien.

Der Herrscher als Visionär – seine Ziele als Handreichung für das Volk

Aus der Ehe Mohammeds mit Haya stammen zwei Kinder: Jalila (2007) und Zayed (2012). Haya begleitete den Herrscher in der Öffentlichkeit und bei Staatsbesuchen. Sie engagierte sich auf UN-Ebene in Wohltätigkeitsfragen und im Organisationskomitee der Olympischen Spiele. Wie Sheikh Mohammed ist sie mit einer eigenen Website im Internet präsent (www.princesshaya.net). Nach der Geburt seiner Tochter Jalila ernannte Sheikh Mohammed seinen zweitältesten Sohn, den damals 26-jährigen Hamdan aus seiner ersten Ehe, zum Kronprinzen und dessen drei Jahre jüngeren Bruder Maktoum zum Stellvertreter. Beide übernehmen seitdem protokollarische Aufgaben ihres Vaters. 2017 kam es zu einer spektakulären Scheidungsgeschichte, an deren Ende Haya mit ihren beiden Kindern nach England floh. Der High Court in London verurteilte Sheikh Mo 2020 in Abwesenheit zu Unterhaltszahlungen von umgerechnet 290 Mio. € für Haya und 6,4 Mio. € pro Jahr für jedes ihrer beiden gemeinsamen Kinder. Für Sheikh Mo war das ein großer persönlicher Imageverlust, über den in Dubai weitgehend geschwiegen wird.

Manager des Unternehmens Dubai

Sheikh Mohammed gehört zu den Großen der Welt. Google listet über 400 000 Einträge zu seiner Person auf. Sein Buch »My Vision – Challenge in the Race of Excellence« unterstreicht das ehrgeizige Ziel, Dubai und die VAE unter seiner Führung zu einem Weltzentrum der globalisierten Wirtschaft zu machen. Er selbst sieht sich als »good CEO of Dubai Inc.«, als guten Vorstandsvorsitzenden des Unternehmens Dubai. In beduinischer Tradition müssen Führungspersönlichkeiten auch körperlich fit sein. Dass er auch diesen Anspruch erfüllt, stellt Sheikh Mohammed immer wieder unter Beweis. Mehrmals gewann er zusammen mit seinem Sohn Hamdan internationale Ausdauer-Pferderennen für die VAE. ∎

Dishdasha, Abaya und Burkini

Ob diese Dame wohl aus Saudi-Arabien stammt? Für gewöhnlich verschleiern die einheimischen Frauen nämlich ihr Gesicht nicht mehr.

Mode am Golf

Mode am Golf — In Tourismus-Werbespots wirbt das Emirat mit Internationalität und zeigt gerne westliche Besucher bei einem Bummel entlang der Dubai Marina in sommerlich-leichter Mode à la Côte d'Azur. Die einheimischen Frauen jedoch tragen im Einklang mit ihrer Tradition fast immer eine Abaya.

Es fällt jedem Besucher sofort auf, dass die einheimische Bevölkerung in der Öffentlichkeit und bei nahezu jedem Anlass ihre traditionelle Kleidung trägt. Das heißt für Männer und Frauen gleichermaßen, dass der ganze Körper weitestgehend bedeckt bleibt. Das Bedecken geht ursprünglich auf das beduinische Schutzbedürfnis vor Sand, Insekten und Sonne zurück, aber auch der Koran verlangt ein »sittliches Bekleiden«. Deshalb hat die seit Jahrhunderten unveränderte, bedeckende ›Mode‹ auch den Ölboom überdauert. Heute wird ihr geradezu ein identitätsstiftender Wert beigemessen und traditionelle Kleidung ist für die jüngere Generation bewusst ein Bekenntnis zur Tradition.

In Weiß gehüllt

Nahezu alle einheimischen Männer tragen ein langes, hemdähnliches Gewand aus weißer, heute sehr selten auch schon andersfarbiger Baumwolle (*dishdasha* oder *thoub*) und auf dem Kopf ein weißes, schwarz-weiß oder rot-weiß kariertes Tuch (*kafiya* oder *ghutra*), das von einer schwarzen Kordel *(agal)* oben auf dem Kopf gehalten wird. Die Agal wurde ursprünglich dazu benutzt, die Vorderfüße der Kamele zusammen zu binden, damit sie unterwegs nicht fortlaufen konnten;

die Beduinen transportierten sie der Einfachheit halber auf dem Kopf. Unter der Ghutra tragen die Männer ein kleines Käppchen (*taquia* oder *gahfia*). Bei jungen Leuten ersetzt manchmal auch eine Baseball-Kappe die traditionelle Kopfbedeckung. Angesehene Persönlichkeiten hängen über die *dishdasha* noch einen weiten, dunklen Umhang (*abba*), dessen Ränder meist mit Goldborte eingefasst sind. Als Schuhe bevorzugen fast alle Männer Ledersandalen, die den Zehenbereich offen lassen.

In Schwarz gehüllt

Frauen verhüllen sich mit einem schwarzen, langen Umhang (*abaya*) und bedecken den Kopf und vor allem ihr Haar mit einem langen, schwarzen Schleier (*gishwa*). Dieses schwarze Tuch ist heute sehr oft mit bunten Applikationen verziert und wird modisch um den Kopf geschlungen. In den Golfstaaten verschleiern nur noch sehr wenige ältere Frauen ihr Gesicht. Allerdings sieht man hier häufig ältere Frauen, die Augenbrauen, Nase und Mund hinter einer dunklen, ledernen Maske (*burqa*) verbergen. Unter der Abaya tragen die Frauen meist modische Kleidung, nicht selten aber auch traditionelle Kleider (*kandoura*) mit breiten Goldstickereien. In Restaurants legen Frauen ihre Abaya (wie Europäerinnen ihren Mantel) nicht ab.

Westliche Outfits

Da gemeinsames Tanzen als Paar in einer Disco nicht mit den islamischen Traditionen vereinbar ist, ist es Emirati nicht gestattet, in der traditionellen Landestracht derartige Vergnügungsstätten aufzusuchen. Das stört aber die Jugend am Golf wenig, denn dort tragen sie dann – wie die europäischen Besucher – todschicke westliche Outfits. Beim Sport tragen einheimische Männer und Frauen gleichermaßen westliche Sportkleidung, wobei im Zuge der Globalisierung die Nobelmarken in den jeweiligen Sportarten

den Modetrend bestimmen. Sehr beliebt ist zurzeit Joggen, zunehmend auch bei einheimischen Mädchen und Frauen. Sie tragen modische Trainingsanzüge und auf dem Kopf eine Wollmütze oder Baseball-Kappe. Diese Kleidung ist sportlich, bequem – und korangerecht.

Burkini – eine pfiffige Idee

Die australische Designerin Aheeda Zanetti stellte 2007 den ersten Schwimmanzug für muslimische Frauen vor, der außer Füßen, Händen und Gesicht alle körperlichen Reize sittsam bedeckt, und gab ihm den Namen Burkini, eine etymologische Verbindung von Burka und Bikini. Der Badeanzug, der einem locker sitzenden Neopren mit Kapuze gleicht, erlaubt es Musliminnen, bequem, aber korangemäß schwimmen zu gehen. An den Stränden Europas, Amerikas und Asiens trifft man heute häufiger muslimische Mädchen in einem Burkini, Dubai hat er sich nicht durchgesetzt.

Tattoos auf Zeit

Sofern der Faltenwurf der Abaya überhaupt einen Blick zulässt, sieht man auf den sichtbaren Teilen weiblicher Haut tattooähnliche Kunstwerke. Sie werden mit Hennapaste aufgetragen und sind nur für kurze Dauer bestimmt. Im Islam ist Tätowieren verboten (*haram*), weil es zur dauerhaften Veränderung der körperlichen Erscheinung führt, wie Allah sie geschaffen hat. Deshalb hat eine Henna-Bemalung nur Vorteile: Das Auftragen bereitet keine Schmerzen und nach zwei bis drei Wochen verschwindet sie wieder, ohne Spuren zu hinterlassen. Henna wird auf die Haut aufgetragen, nicht wie beim Tätowieren unter die Haut gestochen, und man kann Fehler schnell korrigieren. Weil der Koran figürliche Darstellungen verbietet, bevorzugen die Henna-Bemalungen florale und geometrische Muster. Besonders schön bemalt werden Bräute am Abend vor der Hochzeit. ∎

Oben und unten: Man trägt zwar die Landestracht, ist aber in der Gegenwart angekommen … oder doch noch nicht ganz?

Unten: Auf Vergänglichkeit angelegt – ornamentalische Kunst als weiblicher Schmuck

Die Gratwanderung zwischen Tradition und Moderne manifestiert sich in der Mode.

Gerhard Heck lehrte als Historiker und Erziehungswissenschaftler an den Universitäten Poona (Indien), Riad (Saudi-Arabien) und Mainz und schreibt seit vier Jahrzehnten Reiseführer. Zu seinen reisejournalistischen Schwerpunkten zählen Mexiko, Zentralamerika und die Arabische Halbinsel. In Dubai schätzt er die Qualität der touristischen Infrastruktur und staunt über die städtebauliche Entwicklung.

Abbildungsnachweis
Agentur Focus, Hamburg: **DTCM**, Dubai: S. 65
DuMont Bildarchiv, Ostfildern: S. 8, 16 u., 26, 66 li., 69, 73, 105, 121, 133, 142, 144, 149, 188, 193, 194, 197, 200, 207, 266, 288/289, 291 li. o., 291 li. u. (Martin Sasse) **Gerhard Heck**, Mainz: S. 295 **Getty Images**, München: S. 108 (AFP/Karim Sahib); 275 u. (AFP/Nasser Younes); 276 (AFP/Yasser Al-Zayyat); 130 re. (Archivio J. Lange/De Agostini); 157, 251 (Bloomberg); 161 (David Cannon); 131 M. (Duncan Chard); 273 (Evening Standard/Hulton Archive); 86 (Francois Nel); 180 li. (George Rose) **Huber-Images**, Garmisch-Partenkirchen: S. 284 o. li. (Giordano Cipriani) **iStock.com**, Calgary (CA): S. 220/221 (Gwengoat); 15 (OwenPrice) **JA The Resort**, Dubai: S. 162 li., 163 o. re., 173 **laif**, Köln: S. 20, 24 (Christian Heeb); 102 (eyevine/David Levene); 22, 41 M., 67 re. o., 94 (hemis.fr/Patrice Hauser); 6 li., 32, 40 li., 67 re. o., 94 (hemis.fr/Patrice Hauser); 6 li., 32, 40 li., 67 re. o., 94 (Joerg Glaescher); 269 (Hilger); 226 (Le Figaro Magazine/ Stephan Gladieu); 11, 183 (Le Figaro Magazine/Compoint); 279 (Le Figaro Magazine/Jean-Christophe Marmara); 16 o., 56, 163 M., 214, 240/247 (Lutz Jaokol); 7 li. o., 50, 96 re. (Monica Gumm); Umschlagklappe vorn, 82, 107 (Oliver Tjaden); 264 (PANOS-REA/Tim Dirven); 67 li. (Polaris/Jeff Topping); 208 (Redux/Matilde Gattoni); 9, 40 li. (robertharding/Karol Kozlowski); 60, 76 (Thomas Linkel); 27 re., 275 o. (Tuul & Bruno Morandi); 180 re. (VU/Lars Tunbjork); Titelbild (Tyson Paul/Loop Images) **MATO**, Hamburg: S. 33, 79, 131 re. o. (Giovanni Simeone); 218 (Kav Dadfar); 49, 155 (Massimo Borchi); 146 (Onlyworld/Stephane Frances); 124, 181 re. o., 244/245 (Reinhard Schmid); 10, 38/39, 130 li., 137, 138 (Susanne Kremer); 184 (Tim Draper) **Mauritius Images**, Mittenwald: S. 186 (age fotostock/Iain Masterton); 28, 75 (age fotostock/J. D. Dallet); 41 re. o., 63 (age fotostock/Tibor Bognár); 263 (Alamy/Allan Hartley); 66 re., 85 (Alamy/China Span/Keren Su); 280 (Alamy/David Steele); 23 re. (Alamy/Dirk Renckhoff); 31 (Alamy/Dorling Kindersley ltd); 14 (Alamy/Hello/Stockimo); 287 (Alamy/Howard Harrison); 2/3, 29, 34, 35, 97 re. o., 115, 118 (Alamy/Iain Masterton); 179 (Alamy/Justin Kasezninez); 43 (Alamy/Karol Kozlowski Premium RM Collection); 237, 284 u. li. (Alamy/Kumar Sriskandan); 116 (Alamy/Marriage from a lens of a married); 270 (Alamy/Matthew Corrigan); 190 (Alamy/Michele Burgess); 99 (Alamy/Mike Fuchslocher); 169 (Alamy/NASA Photo); 128/129 (Alamy/Philipus); 291 re. (Alamy/Robin Laurance); 97 M., 111 (Alamy/Romantiche); 181 M. (Alamy/SFM Titti Soldati); 249 (Alamy/Tibor Bognár); 248 (Alamy/Watchtheworld); 27 M. (imageBroker/Karl F. Schöfmann); 210 (Prisma/Bernd J. Fiedler); 58 (Rafael Macia); 222 (Walter Bibikow) **Michaela Stolz-Schmitz**, Dubai: S. 253 **Park Hyatt**, Dubai: S. 23 M., 89, 91 (© Hyatt) **Shutterstock.com**, Amsterdam (NL): S. 284 re. (Abu hasim asaru); 181 re. u. (Alexandra Lande); 131 re. u. (Anna Klepatckaya); 30 (AzimOrunov); 171 (BONDART PHOTOGRAPHY); 96 li. (Caroline Ericson); 18 o. (Chris worldwide); 41 re. u. (Eivaisla); 7 re. (Matyas Rehak); 97 re. u. (Maxim Tupikov); 55 (Nadia Leskovskaya); 261 (Philip Lange); 152 (Rahmaniyas); 272 (rook76); 127 (S-F); 95 (seeshooteatrepeat); 18 u. (Sorbis); 67 re. u. (Spayder pauk_79); 36 (Stanislav71); 6 re. (teena137); 163 re. u. (Umar Shariff); 165 (Ungureanu Catalina Oana); 162 re. (Zerin A)

Umschlagfotos: Der Burj Khalifa bei Sonnenuntergang (Titelbild), Straßenszene im Stadtteil Deira (Umschlagklappe vorn)

Kartografie: © KOMPASS-Karten GmbH, A-6020 Innsbruck; DuMont Reiseverlag, D-73751 Ostfildern

Autor: Gerhard Heck **Redaktion/Lektorat:** Michaela Jancauskas **Bildredaktion:** Michaela Jancauskas, Titelbild: Susanne Troll **Grafisches Konzept und Umschlaggestaltung:** zmyk, Oliver Griep und Jan Spading, Hamburg

Danksagung: Ich möchte mich sehr herzlich bei Eyad Abu Warda für seine Unterstützung beim Sprachführer Arabisch bedanken. Gerhard Heck

Hinweis: Autor und Verlag haben alle Informationen mit größtmöglicher Sorgfalt geprüft. Gleichwohl erfolgen alle Angaben ohne Gewähr. Bitte schreiben Sie uns! Über Ihre Rückmeldung und Ihre Verbesserungsvorschläge freuen wir uns: DuMont Reiseverlag, Postfach 3151, 73751 Ostfildern, info@dumontreise.de, www.dumontreise.de

2., aktualisierte Auflage 2024
© DuMont Reiseverlag, Ostfildern
Alle Rechte vorbehalten
Printed in Poland

Offene Fragen*

Wie schaffen es die Männer
in Dubai nur, immer
fleckenlos weiße
Dishdashas zu
tragen?

Warum benutzen die Araber in Dubai zum Jagen Falken und keine Gewehre?
Seite 202

Warum soll man in Dubai nur mit
der rechten Hand essen, wenn es
doch mit der linken genauso gut geht?
Seite 249

Ist hier wirklich alles Gold, was glänzt?

Wachsen in der Wüste Rosen?
Seite 220

Warum hat das Kamel so schöne lange Wimpern ganz ohne Mascara?
Seite 281

Warum importiert der Wüstenstaat Dubai Sand?

Was hat die Wüstenblume Hymenocallis mit dem Burj Khalifa zu tun?

Warum sind die
meisten männlichen
Bürger Dubais nur
mit einer Frau verheiratet,
obwohl der Koran ihnen vier
erlauben würde?
Seite 268

Seite 106

Warum ist es im
Gewürzsouq
so schwer, echten
Safran von unechtem
zu unterscheiden?
Seite 72

Fällt in Dubai auch Neuschnee?
Seite 120

Gibt es in Dubai Klimaanlagen, die auch ohne Strom funktionieren?
Seite 178

* Fragen über Fragen – aber Ihre ist nicht dabei? Dann schreiben Sie an info@dumontreise.de. Über Anregungen für die nächste Ausgabe freuen wir uns.